행정이론

행정이론: 맥락과 해석

초판 1쇄 펴낸날 | 2016년 12월 31일

지은이 | 강성남
펴낸이 | 김외숙
펴낸곳 | 한국방송통신대학교출판문화원
　　　　주소 서울특별시 종로구 이화장길 54 (03088)
　　　　대표전화 (02) 3668-4764
　　　　팩스 (02) 741-4570
　　　　홈페이지 http://press.knou.ac.kr
　　　　출판등록 1982. 6. 7. 제1-491호

출판문화원장 | 문병기
편집 | 이하나 · 주지현
본문 디자인 | 토틀컴
표지 디자인 | BOOKDESIGN SM

ISBN 978-89-20-02178-7 93350

책값은 뒤표지에 있습니다.

행정이론

맥락과 해석

강성남 지음

에피스테메
EPISTEME

　맥락은 형식을 덮는다. 형식은 기능을 따른다. 이론은 세상을 이해하는 형식이다. 맥락을 떠난 형식으로서의 이론이란 존재할 수 없다. 그 맥락이 현실에 근거하든지, 아니면 이상에 근거하든지 상관없이 이론은 맥락의존성을 가지고 있다. 사회과학의 이론은 현실 맥락에 토대를 두는 것이 일반적이다. 행정이론은 더욱더 그렇다. 현실에 기반한 행정이론은 이론의 기능을 위해 나왔다. 즉 아무리 형식이 멋스러워도 기능을 외면하면 그 멋스러움을 아름답다고 말할 수 없다. 이론이 세상을 제대로 기술하고 설명하지 못하면 그 이론은 아름답지 않다. 최고의 이론은 아름다운 이론이다.

　행정이론을 대하는 필자의 기본 관점이 바로 이것이다. 필자는 기존 행정이론이 이론으로서의 기능적 소명을 다해 왔는가에 의문을 갖고 있다. 관료제 내부 및 관료제와 외부의 관계를 규정하는 상호작용적 현상을 기존 행정이론이 얼마나 정확하게 기술하고 설명할 수 있는지, 이론을 통해 현실의 문제를 어느 정도 해결할 수 있는지를 비판적으로 성찰할 필요가 있다고 보았다.

　헤겔의 『법철학 강요』 서문에도 인용되는 바람에 더욱 유명해진 이솝 우화가 있다. 어떤 허풍선이가 그리스 남동쪽에 위치한 작은 섬 로도스에서 자신의 키 몇 배 높이로 뛰었으며, 믿기지 않는다면 그곳에서 증인을 불러올 수 있다고 큰소리쳤다. 동네 사람들은 여기가 로도스 섬이라고 생각하고 다시 한 번 그대로 뛰어 보면 믿을 수 있을 것이라 생각하고 이렇게 말했다. "여기가 로도스다, 여기서 뛰어라 (Hic Rhodus, hic saltus)!"

이솝 우화는 우리에게 저 너머에 있는 다른 세상의 이야기로 꾸미지 말고 지금 우리가 발 딛고 있는 이곳의 문제를 다루어 보자고 권하는 것으로 들린다. 그리고 이론만으로 세상을 볼 수 있다고 큰소리치지 말고 세상의 문제를 해결하는 데 뛰어들라는 경고로 해석된다.

우리가 발 딛고 선 세상은 인류 역사상 네 번째의 혁명적 변화인 이른바 제4차 산업혁명을 이루어 내고 있다. 이 혁명은 우리의 인식을 송두리째 바꾸고 있다. 혁명적 변화의 시대에 전통적 이론과 개념은 시시각각 도전을 받고 있다.

제4차 산업혁명의 토대 중 하나인 빅데이터는 과거의 이론 형성방법과 이론의 목표에 일대 변혁을 가져오고 있다. 가설 주도에서 데이터 주도로, 인과성 발견보다는 상관성 천착이 연구 목표가 되고 있다. 데이터가 말하는 세상에서 이론이 설 자리는 점점 좁아질지 모른다. 제2차 산업혁명으로 등장한 공장생산을 통한 대량생산체제에 적용했던 조직관리 원리를 가지고 정보화 혁명이라고 일컫는 제3차 산업혁명을 지나 인공지능과 빅데이터, 사물인터넷, 나노기술, 4D 프린트 등을 기반으로 한 제4차 산업혁명의 시대에 이르러서까지 여전히 유용하다는 인식을 논문이나 교과서에서 포착하기란 어렵지 않다.

거시적인 틀인 민주주의 정치제도를 두고도 변화가 불가피하다는 전망이 나오고 있다. 최근에 와서 제2차 세계대전 이후 서방세계의 보편적인 통치 모델로 여겼던 민주주의에 대한 믿음에 회의적인 지적이 나오는 것이 하나의 징후다. 일례로 존 나이스비트(John Naisbitt)는 서방세계의 통치 모델이 세계의 보편적인 준칙이라는 주장에 대해 의심해 볼 만하다고 말한다. 서방세계 내부에서도 모든 문제를 동일한 모델로 해결하지는 못한다는 것이 그 이유다. 북유럽과 남유럽 사이의 격차가 점점 커지는 현실은 이를 증명하는 좋은 예다. 그는 선거 당선 여부로 통치의 합법성이 결정되는 구조에 서방 민주주의의 맹점이 숨어 있다고 말한다.

오늘날 많은 사람이 의문을 제기하는 대목은 민주주의 자체에 대한 회의론이 아니다. 언론의 자유와 인권, 법치도 아니다. 지도자의 자격과 행정력, 정치인의 가식이 민주주의의 근간을 흔드는 요인이라고 보는 것이다. 좋은 거버넌스(good governance)의 기준을 세우려면 다양한 역사와 문화와 더불어 21세기의 수요 변화를 고려해야 한다. 갈등의 원인은 이데올로기가 아니라 사회적·경제적 격차다. 이런 문제는 이론이 떠안고 해결방안을 제시해야 하는 과제다.

우리 상황으로 눈을 돌리면 박정희 시대를 이끌었던 발전국가(developmental state) 패러다임이 종언을 고하는 것을 목도할 수 있다. 2016년에 이루어진 국회의 대통령 탄핵의결은 이를 상징적으로 보여 준 역사적 사건이자 새로운 패러다임의 도래를 알리는 신호다. 윌리엄 이스털리(William Easterly)는 『전문가의 독재(*The Tyranny of experts*)』에서 '인자한 독재자(benevolent autocrats)'의 관념을 비판하고 있다. 전문가의 조언만 갖춰진다면 독재자도 얼마든지 선정(善政)을 펼 수 있으며 독재자가 통치하는 나라에서 좋은 일, 가령 높은 경제성장률이나 신속한 보건 향상이 이루어지면 그것을 독재자의 공으로 돌리는 개발도상국가의 현상을 날카롭게 꼬집고 있다. 비판의 대상에는 한국의 산업화 시대의 통치자도 포함된다. '인자한 독재자'로 미화되는 권위주의적 발전관의 이면에는 '테크노크라트적인 환상(technocratic illusion)'이 자리해 있다는 것이다. 테크노크라트적인 환상이란 기술적 해결책을 써서 문제를 해결할 수 있다고 보는 관점이다.

그는 지난 세기 동안 개발도상국가의 문제 대부분이 기술적 문제라고 여기는 토대에서 권위주의적 발전관 혹은 '인자한 독재자'의 관념이 성립되었다고 지적한다. 발전국가의 지도자의 선정은 더 이상 수용하기 어렵게 되었다. 집단지성에 의한 통치방식이 자리 잡아 가는 최근의 국가 상황은 새로운 행정이론의 방향성을 조타하고 있다.

거시세계뿐 아니라 미시세계도 급변하고 있다. 이론의 맥락이 크게 출렁이면서 새로운 이론적 지형을 형성하기 위해 변모하고 있다는 말이다. 이항대립의 현상을 기존 이론으로는 도무지 이해할 수 없다. 인간과 기계의 생태계는 전형적인 이항대립의 현상이다. 이를 행정 시스템에서 얼마든지 볼 수 있다. 전자정부도 한 예다. 이런 현상은 조만간 기존 이론에 중대한 도전을 안겨 줄 뿐만 아니라 기존 이론의 무용성을 가속화할 것이 분명하다. 여기에는 둘 사이를 잇는 접속장치(interface)가 필요하다. 그 접속장치의 역할을 새로운 이론이 담당해야 한다. 볼 것만 본다든지, 볼 수 있는 것만 보는 우를 범하지 말아야 한다. 이항대립의 접속은 빅데이터가 맡게 될 것이다. 빅데이터의 분석을 통해 과거에 볼 수 없었던 관계 및 패턴을 찾아낼 수 있기 때문이다. 패턴을 찾을 때 비로소 예측력이 생긴다.

기존 행정이론은 정치적·경제적 맥락에 크게 의존했다. 앞으로도 그럴 것이다. 그런데 향후에는 기존 맥락과 다른 차원에서의 패러다임의 변화(paradigmatic change)가 전개될 것이 확실하다. 따라서 현존하는 이론의 역할은 크게 위축될 수밖에 없다. 이 지점이 바로 새로운 이론 형성이 요구되는 대목이다. 게다가 기존 이론의 맥락을 제거한 진공상태에서 이론의 내용을 소개하고 있는 점도 기존 이론의 적용 과정에서 범할 오류를 확대시키고 있다.

이 책은 이론과 맥락의 연계성을 강조하고 있다. 혁명적인 맥락 변화에 따른 새로운 이론 탐색은 향후 연구 과제로 남기고 기존 이론을 낳은 과거 맥락을 들여다보는 데 논의의 초점을 맞췄다. 묘사를 중시하는 이론보다는 설명에 주안점을 두는 이론 개발이 시급하다. 그리고 더 나아가 미래를 예측하는 데 도움을 주는 이론이 되어야 한다는 것은 덧붙일 필요가 없는 주장이다.

더 이상 스몰데이터에 의지하여 연구 결과를 일반화하는 오류를 범해서는 안 된다. 이런 연구들은 출판되는 순간 무용지식(obsoledge)이 되고 만다. 시스템이 복잡화하는 것은 그가 가진 스스로 진화하는 유기체적 성질 때문이다. 혹자는 이를 생명체와 같다고 하여 '비비시스템(vivisystem)'이라고 부른다. 세상은 복잡계(complex system)로 진화하면서 창발성을 드러낸다. 기존의 이론적 패러다임과 사고방식으로는 이해할 수도 없고, 거기에서 나타나는 문제를 해결할 방도를 찾지도 못한다. 행정체제가 복잡계가 된 것은 이미 오래전의 일이다. 그러나 시스템의 본질에 대한 이해에 다가서는 학문적 노력은 여전히 걸음마 수준이다.

행정학의 학문성이 심각한 위기 상황에 처했다고 해도 과언이 아니다. 행정학의 지식과 이론으로 행정문제를 해결하는 데 기여하는 영역이 갈수록 줄어들고 있기 때문이다. 그 원인은 기존 이론과 지식체계의 맥락이 바뀐 상태에서 여전히 과거의 맥락에서 도출된 이론을 적용하려고 고집하기 때문이다. 필자는 다른 한 연구에서 1970년대 개발된 의제설정이론(agenda setting theory)은 최근 우리나라의 정책의제설정 과정에는 적용할 수 없다는 점을 지적한 바 있다. 이론의 유용성은 맥락연계성을 함축한다. 기술, 설명, 예측이라는 이론의 유용성을 상실한 이론이라면 맛을 잃은 소금과 같다. 그런 이론이 교과서와 논문에 아직도 버젓이 자리 잡고 있다.

끝으로 미국 행정이론에 경도된 이론이 미국의 맥락과 국가 이해를 반영한 세계경제 시스템의 지향점을 반영하고 있다는 사실을 지적한다. 이것은 기존 이론을 이해할 때 반드시 고려할 사항이다. 미국의 제2차 산업혁명의 맥락에서 나온 과학적 관리이론을 위시하여 미국의 세계화 전략에 기반 한 국제정치 역학구도에서 나온 비교행정이론, 미국 국내의 정치·경제·사회 문제에 대한 대응 차원에서 제기된 신행정이론, 공공선택이론, 신제도론, 거버넌스이론에 이르기까지 이 책에서 소개하고 있는 거의 모든 이론은 미국의 맥락을 도외시하고는 올바로 이해하기 어렵다. 이 대목이 바로 행정이론의 한국화 논의의 필연성을 논할 때 배경이 된다. 우리 맥락을 반영한 이론이 형성될 때 우리의 문제를 제대로 해결할 수 있을 것이기 때문이다.

필자는 그동안 '이런 책을 꼭 써야 하는가'라는 고민을 많이 했다. 곧바로 새로운 이론 형성의 방법론과 이론적 지향성을 논하는 연구를 하는 것이 더 좋다는 생각이 머릿속을 맴돌았기 때문이다. 대학원에서 행정이론을 강의하면서 과거에 쌓아 온 것을 익히어 새것을 알아본다(溫故而知新)는 순진한 생각이 이런 결과에 이르게 했다. 하지만 기존 이론에 대한 불만과 비판적 성찰은 여전히 나의 머리를 지배하고 있다. 나의 서재에 자리한 적바림과 토피카(topica)에는 제4차 산업혁명의 증거 사례가 차곡차곡 쌓이고 있기 때문이다.

차례 Contents

제12장 l **복잡계이론**

제13장 l **기존 이론의 한계와 새로운 이론의 탐색**

Chapter
01

행정과 이론의 위기

행정(行政)에서 '행'은 갑골문자에서는 사거리 길을 의미한다. 글자를 해체하면, 척(彳)과 촉(亍)으로 나뉜다. 척은 왼쪽 다리가 움직이는 모습을, 촉은 오른쪽 다리가 움직이는 모습을 각각 형상화한 것이다. 그러므로 '행'은 두 다리를 움직이며 천천히 걸어가는 모습을 그린 글자다. 사거리에서 똑바로 걸어가는 사람을 상상해 보자. 바르게[政] 걷기[行] 위해서는 양쪽 다리의 균형이 맞아야 한다. 어느 한쪽이 다른 쪽과 균형이 맞지 않으면 바르게 걷는 것이 힘들어진다. 이러한 행정이라는 글자의 속뜻을 확장하면 아마도 행정을 지탱하는 두 다리 중 한쪽이 국민이고 다른 쪽이 정부라고 할 수 있을 것이다. 지나친 비약이고 엉뚱한 상상일지도 모른다. 정부가 국민보다 살찌고 크면 어떻게 될까? 다른 쪽인 국민의 다리에 큰 부담이 된다. 반대가 되면 정부의 다리는 힘을 제대로 쓸 수 없다. 큰 정부와 작은 정부에 대한 논의는 두 다리의 균형을 찾는 과정이라고 해도 과언이 아니다. 큰 정부여서 국민이 힘들 때 작은 정부라는 개혁조치를 통해 균형점을 찾으며, 작은 정부이기에 국민의 요구를 제대로 처리하지 못하는 상황에서 개혁조치를 통해 균형점을 모색하게 되는 것이다. 한마디로 정부 개혁론은 국민과 정부라는 두 다리의 균형을 찾는 전략이자 과정이라고 할 수 있다. 그러나 이로써 행정의 의미를 다 파악했다고 할 수는 없다.

행정의 뜻을 한마디로 표현하기는 쉽지 않다. 왜냐하면 시간과 공간에 따라 행정현상이 변모하므로 학자들은 다양한 관점에서 행정을 정의하고 있기 때문이다. 인간은 각자의 방식으로 사물을 본다. 우리가 대상을 보는 것은 그 대상 자체를 보는 게 아니다. 대상이 놓인 공간과 시간, 그리고 보는 시각에 따라 대상의 특성과 모습이 다양하게 비칠 수 있다. 이러한 점은 유명한 화가들의 작품을 통해서도 경험할 수 있다. 미술사는 그림의 대상을 다양하게 표현할 수밖에 없는 '이유'에 대한 설명의 스펙트럼으로 점철되어 있다. 이것은 미술 세계뿐만 아니라 학문 세계도 마찬가지다. 굳이 '주의(ism)'나 '사조(thought or trend)'라는 말을 붙이지 않더라도 차별적인 관점에 따라 지지 세력이 영향력을 키우고 기존 관점을 전복할 때 '패러다임 이동(paradigm shift)'이 가능해진다.

플라톤의 대화편 『크라튈로스(Kratylos)』에 실린 "우리는 같은 강물에 두 번 발을 담글 수 없다"는 헤라클레이토스(Heracleitos)의 격언은 두 가지 의미를 함축하고 있다. 하나는 '강물이 끊임없이 흐른다'는 것이고, 다른 하나는 '강물에 발을 담그는 나도 변한다'는 것이다. 이를 일반화한 게 "만물은 유전(流轉)한다"는 격언이다. 1764년 밀라노에서 출간된 체사레 베카리아(Cesare B. Beccaria)의 『범죄와 형벌(Dei delittie delle pene)』에서도 "같은 사람이라도 시간이 바뀌면 같은 대상에 대해 다른 견해를 보인다"고 지적했다. 『당시선(唐詩選)』에서는 "결국 해가 가면 사람들은 달라질 수밖에 없다(年年歲歲人不同)"고 읊고 있다. 시간과 공간은 고정되어 있지 않기에 그 안에서 일어나는 현상 역시 변하는 게 당연하다. 변한다는 사실만이 진리라는 의미다.

이집트 문명을 이룩하는 데 기여한 고대 행정, 로마제국을 지탱시켰던 행정, 중세를 지배했던 가톨릭교회 행정, 한국의 행정을 비롯하여 각국의 행정현상을 획일적으로 개념화하는 것이 간단치 않은 이유가 바로 여기에 있다. 더욱이 산업혁명을 계기로 형성된 산업사회를 움직였던 관료제와 정보사회에서의 그것을 동일시하여 이해하면 현상의 왜곡을 넘어 '인식의 결핍'을 초래하게 된다.

물론 변하는 것에도 근본적인 제일성(齊一性)이 존재한다. 그렇기 때문에 우리는 변화의 과정에서도 지배적인 법칙을 찾으려고 애를 쓴다. 행정학에서 근본적인 제일성의 존재를 부정한다면 '학(學)으로서의 행정'이 바로 서지 못하기 때문이다.

'행정이란 무엇인가?'에 답하기 위해서는 '생각의 그릇'에 담긴 두 가지를 언급할 수밖에 없다. 하나는 실천으로서의 행정이고, 다른 하나는 과학으로서의 행정이다. 실천으로서의 행정은 직업으로서의 행정과 맥을 같이한다. 과학으로서의 행정은 이론으로서의 행정과 맥락을 공유한다. 그러므로 실천으로서의 행정과 과학으로서의 행정의 의미를 살펴보기로 한다. 그리고 이 책에서 주안점을 두고 있는 과학으로서의 행정, 즉 행정이론에 대한 논의와 관련하여 최근에 제기되는 이론의 위기 문제도 알아보기로 한다.

1. 실천으로서의 행정

급변하는 직업의 세계

인류 역사를 통해 다양한 직업이 생겼다가 사라졌다. 토머스 칼라일(Thomas Carlyle)은 도덕적인 시대가 아니라 '기계의 시대'였던 산업혁명 당시에는 기계와의 경쟁에서 탈락한 수공업자들이 러다이트(Luddite) 운동에 박수를 보냈다고 한다(이영석, 2012: 147). 이 사건은 역사 속에서 직업 부침의 동학(dynamics)을 여실히 보여 주는 대표적인 사례다.

로마제국 시대에는 하얀 옷을 세탁하기 위해 소변에 들어 있는 암모니아 성분의 세탁 효과를 이용했던 '소변세탁부'가 인기 직업이었고, 영국에서는 1935년까지 활동했다고 한다.

16세기 초부터 20세기 초까지 존속했다가 사라진 '고래수염처리공'도 있었다. 의류나 장신구 제조업체에 납품하기 위해 탄력성이 뛰어난 고래수염을 짧게 자르던 이 직업은 유행이 변하면서 없어졌다. 오스트리아의 빈 궁정 극장에는 800개, 베르사유에는 300개의 촛불이 있었는데, 이 촛불들의 심지를 수시로 잘라 내는 일을 했던 '촛불관리인'도 있었다. 등이 나오기까지 유럽 일대 극장에서는 없어서는 안 될 직업이었다. 독일에서는 1781년부터 1787년까지 '커피 냄새탐지원'이라는 정부관리가 있었다. 전 국민을 매료시킨 커피는 18세기 독일 정부의 재정 수입원으로 큰 몫을 담당했다. 국가가 커피 무역을 독점하면서 지정된 곳에서만 커피를 볶도록 했지만, 법을 잘 지킨다는 독일에서도 불법으로 커피를 볶는 곳이 우후죽순처럼 생겨났다. 그래서 정부는 과거 우리나라의 밀주 단속 세무원처럼 커피 냄새탐지원을 두었다고 한다.

16세기부터 18세기까지 서양인들이 벽에 소변을 보거나 밖에서 용변을 보는 모습은 흔한 일상의 풍경이었다. 18세기 이후 사회문제로 부각되면서 공중위생시설 설치법을 제정하기에 이른다. 하지만 공중화장실이 수요를 감당하지 못하면서 '이동 변소꾼'이라는 직업이 등장했다. 긴 외투를 두르고 양동이 두 개를 들고 다니면서 거리에서 "용변 보세요!"라고 소리치며 다녔다고 한다. 베르사유 궁전에도 화장실이 없었기 때문에 거리뿐만 아니라 왕실까지 진출하여 호황을 누렸던 직업이었다.

최근에 나타나는 직업의 부침현상은 가히 혁명적이다. 여태껏 잘 나가던 직업이 훅 사라지게 된 이유는 다름 아닌 정보통신기술(ICT)의 발전 때문이다. 컴퓨터의 등장과 함께 비약적으로 발전한 정보통신기술이 급기야 사물인터넷(IoT: Internet of Things)과 만물인터넷(IoE: Internet of Everything)으로 진화하고 있다. 제4차 산업혁명이 도래하고 있다. 의사, 판사, 변호사, 교수 그리고 공무원 등 잘나가던 직업인들이 지금처럼 앞으로도 그 지위를 누리기는 어려울 것이라는 전망이 우세하다.

미국의 「월스트리트 저널」은 2022년까지 사람 뽑기 어려워질 10대 몰락 직종을 보도한 바 있다. 이메일(email)과 소셜 네트워크 서비스(SNS) 때문에 우체부(28%)가 없어질 가능성이 가장 높다고 했다. 농부(19%), 검침원(19%)이 그 뒤를 따르며, 온라인 미디어 영향으로 신문기자(13%), 여행사 직원(12%), 벌목공(9%), 항공기 승무원(7%), 천공기술자(6%), 인쇄공(5%), 세무원(4%) 등도 사라질 것이라고 한다.

2016년 1월 스위스 다보스에서 열린 세계경제포럼(World Economic Forum)은 제4차 산업혁명으로 2020년까지 716만 5,000개의 직업이 사라질 것이라고 예측했다. 여기에는 사무직과 관리직(475만 9,000개), 제조업과 생산직(160만 9,000개), 건설 및 채굴(49만 7,000개), 예술, 디자인, 오락, 스포츠와 미디어(15만 1,000개), 법률(10만 9,000개), 설비 유지(4만 개)가 포함된다. 새로 생기는 직업 202만 1,000개를 감안하더라도 지금보다 514만여 개의 직업이 줄어드는 결과다(http://www3.weforum.org/docs/WEF_Future_of_Jobs.pdf).

제4차 산업혁명은 사물인터넷과 만물인터넷, 빅데이터, 인공지능 기술에 기반 한 전 사회적 혁명이다. 컴퓨터와 인터넷 기반의 정보혁명으로 일컬어진 제3차 산업혁명과는 차원이 다르다. 한 가지 예를 들면, 인공지능과 빅데이터를 이용하여 재판 결과를 예측하는 정량적 법률예측(QLP)이 본격적으로 도입되면 법률업계는 생존위기에 처할 수 있다고 전망한다. 현재 변호사들의 법원 판결 예측력은 59%인데 반해 컴퓨터는 75%를 예측할 수 있기 때문이다. 홍콩의 투자금융회사 딥날리지 벤처스는 바이탈(VITAL: Validating Investment Tool for Advancing Life Sciences)이라고 불리는 인공지능 알고리즘을 이사로 임명했다(슈밥, 2016: 219).

"우리가 도구를 만들어 낸 후에는 도구가 우리를 만든다"는 마셜 매클루언(Marshall McLuhan)의 지적처럼 제4차 산업혁명을 주도하는 도구가 우리의 삶을 변화시키고 있다.

우리나라에서도 많은 직업이 사라졌다. 소리의 네트워커인 전화교환수, 모던 엔터테이너인 변사, 문화계의 이슈 메이커인 기생, 이야기의 메신저인 전기수, 트랜스 마더인 유모, 바닥 민심의 바로미터인 인력거꾼, 러시아워의 스피드 메이커인 여차장, 토털 헬스 케어인 물장수, 메디컬 트릭스터인 약장수는 한 시대를 풍미했던 직업인이었다(이승원, 2012).

한국고용정보원이 연평균 취업자 감소 인원을 기준으로 꼽은 하위 15대 직업군 중 교수는 2023년까지 1만 4,000여 명(강사 포함)이 줄어 전체 비교직업군 가운데 6위를 기록했다. 학령인구의 감소가 원인이다. 전문직업군이라는 점을 감안하면 교수라는 직업도 미래에는 사라질 위기에 처할지도 모른다. 전 세계인이 접속할 수 있는 클라우드 서비스를 통한 온라인 교육 시스템이 널리 확산되는 날에는 오프라인 대학이 설 자리는 점점 좁아진다. 코세라(Coursera, http://www.coursera.org)에는 1,000여 개의 강좌가 개설되어 있고, 전 세계에서

1천 백만여 명이 수강하고 있다. 하버드 대학교와 MIT 대학교가 운영하는 에드엑스(EdX, www.edxonline.org) 등 묵스(Moocs: Massive Open Online Courses)를 통한 개방형 온라인 교육이 대세가 되고 있는 요즘이다.

정보통신기술의 획기적인 발달과 함께 등장한 정보사회는 컴퓨터를 통한 기존 직업체계에 혁명적인 변화를 가져왔다. 옥스퍼드 대학교의 칼 프레이(Carl Frey)와 마이클 오즈번(Michael Osborne) 교수는 「직업의 미래」라는 논문에서 현존하는 702개 직업군이 컴퓨터화에 얼마나 민감하게 영향을 받는지를 조사하여 발표한 바 있다(Frey and Osborne, 2013). 텔레마케터, 재봉사, 수학기사, 보험계약원, 시계수리공, 창고지기, 도서관 사서 등 20년 이내에 기존 직업의 47%가 사라질 것이라고 지적했다. 사람들의 삶의 방식과 생활의 변화에 영향을 끼치는 건 정보통신기술만이 아니다. 이로 인한 변화의 모습은 곳곳에서 나타나고 있다.

1999년 사물인터넷 개념을 처음으로 창시한 케빈 애슈턴(Kevin Ashton)은 "조만간 사물인터넷과 인간의 판단을 놓고 선택할 때가 올 것"이라고 말했다(동아일보, 2015. 4. 21). 사물인터넷 시대에는 내가 산 물건이 내가 그 물건에 대해 아는 것보다 나에 대해 더 많이 아는 게 가능해진다고 한다. 제러미 리프킨(Jeremy Rifkin)은 사물인터넷이 제2차 산업혁명을 이끈 전기의 파괴력과 맞먹는 변화를 우리에게 가져온다고 지적한다. 공유경제의 부상으로 한계비용 제로 사회가 도래할 것이라는 점도 예언했다. 탈공업화 사회, 글로벌 경제, 분권화, 네트워크형 조직이 등장한 것도 최근의 일이다. 권력의 이동, 여성 주도권 강화, 인구증가와 수명 연장, 가상현실의 만연, 기성 언론의 소멸, 인간 기억력의 향상, 바이오 경제의 도래, 소비 패턴의 변화, 신문화의 형성, 빅데이터의 활용이 작금의 상황이다. 이처럼 다양한 요소들이 등장하면서 인간의 요구가 변하고 그에 따른 수요들이 새롭게 창출되기 때문에 과거의 직업이 사라지는 한편 새로운 환경에 대응하는 직업이 생기는 현상은 당연하다.

직업으로서 행정의 변화

행정의 역사를 기술한 글래든(E. N. Gladden)의 『행정사(*A History of Public Administration*)』에서는 인류의 직업 중에서 두 번째로 오래된 것이 바로 행정가라고 지적하고 있다. 가장 오래된 직업은 샤먼(shaman)이다(Gladden, 1972: 6).

행정이 인류사 초기에 전문직업(profession)으로 등장했다는 의미다. 당시에는 지금 행정의 의미와 달리 '관리'의 의미가 컸을 것이다. 수렵채집 시대에 식품을 부패하지 않게 보관하는 일이 무엇보다 중요했을 것이고, 고대문명의 건설 시기에는 수많은 노예들을 동원하고 관리하는 게 주된 일이었을 것이기 때문이다. 인류의 역사에서 국가가 등장하면서 행정과 정책이 존재한 것은 당연하다. 형태는 변해 왔지만 국가의 역사와 더불어 면면히 이어져 온 것이 바로 행정이다. 이집트 문명, 황허 문명, 메소포타미아 문명 등이 인적·물적 자원의 동원과 배분의 체계적 관리활동을 통해 형성되었다는 것이 역사학자들의 공통적인 견해다. 중세 가톨릭의 교황청 조직은 세계 지배를 위한 관리조직의 역할을 충실히 수행했다. 산업혁명으로 공장의 탄생과 대량생산체제를 구축하면서 생산관리와 조직의 효율성이 강조된 것은 필연적 결과다.

'보이지 않는 손(invisible hand)'과 '보이는 손(visible hand)'으로 은

인류를 바꾼 50가지 위대한 아이디어

The World's Greatest Idea: The fifty greatest Ideas that have changed humanity, UK: Icon Books Ltd.

순위	아이디어	순위	아이디어	순위	아이디어
1	인터넷	18	빵	35	커피와 차
2	문자	19	여성해방	36	도기
3	피임	20	인쇄술	37	증기기관
4	음악	21	양자 이론	38	은행
5	불	22	전기	39	구리와 철
6	노예제 폐지	23	자아	40	돛
7	진화론	24	농사	41	복지국가
8	과학적 방법	25	미적분	42	자본주의
9	하수도	26	정부	43	기(氣)
10	컴퓨터 프로그래밍	27	마르크스주의	44	서사시
11	희망	28	냉각	45	명예
12	논리	29	중국어 간자체	46	일신교
13	바퀴	30	대학교	47	비행기 날개
14	민주주의	31	운동법칙	48	등자(鐙子, Stirrup)
15	숫자 0	32	대량생산	49	방직과 방적
16	전화	33	연애	50	결혼
17	백신	34	포도주		

출처: Farndon, J.(2010).

유되는 경제체제를 설명하는 데에도 정부의 역할을 논외로 할 수 없
다. 근대적 정부의 탄생은 자본주의와 민주주의를 거치면서 관료제
의 발전과 맥을 같이한다. '인류를 바꾼 50가지 위대한 아이디어'를
꼽을 때 정부는 26위를 차지하고 있다(표 참조). 인터넷이 1위다. 지
금은 1위와 26위가 결합하여 '전자정부'를 탄생시켰다. 통치하던 직

역(government)에서 이제는 조정하는 역할(mediation)로 기능 변화를 꾀하고 있다. 실천으로서의 행정을 소개하면서 인류 역사의 발달과정에서 수많은 직업의 부침을 언급했다. 여기에서 중요한 측면을 간과해서는 안 된다. 이들 직업이 각각 사회에 미치는 영향력 측면이다. 이런 관점에서 보면 행정은 시간이 갈수록 전문화하는 직업으로서 위치를 더욱 공공히 다져 나가는 동시에 사회적 영향력을 지속적으로 확대시키고 있다는 사실에 주목할 필요가 있다.

혹자는 이렇게 말한다. "지구가 멸망하더라도 끝까지 지구에 남아 뒤처리를 하는 직업이 있다면 그건 바로 관료제다"(McCurdy, 1977). 이 말은 관료제의 질긴 생명력을 지적하는 것이기도 하지만, 실천으로서의 행정의 영향력과 중요성을 은유하고 있다.

정부는 진화하고 있다. 일방향 소통의 정부(1.0), 쌍방향 소통의 정부(2.0), 개인별 맞춤형(행복)을 지향하는 정부(3.0)로 옮아가는 데에서 알 수 있듯이 사회 변화에 맞춰 유기체처럼 쉼 없이 공진화하고 있는 것이다.

여기에서 잠시 본질적인 문제에 다가가 보기로 한다. 정부는 왜 존재하는가? 정부의 존재 이유와 양식에 대해서는 오래전에 이미 많은 사상가와 철학자들이 다양한 주장을 펼쳐 왔다(미클스웨이트·올드리지, 2015). 예를 들어 토머스 홉스(Thomas Hobbes)에게 리바이어던(Leviathan)은 양육강식의 자연상태에 질서를 부여하는 '국가'를 상징한다.

유대 설화에서 여호와가 물을 만들 때 물을 지키는 용왕(龍王)이 리바이어던이다. 바다의 신 포세이돈을 리메이크한 것이다. 이 괴물의 이미지는 구약성서 「욥기」 41장에 서술되고 있다. 이에 따라

후대에는 사탄을 비롯해 인간의 7가지 죄악을 관장하는 악마 가운데 하나로 바뀐다. 그러나 홉스는 인민들이 자진하여 뽑은 통치자, 절대적인 권력자의 상징으로 리바이어던을 인용하고 있다. 사회계약이라는 개념을 바탕으로 절대왕권을 옹호하는 이론이다. 자연상태를 인류가 돌아가야 할 '선'으로 보았던 프랑스 사상가 루소와 달리, 영국 사상가 홉스는 자연상태를 벗어나야 할 '악'으로 보고 있다.

존 스튜어트 밀(John Stuart Mill)과 급진성향의 혁명이론가인 토머스 페인(Thomas Paine)에게는 이 질문에 대한 대답이 '자유'다. 페이비언주의(fabianism)를 따르는 사람은 '인류의 복지'라고 답했다. 중기적으로 리바이어던을 길들일 필요성은 있되, 이를 아예 없애 버리기란 불가능하다. 과부하가 걸린 현대 정부는 민주주의를 위협한다. 즉 리바이어던의 책임이 늘어날수록 그들은 더 엉망으로 일하고, 국민은 이전보다 분노하게 된다. 결국 국민은 계속해서 정부에 더 많은 도움을 요구할 뿐이다. 이것이 진보정치의 악순환이다. 보다 근본적인 차원에서 현대 정부는 자유까지 위협한다. 정부가 국민이 생산하는 모든 것의 절반을 가져가고, 국민이 많은 돈을 들여 자격증을 따지 않으면 미용업으로 생계를 꾸려 가지 못하게 막고, 채용 가능한 사람들이 인종과 성을 결정하고, 테러와 폭주족, 마약과 전쟁할 수 있는 엄격한 힘을 지니면 종이 아닌 주인이 될 것이다. 리바이어던은 길들여져야 한다. 그것이 통제하에 양육되어야 한다는 주장의 배경이다(미클스웨이트·올드리지, 2015: 36~39).

1651년 5월, 프랑스에 망명한 토머스 홉스의 『리바이어던(The Leviathan)』 출간을 계기로 국민국가의 근대적인 개념이 태동하기 시작했다. 이 책은 그가 1641년에 쓴 『시민론(De Cive)』을 일반 독자들도 쉽게 이해할 수 있도록 집필한 것이다. 인간성에 토대를 두고 정치이론을 편 사람은 니콜로 마키아벨리(Niccol Machiavelli)다. 그러나 마키아벨리가 최초로 연역적 추리에 의해 이론을 정립한 것은 아니었다. 그렇게 한 사람은 이탈리아의 철학자이자 신학자인 토마스 아퀴나스(Thomas Aquinas)였다. 하지만 그 역시 도시국가나 기독교 국가에 초점을 둔 것일 뿐 국민국가에는 관심이 적었다. 국민국가에 초점을 맞춘 사람은 프랑스의 법학자이자 사상가인 장 보댕(Jean Bodin)이었다. 그리고 이 세 사람의 사상을 집대성한 최초의 인물이 바로 토머스 홉스다.

인류의 천재성이 빚은 위대한 아이디어 50에 있는 근대 정부, 『리바이어던』에는 그에 관한 건국 기록이 담겨 있다. 이 책의 핵심 철학은 정부의 가장 중요한 의무가 법과 질서의 제공이라는 것으로 요약된다. 이것은 궁극적으로 인간을 빈곤에서 해방시키고 인류문명을 가능하게 해 주는 '공익'과 관련된다. 행정학의 고유 영역으로 강조하는 '공익'을 논하면서 홉스를 읽어야 하는 이유가 바로 여기에 있다. 홉스는 인간이 사회적 동물이라는 그리스 철학자 아리스토텔레스(Aristoteles)의 생각을 혐오했다. 그는 인간을 본래 두려움과 탐욕에 휘둘리는 작은 에고(ego)의 원자라고 생각했다. 인간의 숙명론 또는 운명론을 거부했던 것이다. 이른바 칼뱅의 예정조화설 따위는 믿지 않은 셈이다. 그는 안전에 대한 두려움 때문에 서로 어울리는 동기를 갖는다고 주장했다. '만인에 대한 만인의 투쟁'의 야만적 삶을 청산하기 위해서는 자연권을 포기함과 동시에 네 가지를 실천해야 한다고 했다. 첫째 권력을 휘두르는 기능을 갖고, 둘째 효율성에 따라 존재의 타당성이 달라지고, 셋째 무조건 진실만을 말하고, 넷째 명령이 정의인, 즉 철학자의 가운을 입은 빅브라더나 다름없는 정부를 세우는 것이다.

실천으로서의 행정에 대한 논의가 지류를 따라갔다. 다시 본류로 되돌아오면 실천으로서 행정, 즉 직업으로서의 행정은 앞으로 엄청난 변화를 겪게 될 것임이 분명하다. 2015년 등장한 최초의 가상국가 비트네이션(BitNation)은 블록체인 기술을 이용해 신원을 확인하고 시민증을 발급했다. 에스토니아는 블록체인 기술을 활용한 최초의 정부가 되었다. 블록체인 기술을 적용하면 통화정책에 대한 중앙은행의 역할이 현저히 줄어들고, 실시간 과세가 발생하기 때문에 정부의 역할이 축소되리라는 예측할 수 없는 영역이 생긴다(슈밥, 2016: 232~233).

빅데이터를 활용한 의사결정은 더욱 효율적이고, 실시간 결정을 가능하게 할 뿐만 아니라, 시민을 위해 과정의 복잡성을 줄일 수 있다. 행정연구에서 120만 명을 샘플로 한 것은 아직 보지 못했다. 그러나 지금 민간부문에서는 이 정도의 소비자 패널들에게 리서치한 데이터를 분석하고, 면밀한 조사와 연구를 통해 변화의 흐름을 읽어 낸 트렌드 전망서를 출간하고 있다. 이것은 행정에 일대 변혁을 예고한다. 아니 변혁을 해야 하는 상황에 이미 진입했다. 빅데이터와 사물인터넷은 분명 의사결정 비용을 줄여 줄 것이다. 혁신을 위한 오픈 데이터의 증가도 일상화되었다. 게다가 인공지능을 통한 의사결정은 편견과 비이성적 과열에서 벗어나 합리적 결정이 가능하도록 하며 시대에 뒤처진 관료제를 개편하는 효과를 보일 것으로 전망된다(슈밥, 2016: 217~218).

2. 과학으로서의 행정

과학으로서의 행정을 말하기 전에 먼저 '과학이란 무엇인가'를 잠시 살펴보기로 한다.

과학의 의미를 캐는 작업은 과학철학의 이정표다. 과학은 관찰을 토대로 엄격한 논리적 절차에 따라 체계적 설명을 붙이는 것이다. 결국 과학이란 과학적 방법의 산물이다(김광웅, 1996: 41). 과학의 핵심은 관찰과 측정이다. 그러므로 관찰하고 측정할 수 없는 것은 과학적 연구 대상이 아니다. 과학이란 설명할 수 있는 것을 설명하는 것이며, 이는 곧 관찰과 측정의 가능성을 내포한다는 의미다. 이때 인간의 능력에 한계가 있다는 점을 전제로 과학활동에서 근사치의 사고가 지배한다는 점을 명심해야 한다. 인간은 100% 정확한 관찰과 측정을 할 수 없다. 러셀도 이 점을 인정했다. 아무리 주의 깊게 사물을 측정하더라도 오차 가능성은 생기게 마련이다(김광웅, 1996: 43).

한편, 과학적 방법에도 한계는 존재한다. 인간행태의 정수를 알아낼 수 있는 객관적 절차인 실험방법이 완전하지 못하기 때문이다. 또한 인간에게는 예측을 전복할 능력이 있기 때문에 이론의 기능 가운데 예측력을 완벽하게 보장할 수 없는 근본적인 이유가 있다. 특히 사회과학 연구는 연구자 자신의 목적의식을 통한 상징적 존재인 인간에 대한 연구이기 때문에 연구 대상이 규범적인데, 그것을 과학이라는 이름으로 분석하고 기술하려 한다(김광웅, 1996: 47). 특히 객관성 문제도 과학적 연구에서 한계로 존재한다. 연구를 위한 문제 선정에서부터 이미 가치가 개입되기 때문이다. 선정된 문제를 위해 수집하는 자료와 이들의 관계를 형성하는 명제나 이론의 전개 및 개념화 과정에서 연구자의 가치가 개입될 수밖에 없다. 또한 연구자 개인의 가치관, 준거하는 개별 과학과 학문세계의 지배적인 가치 등이 연구 과정에서 은연중에 작용할 수 있기 때문이다. 연구자에게는 마르틴 하이데거(Martin Heidegger)의 '전(前) 구조'라고 말하는 이른바 연구자 각자의 인식세계를 구축하는 기존 구조가 있다.

과학적 연구에 대한 철학적 논의는 아리스토텔레스, 밀, 윌리엄 휴얼(William Whewell), 카를 포퍼(Karl popper), 토머스 쿤(Thomas Kuhn), 임레 라카토스(Imre Lakatos), 파울 파이어아벤트(Paul K. Feyerabend) 등에 의해 이루어졌다(김광웅, 2006: 50~75). 여기서는 파이어아벤트의 과학적 방법에 관한 생각을 언급하는 게 필요하다. 그는 『방법에의 도전(Against Method)』에서 진보를 방해하지 않는 유일한 원리는 "아무거나 좋다(Anything goes)"라고 지적하고 있다(Feyerabend, 1975). 과학에서 이성은 보편적일 수 없으며, 비이성은 배제될 수 없다는 입장을 피력했다. 이러한 과학에 대한 인식은 다분히 아나키즘(anarchism)의 성격을 지닌다. 과학이라고 해서 신성불가침한 것은 아니라는 그는, 대체 지금까지 객관적인 과학적 방법이 있었는가라는 도발적인 의문을 제기하는 것도 서슴지 않는다. 만일 과학에서 진보가 있었다면 그것은 과학자들이 인지할 수 있는 모든 합리성의 규칙을 깬 결과라고 하면서, 과학적 방법에서 획일성은 과학을 제도화해서 모시려는 이념적 음모의 산물이라고 혹평했다.

또한 그는 과학을 옛날 교회의 역할과 비슷하다고 지적했다. 교조주의적 과학집단이 기준에 맞거나 동조하지 않으면 이단으로 몰리거나 비과학적이라는 낙인을 찍는 것이 옛날 교회와 닮았다는 것이다. 그는 이론이 당당하게 서려면 다른 이론과 경쟁하여 이겨야 한다고 강조한다. 심지어 신비, 점성학 그리고 마술과도 싸워서 평가받아야 한다고 말한다. 파이어아벤트의 지적은 과학적 방법에서 획일성과 전일성을 지나치게 강조하는 것에 대한 경고의 의미를 담고 있다. 그리고 그 경고의 기저에는 합리성과 객관성에 대한 근본적인 문제의식이 있다.

본 논의로 되돌아가서, 이제 행정학은 과학으로서 어떤 위상을 가지고 있는가에 대해 답할 차례다.

윌러드 콰인(Willard V. O. Quine)에 따르면 행정학은 과학의 분류체계에서 경험과학 가운데 응용과학의 위상을 가지고 있다. 과학은 크게 분석과학과 경험과학으로 나뉜다. 분석과학은 경험적으로 논박할 수 없는 언명을 다루며, 방법론과 수학을 양대 축으로 한다. 방법론은 논리와 인식론을 두 축으로 삼고 있다. 논리에는 귀납논리와 연역논리가 있다. 이 밖에도 가추법과 가설연역법이 있다. 연역법은 '필연적으로 일어날 사실'을, 귀납법은 '개연적으로 일어날 사실'을 말한다. 가추법은 '이미 일어났지만 아직 모르는 사실'을 알려 준다. 이런 특성 때문에 가추법을 '거꾸로 추론하기(reasoning backward)'라고 부른다. 연역법은 이미 증명된 명제를 전제로 새로운 결론으로 이

분석과학	방법론	논리	귀납논리
			연역논리
		인식론	이성론, 경험론, 선험적 관념론, 실재론 등
	수학	확률론과 통계학	
		대수학, 기하학, 해석학, 정수론, 위상수학, 이산수학 등 수학의 제 분과	
경험과학	순수과학	물리학, 화학, 생물학, 우주과학 등	
	응용과학	사회과학, 행정학, 의학, 농학, 공학 등	

출처: 김광웅(1996: 5).

끌어 내는 방법이다. 증명된 명제에서 새로운 답을 찾는 것이다. 이 때 중요한 것은 전제로 설정한 명제가 거짓이면 도출된 답도 거짓이라는 사실이다.

귀납법은 개별적인 특수 사례로부터 일반적인 명제를 이끌어 내는 방법이다. 실험하고 관찰하여 얻은 결과를 통해 일반적인 것을 끌어 내는 것이다. 귀납법에서는 개별 사례에 대한 정확하고 엄밀한 조사 결과를 토대로 일반화를 위한 추론이 중요하다. 연역법은 모르던 것을 알아낼 때 별 도움이 되지 않지만, 귀납법은 큰 도움이 된다. 한편 가추법은 연역법과 귀납법 사이에 있다. 우리는 이미 명확하게 알 수 있는데도 모르는 경우가 종종 있다. 누군가 살인한 게 분명한데 살인자가 누구인지 모를 때 가추법을 활용한다. 가추법은 연역법에서 출발하지만 결론이 명확하지 않을 때 사용한다. 연역법을 따르기 위해 구체적이고 합리적인 조건들을 수집하여 덧붙임으로써 살인 용의자를 체포하게 되는 것이다. 생사람 잡는 경우는 구체적이고도 합리적인 조건과 상황을 입증하지 못할 때 발생한다.

가설연역법은 가설의 설정과 구체적인 관찰 및 조사 결과에 대입하여 가설을 증명하는 일련의 과정을 거칠 때 활용된다. 가설이 현실의 실재와 조응하면 참이 되고, 조응하지 못하면 거짓이 된다. 가설이 거짓으로 판명나면 가설은 수정되거나 파기된다.

인식론은 지식의 본질, 기원, 근거, 한계 등에 관한 철학적 연구 또는 이론이다. 인식이란 무엇인가? 무지에서 지식으로, 하나의 인식에서 더 깊은 다른 인식으로 이행하는 것은 어떤 법칙에 따르는가? 진리란 무엇인가? 진리의 기준은 무엇인가? 오류를 극복하면서 진리에 도달할 수 있는 수단과 방법은 무엇인가? 이런 문제들이 인식론에서 다루어진다. 인식의 기원에 관한 주장에는 이성론과 경험론이 있다.

칸트는 이 두 가지를 종합하기 위해 선험적 관념론을 주장했다. 인식의 본질과 관련해서는 인식의 대상이 관념적이라는 관념론과 실재적이라는 실재론이 대립하고 있다.

현상학에서는 인식론이 철학의 방법 그 자체가 되기도 한다. 수학에는 대수학, 기하학, 해석학, 정수론, 위상수학, 이산수학 등 수학의 제 분과와 함께 확률과 통계학이 포함된다. 경험과학은 순수과학과 응용과학을 양대 축으로 한다. 순수과학에는 물리학, 화학, 생물학, 우주과학이, 응용과학에는 경제학, 정치학 등의 사회과학과 행정학, 의학, 농학, 공학이 자리하고 있다.

행정학은 한마디로 경험과학 속의 응용과학에 해당한다고 볼 수 있다. 엄밀히 따지면 순수과학과 응용과학의 경계가 모호하다. 다른 분류의 경계선도 마찬가지다. 이렇게 분류하는 것은 대략적인 윤곽의 파악에 도움을 얻기 위해서다. 행정학이 응용학문이고 현실문제에 대한 처방의 성격이 강한 분과학문이라는 점에서 행정학은 태생적 한계이자 특징을 동시에 가지고 있다.

그렇다면 행정학은 분과학문의 조건을 충족하고 있는가? 분과학문이란 단순한 '앎'의 차원을 넘어 사회가 연구, 교육, 학습할 가치가 있다고 설정한 지식의 체계적인 집합이다. 학문의 구체적인 범위, 내용 및 체계는 사회의 문화적 수준과 더불어 사회가 지향하는 이념 목표, 성격 및 이념의 담지자인 지식인의 존재 형태와 성격에 따라 규정된다. 이런 맥락에서 행정학은 국가와 사회가 지향하는 이념에 큰 영향을 받을 수밖에 없다. 아울러 국가 이념의 담지자 역할을 할 행정학자들의 존재 형태와 성격에 의해서도 다양한 변이를 만들어 낼 수 있다. 행정학의 정체성이 국가별로 다르게 나타나는 이유가 바로 여기에 있다.

일반적으로 독자성을 지닌 분과학문으로 발돋움하기 위해서는 최소한 네 가지 요건이 충족되어야 한다(김광웅, 1983: 124). 고유한 연구 주제, 이론, 개념적 경계 및 대학의 학과 설치 등이 그것이다. 그동안 행정학의 '정체성(identity)'을 둘러싼 갑론을박은 분과학문의 요건을 둘러싸고 벌인 논의라고 해도 과언이 아니다. 지금에 와서는 행정학의 고유 연구 주제가 관료제라는 데 이견이 없지만, 초기 관료제 연구에서는 사회학과 정치학의 연구 영역에 속하는 것으로 인식되었다. 근자에 들어와서 행정학과 정책학 연구의 고유성 문제를 언급하는 경우가 가끔 있기는 하다. 문제는 관료제의 무엇을 연구하는 것이 행정학의 연구 주제냐에 대한 논점에 집중하지 못한다는 데 있다.

정치학에서 권력연구, 경제학에서 이윤추구라는 핵심 주제와 같이 행정학의 고유 영역이 무엇인가를 따지는 일은 사실 식상한 주제일지 모른다. 연구의 고유성 문제를 제기하는 입장에서는 연구 대상과 내용의 다양성이 복합적으로 얽히면서 연구 대상을 제대로 지배하지 못한다는 인식에 근거하고 있다. 그렇다면 왜 연구 대상의 다양화가 일어났는가와 관련하여 박종민 교수는 행정에 대한 개념 정의가 연구 대상 중심으로 이루어졌다고 진단한다. 즉 행정학의 외현을 지나치게 넓혀 놓은 것이 다양화의 원인이라고 본다(박종민, 2006: 37~59). 사실 연구 대상의 다양화의 원인이 행정의 개념 정의 방식에 따른 측면도 있지만, 연구자별로 인식의 문제에서 비롯된 측면도 없지 않다. 신자유주의 사조를 따른 정부혁신의 결과로 나타난 공공 영역의 조직, 비영리 조직 그리고 공동체 조직으로 더욱 확장되는 연구 지평에서 보듯이 연구자의 현실인식의 차원에서 연구 주제를 다루고 있기 때문이다.

고유한 연구 초점이란 관점이나 의식, 행정학의 학문성에 대한 심각한 고민이 없는 상태에서 이루어지는 단순한 관심의 확대 문제로 볼 수도 있다. 이러다 보니 행정학을 '정부용역학'이라고 질타하는 일이 아주 오래전부터 있어 왔다(안병영, 1982). 연줄을 매개로 발주되는 정부용역을 중심으로 한 연구 행태는 선진이론과 모델을 적용했다는 명분과, 이에 토대를 둔 정당화 논리를 '갑'과 '을'이 묵시적으로 향유하면서 모방적 처방을 내놓게 되는 한계를 드러냈다(박종민 외 편, 2011: 117)는 가혹한 평가를 받기도 한다. 연구의 원칙과 기준, 그리고 학문성 강화를 위한 필요충분 조건에 대응하는 연구 대상의 확대가 필요하다. 이런 맥락에서 행정학이 '용역학'으로 전락했다는 비판이 공감을 얻고 있다고 해도 과언이 아니다.

연구의 고유한 주제 문제와 관련하여 여러 가지 견해들이 나오고 있다. 민주성과 공공성이 행정학의 고유한 연구 초점이라는 지적(임의영, 2006: 107)과 더불어 민주성을 토대로 공공성을 실현하는 정부를 '좋은 정부', 좋은 정부에 기여하는 행정제도와 과정에 대한 연구가 행정학의 고유 영역이라는 주장도 있다(김광웅, 1997: 1~6). 염재호는 행정학이 공공성을 지향하는 정부의 행위를 연구 대상으로 삼는다고 말한다(박종민 외 편, 2011: 148). 이런 인식의 연장선에서 공공의 문제와 관련된다면 연구 대상은 기업, 국제기구, 시민사회를 가리지 않는다. 정책연구에서도 통일정책, 과학기술정책, 교육정책, 경제정책, 사회복지정책 등이 모두 행정학의 연구 대상이 된다. 이런 고유한 주제 영역 설정에 대하여 완곡한 비판의 목소리도 있다.

최병선은 공공성에 대한 바른 이해를 바탕으로 할 때 정부의 역할과 기능이 무한히 확대되고 정부가 비대화하는 현상을 방지할 수 있다고 지적한다(박종민 외 편, 2011: 159). 그는 또한 행정학의 고유성과 관련하여 정부의 속성, 정치와 행정의 관계, 정책, 제도, 개혁의 정치경제적 속성에 관심을 둬야 한다고 말한다. 왜 정부는 실패하는가? 왜 정치는 그런 방향으로 작동하는가? 왜 행정은 그런 식으로 대응하는가? 왜 정책은 뜻대로 되지 않는가? 왜 개혁은 실패하는 일이 더 많은가? 등의 물음에 답하는 것이 행정학의 의무라고 지적하면서 다른 학문 분야 사람들이 가지고 있는 생각이나 기대, 전제와 가정이 왜 잘못된 것인지를 지적해 주는 네거티브 지식(negative knowledge)을 제공하는 데 행정학의 고유성이 있음을 강조한다(박종민 외 편, 2011: 160~161).

사실 전통적인 의미에서 공공행정(public administration)은 관리 영역을 떠나서 생각하기 어렵다. 미국의 대학에서도 행정학 프로그램 명칭이 공공의 문제(public affairs)로 바뀐 지 오래다. 하연섭은 행정을 관리 차원으로 좁게 정의하지 말고 사회과학의 기본 개념의 세 가지 묶음, 즉 첫째 묶음(합리성, 정치, 제도), 둘째 묶음(이익, 아이디어, 제도), 셋째 묶음(정보, 유인, 제도)을 토대로 우리의 공적 영역을 분석하는 것을 행정학 연구의 고유 영역으로 정의할 수 있다고 말한다(박종민 외 편, 2011: 166).

한편, 이론과 관련하여 현존하는 분과학문들을 보면 다른 학문의 이론을 차용하거나, 아니면 차용한 이론을 근거로 이를 더욱 발전시키는 일련의 과정을 거쳤음을 발견할 수 있다. 관료제이론, 정책결정이론, 관료조직행태론, 공공조직관리론 등은 행정학 연구를 통해 독자적으로 개발한 이론들이다. 행정학에 과연 일반이론(general theory) 또는 보편이론(universal theory)이 존재하는지에 대해 의문을 제기하는 경우가 있다. 어떤 이론을 일반이론이라 하는가? A이론을 통해 시간과 공간을 초월해서 나타나는 현상을 기술하고 설명할 수 있을 때 비로소 일반이론이라 할 수 있다. 언제, 어디서나 접하게 되는 모든 현상의 실체와 학문상의 의문을 풀어 준다면 그 이론은 일반이론으로 일컬어도 된다는 의미다. 이런 엄격한 차원의 관점에서 보면 행정학의 일반이론은 존재하지 않을 뿐만 아니라, 일반이론을 만들어 낸다는 것이 거의 불가능에 가깝다. 물리학에서의 아이작 뉴턴(Isaac Newton)이나 알베르트 아인슈타인(Albert Einstein)의 상응하는 수준에 이른 행정이론은 허버트 사이먼(Herbert A. Simon)의 행태이론이 아닐까라는 의견이 조심스럽게 제시되고 있지만(박종민 외 편, 2011: 155, 주3에서 최병선이 언급하고 있음), 시간이 흘러 사이먼의 이론적 설명 틀로 정보사회의 조직구성원에 대한 정확한 행태분석을 할 수 없다. 조직의 환경과 구조가 달라졌기 때문이다. 사회과학 이론은 역사성을 띨 수밖에 없다. 즉 맥락의존적이라는 말이다. 사회과학의 연구 대상의 위상과 관련하여 시간과 공간의 제약이 없는 진공상태를 전제하든지, 우주연구에서처럼 폐쇄 모형을 상정하기가 곤란하기 때문이다.

몬차(Monza) 시는 이탈리아 북부의 롬바르디아 주에 위치한 인구 12만여 명의 작은 도시다. 2004년 몬차 시위원회는 둥근 어항에서 금붕어를 키우는 행위를 금지하는 결정을 내렸다. 금붕어를 둥근 어항에서 키우는 것은 잔인한 행위라고 판단했기 때문이다. 왜냐하면 어항 안에서 바깥을 바라보는 금붕어는 실재를 왜곡한 상을 보기 때문이다. 따라서 시위원회는 금붕어를 장방형 수조에 두고 키워야 한다는 조례를 통과시켰다(호킹, 2010).

이 사례는 우리들에게 '실재란 무엇인가'라는 본질적인 질문을 던지고 있다. 우리가 세상을 보고 거기에서 일정한 법칙을 찾아내려는 과학활동이 과연 정당한 것인가라는 의문을 제기하기 때문이다. 우리가 보는 세상의 실재가 과연 왜곡되지 않은 상이라는 것을 어떻게 증명할 수 있을 것인가라는 의문에 봉착하는 탓이다. 우리는 힘을 받지 않는 물체의 운동을 직선운동으로 관찰하지만, 금붕어는 곡선운동으로 관찰한다고 알려졌다. 이런 왜곡된 '기준 틀(frame of reference)'을 토대로 금붕어는 과학법칙을 정식화할 수 있을 것이다. 우리도 어항 속의 금붕어처럼 거대한 렌즈에 의해 왜곡된 상을 보는 건 아닌지 의문을 가질 수 있다는 지적이다. 스티븐 호킹은 '그림이나 이론에 의존하지 않는 실재의 개념은 없다'라고 말한다. 그의 입장에 따르면 이론은 결국 모형의 요소들을 관찰 자료와 연결하는 규칙이라고 할 수 있다.

M이론은 1994년 미국 프린스턴 대학교의 물리학자 에드워드 위튼(Edward Witten)이 제안한 개념이다. 간단히 말하면 11차원의 막이론이다. 1960년대 후반에 등장한 '끈이론'을 발전시킨 이론이다. 끈이론은 기본 입자가 점이 아니라 끈(string)이고, 전자와 쿼크 같은 다양한 입자는 끈의 진동 패턴이 달라서 나타난 결과라고 해석한다. 끈이론은 10차원 시공간에서 성립한다. 다만 끈이론에 따르면 우리가 살고 있는 시공 4차원의 세계는 10차원 가운데 6차원이 말려 있는 상태라고 이해한다. M이론은 다양한 이론들의 집합체를 일컫는 이름인데, 각각의 이론은 물리세계의 특정 범위에 한해서만 관찰을 타당하게 서술한다.

도법 하나를 사용해서는 2차원 평면에서 지구의 표면 전체를 올바로 보여 주지 못한다. 메르카토르 도법은 양극으로 갈수록 면적이 넓어져 남극과 북극을 표현할 수 없다. 따라서 여러 도법을 짜깁기해야 지구 전체를 충실하게 표현할 수 있듯이 M이론의 다양한 버전이 우주를 이해하는 데 필요하다. M이론의 법칙들은 여분의 공간이 어떻게 말리느냐에 따라서(차원이 축소되는 방식에 따라서) 다양한 법칙의 지배를 받는 우주가 나타날 수 있다. 그 가짓수는 무려 1만 500이나 된다. 우주가 몇 개의 법칙을 따른다는 전제가 허물어질 수 있다는 의미다. 우주를 설명하는 통일된 유일한 법칙이나 이론이 있을 수 없다는 뜻이다. 하물며 우리가 사는 세상 속에서 다양한 사람들의 집합체가 드러내는 복잡한 현상을 한둘의 법칙이나 이론으로 모두 포괄하여 기술하고 설명하며 게다가 예측까지 할 수 있으리라는 기대는 아예 하지 않는 것이 현명할지도 모른다.

그렇다고 해서 이론 형성의 학문적 노력을 포기하는 것이 옳다는 뜻은 아니다. 보다 현실적으로 우리는 시간과 공간이 교차하는 역사적 좌표에서 일정한 영역의 현상을 제대로 기술하고 설명할 수 있는 이론을 천착하는 노력을 할 수밖에 없다. 그렇게 해서 나온 이론으로 현상을 전체 영역 중에서 반(1/2) 정도만이라도 기술하고 설명할 수 있다면 이를 가리켜 중범위이론(middle-range theory)이라고 한다. 중범위에 해당하는 영어 표현 'middle-range'는 방목장의 크기가 다른 목장과 비교할 때 중간 정도의 폭을 지닌 것을 일컫는 말이다. 우리말 번역이 본래의 의미를 정확히 전달하지 못한다는 느낌이 있다. 지구의 표면을 구분한 이름으로 사용하는 대(帶)를 원용하여 중간대, 중폭이라는 의미를 잘 살린 번역어를 찾는 것도 생각해 볼 일이다. 가로세로 6마일(약 9.6km²) 넓이의 마을 구역, 동물이 먹이를 찾아 돌아다니는 구역, 총을 쐈을 때 실탄이 도달하는 거리, 수렵하기 위해 돌아다닐 수 있는 구역의 의미로 '범위(range)'라는 말을 사용했던 것을 감안하여 여러분은 '중범위(middle-range)'의 뜻을 이해하기 바란다. 그러니까 이론으로 기술하고 설명할 수 있는 구역이 바로 이론의 범위라는 의미다. 그래서 대개의 사회과학에서는 중범위이론 형성에 노력을 기울이고 있다. 관료제이론, 정책이론, 조직이론에 속하는 특정 이론이 여기에 속한다.

한편 이론은 '개념들의 유기적 연결망'이라고 할 수 있다. 우리는 일반적으로 개념의 망을 통해 현실을 묘사(또는 기술)하고 설명하며, 예측하기도 한다. 우리가 세상을 보는 것은 머릿속에 있는 '개념의 창(conceptual window)'을 통해서다. 어쩌다 우리는 주변에서 특정인을 향해 '개념 없는 사람'이라고 말하는 것을 들을 때가 있다. 바로 그 개념들의 유기적 연결망이 이론인 셈이다. 다만 학문의 세계에서 사용하는 개념이라는 점이 일상생활의 언어와 다르다는 것에 명심해야 한다.

일반적으로 후발 분과학문에서는 기존 분과학문에서 사용하는 개념을 원용한다. 개념이 현실의 모습을 담은 생각의 그릇인 이상 우리는 생각의 그릇에 담긴 것을 통해 세상을 이해할 수밖에 없다. 행정학과 같이 역사가 일천한 학문의 경우 앞서 발전한 정치학, 사회학, 경제학, 종교학, 철학, 생물학, 화학, 물리학 등의 개념을 빌려 쓸 수밖에 없다. 한 예로 관료제 현상을 기술하고 설명하는 데 권력, 구조, 기능, 효율, 엔트로피, 항상성, 융합, 피드백, 투입과 산출, 시스템의 개념이 유용하게 사용되었다.

개념(槪念)에서 '개(槪)'는 평미레를 의미한다. 평미레는 쌀을 됫박 속에 담고 됫박 위를 평평하게 긁어낼 때 쓰는 나무로 둥글게 또는 납작하게 만든 것이다. 됫박 위를 넘치지 않게 쌀을 담기 위한 도구이자 정확한 계량을 위해 고안한 기준선 같은 것이다. 됫박 안에 담긴 쌀 한 톨 한 톨이 바로 생각[念]의 알갱이라고 보면 개념이 함축하는 의미를 대략 짐작할 수 있다. 이렇게 본다면 됫박의 크기에 따라 홉[合], 되[升], 말[斗]이 있듯이 비유적으로 말하면 개념도 홉 개념, 되 개념, 말 개념이 있을 수 있다. 이들 간의 차이는 생각의 크기다. 개념의 크기가 커질수록 생각의 가짓수가 많아지고 생각의 폭도 넓어진다. 개념의 크기에 따라 세상을 이해하는 폭이 달라진다는 의미와 연결된다. 대표적으로 말[斗]은 볍씨를 재는 그릇이다. 그래서 벼[禾]를 말로 재는 것을 과(科)라고 한다. 과학의 핵심적인 의미가 여기에 함축되어 있다. 즉 과학의 본질적 요소는 측정하고 재는 것이라는 말이다. 말[斗]에 정확히 맞도록 곡식을 채웠는지 눈으로 똑바로 관찰하는 것이 측정의 핵심이다. 그러니까 측정과 관찰은 과학의 핵심적인 활동이 된다.

결국 분과학문의 요건 중에서 '개념적 경계'의 문제는 해당 개념을 통해 설명하고 기술하고 예측할 대상에 대한 현상의 범위라고 이해된다. 홉 개념, 되 개념, 말 개념과 같이 개념의 크기가 커질수록 개념의 영역과 경계는 확대된다. 하의어(hyponym), 상위어(hypernym)도 결국 포괄하는 영역의 크기를 지칭하는 말이다. 개념이 포괄하는 영역이 커지면 개념의 추상화 수준도 높아진다. 한국의 행정조직, 미국의 행정조직, 일본의 행정조직 등에서 행정조직의 개념은 현실적으로 관찰 가능한 현실을 지칭하고 있다. 한편 정부조직의 개념은 행정조직보다 다소 추상적이다. 정부조직보다 더 높은 추상화 단계에는 '관료제'라는 개념이 자리한다. 저수준이론(low-level theory), 중범위이론, 일반이론으로 옮아갈수록 개념 영역의 크기에 따른 추상화 수준이 높아지는, 이른바 '개념 확장 현상'을 볼 수 있다.

끝으로 분과학문으로 성립되기 위한 조건 가운데 대학의 학과 설치가 있다. 학과의 의미가 '분과(separate division)'의 뜻을 함축한다. 즉 '쪼개다', '분리하다', '조각내다'의 의미를 담고 있기 때문에 독립적인 분과학문으로 지속성을 갖추기 위해서는 대학조직인 학과를 통해 학문활동이 이루어져야 한다. 더욱이 후속 세대의 발굴과 육성은 분과학문의 지속 가능성을 담보하는 데 필수적인 요건이 되기 때문에 학과는 이 대목에서 일정한 역할을 한다. 보편성을 뜻하는 라틴어 '우니베르시타스(Universitas)'를 대학이라고 한 것도 보편성, 즉 진리와 미덕을 탐구하고 교육한다는 뜻을 담고 있기 때문이다.

지금까지 분과학문의 성립 요건에 따른 과학으로서의 행정의 실재를 살펴보았다. 과학으로서의 행정에 대한 올바른 평가를 하려면 이러한 요건과 더불어 실질적인 차원에서 연구 내용과 방법에 대한 진단이 요구된다. 로버트 달(Robert Dahl)이 일찍이 행정연구에서 과학성을 제고하기 위해서는 무엇보다 '비교연구'를 해야 한다는 점을 역설한 바 있다. 이론 형성 과정에서 가장 기본이 되는 과학활동이 바로 '비교' 방법이라는 점을 염두에 둔 발언으로 생각된다. 행정연구에서 비교연구가 활발히 이루어져야 한다는 당위성에도 불구하고 지나치게 미시적인 연구에 천착하다 보니 거시적인 차원의 비교연구를 소홀히 여기는 경향이 두드러지게 나타나고 있다. 더욱이 최근 연구 경향을 보면 행정학의 학문적 독자성과 역행하는 일이 벌어지고 있음을 목도하게 된다. 예컨대 도시행정, 교육행정, 보건행정, 사회복지행정, 경찰행정, 환경행정, 산업행정과 같은 분야를 대학의 커리큘럼에서 개설하는 것이 행정학의 외연 확대 차원을 넘어 이론 형성에 오히려 혼란을 초래한다는 비판을 받고 있기 때문이다. 이들 연구가 정부용역과 직간접적으로 연결되어 있을 경우 비판의 강도가 더욱 세어진다.

이런 맥락에서 드와이트 왈도(Dwight Waldo)는 행정학의 성격, 주제 및 연구방법에서 도전적인 문제 제기가 있었음을 지적했다. 한편 허버트 사이먼은 이에 해답을 제시하려 했지만, 관심 영역의 확대로 행정학이 무엇이며 왜 연구해야 하는지에 대한 확신이 없다고 자성하기도 했다. 행정학이 정치학의 분과학문이라는 생각에서 벗어나 전문직업적 관점에서 바라보는 것이 정체성의 문제를 푸는 데 도움이 된다고 했다. 왈도의 행정학에 대한 전문직업적 관점은 의학에 비유된다. 의학은 몸의 기관에 대한 여러 학문의 지식을 활용하는 과학이자 기술이듯이 행정학도 정부의 다양한 활동과 역할을 이해하기위하여 여러 학문의 이론과 지식을 활용하는 과학이자 기술이기 때문이다. 결론적으로 말해서, 과학으로서의 행정에 대한 논란은 앞으로도 지속될 가능성이 높다.

3. 이론의 위기

이론(theory)이라는 말은 고대 그리스어인 '테오리아(*Theoria*)'에서 나왔다. 테오리아는 자아를 발견하기 위한 '고독'을 의미한다. 혼자 있는 시간에는 외로움을 느낀다. 나 외에 다른 사람이 옆에 없을 때 느낄 수 있는 감정이다. 때로는 남들과 같이 있어도 심리적으로 혼자라고 느낀다. 미국의 사회학자 데이비드 리스먼(David Riesman)은 『고독한 군중(*The Lonely Crowd*)』(1950)에서 대중사회 속 군중의 심리적 모습을 서술하고 있다. 홀로 있는 시간에 느끼는 감정 중에는 고독이 있다. 이것은 외로움과는 다르다. 다른 사람이 없다는 것을 의식하지 않고 자기 스스로 자유롭다고 생각하며 이를 즐기는 상태다. 명상을 하거나 자신의 내적 탐구와 성장을 위해서는 고독의 경험이 필수다. 독일의 작곡가 요하네스 브람스(Johannes Brahms)의 좌우명이었던 '자유롭게, 그러나 고독(Frei aber Einsam)'에서처럼 고독을 통해 자유를 보상받는다. "진리가 너희를 자유케 하리라"는 성구가 지적하듯이 자유의 보상은 진리에의 도달과도 맥이 통한다. 진리에 도달하는 나침반인 이론은 고독을 통해 나오는 것이라는 점이 흥미롭다.

중세 교회에서는 테오리아를 라틴어로 번역하여 '내면 보기', '내면 관조하기(contemplatio)'라는 뜻으로 사용했다. 이 말은 원래 하늘을 나는 독수리의 눈을 가지고(con), 자신이 우주의 중심(temple)으로 향해 가고 있는지를 관조하는 행위를 뜻한다. 거듭 강조하지만 이론은 고독의 시간을 품고 태어난다. 마키아벨리의 『군주론(Il Principe)』, 사마천의 『사기』, 정약용의 『경세유표』와 『목민심서』는 칩거와 유배 생활이라는 고독의 시간을 거쳐 나온 것이다.

한자어 이론(理論)은 또 다른 뉘앙스를 포함하고 있다. 이(理)는 원래 옥(玉)에 난 무늬 결(조리)을 의미하며, 그 무늬 결에 따라서 옥을 다듬는 것을 가리키기도 한다. 사물의 모든 조직에는 일정한 패턴이 존재하기 때문에 자연스러운 무늬 결에 기초하여 쪼개고 다듬을 수 있다. 이런 의미에서 '이(理)'는 구분과 조리의 뜻을 함축하고 있다 (김승영, 2013: 184). 그래서 무늬 결을 따라 쪼아야 옥이 깨지지 않는다는 뜻에서 '다스리다'의 의미가 나왔다. '옥의 무늬 결처럼 짜인 것'이라는 의미로부터 하늘이나 세상의 이치, 사리, 도리, 본성 등의 뜻이 나왔다. '론(論)'은 사리를 분석하여 조리 있게 말로 설명하고 논의하는 것이다. '의논하다, 가늠하다, 차례를 매기다, 연구하다, 조사하다' 등의 뜻이 여기에서 기인한다. 따라서 이론은 옥의 무늬 결처럼 짜인 것을 깨뜨리지 않고 잘 분석하여 사리를 조리 있게 말로 설명할 수 있어야 한다는 의미를 함축한다.

전통적으로 통용된 이론의 의미는 현실을 설명하고 예측하기 위한 명제들의 집합이다. 지극히 추상적인 뜻이다. 좀 더 실용적인 차원에서 이론을 정의하는 것을 생각해 봐야 한다. 실재나 현실을 잡아내거나 담아내기 위해 고안된 유기적으로 연결된 개념들의 망이 바로 이론이다. 망을 어떻게 짤 것인가에 대한 영감을 제공하는 것이 '은유(metaphor)'다. 은유에 따라 망에 들어갈 개념과 개념의 관계가 결정된다(김경만, 2015: 118).

또한 이론은 현상의 관찰로부터 시작하여 변수의 설정, 가설 수립, 개념 형성을 통해 도달하는 위계구조에서 가장 높은 자리에 위치하고 있다. 이렇게 만들어진 이론은 어떤 기능을 수행하는가? 요약하면 이론은 세 가지 기능을 담당한다. 즉 현상의 기술(description), 현상의 설명(explanation) 그리고 현상의 예측(prediction) 기능이다. 현상을 기술한다는 것은 현상의 존재 유무를 밝혀 준다는 뜻이다. 현상을 설명한다는 것은 현상의 존재 이유에 대한 물음에 답하는 것이다. 현상을 예측한다는 것은 미래 시점에서 현상이 어떤 모습으로 나타날지에 관해서 현재의 시점에서 예견하는 것을 의미한다. 즉 현상의 변동 상황을 지적하는 것을 예측이라 한다. 이론의 세 가지 기능 모두 다 매우 중요하지만 학자들은 특히 설명과 예측을 중시한다.

영국의 철학자 휴얼은 귀납의 통섭(consilience of induction)이라는 개념을 통해 '좋은 과학'의 기준을 제시하기도 했다. 그에 따르면 좋은 이론이란 다양한 현상을 몇 가지 원리나 법칙으로 모두 포괄하고 설명할 수 있어야 한다는 것이다. 한 이론이 경쟁하는 다른 이론보다 경험으로 관찰 가능한 다양한 현상을 더 많이 설명할 수 있을 때 비로소 강한 '통섭력(power of consilience)'을 갖는다고 말할 수 있다(김경만, 2015: 78). 이런 맥락에서 통섭의 개념은 여러 가지 이질적인 이론이나 분과학문을 뒤섞는다는 의미와는 전혀 다르다. 통섭은 이론의 설명력과 밀접히 관련된 개념이다. 설명력과 예측력이 강한 이론을 만들려면 이론의 토대가 되는 자료 및 데이터의 제약을 뛰어넘어야 한다. 제한된 자료와 데이터에서 나온 이론이 설명력과 예측력을 강하게 표현할 수 없는 것은 당연하다.

그러나 최근 들어 많은 연구자들이 빅데이터를 수집하고 이를 분석할 수 있는 도구를 활용하면서 과거의 스몰데이터(small data)에 의지하여 추론했던 이론적 지식이 현실과 괴리를 보였던 구조적 한계를 극복하고 있다.

원래 데이터(data)는 라틴어 *datum*에서 나온 말로 '주어진 것(thing given)'을 뜻한다. 사족이지만 주어진 것의 비밀이 숨겨진 책이라고 하는 유클리드(Euclid Alexandreiae)가 쓴 책 제목도 『데이터(*Δεσομένα*)』이다. 정보기술의 발달에 따라 기술에 의한 정보생산량이 급증하는 요즘이다. 수도시설은 도시 성장의 견인차 역할을 했고, 인쇄술은 계몽주의 운동을, 신문은 민족국가의 등장을 가능하게 했다. 데이터의 등장으로 정보 세상이 열리면서 보다 풍부한 인간에 대한 이해를 가능하게 했다. 빅데이터의 도움으로 우리는 세상을 사건의 연속으로 보지 않게 되었다. 그 대신 세상이 본질적으로 정보로 구성된 우주임을 알게 되었다. 존재하는 모든 것의 기반은 원자가 아니라 정보라고 말이다. 세상을 정보로 보면 우리는 이전에 보지 못했던 관점으로 현실을 보게 된다. 또한 빅데이터의 등장으로 의사결정 방법의 변화를 초래하고 있다. 일반적인 의사결정이 데이터 중심의 의사결정으로 변모하고 있는 것이다. 즉 사실 요소, 숙고, 많은 추측을 근간으로 한 기존의 일반적인 의사결정 패턴이 대안 탐색 이전에 최적 대안을 예측할 수 있고, 기존의 의사결정 과정을 단축시키며, 의사결정을 할지 여부를 판단할 수 있는 데이터 중심의 의사결정 패턴으로 탈바꿈하고 있다는 의미다.

표본(sampling)을 통해 스몰데이터를 구하여 분석한 후 추론의 경로를 따라 일반화에 도달하려는 정보분석 방법론은 100여 년의 역사밖에 되지 않는다. 스몰데이터 분석방법은 정보 부족 시대의 발명품이다. 아날로그 시대에서 정보를 다룰 때의 한계의 산물이다. 휴대전화 통화로 드러나는 인맥 정보, 트위터를 통해 알 수 있는 정서와 정보가 고스란히 수집되고 분석되는 요즘이다. 그리고 가장 중요한 것은 샘플 추출이 필요 없게 되었다는 점이다. 빅데이터 시대에 무작위 샘플을 찾는 것은 자동차 시대에 말채찍을 드는 것과 같다.

링크드인(Liked in)에서는 경험을, 트위터(Twitter)에서는 기분을, 페이스북(Facebook)에서는 인간관계에 관한 정보를 분석하여 사람의 정서분석 결과를 제시할 수 있는 세상이 된 것이다. 스몰데이터 세상에서는 깊이, 정밀성, 경험 중시의 사고를 하는 스페셜리스트(specialist)가 주목을 받았다면, 빅데이터 세상에서는 넓이, 경향성, 통찰 중시의 사고를 하는 제너럴리스트(generalist)가 필요하게 되었다. 빅데이터 시대에 우리는 인과관계라는 '관계' 집착에서 벗어나 상관관계라는 새로운 '연관성'에 주목함으로써 보다 유용한 문제해결 단계에 접근할 수 있게 된 것이다.

모든 것이 다른 무언가에 의해 유발된다면 우리는 아무것도 자유롭게 결정할 수 없다. 그러므로 인간의 자유의지는 존재하지 않는다. 우리가 결정하는 모든 것과 생각하는 모든 것이 다른 무언가에 의해 유발되었고, 그 다른 무언가는 또 다른 원인에 의해 결과가 나타날 테니 말이다. 모든 생명의 궤적은 단순히 결과를 만든 원인에 의해 결정될 것이다. 그래서 철학자들은 인과성을 둘러싸고 격론을 벌여 왔다. 때로는 인과성을 자유의지의 반대편에 두기도 했다. 찾기 힘든 인과성에 매달리는 대신 상관성을 존중하자는 것이 빅데이터의 가치를 주장하는 사람들의 입장이다. 빅데이터에서는 중요한 것이 결론일 뿐 이유가 아니다. 어떤 현상의 원인을 항상 알아야 할 필요는 없다는 것이다. 패턴이나 상관성을 찾아내어 새로운 이해와 통찰을 얻는 것이 중요하다고 본다. 우리가 만들고 운용하는 대부분의 제도는 정확하고 인과원칙을 따르는 소규모 정보에 기초해 의사결정을 내린다는 가정하에서 세워졌다.

어떤 현상을 분석할 때 상관성은 그 현상의 내부 원리를 알 수 있는 해결의 실마리를 제공하고, 무엇이 그 원리를 아는 데 유용한 대용물이 될 수 있는지를 알려 준다. 상관성 개념은 1888년 찰스 다윈(Charles Darwin)의 사촌인 프랜시스 골턴(Francis Galton) 경에 의해 발표되었다. 그는 남자들의 신장과 팔뚝 길이 사이에 어떤 관계가 있음을 알아챘는데, 그 뒤에 숨겨진 수학적 원리는 상대적으로 간단하면서도 강력한 것이었다. 이것은 상관성의 핵심적 특징 중 하나이며, 바로 이 특징 때문에 상관분석은 가장 널리 이용되는 통계 척도가 되었다.

가설 주도의 세상에서 데이터 주도의 세상으로 이행되면서 더 이상 이론이 설 자리는 없어지는 게 아닌가라는 문제가 제기되었다. 2008년 「와이어드(Wired)」지 편집장 크리스 앤더슨(Chris Anderson)은 데이터 홍수로 과학적 방법은 구식이 되었다고 지적했다. '페타바이트(petabyte)의 시대'라는 제목의 커버스토리에서 앤더슨은 이제 이론의 종말이라고 불러도 손색이 없는 시대가 왔다고 선언했다. 종전에는 이론을 입증하는 것으로 데이터의 역할이 한정되었다면 이제는 빅데이터로부터 다양한 이론화가 가능하다고 주장했다. 가설, 모델, 검증의 단계를 거치는 과학적인 접근방법은 데이터 범람 속에서 쓸모없는 것이 되어 가고 있으며, 모델을 찾지 않아도 가설이 없이도

데이터를 분석할 수 있다는 것이다. 통계 알고리즘이 패턴을 발견하도록 해야 한다는 지적이다(Anderson, 2008).

전통적인 과학적 지식의 발견 과정은 쇠퇴하고, 이론이 필요 없는 순수한 상관성이라는 통계분석이 그 자리를 대신하고 있다는 지적이 많다. 그 근거로 양자물리학이 거의 순전히 이론적인 분야가 되었다고 말한다. 그 원인은 양자물리학의 실험 비용이 너무 비싸고, 실험 규모나 복잡성이 너무 크기 때문이다. 이제 이론은 현실과 아무런 관련이 없어졌다고 한다. 새로운 방법론의 예시로 구글(Google)의 검색 엔진과 유전자 분석을 든다. 지금은 대량의 데이터와 응용수학이 다른 모든 분석 틀을 대신하고 있다. 데이터만 충분하면 숫자들은 스스로 입을 연다고 말한다. IBM의 빅데이터 전문가 제프 조나스(Jeff Jonas)는 이후 모든 연구에서 데이터가 말하도록 해야 한다고 역설했다. 데이터 이외에 이론적 추론이 필요 없다는 것이다.

빅데이터 분석의 유용성을 크게 신뢰하는 사람들은 과연 "이론이 필요한가?"라는 의문을 품고 있다. 크게 양보하더라도 "기존 이론들이 과연 앞으로도 유용할 것인가?"라는 문제를 인식하고 있는 것이다. 왜냐하면 기존 이론들은 기본적으로 스몰데이터에 근거하여 만들어졌기 때문이다. 여기에 시간의 함수가 작용하고 있다. 산업사회에서 정보사회로 이행함에 따라 생산관계가 바뀌고 새로운 정보양식에 의한 가치관, 욕구, 동기, 필요와 선호 등이 변했다. 이에 따라 조직의 목표와 가치, 구성원의 가치 그리고 업무수행 과정과 기술 등에서 커다란 변화가 있기 때문에 과거에 적실성을 지녔던 이론으로 지금의 상황을 기술하고 설명하고 예측하는 것이 불가능할 뿐만 아니라, 비합리적이라는 인식이 바탕에 깔려 있다. 이론의 유용성에 대한 회의는 이론의 무용론으로 곧잘 이어진다.

그렇다면 과연 이론의 종말이 오는가? 이와 같은 도전적인 질문에 "결코 그렇지 않다"는 단호한 입장이 보다 더 큰 설득력을 얻고 있다. 즉 빅데이터를 옹호하는 사람들이 흔히 데이터가 말한다고 하지만 "결코 스스로 말하는 데이터는 없다"는 견해를 피력하고 있다. 데이터는 언제나 해석을 기다리고 있을 뿐 자발적으로 해석의 결과를 제시하지 않는다는 것이다. 무엇을 찾는지 알지 못하면 알고리즘을 만들 수 없다. 무엇이 의미 있는 질문인지, 아닌지를 판단하는 기준은 이론에서 나온다는 것이 이들의 주장이다. 이론이 질문을 만들고, 동시에 질문의 의미를 찾게 도와준다는 것이다. 게다가 이론이 원인을 발견하도록 안내하기도 한다. 그래서 빅데이터는 이론의 종말이 아니라고 말한다. 데이터와 이론, 이론과 데이터는 선후의 문제가 아니다. 오히려 빅데이터는 모든 고민과 근심, 그 도전 어린 질문의 시작인 것이다.

빅데이터 분석도 이론에 기초하기 때문에 이론에서 벗어날 수 없다는 것이 이들의 입장이다. 이론은 방법뿐만 아니라 결과까지도 결정한다. 데이터를 선택하는 방법에서부터 무엇을 발견하는가도 이론에 의해 달라진다. 이론은 결과를 해석할 때에도 적용된다.

이러한 상황에서 과연 행정이론의 미래는 어떻게 될 것인가? 이론과 관련하여 빅데이터를 말하면서 빅데이터의 무용론에 손들기는 곤란하다. 사회과학 이론이 역사성의 굴레를 벗어나기는 쉽지 않다. 특히 맥락의존성과 조응성이 높은 행정학의 학문적 특성을 감안할 때 현실적 맥락을 벗어난 채 행정이론의 형성과 발전이란 불가능하기 때문이다. 따라서 최근 전개되는 상황을 고려할 때 우리 앞에 공공정보의 수집과 분석 메커니즘의 변화가 다가올 것이 분명하다. 기존 방법론의 한계를 극복할 수 있는 다양한 자료 및 정보수집 방법과 분석

기법의 등장이 이러한 변화 징후의 단초라고 생각된다.

서울특별시가 심야버스 노선 결정을 위해 빅데이터를 이용한 사례가 제시된 이후 공공부문에서 빅데이터를 활용한 정책 어젠더의 개발과 정책집행 사례가 속속 나오고 있다. 이러한 사례들이 쌓이게 되면 기존 행정이론의 재편 과정에 영향을 끼치게 될 것이다.

상관관계에 주목하는 빅데이터 분석은 사실 속에 숨겨진 경향성과 패턴 탐색을 통해 기존 이론에서 간과했던 측면을 발견할 수 있도록 한다. 이로써 현실적합성을 지닌 이론 추구가 가능하고 강력한 문제 해결 능력을 지닌 이론 개발이 이루어질 것이다. 이것이 이론과 현실의 괴리를 좁히면서 이론의 현실적합성 또는 이론의 공적 유용성(public utility of theory)은 더 높아질 것이다.

이러한 상황을 고려할 때 종래와는 다른 차원에서 정부에 대한 새로운 이해가 요구된다. 기존 생산조직의 능률성에 초점을 둔 행정조직관리 이론에 따른 정부조직의 이해방식을 지양해야 한다는 의미다. 정부 실체에 대한 적나라한 모습을 파악할 때 비로소 정책 산출과 집행, 그리고 정부와 국민 간 관계양식의 변동에 대한 올바른 이해에 도달할 수 있을 것이다. 또한 기존 정부의 역할과 기능으로부터 새로운 패턴의 변화를 꾀할 것이 요구되는 상황에 적절히 대응할 수 있을 것이다. 정부조직은 복잡하고 다양한 실체로 진화하고 있다. 왜냐하면 정부조직은 하나의 생명과 유사한 특성을 갖고 있는 '살아 있는 계(vivisystem)'이기 때문이다(켈리, 2015: 19). 사실상 정부조직도 생명체와 같이 끊임없이 생성·소멸, 성장과 발전을 통해 진화해 왔다. 앞으로도 지속적으로 조직 모양, 구성원의 의식과 가치관, 과정, 기술, 피드백 시스템 등에서 변화가 나타날 것이다. 이러한 상황들은 행정이론의 위기를 말해야 하는 지점이기도 하다.

4. 이론의 맥락의존성

왜 이론의 위기 상황이 대두되었는지를 지적하기 전에 기존 이론이 어떤 맥락에서 출발했는지를 간략하게 정리해 보고자 한다. 기술적 변화, 경제적 변화(자본주의와 국제경쟁), 사회적 변화(구조적 변동, 가치의 변화) 등의 다양한 맥락이 정부 행태에 영향을 미침에 따라 다양한 정부이론이 제시되어 왔다. 이처럼 행정이론은 맥락의존성의 틀에서 벗어나기 어렵다.

과학적 관리론은 1900년대의 공장 개혁의 산물이다. 대량생산을 통한 이윤창출에 초점을 둔 과학적 관리운동은 위대한 정신혁명이라고 칭송되지만, 핵심은 기업가의 이윤 극대화에 있다. 미드베일과 베들레헴 철강회사에서 체험을 통해 얻은 실험적 결과가 과학적 관리론으로 제시되었다. 이론 제시가 자본주의의 발전과 같은 맥락을 가지고 있다. 다시 말해서 테일러의 생산조직에 관한 담론은 공리주의 전통이 깊고 자본주의 시장이 이전보다 더욱더 팽창하던 세기 전환기 당시 미국 경제의 필요성에 부응하는 것이었다(이영석, 2012: 260).

일반적으로 알려진 것과 달리 유럽의 기업가들은 일찍부터 '테일러주의(Taylorism)'에 관심을 가지고 있었다. 영국에서는 1905년 홉킨슨 제철소 연구원들이 테일러 방식을 검토했고, 영국 공장의 실정에 적용하기 어렵다는 결론을 내렸다. 독일에서는 보르지히 제철소 지배인이 테일러주의에 입각해 작업현장을 재조직하려고 했으나 노동자들의 격렬한 반대에 부딪쳤다. 프랑스에서도 테일러주의가 과다노동을 조직적으로 추구하는 책략이라는 비난이 일었다. 이런 점에서 보더라도 테일러주의는 미국적 상황 및 미국 문화의 산물이다(이영석, 2012: 266). 그래서 과학적 관리라는 말이 유럽에서는 합리화라는 표현으로 등장하기도 했다.

1930년대 인간관계론은 제1차 세계대전의 충격에 따른 심리학의 인간에 대한 연구 결과를 산업현장에 적용함으로써 여전히 생산성 증대라는 기업가의 논리를 충실히 따르는 이론적 정향이다. 호손 공장에서의 연구는 과학적 관리론과 전술적 차이를 보일 뿐 전략적 맥락에서는 동전의 앞뒷면의 관계다. 조지 엘턴 메이오(George Elton Mayo)의 인간관계론은 1927년부터 약 5년간 F. J. 뢰슬리스버거(Roethlisberger) 등과 함께 웨스턴 전기회사의 호손 공장에서 이른바 '호손 연구(Hawthorn research)'를 통해 제시되었다. 산업사회학을 확립하는 데 기여한 연구라고 할 수 있다.

계전기 조립 실험실 실험(1927. 4~1932. 5)에서는 두 명의 여공이 자기가 좋아하는 다른 네 명의 여공을 선택한 후에 작업을 하도록 했다. 이 실험에서 종업원들은 물질적 작업조건보다는 인간적 요인, 즉 감정과 심리적 요인이 더 영향을 미친다는 사실을 발견하게 되었다. 배전기 권선 작업을 하는 종업원 열네 명을 선발하여 면접 및 관찰을 한 실험에서는 회사의 조직 이외에 드러나지 않은 자생적 집단이 형성되어 있거나 되고 있는 것을 발견했다. 스몰데이터에 기반 한 연구 결과라는 점을 여실히 보여 준다.

빅터 브룸(Victor H. Vroom)의 선호-기대 이론을 제시할 때의 경험적 자료 역시 샘플 사이즈가 100여 명에 불과하다(Vroom, 1964). 기대 개념에 입각한 후속 연구들에서도 표본의 크기가 200명 안팎이다(House, 1971: 321~339).

1929년 세계대공황을 타개하기 위한 프랭클린 루스벨트(Franklin Roosevelt) 대통령의 뉴딜정책은 거대정부 지향과 행정국가로 이행하는 경향을 심화시켰다. 이러한 경제적 맥락 속에서 행정이론의 영역에서는 정치행정 일원론, 분권화이론, 민주적 리더십이론, 경험과학주의이론의 득세, 고전적 동기이론에 대한 비판이론 등이 제기되었다.

제2차 세계대전 후에는 미국의 해외시장 확대라는 국가이익과 함께 문화제국주의의 열망에 따른 연성전략(soft strategy)을 통한 국제정치적 진영 확장 전략이 전개되었다. 이런 정치경제학적 맥락에서 비교행정이론이 등장했다. 비교행정연구회(CAG: Comparative Administration Group)에 포드 재단의 재정지원과, 당시 대통령 직속 연방기관인 국제개발처(USAID: United States Agency for International Development, 지금은 국무성 산하 기관)를 통한 신생국가의 군부정권에 대한 각종 원조활동사업 등이 이를 반증한다. 국제개발처는 후에 군부독재정권을 지원하기도 하여 미국이 세계 확장 전략을 구사했다는 비판을 받기도 했다.

미국과 소련의 냉전체제하에서 존 F. 케네디(John F. Kennedy) 대통령이 뉴프런티어 정책(New Frontier policy)을 통해 소련과의 우주경쟁 및 쿠바 봉쇄 정책이 성과를 거두고 있던 중에 케네디 암살 사건이 발생했다. 부통령이었던 린든 존슨(Lyndon Johnson)이 대통령이 되면서 '위대한 사회(Great Society)' 건설을 위한 정책이 본격적으로 추진되었다. 한편 신행정이론은 존슨 대통령 재임 중에 일어났던 베트남전쟁 반대운동, 재정적자, 인종갈등 및 민권운동, 빈곤퇴치 요구 등 정치적·경제적·사회적 맥락에서 제시되었다.

공공선택론은 정부 서비스의 공급에서 시민의 선택권을 존중해야 한다는 사회계약론에 뿌리를 둔 민주적 정치이론에서 나온 이론적 발상이다. 거래비용이론이나 대리인이론도 마찬가지다. 비시장적 의사결정에 대한 경제학적 연구라고도 일컬어지는(Mueller, 2003: 1) 공공선택론은 정치적 맥락에 더 가깝다. 여기에서도 정부재정을 핵심에 두고 시장철학(market philosophy)을 구현하는 것이 공공선택론의 지향점이다. 공공선택의 문제는 시장경제이론을 정치시장과 같은 이론으로 일치시킨다는 것이다. 공공선택 이론가들은 시장 행태의 논리를 정치 영역에 적용한다. 정치를 공공재의 수요와 공급을 위한 시장으로 파악하고 있기 때문이다. 투표자를 소비자에 비유하고, 압력집단은 정치적 소비자 집단이며, 정당은 투표와 교환하여 경쟁적인 서비스와 세금의 꾸러미를 제공하는 기업가들로 본다. 정치선전은 상업광고와 같은 것이고, 정부기관은 공공회사가 된다(Self, 1985: 50~51). 공공선택론은 개인주의 국가론(individualist state theory)의 범주에 속한다.

거버넌스(governance)이론이 대두된 배경에도 정치경제적인 맥락이 자리 잡고 있다. 1970년대 이후 본격화한 과잉생산경제를 거버넌스의 기원으로 간주할 수 있다. 다시 말해서 1970년대 이후 세계경제를 과잉생산경제로 보고, 거버넌스를 '과잉생산경제에 대한 정부조직의 대응양식'이라는 인식도 존재한다(이재광, 2010: 19~24). 과잉생산경제 때문에 정부에 가해진 도전적인 환경변화는 무엇인가? 경쟁의 심화, 시민의 고객으로의 전위, 정부의 권력 약화로 요약된다. 민간부문에서의 경쟁이 공공부문으로 확장되었고, 시민의 힘(납세권)이 강화되면서 정부는 시민을 '고객'으로 간주했다. 더욱이 기업의 영향력이 확대되면서 상대적으로 정부권력이 축소되는 결과를 초래했다는 것이다.

신자유주의 행정이론은 1980년대 마거릿 대처(Margaret Thatcher) 정부의 국정운영의 산물이다. 미국의 로널드 레이건(Ronald Reagan) 행정부가 가세하면서 세계화(globalization)와 신자유주의는 세계경제

질서를 주도했다. 경제부문의 세계화가 '불만의 세계화'를 동반했다는 비판이 현실화한 것이 바로 영국의 유럽연합 탈퇴인 브렉시트(Brexit) 결정이다. 이는 개방과 자유화, 통합과 연결이 세계경제의 번영을 가져다줄 것이라는 글로벌 낙관주의에 제동이 걸린 것으로 해석된다. 신자유주의 행정이론의 유용성에 대한 재검토 작업이 필요하다는 점을 강력하게 시사하고 있는 것으로도 알 수 있다.

복잡계이론은 1980년대 산타페 연구소를 중심으로 활발하게 전개되었다. 복잡계이론의 발전과 이것의 사회과학적 적용은 '효율적 시장가설'의 붕괴와 복잡계 경제 시스템으로의 전환과 그 맥을 같이한다. 폴 새뮤얼슨(Paul A. Samuelson)에 따르면 시장은 마구잡이라서 예측을 허용하지 않는다. 그런데 미국 증시에 상장된 기업의 수익률 분포가 거듭제곱법칙을 따른다는 사실이 관찰되었다. 실물경제지표는 변동성, 수확 체감과 음의 되먹임(negative feedback) 등 복잡계의 대표적 특성을 보인다. 복잡계는 많은 수의 구성요소들이 자기조직화를 통해 집단적 성질에 의한 창발성을 드러낸다. 부동산 정책의 혼조현상, 수입산 쇠고기 반대 촛불시위, 메르스 코로나바이러스(MERS-CoV)의 확산 등은 복잡계이론으로 설명이 가능하다(윤영수·채승병, 2005: 6). 복잡계이론도 정보통신기술의 발달이라는 사회적 맥락을 토대로 설득력을 얻어 가고 있다.

5. 이론 위기의 원인

가설 주도에서 데이터 주도로의 변화

빅데이터를 수집하고 이를 분석할 도구가 개발되면서, 스몰데이터에 기반을 두어 추론의 여정을 따라가는 가설 주도의 방법에서 빅데이터에 입각한 상관성을 규명하는 데이터 주도의 방법론으로 옮겨가고 있는 추세다. 이에 따라 이론이 설 자리가 점점 좁아지는 게 아닌가 하는 문제 제기가 있어 왔다. 앞에서 이미 지적한 것처럼 앤더슨은 데이터 홍수로 과학적 방법은 구식이 되었다고 하면서 이론의 종말을 거침없이 단언했다. 또한 이론 입증을 위한 데이터의 역할이 빅데이터로부터 이론에 의한 발견 이상의 것을 기대할 수 있다고 주장했다. 가설, 모델, 검증의 단계를 거치는 과학적인 접근방법의 효용성을 부정하고 있는 것이다.

빅데이터 시대에 오로지 가설에만 의지해 어떤 변수를 검토할지 결정하는 것은 더 이상 효율적이지 않다. 데이터 집합이 너무 커졌고, 고려해야 할 분야도 훨씬 더 복잡해졌기 때문이다. 다행스럽게도 가설에 의한 접근법을 강요했던 많은 제약이 약화되었다. 데이터와 연산능력이 풍부한 지금은 이전처럼 수고롭게 한 개 또는 몇 개의 대용물만을 골라 하나씩 순서대로 검토할 필요가 없다. 이제 정교한 컴퓨터 분석기술이 최적의 대용물을 알려 줄 수 있다. 그래서 세상을 이해하기 위해 반드시 어떤 현상에 대한 타당한 가설부터 세워야 할 필요도 없다. 빅데이터를 통한 상관분석에서 데이터가 말하게 하면 되기 때문이다. 가설에 의한 접근법이 데이터에 의한 접근법으로 대체되고 있는 상황은 이론의 위기를 부채질한다.

인과성에서 상관성 중심으로 연구 초점의 변화

빅데이터 시대에 우리는 인과관계라는 '관계' 집착에서 벗어나 상관관계라는 새로운 '연관성'에 주목함으로써 보다 유용한 문제해결의 단계에 접근할 수 있게 되었다. 사실상 명백한 인과성을 찾기는 어렵다. 어쩌면 스몰데이터를 토대로 인과성을 규명하는 것은 어리석은 일인지도 모른다. 찾기 힘든 인과성에 매달리는 대신 상관성을 존중하자는 것이 빅데이터의 가치를 주장하는 사람들의 입장임은 이미 지적한 바 있다. 어떤 현상의 원인을 항상 알아야 할 필요가 없다면 현상을 지배하는 패턴을 찾아 제대로 이해하고 예측하는 것이 유용할 것이다. 사람이 만들어 운용하는 대부분의 제도는 인과원칙을 따르는 소규모 정보에 기초해 의사결정을 내린다는 가정을 전제하기 때문에 제도와 현실 간에 항상 괴리가 있었다.

어떤 현상을 분석할 때 상관성은 그 현상의 내부 원리를 알 수 있는 해결의 실마리를 제공하고, 무엇이 내부 원리를 아는 데 유용한 대용물이 될 수 있는지를 알려 준다. 스몰데이터의 세상에서는 이용할 수 있는 데이터가 적었기 때문에 인과관계를 조사하든 상관관계를 분석하든 가설부터 세우고 연구를 시작했다. 그러면 결과는 참, 거짓으로 결정났다. 두 방법 모두 시작하려면 가설이 필요했기 때문에 둘 다 편견이나 잘못된 직관에 취약했다. 그리고 분석에 꼭 필요한 데이터가 없는 경우도 많았다. 그러나 이제 우리 주변에는 데이터가 흘러넘친다. 스몰데이터의 세상과 빅데이터의 세상 사이에는 중대한 차이가 있다. 빅데이터 시대 이전에는 연산력 부족 등의 이유로 큰 데이터 집합을 다루는 대부분의 상관분석이 선형관계를 찾는 데 한정되었다. 그러나 현실에서는 모든 관계가 선형관계보다 훨씬 복잡한 비선형성을 보일 때가 많다. 이제는 비선형성을 확인할 수 있는 시대가 된 것이다.

예컨대 행복과 소득이 직접적인 상관성을 가진다고 보는 것이 상식이었다. 소득이 증가하면 사람은 대체로 행복해진다고 말했다. 하지만 특정 한계 이하의 소득수준에서는 소득이 증가할 때마다 행복수준도 상당히 증가했지만, 일단 그 수준이 넘어가면 소득이 증가해도 개인의 행복은 거의 증가하지 않는 것으로 밝혀졌다. 이와 같은 '이스털린의 역설(Easterlin's paradox)'이 등장한 것도 40여 년이 넘는다. 이스털린의 역설을 그래프로 표시하면 선형이 아닌 곡선이 될 것이다. 이런 결과는 정책결정자에게 매우 중요한 문제였다. 가난한 사람들의 소득을 증가시키는 데 초점을 둔 정책이 이루어져야 한다는 의미다. 데이터는 그래야 제대로 된 정책임을 말해 준다.

겉보기에 연관이 없어 보이는 행동을 기초로 결과를 얻어 내는 일이 비일비재하다. 기업에서는 알고리즘과 같은 예측분석(predictive analytics) 기법을 통해 상품 개발, 새로운 투자처 선정을 결정한다. 상관성은 이유가 아닌 결론을 알려 준다. 행정과 정책 분야에서도 이런 예측기법을 활용하는 사례가 늘고 있다. 각종 재난사고의 예방, 새로운 행정수요의 예측, 전례 없는 문제해결책 제시 등에 알고리즘을 통한 예측이 일상화할 것이다. 데이터를 수집하고 저장, 분석하는 데드는 비용이 컸을 때에는 데이터를 버리는 것이 적절했을 수도 있다. 하지만 앞으로의 상황은 예전과 전혀 다르다.

우리에게는 원인이 존재하지 않을 때조차 원인을 가정하는 편견이 있다. 이것은 우리 인간의 인지 작동방식과 관련된다. 두 사건이 연달아 일어나는 것을 보면 정신은 두 사건을 인과적 관계로 보려는 강한 충동을 느낀다. 2002년 노벨경제학상 수상자이자 프린스턴 대학교 심리학과 교수인 대니얼 카너먼(Daniel Kahneman)은 두 가지 생각 모드를 소개하고 있다(카너먼·브록만, 2015). 빠른 사고방식은 아무런 인과관계가 없을 때조차 인과적 연결성을 보도록 강하게 편향되어 있다는 것이다. 이 사고방식은 기존의 지식과 믿음을 재확인하려는 편견을 가진다. 수렵채집 시대에는 이런 빠른 사고방식이 생존에 도움이 되었을 것이다. 위험한 환경에서는 제한된 정보로도 빠르게 결정해야 할 일이 많기 때문이다. 하지만 진짜 인과관계를 규명하기에는 부족한 경우가 적지 않다. 카너먼 교수에 따르면 우리의 뇌는 천천히 체계적으로 생각하지 않고 게으름을 피우는 경우가 아주 많다고 한다. 그래서 빠른 사고방식에 따라 상상 속의 '인과성'을 봄으로써 근본적으로 세상을 잘못 이해하는 경우가 자주 있다는 것이다.

스몰데이터로 인과성을 지각하려는 것은 두뇌가 차분하게 힘들여 사고하지 않으려고 택하는 지름길이다. 현실 상황이 크게 바뀌고 있다. 빅데이터 시대에는 상관성을 이용하여 우리의 인과적 직관이 틀렸음을 증명하는 일이 쉬워졌다. 상관성은 결과와 생각했던 원인 사이에 통계적 연관이 거의 없다는 사실을 자주 밝혀낼 것이기 때문이다.

인과성을 증명하는 뚜렷한 수학적 방법은 없다. 심지어 인과적 관계는 기본적 등식으로 표현조차 되지 않는다. 확정적·인과적 관계를 찾는 게 힘들 수밖에 없다. 정보가 부족한 세상에 익숙해진 우리는 제한된 데이터로도 추론해 보려는 유혹을 느낀다. 하지만 어떤 결과를 특정인 탓으로 돌리기에는 지나치게 많은 요소가 개입되어 있는 경우가 너무 많다.

보건소에서 이런 일이 생겼다고 해 보자. 유명 대학 화학자 김 모 교수에게 광견병에 걸린 개에 물린 초등학생 A군이 찾아왔다. 김

교수는 백신 접종을 발명했고 광견병에 대한 실험적 백신을 개발하던 중이었다. A군의 부모는 아들의 치료에 그 백신을 써 달라고 사정했다. 김 교수는 그렇게 했고 A군은 목숨을 건졌다. 김 교수가 죽어 가던 학생을 구했다고 방송에 크게 보도되었다.

과연 그럴까? 우리가 알기로는 광견병에 걸린 개에 물린 사람이 광견병에 걸릴 확률은 7명 중 1명꼴(약 14%)이다. 김 교수의 실험적 백신이 효과가 있었다고 하더라도 14%만이 차도를 보였을 것이다. 백신이 있었든, 없었든 초등학생이 살았을 확률은 대략 86%에 이른다.

위 사례를 보면 백신 투약이 초등학생을 살린 것처럼 보인다. 하지만 여기에는 두 가지 인과관계가 문제된다. 하나는 백신과 광견병 바이러스 사이의 관계이고, 다른 하나는 개에 물리는 것과 발병 사이의 관계다. 전자가 참이라고 해도 후자는 소수의 경우에만 참이다.

이런 인과관계 증명의 어려움을 학자들은 실험을 통해 해소하려고 했다. 추정 원인을 실험에서 적용하거나 배제했을 때 결과도 그에 따라 바뀌면 그것은 인과적 연관이 있다는 뜻이다. 실험조건을 통제할수록 실험에서 확인된 인과적 연관이 맞을 가능성도 높아진다.

인과적 연관성을 확인하는 실험은 현실적이지 못한 경우가 많고 심각한 윤리적 문제를 야기한다. 왜 특정 단어가 독감을 가장 잘 예측하는지 그 원인을 확인할 수 있는 인과적 실험을 구성한다는 것은 불가능하다. 소비자의 선호 물품과 기호를 통해 정책 방향과 내용을 예측하는 것이 왜 하필 그것을 통해서인가를 인과적으로 규명한다는 것도 가능하지 않다.

상관성은 그 자체로만 유용한 것이 아니다. 인과관계 연구를 위한 길잡이 역할을 한다. 어느 두 요소가 잠재적으로 서로 연결되어 있다고 상관성이 알려 주면, 우리는 그 속에서 인과관계가 있는지 여부를 더 자세히 연구할 수 있다. 상관성을 통해 먼저 중요한 변수의 단서를 포착한 다음, 그것을 가지고 실험에서 인과성을 조사하면 된다.

상관성을 강조한다고 해서 인과성이 폐기되어야 한다고 주장하는 것은 아니다. 분명한 사실은 인과성은 의미의 주된 원천으로서 지위가 예전만 못하다는 점이다. 빅데이터가 등장하고 분석할 수 있는 도구가 나와서 그것을 활용한 상관성을 찾아낼 수 있게 되면서 더 그렇다.

상관성에 기초한 예측은 빅데이터의 핵심이다. 과거에 비해 엄청난 규모의 데이터와 이를 분석할 도구(tool)을 갖게 된 지금은 더 빠르고 저렴하게 상관성이 드러나고 있다. 여기서 주의할 점이 있는데, 데이터의 수가 급격히 증가하면 허위 상관성(spurious correlation)도 더 많이 나타난다는 것이다. 실제로는 관련이 없는데도 관련 있는 것처럼 보인다.

복잡계에 대한 인식

복잡계는 많은 구성요소, 구성요소끼리의 상호작용, 그리고 그 결과로 창발현상이 나타나는 시스템을 말한다. 이런 점에서 보면 정부의 행정체제도 복잡계임에 틀림없다. 기존의 관점에서 정부조직이나 정책을 나누어 쪼개고, 미시적인 대롱을 통해 들여다봤다. 거기에서 인과성을 찾는 연구에 진력해 왔다. 중앙정부조직과 지방자치단체의 조직구조의 프랙탈 현상을 기존의 조직이론에서는 언급조차 하지 않는다. 정책 부작용의 메커니즘을 찾으려는 노력이라곤 고작 기술적인 추론에 머물고 만다. 복잡계적 시각에서는 최근의 정책의제 설정이 종래의 '설명 틀(Cobb and Elder)'(1983)로는 이해할 수 없다고 본다(강성남, 2014). 소셜 네트워크 서비스(SNS)를 통해 의제가 설정되는 상황이기 때문이다.

복잡계이론에서는 비선형성과 인과관계의 상호작용성을 인정한다. 이는 선형성과 획일적 인과성만을 강조했던 기존의 입장과는 배치된다. 사이버네틱스 전문가 하인츠 폰 피르스터(Heinz von Foerster)는 인과관계가 순환되는 것을 일컬어 '순환적 인과성(circular causality)'이라고 불렀다. 초기 인공지능 전문가인 워런 매컬로크(Warren McCulloch)는 이것을 '비이행적 선호(intransitive preference)'라고 했다. 이행성이란 A가 B를 이기고 B가 C를 이기면 A가 C를 이겨야 한다는 원칙이다. 비이행성 또는 비이행적 선호는 이행성 원칙이 성립되지 않는 경우를 말한다. 가위바위보 놀이가 닮은꼴이다. 해커들은 이것을 '회귀적 회로'라고 부른다. 그 명칭이 무엇이든 이 개념은 3000년 된 논리에 바탕을 둔 철학과 정면으로 맞선다. 모든 고전을 뿌리째 흔드는 것이다. 만약 뭔가가 동시에 그 원인이자 결과라고 한다면 합리성을 아무데나 가져다 붙일 수 있게 된다(켈리, 2015: 253). 복잡계이론에서는 이런 현상이 비일비재하게 발생한다. 이른바 비선형적 순환고리의 사고는 정책 부작용의 발생 메커니즘을 규명하는 데 적용되고 있다(Stacey, 1993; Stacey and Griffin, 2005; Stacey, 2010).

6. 이론의 종말

이론의 맥락의존성에 따라 이론 수정의 필요성이 점증하고, 이론 형성을 과학적 방법에 대한 재인식에 따라 이론에 관한 평가가 달라지고 있다. 더욱이 기존 이론의 유용성에 관한 회의는 이론의 무용론으로 곧잘 이어진다. 그렇다면 과연 이론의 종말이 오는가? 이에 대한 찬반 입장이 팽팽하다.

현상을 이해하고 탐험하는 방식이 바뀌고 있는 상황을 고려하면 이론에 대한 평가는 회의적이다. 세상이 작동하는 방식에 대해 가설을 세운 다음 데이터를 그러모아 분석하여 가설을 검증하려는 종래의 과학적 방법에 강한 의구심을 가지게 되었기 때문이다. 가설이 아니라 데이터가 세상을 제대로 이해하도록 해 준다는 주장도 제기된다. 가설은 이론으로부터 나오고, 이론은 세상을 기술하고 설명하고 예측하는 것을 도와준다는 점은 익히 알려진 사실이다.

데이터 홍수로 과학적 방법을 구식이라고 말하는 사람들은 이론의 위기를 당연하다고 본다. 그들은 인과관계보다 상관관계가 더 중요하다고 하면서, 이제는 대량의 데이터와 응용수학이 다른 모든 분석도구를 대신하게 되었다고 말한다.

요약하자면 최근까지 우리는 세상을 분석하고 이해하려면 검증할 이론이 필요했지만, 빅데이터 시대에는 그런 이론이 필요하지 않다는 것이다. 만약 이것이 사실이라면 빅데이터 분석이 이론을 대체한 후에는 모든 일반적 원칙이 무의미해질지도 모른다. 세상의 원리, 인간행동, 소비자 행동, 부품의 고장 시기 등 모든 문제에 관해서 말이다. 이론의 종말이라는 주장은 물리학이나 화학 같은 실질적 분야에는 이론이 존재했지만 빅데이터 분석에는 그 어떤 개념적 모델도 필요치 않다고 암시하는 것 같다.

그러나 이론의 종말이 올 것인지에 대한 도전적인 질문에 "결코 그렇지 않다"고 단호하게 반대하는 입장의 주장도 만만치 않다. "결코 스스로 말하는 데이터는 없다"고 보는 것이다. 이론은 과학적 의문의 토대를 제공하고 해답을 찾기 위한 방법과 근거를 제시하기도 하며, 방법과 결과 둘 다를 결정짓는다고 이해한다. 심지어 이론이 원인을 발견하도록 안내하며, 이론 없이는 자료 해석도 불가능하다고 주장한다.

빅데이터가 신선한 시각과 새로운 통찰을 제공할 수 있는 것은 특정 분야의 이론에 내포된 인습적 사고나 어쩔 수 없는 편향으로부터 자유롭기 때문인지도 모른다. 따라서 빅데이터가 이론의 종말을 가져오지 않을지는 몰라도 우리가 세상을 이해하는 방식을 근본적으로 바꿔 놓을 것이라는 사실만은 분명하다.

이러한 상황에서 과연 행정이론의 미래는 어떻게 될 것인가?

상관관계에 주목하는 빅데이터 분석 경향을 저지할 방도는 없다. 빅데이터 분석을 통해 이론이 발견하지 못했던 숨은 패턴을 찾을 가능성이 크게 열린 것도 부인하기 어렵다. 이로 인해 현실적합성을 지닌 이론 추구를 독려하고 좀 더 강력한 문제해결 능력을 지닌 이론 개발이 이루어질 것으로 전망된다. 그 결과 이론과 현실의 괴리가 좁혀짐으로써 이론의 현실적합성과 공적 유용성이 더욱 높아질 것이기 때문이다.

이로써 정부에 대한 새로운 이해가 요구된다. 생산조직을 위한 이론을 통해 정부조직을 이해하던 방식을 지양하고 정부 실체에 대한 올바른 이해가 필요하기 때문이다. 따라서 정부의 역할과 기능에서 새로운 패턴의 변화를 꾀할 이론 개발이 요구된다. 정부조직은 복잡하고 다양한 실체로 진화하고 있다.

7. 몇 가지 제언

행정이론이 현실적합성과 문제해결 능력을 갖추어야 하는 동시에 현상에 대한 설명력과 예측력을 가지고 있어야 한다는 점을 포기해서는 안 된다. 이를 위해 앞으로 어떤 점에 유의해야 할지에 대하여 간략하게 정리하면 다음과 같다.

첫째, 맥락의존적인 연구 정향을 강화해야 한다. 행정이론을 소개하는 글이나 논문을 봐도 현실 맥락(정치, 경제, 사회, 문화, 기술 등)과 이론 형성 및 발전을 연계시킨 것을 찾기란 어렵다. 진공상태의 이론이란 존재하지 않는다. 응용학문으로서의 행정학의 정체성을 확고하게 다지는 차원에서라도 맥락의존적인 연구를 강화할 필요가 있을 것이다. 강의에서도 맥락에 대한 강조가 필요하다. 단순히 이론의 내용 소개에 그쳐서는 안 된다. 이론 내용만으로는 이론 적용에 오류를 낳기 때문이다.

둘째, 인과성에 초점을 둔 연구를 지양하고 상관성 중심의 연구를 지향해야 한다. 인과성을 찾기 위해 통제 불가능한 변수와 더불어 고려하지 않는 변수를 불변의 상태(constant variables)로 상정하게 되면 시간함수와 함께 다양한 변이를 생성하면서 창발성을 야기하는 현상의 변동을 예측하지 못하는 우를 범할 수 있다. 결정적인 전일적 원인이 과연 존재하는지에 관해서도 장담할 수 없다. 설령 인과관계를 찾았다고 해도 그것이 지속적으로 관계성을 유지할지 단언하기 어렵다. 상관성 연구는 현상의 내부 원리를 파악할 수 있는 실마리를 제공할 뿐만 아니라, 무엇이 내부 원리인지를 아는 데 유용한 대용물을 제시한다. 더욱이 상관성 연구가 인과성 연구의 길잡이가 된다는 사실은 의미의 주된 원천으로서 상관성 연구의 필요성을 강조하게 한다.

셋째, 빅데이터 분석방법과 해석에 관심을 기울여야 한다. 여전히 행태적인 연구를 비롯하여 표본조사 연구에 함몰된 결과를 놓고 인과성을 따지는 어리석음에서 벗어나야 한다. 통찰과 거시적인 메커니즘을 발견하고 거기에서 변화의 패턴을 찾는 데 연구 초점을 맞추어야 할 것이다. 일반적인 명제는 패턴 인식을 통해 도출되기 때문이다. 현상의 변화에 대한 표피적 해석은 제대로 된 대안을 제시하지 못한다. 변화에 숨겨진 패턴을 찾음으로써 변화의 방향과 동학을 이해할 수 있고, 그에 따른 올바른 대응책이 모색될 수도 있다.

넷째, 복잡계로서의 행정체제를 이해할 필요가 있다. 이를 위해서 다양한 분과학문과의 융합적 사고와 방법적 제휴를 도모해야 한다. 행정생물학, 행정물리학, 행정생태학, 지정학적 행정학, 행정문화해석학, 데이터 정책론, 복잡계 행정학 등 새로운 학문연구 영역의 개척이 필요하다. 행정체제는 사회와 국가 환경의 변화에 조응해야 하는 숙명을 지니고 있기 때문에 끊임없이 변하고 있다. 경제 영역에서는 공유경제가 비상하고 있다. 이에 조응하는 정부운영 양식의 변화를 요구하는 목소리가 시간이 갈수록 크게 메아리칠 게 분명하다. '공유정부론'에 대한 담론 제기가 그중 하나다(김광웅, 2016). 행정경제학 이론의 설 자리인 셈이다. 앞으로 행정이론의 스펙트럼은 매우 다양하게 펼쳐질 것으로 전망된다.

Chapter

02

이론의 기능과 유형

1. 이론의 의의

그리스어로 이론(θεωρία)은 '보다(view)'라는 뜻과 함께 '사색 및 관조(contemplation)'의 의미를 가지고 있다. 이론의 의미 속에 들어 있는 관조는 하늘을 나는 독수리의 눈을 가지고(con), 자신이 우주의 중심(temple)으로 향해 가는지를 눈여겨보는 행위를 뜻한다. 그냥 물 끄러미 대상을 보는 행위가 아니라 사물을 정확히 본다는 의미다. 이 론의 '이(理)'가 옥돌의 결을 정확하게 보고 다듬는다는 한자의 뜻을 고려할 때 사물의 이치를 파악하기 위한 목적을 지닌 인간의 행동으 로부터 이론 활동은 시작된다. 그래서 우리 인간은 이론을 통해 사물 을 정확히 보면서 그것에 설명을 붙이고 그로부터 연유되는 유사한 상황을 설명하려고 한다.

이론이 무엇인가에 대해 많은 학자가 정의를 내리고 있다(김광웅, 2006). 몇 가지만 나열하면 다음과 같다.

- 법칙적인 일반성을 띠면서 체계적으로 연관된 일단의 언술로서 경험적으로 검증이 가능한 것
- 논리적으로 연결된 명제로서 경험적 통일성이 도출될 수 있는 것
- 체계적으로 상호 연결된 일련의 명제

- 상호 연결되어 있는 일련의 명제로 구성되며, 이 명제는 변수 간의 관계를 검증해 놓은 것
- 현실을 설명하기 위해서 고안된 개념들의 유기적인 망

이를 한마디로 요약하면 이론은 기본적으로 현실의 세계에서 사실과 사실 간의 관계를 이해하기 위해 '추상화'시킨 명제라고 할 수 있다. 도대체 사실이 무엇인지를 둘러싼 과학적 논쟁이 깔끔하게 정리되지 않은 상태에서 이론의 정의를 사실과 사실 간의 관계로 운운하는 것이 께름칙하다. 그래서 이론의 뜻이 머리에 쏙 들어오지 않는다. 종종 이론과 모델도 헷갈린다. 비유를 통해 이 둘의 정확한 의미와 차이를 가늠해 보기로 한다. 이론을 파워포인트의 템플릿(template, 보기판)이라고 한다면, 모델은 프레젠테이션(presentation) 자료다. 이론에는 파워포인트의 모든 애니메이션 효과가 포함될 수 있지만, 모델에는 발표의 요점을 전달하는 데 필요한 애니메이션 효과만 들어있다. 이론은 제목과 굵은 점으로 표시된 항목들만 있으면 되지만, 모형은 전달하고 싶은 내용이 구체적으로 모두 다 들어가 있기 때문에 잘만 하면 자신이 생각한 바를 모두 설명할 수 있다는 장점을 가지고 있다(랜들, 2015: 390).

2. 이론의 형성 과정

행정학을 포함한 사회과학의 연구 대상은 자연과학과 비교하면 다분히 추상적이다. 왜냐하면 자연과학은 대체로 눈에 보이는 것을 관찰하거나 여러 가지 도구를 가지고 측정 가능한 것을 연구 대상으로

삼는다. 즉 손에 잡히거나 피부로 느낄 수 있고 냄새를 통해서도 알수 있는 것 등, 인간의 오관을 통해 경험할 수 있는 모든 것을 연구 대상으로 삼는다. 거시적인 것에서부터 미시적인 것에 이르기까지 연구 주제는 측정과 관찰이 가능하다는 공통점을 가지고 있다. 원자수준에서의 힘과 움직임을 설명하는 양자역학, 우리가 사는 세상과 태양계까지의 물질현상을 기술하고 설명하는 뉴턴역학, 그리고 아인슈타인의 상대성이론 등이 각각 장을 달리하면서 그 속에서 일어나는 물질들의 힘과 움직임을 규명하는 이론이자 법칙이다.

이에 반해 행정학의 연구 대상은 원자수준에서 관료의 뇌를 연구하여 그들의 행정행태를 설명하는 뇌과학적 이론은 고사하고 현실의 실재 조직에서 벌어지는 다양한 현상을 전일적으로 설명할 수 있는 이론이 존재하지 않는다. 행정학의 연구 대상에는 관찰과 측정이 불가능한 현상들이 포함된다. 예컨대 리더십, 권위, 조직목표, 개인의 목표, 정책 흐름, 조직의 동학, 의제 설정 과정, 동기, 가치 등 행정학의 개념은 행정현상을 지칭하는 것임에도 불구하고 추상적이다. 그래서 행정연구자는 이런 대상에 직접 접근할 수 없다. 즉 개념이 추상적이기 때문에 직접적으로 접근하여 그것의 성질과 실체를 파악하기 곤란하다. 그러면 어떻게 이런 추상적인 대상에 접근할 수 있을까? 일반적으로 지식 형성은 관찰하는 것에서부터 시작한다. 정밀한 관찰을 통해 행동의 패턴과 그것의 원리를 추출해 낼 수 있다. 아울러 사물의 특성에서 유사성을 이끌어 내고 행위의 모형을 창출할 수도 있다(루트번스타인·루트번스타인, 2007: 58).

리더십을 예로 들어 보자. 추상적인 개념에 구체적으로 접근하려면 일단 멀리서든 가까이서든 지켜보도록 한다. 조직을 이끄는 사람이 어떤 행동을 하는지 주시하는 것이다. 그리고 관찰자 또는 연구자는 자신이 본 것을 꼼꼼하게 기록한다. A조직의 리더가 보이는 행동을 기록하다 보니 거기엔 여러 명의 리더가 있는 것을 알게 되고 그들의 행동까지 다 기록할 수 있다. 리더와 직원이 소통하는 모습, 업무를 처리하는 방식과 태도, 정보를 수집하고 관리하며 활용하는 방법, 미래를 예측하고 상황을 판단하는 능력, 복잡한 상황과 문제를 단순화하여 정리하는 능력, 사람과 권한 및 책임을 공유하고 배분하는 방법, 외부조직이나 환경과 관계를 맺는 전략 등 보이는 모든 것을 자세히 기록한다. 그런데 A조직의 리더에 대한 기록만으로는 이론이 만들어지지 않는다. 관찰의 대상을 늘려야 할 필요가 있다. 그래서 B조직을 이끄는 사람에 대해서도 같은 방식으로 관찰한 것을 기록한다. 그리고 조직의 크기 및 성격과, 그 조직이 위치한 물리적 공간에 따라 추가적으로 다른 조직의 리더에 대한 관찰 기록들도 수집한다. 이만하면 제법 많은 기록이 축적될 것이다.

그러나 실제로 이런 관찰 기록만으로는 우리가 궁극적으로 알고자 하는 리더십의 성격이나 유형 및 특정에 관한 지식을 바로 얻을 수 없다. 자료나 기록 뭉치는 무질서한 상태에 있기 때문에 정돈된 상태에서 드러나는 일관된 현상의 특징을 발견하기가 어렵다. 이 단계에서 이론은 기록의 무질서한 상태를 질서가 잡힌 상태로 만들면서 우리에게 리더십의 개념에 대한 '발견의 기쁨'을 선사한다. 이처럼 이론은 뭐가 뭔지 모를 무질서한 자료 더미를 질서가 있는 상태로 잡아주고, 이 자료로 하여금 '말하게' 하는 역할을 한다. 이론이 없다면 자료는 그냥 자료일 뿐이다. 잡다한 자료 더미와 정보 무더기를 접하고도 그와 관련된 현상의 실체(개념)를 포착하지 못하는 것은 이론의 부재 때문이다. 이렇게 잡다한 자료 더미에는 서로 복잡하게 얽히고 설킨 정보의 매듭과 자료의 고리들이 무질서하게 자리하고 있다.

"관찰은 이론의 등에 업혀 있다"는 지적은 관찰만으로 진리에 이를 수 없음을 의미한다(핸슨, 2007). 즉 관찰은 이론 의존성을 지니게 될 때 의미를 더한다.

관찰은 논리적 추론을 거쳐 이론 및 원리로 발전하는데, 중간 단계 인 논리적 추론 과정에서 '은유'가 중요한 역할을 한다. 은유는 우리 의 사고와 언어의 근간이다. 조지 레이코프(George Lakoff)와 마크 존 슨(Mark Johnson)은 『삶으로서의 은유(Metaphors we live)』(2006)에서 우리가 생각하고 행동하는 관점을 이루는 일상적 개념체계의 본성은 근본적으로 '은유적'이라고 말했다. 어떤 문화의 가장 기본적인 가치 는 문화의 가장 근본적인 개념의 은유적 구조와 정합성을 갖는다. 흔 히 인터넷망을 '정보 고속도로'라고 은유적으로 표현한다. 이는 정보 사회의 기본적 가치가 인터넷망을 통해 신속히 정보를 실어 나르는 데 있음을 의미하는 것으로, 이미 우리가 경험했던 산업사회의 고속 도로와 은유적 구조가 잘 들어맞기 때문이다. '인터넷망은 정보 고 속도로'라는 은유처럼 어떤 사회나 문화의 기본 가치와 정합성을 갖 는 근본적인 개념으로서의 은유는 어떤 표현을 더욱 돋보이게 하려 는 의도와 목적에서 생긴 것이 아니다. 바로 이런 점이 문학에서 흔 히 사용하는 수사적 은유와는 다르다. 이를 수사적 은유와 구별하기 위해서 '사회문화적 은유'라고 해 두자.

은유를 이해한다는 것은 사회문화적 행위를 이루고 있는 정신적 코드를 이해한다는 의미다.

아리스토텔레스는 『시학(Peri poiētikēs)』에서 은유를 "어떤 것에다 다른 낯선 어떤 것에 속하는 이름을 옮겨 놓는 것"이라고 정의했다 (아리스토텔레스, 2005). 인터넷망에 대로, 골목길, 소로, 차도, 인도, 자 동차 전용도로 등 여러 종류의 길 가운데 고속도로를 옮겨 놓음으로

써 새로운 의미를 형성하고 있다. 이것이 은유의 원리다. 대상이 가
진 본래의 관념으로 전달할 수 없는 의미가 있다면 이를 표현하기 위
해서 유사한 특성의 다른 사물의 관념을 차용하는 방식을 취하는 게
은유법이다. '유사한 특성'이라는 말에 주목할 필요가 있다. 은유의
본질이 바로 원관념(인터넷망)과 보조관념(정보 고속도로) 간의 유사성
에 있기 때문이다. 인터넷망과 정보 고속도로는 정보를 신속하게 실
어 나른다는 유사성을 효과적으로 이용했다. 이 유사성이 원관념의
본질을 더욱 잘 드러내는 역할을 한다. 일상에서도 은유에 능한 사람
은 서로 다른 사물들의 유사성을 재빨리 간파해 낸다.

　은유가 유사성만으로 완성되는 것은 아니다. 아리스토텔레스는
"어떤 것에다 다른 낯선 어떤 것"이라는 점을 지적하고 있다. 즉 원
관념과 보조관념 사이에 비유사성(낯선 것)을 함축하고 있다는 의미
다. 보조관념인 정보 고속도로에는 정보 통로라는 유사성뿐만 아니
라 원관념인 인터넷망과 전혀 낯선 '정보를 아주 신속하게 퍼뜨린다'
는 비유사성이 포함되어 있다. 이런 비유사성으로 인해 인터넷망은
정보를 매우 빠르게 옮긴다거나 사방팔방으로 뻗어 나간 망을 따라
정보가 쉴 없이 확산된다는 새로운 의미가 창조된다. 이처럼 은유는
우리로 하여금 현상에 대한 새로운 측면을 이해할 수 있게 하는 효과
가 있다. 여기서 말하는 '새로운 측면'이란 우리가 평소에 알지 못했
던 세계이자 다른 현실의 장(場)이다. 그렇다면 은유가 사회과학 또
는 행정학 연구 분야에서 어떻게 우리의 사고방식을 구조화하는가?
추상적인 개념을 구체적인 개념으로 전환시키는 과정에서 과연 은유
는 어떤 작용을 하는가?

　은유가 원래 유사성을 통해 그 안의 본질을 파악하여 보편성을 밝
히는 생각의 도구로 개발되었다는 점을 고려할 때 은유와 학문의 관

계가 긴밀할 수밖에 없다고 짐작된다. 학문이란 본래 보편성을 추구하는 작업이다. 그래서 학문은 은유를 통해서 보편성을 밝혀낸다. 보편성을 추구하는 이론 역시 은유와 같은 역할을 한다. 유사성을 통해 보편성을 드러내는 역할이 은유에서 나온 것이라면 이론 역시 은유를 통해 생겨난다고 해도 과언이 아니다.

애덤 스미스의 '보이지 않는 손'을 시장에 대입하는 은유방식을 통해 자율조정력을 지닌 시장의 힘을 생성하고 있다. 사실 칼뱅(Jean Calvin)의 예정조화설을 신봉했던 애덤 스미스가 종교적 언어로 시장을 움직이는 가격 장치에 대한 신뢰를 표현했다고 할 수 있다. 결국 '보이지 않는 손'이 애덤 스미스에게는 '신의 손' 또는 '섭리'로 이해되었을 것이다. 관료조직을 묘사하는 피라미드도 은유다. 많은 관료조직의 형태에 관한 기록에서 피라미드라는 보조관념을 대입함으로써 무질서한 기록과 자료, 정보를 질서정연한 상태로 만들어 낼 뿐만 아니라 관료조직의 추상성을 구체적인 이미지로 파악할 수 있게 되었다. 행정학에서는 김정수 교수가 쓴 「감정의 재발견: '화성남(男) 금성녀(女)' 은유를 활용한 정부-국민 간 정책갈등에 대한 시론적 재해석」이라는 논문에서 은유를 통한 정책갈등의 원인을 찾고 있다. 그는 정부를 화성남으로, 국민을 금성녀로 각각 은유하고 있다. 그러면서 존 그레이(John Gray)의 『화성에서 온 남자 금성에서 온 여자(Men are from Mars, Women are from Venus)』 모델을 2008년 광우병 파동을 둘러싼 정부-국민 관계에 대입하여 목표지향적인 남성과 관계지향적인 여성 사이의 차이가 갈등을 키우듯 합리성과 과업 성취만 추구하는 정부와 감정공동체인 국민 간에도 비슷한 현상이 일어날 수 있다는 주장을 하고 있다. 이러한 은유적 접근은 영국의 광우병 파동을 복잡계적 시각에서 분석한 내용(Morgan, 2006: 269)과는 다른 시사점을 제시하고 있다.

일반화와 추상화는 모두 우리의 정신이 범주화에 의해 구분한 대상들을 보다 더 큰 묶음으로 묶는 작업이다. 하지만 누구에게나 추상화는 일반화보다 어렵다. 일반화와 추상화는 모든 대상들 사이에 존재하는 유사성을 찾아냄으로써 가능하지만, 특히 추상화가 모든 창의적 작업의 산실이라는 점에서 중요하다. 추상화는 '복잡한 대상들에서 단 하나의 공통된 특징만을 제외하고는 모두 제거함으로써 어떤 새로운 의미를 발견해 내는 작업이다.

언어에서 추상화는 동사나 형용사를 명사형으로 만들어 사용하는 어법이다. '관리하다', '통제하다'를 '관리하는 것', '통제하는 것'으로, '복잡하다'를 '복잡한 것'으로 표현하는 것이 추상화다. 이것은 결국 복잡한 현상들로부터 어떤 원리를 찾아내는 작업이다. 여기서는 대상들 사이에 존재하는 유사성을 상정하고 있다. 이런 맥락에서 추상화는 단순화 작업이다. 가장 뛰어난 추상작업은 드러나지 않은 특성과 관계를 단순화를 통해 드러내는 일이다. 이런 맥락에서 수학은 추상의 장이다. 수의 개념은 언제, 어디서, 무엇에나 적용이 가능한 추상의 진수다. 현실세계와 다른 장(場)에서도 수를 다룰 수 있다. 무(nothing), 그 자체는 하나의 추상인 영(zero)이다. 실재하지 않는 것인 동시에 모든 수의 출발점이고 기반이기 때문이다.

예술 영역의 경우 높은 단계의 예술은 없어도 상관없는 관습적 형식과 무의미한 세부사항을 골라내고 전체를 대표하는 정신만을 오롯이 드러내고 보존하는 일이라 할 수 있다. 일상생활에서 우리는 서점에서 책을 고를 때 먼저 제목을 본다. 신문도 헤드라인을 먼저 읽는다.

캐리커처 역시 추상의 일종이다. 복잡하게 보이지만 거기서 저변에 깔려 있는 단순성을 파악해 내는 능력이 필요하다. 비단 과학자에게만 추상이 중요한 게 아니다. 옆길로 잠시 가면, 글쓰기의 본질은 단어를 늘어놓는 것이 아니라 불필요한 것들을 골라내고 버리는 데 있다. 추상은 작가들에게 필수적인 작업이다. 맥락이 끊어진 조각글로 조화로운 패턴을 만들어 내는 기술이야말로 글쓰기의 핵심이다.

독일의 물리학자 베르너 하이젠베르크(Werner K. Heisenberg)는 "더 큰 일반성을 향해 한 걸음 내딛는 것은 추상 속으로 한 걸음 내딛는 것이다. 보다 정확하게 말하면 추상화가 고도화될수록 일반화의 영역은 더 확대된다"고 했다. 미국의 물리학자 리처드 파인먼(Richard P. Feynman)은 이보다 더 간결하게 추상의 중요성을 언급했다. "현상은 복잡하다. 법칙은 단순하다. 버릴 게 무엇인지 알아내라." 한마디로 모든 과학 이론과 법칙은 놀랄 만큼 강력하고 통찰력 넘치는 추상이다.

유추(analogy)와 닮음(similarity)은 구별된다. 유추는 둘 또는 그 이상의 현상들 사이에 기능적으로 유사하거나 일치하는 내적 관련성을 알아내는 것이고, 닮음은 색이나 형태처럼 관찰에 근거한 사물들 사이의 유사점을 말한다.

유추에서 중요한 것은 단순한 유사성을 드러내기 때문이 아니라, 오히려 추상적 기능들 사이에 드러나지 않은 관계를 보여 준다는 점이다. 뉴턴이 발견한 중력의 법칙은 사과가 나무에서 떨어지는 것을 보고 달도 반드시 떨어져야 할 것이라고 생각한 데서 출발했다. 사과를 땅으로 잡아당기는 힘이 있다면 이 힘이 하늘 위로 계속 뻗어 나갈 것이고, 그러면 달까지 끌어당길 것이라고 유추했던 것이다. 물론 힘껏 돌을 던져도 결국 떨어지듯이 달 역시 자신의 궤도에 안착할 뿐이다. 사물의 작용과 천체역학 간의 유추가 물리학에 혁명적인 변화를 가져왔다. 패러다임의 이동이 가능해졌다는 평가다.

　관찰을 통해 패턴을 발견하는 것이 이론과 규칙을 만들기 위한 첫 단계다. 관찰을 통해 시간적·공간적으로 반복해서 나타나는 유사성을 찾아냄과 동시에 반복되는 패턴을 구분해 내고, 다시 패턴으로부터 원리를 뽑아낼 때 비로소 이론과 규칙이 형성되는 것이다. 은유는 관찰을 통해 사물의 특징에서 발견되는 유사성을 발견할 때 만들어진다. 실제로 관찰만으로는 이론과 규칙을 만들어 낼 수 없다. 치밀한 논리적 사고가 개입되어야 한다. ‘관찰→논리적 추론→이론과 규칙’으로 이어지는 일련의 과정에서 정교한 논리적 추론과정을 거쳐야 비로소 이론과 규칙이 만들어질 수 있다. 은유는 논리적 추론과정에 중요한 역할을 한다. 논리적 추론이 없다면 관찰 자료는 한낱 자료 무더기에 지나지 않는다. 칸트가 『순수이성비판(*Kritik der reinen Vernunft*)』에서 “내용 없는 사고는 공허하며, 개념 없는 직관은 맹목이다”라고 지적했듯이 관찰(내용)과 논리적 추론(사고)은 이론과 규칙을 형성하는 데 있어서 새의 두 날개와 같다. 그렇다면 과연 관찰 자료에서 이론을 낳는 논리적 추론방법은 무엇인가?

　이 대목에서 우리는 으레 연역법과 귀납법을 생각하게 된다. 하지만 통찰력을 통해서 이룩한 추론의 진보라는 평가를 받는 가추법(abduction)이야말로 이론 형성에 결정적인 역할을 하는 것으로 알려져 있다. 아리스토텔레스는 『분석론 전서(*Analytica priora*)』에서 가추법을 ‘아파고게(apagoge)’라고 했고, 미국의 철학자 찰스 퍼스(Charles S. Peirce)는 ‘귀환법, 가설, 추정적 추론’ 등으로 부르고 있다(퍼스는 1868년에 쓴 논문 「네 가지 무능의 몇 가지 결과들」에서 데카르트를 신랄하게 비판하고 인간정신 활동에서 연역법과 함께 귀납법 및 가추법이 있다고 주장했다).

그러면 연역법과 귀납법, 그리고 가추법의 논리전개 양식을 예를 통해 살펴보자(에코 외, 1994: 55).

연역법
전제: 이 주머니에서 나온 콩들은 모두 검정콩이다.
사례: 이 콩들은 이 주머니에서 나왔다.
결론: 이 콩들은 검다.

귀납법
전제: 이 콩들은 이 주머니에서 나왔다.
사례: 이 콩들은 검다.
결론: 이 주머니에서 나온 콩들은 모두 검다.

가추법
전제: 이 주머니에서 나온 콩들은 모두 검다.
사례: 이 콩들은 검다.
결론: 이 콩들은 이 주머니에서 나왔다.

연역법에서는 전제가 참이면 결론도 반드시 참이다. 즉 '진리 보존 적인' 논리전개 양식을 취한다. 추론의 확실성이 담보되고, 관찰이나 실험을 굳이 거치지 않아도 결과를 정확히 예측할 수 있다는 것이 장점이다.

귀납법에서는 전제를 확장함으로써 결론에 도달된다. 확장의 정도가 어디까지인지는 누구도 장담할 수 없다. 현실에서 관찰 가능한 구체적인 사례가 많으면 많을수록 좋다(결론에 대한 높은 신뢰)는 식으로

밖에 말할 수 없다. 그래서 귀납법에서 얻은 결론은 연역법에서와 같이 '반드시' 참이 아니라 '확률적으로' 참이다. 전제가 참이라고 해서 결론이 꼭 참이라고 할 수 없다는 것이다. 그래서 연역법과 비교하여 귀납법은 '진리 확장적인' 논리전개 양식을 따르고 있다.

그런데 가추법을 통한 결론 역시 전제에서 반드시 나오는 게 아니기 때문에 귀납법과 크게 다르지 않다. 주머니 속의 콩이 검고 관찰 사례를 통해 콩이 검다고 해서 그 콩이 반드시 이 주머니에서 나왔다고 보장할 수 없기 때문이다. 다른 주머니에서 나온 콩일 수도 있고, 그 주머니에는 검은 콩과 흰 콩이 섞여 있다가 우연히 관찰된 콩이 검은 콩일 수 있다는 것이다.

그렇다면 가추법이 어떤 점에서 연역법 및 귀납법과 다른가? 결론이 전제에서 반드시 도출되는 게 아니라는 점에서 연역법과 다르고, 전제의 내용을 확장하여 얻은 결론도 아니라는 점에서 귀납법과 차이가 있다. '이 콩들은 이 주머니에서 나왔다'는 주장은 일종의 추측이자 가정이다. 다른 말로 하면 예측인 셈이다.

가추법은 관찰을 통해 드러난 어떤 특이한 현상에서 그것을 설명할 수 있는 가설을 결론으로 이끌어 낸다. 그리고 그 가설이 당면한 문제들을 해결할 수 있는 새로운 원리와 지식의 세계로 우리를 안내한다. 이것이 가추법이 가진 탐구적·또는 창의적 성격이다. 바로 이런 성격 때문에 새롭고 창의적인 문제해결 방법을 찾는 연구자에게 가추법이 매력으로 다가오는 이유다. 요컨대, 가추법은 문제해결을 위한 추론의 방법인 동시에 탐구의 논리다.

일상생활에서도 가추법이 흔히 사용되는 것을 볼 수 있다. 의사는 환자의 증상을 보고 병을 진단한다. 기상청이 날씨 예보를 하거나, 경찰수사관들이 도피하고 있는 범인을 추적할 때에도 가추법에 의한 논리적 추론을 한다. 이때 경찰수사관은 범인이 남긴 여러 가지 흔적 (지문, 발자국, 머리카락, 타액, 휴지, 카드 사용처와 물품구매 내용, CCTV 등)을 중심으로 의미와 맥락을 파악하려고 노력한다. 이처럼 숨겨진 의미와 규칙을 찾는 과정에서 가추법이 동원된다.

그래서 가추법에 의지하지 않고서는 그저 막연한 관찰에 머물 뿐, 관찰 너머에 있는 지식과 이론을 찾지 못한다. 이론의 의미를 좀 더 정확하게 알기 위해서는 이하에서 설명하는 이론의 역할을 보는 편 이 더 나을 것이다.

3. 이론의 기능

기술 기능

이론의 기능들 중 기술(묘사) 기능은 사물이나 현상의 '존재 유무' 를 밝혀 주는 역할을 한다. 이론은 개념들의 유기적 연결망인데, 이 망을 통해 개념에 담긴 생각의 크기에 따라 사물이나 현상이 존재하 는지 여부를 알려 준다. 엄밀한 의미에서 개념의 존재는 현상의 존재 를 전제하고 있다. 물론 고도로 추상화된 개념의 경우 현실적으로 우 리가 직접적으로 그 현상을 경험하지 못하지만, 관념의 세계 및 논리 의 세계에서는 개념이 지시하는 현상이 존재하고 있다고 봐야 한다. 이론의 기술 및 묘사 기능은 현상의 실존을 드러내므로, 우리는 보다 넓은 실존의 세계를 이해할 수 있다.

설명 기능

이론의 설명 기능은 사물이나 현상의 '존재 이유'를 밝히는 역할을 한다. '왜?'라는 질문에 대해 답을 제시하는 것이 바로 설명이다. "이론에 대하여 기술하시오"라는 문제는 이론의 존재 유무와 함께 그 이론의 내용을 사진기로 풍경을 찍듯이 묘사하면 된다. 그러나 "이론에 대하여 설명하시오"라는 문제를 접하면, 왜 이론으로 대상의 존재 이유를 밝히려는지에 관해서 지적해야 한다. 다시 말해서 이론을 통해 사실이나 현상의 존재 이유를 밝혀내야 하는 것이다. 이론 지향적 학습방법으로 일컬어지는 것이 바로 '왜'라는 의문을 지속적으로 품는 것이다.

테세우스(Theseus)가 크레테 섬의 미노스(Minos) 왕이 감금한 미노타우로스(Minotauros)를 죽이고 다이달로스(Daedalos)가 만든 미궁을 빠져나올 수 있었던 것은 '아리아드네(Ariadne)의 실' 덕분이다. 수수께끼를 풀려고 할 때 안내자 역할을 한 아리아드네의 실처럼 이론이란 세상의 결을 따라 사물의 이치와 사리를 분별하고 이를 조리 있게 설명하는 힘을 지녀야 한다.

인간은 더 거대한 세계든 더 미세한 세계든 자신이 일상적으로 감각할 수 있는 세계를 기준으로 설명하려고 한다. 즉 '휴먼 스케일(human scale)'에 따라서 사고하고 설명하는 것이다. 휴먼 스케일을 잘 보여 주는 단위가 바로 미터(m)다(랜들, 2015). 인간이 사는 지구 위 세계는 미터 정보의 단위로 설명할 때 쉽게 이해된다. 그러나 원자나 쿼크 같은 기본 물질이 있는 미시세계는 인간이 살아가는 휴먼 스케일의 세계와 전혀 다른 법칙의 지배를 받는다. 크기나 에너지 스케일이 전혀 다른 세계에서는 우리의 일상을 지배하는 중력이 무시할 정도로 약한 힘으로 바뀌기 때문이다. 반대로 양자역학의 불확정성 원리는 휴먼 스케일의 세계에는 거의 영향을 끼치지 않으므로 고려하지 않아도 아무 문제가 없다. 따라서 공을 떨어뜨리면 반드시 떨어진다는 예측은 불확정성 원리와 상관없이 완전히 과학적인 것이다. 가장 작은 것들을 지배하는 법칙은 가장 큰 것들을 지배하는 법칙과 서로 모순되지 않고 완벽하게 조화를 이룬다. '스케일'에 따른 사고법이 바로 과학의 사고법이다.

예측 기능

이론의 예측 기능은 미래의 시점에서 발생할 사건에 대하여 현재의 시점에서 미리 예견하는 것이다. 이를 위해서 과거로부터 발생했던 사건들의 관계에서 일정한 패턴을 찾아내야 한다. 우리는 패턴에서 지각과 행위의 일반법칙을 이끌어 내어 이를 예상의 근거로 삼는다. 여러 패턴을 서로 연결시켜 주는 패턴을 '상위 패턴(meta-pattern)'이라고 한다.

작곡가들은 왼쪽에서 오른쪽으로 읽어 가는 식의 음의 순서보다는 음표들 사이의 관계에 더 관심을 기울인다. 그들은 음조를 바꾸어 한 음조의 음악적 패턴들 간의 관계와, 다른 음조의 음악적 패턴들 간의 관계를 알아낸다.

타원함수를 발견했고 대수학의 기본 정리를 증명한 카를 가우스(Karl F. Gauss)가 어렸을 때 1부터 100까지의 수를 모두 더하라는 숙제를 받고 불과 몇 초 만에 정답을 제출할 수 있었던 것도 패턴을 알고 있었기 때문이다. 그는 0에서 100까지의 연속되는 숫자에서 임의의 숫자를 골라 100부터 역순으로 그 숫자의 순서에 해당하는 수를

더하면 합은 항상 100이 된다는 것을 알아냈다. 100＋0＝100, 99＋1
＝100, 98＋2＝100, 계속 이런 식으로 진행하면 결국 51＋49＝100이
된다. 오직 50만이 짝이 없는데, 앞에서 이미 계산한 50쌍의 숫자를
모두 더하면 5,000이 되고 여기에 짝이 없는 50을 더하면 정답은
5,050이 된다. 사실 가우스의 우수성은 그가 패턴 인식에 탁월했다는
점에 있다. 이처럼 수학은 무질서가 지배하던 곳에 질서를 세우고,
혼잡과 소란에서 구조와 불변성을 이끌어 낸다.

역학(疫學)은 1854년 의사인 존 스노우(John Snow)가 런던 중심부
에서 콜레라로 죽은 사람들의 거주지를 지도로 작성하면서 시작되었
다고 알려져 있다. 이 지도를 보면 콜레라 사망자 전부가 오염된 물
펌프 하나에서 물을 길어 먹었다는 것을 뚜렷이 알 수 있다. 이런 일
이 있기 전에 지도를 만들 생각을 하지 않았다는 것이 이해하기 어렵
다. 어쨌든 아무도 지도를 작성하지 않았기 때문에 사망자의 사망 시
각이나 장소, 그 외에 어떤 역학적 패턴도 알 수 없었던 것이다.

4. 이론의 유형

다양한 행정현상을 기술, 설명 그리고 예측하려는 이론을 일목요
연하게 유형화하는 데는 몇 가지 기준이 필요하다. 유형화의 목적은
이론의 특성과 한계를 가늠하는 데 있다. 이렇게 함으로써 이론의 적
용과 해석 과정에 유용한 정보를 얻을 수 있기 때문이다. 일반적으로
이론은 간(역사), 연구 대상, 기능, 분석수준(거시/중범위/미시) 및 방법
론 등에 따라 유형화할 수 있다.

시간(역사) 차원에서 본 유형

행정이론을 등장 시점에 따라 유형화할 수 있다. 사실 이론의 등장 시점은 물리적 시간의 흐름에 따른 것으로만 볼 수 없다. 당시의 시대적 상황과 역사적 맥락이 결부된 '시간의 흐름'이기 때문이다. 헨리(N. Henry)는 패러다임이라는 개념을 동원하여 행정이론의 시간적 흐름을 기술했다. 그는 1900~1920년대에 등장한 정치행정 이원론, 1927~1937년에 등장한 정통파 행정이론, 1938~1950년의 이론들, 그리고 1950~1970년의 정치학 관점의 행정이론, 1956~1970년의 관리과학적 행정이론, 1970년 이후를 행정학적 행정이론으로 구분한다. 헨리는 행정학의 학문적 성격을 감안할 때 미국 행정학의 시대적 소명과 역할에 부응한 이론이 전개되었다는 점을 강조하고 있다(Henry, 1986: 19~47).

연대기적인 이론의 계보는 정용덕(2001: 179)이 잘 정리해 놓았다. 그는 행정학의 이론적 계보를 1880년대부터 2000년대까지 시계(時界)로 설정하고 각각의 이론별로 패러다임과 미시-거시 이론의 편을 나누어 정리한 점이 특기할 만하다. 이처럼 정리한 계보를 김태룡(2014: 77)이 인용했다. 다음 표는 정용덕과 김태룡이 정리한 것을 필자가 약간 수정·보완하는 차원에서 복잡계이론을 추가한 것이다. 표에서 보는 바와 같이 행정이론은 기능주의의 틀 속에서 다양한 스펙트럼을 구성해 왔다. 2000년대에 들어와서 구조주의 패러다임에 따른 행정이론이 등장했지만 여전히 서술과 처방에 초점을 두고 있을 뿐, 설명을 목적으로 한 과학적 이론으로 부를 만한 이론이 나오지 못하고 있는 실정이다. 외국에서 시작된 복잡계이론을 통한 행정현상의 변동 패턴과 전략에 대한 탐색 시도는 우리나라 행정학자들에

1880~1930년대 법제도적 접근법	1920~1930년대 행정관리이론	1940~1960년대 행태주의이론	1940~1970년대 비교발전행정이론
1960~1970년대 체제이론/ 구조기능이론	1960~1970년대 신행정이론	1970~1980년대 공공선택이론	1980~2000년대 국가이론
1980~2000년대 신제도주의이론	1980~2000년대 신공공관리이론	1990~2000년대 뉴거버넌스이론	1990~2000년대 이후 복잡계이론

출처: 정용덕(2001: 179)을 참고하여 수정·보완함.

의해서도 이루어지고 있다(강성남, 2011: 207~237).

대상 및 분야 차원에서 본 유형

행정이론의 대상과 적용 분야에 따른 유형은 국가이론(정부의 맥락에 관한 연구 이론, 토머스 홉스의 이론, 존 스튜어트 밀의 이론), 조직이론(관리이론, 관료제이론, 리더십이론, 조직행태이론 등), 정책이론(의제설정이론, 정책결정이론, 정책집행이론, 정책종결이론, 정책변동이론), 정부혁신이론(공공선택이론, 신제도론, 신공공관리론, 뉴거버넌스이론 등), 민주행정이론(해밀턴이론, 매디슨이론, 토크빌이론, 대표관료제이론 등), 예산이론(월다브스키[Aaron Wildavsky]의 예산이론, 르위스[Verne B. Lewis]의 예산이론 등), 인사행정이론(베커[Gary Becker]의 인적자본이론, 동기부여이론 등), 행정통제이론(공직윤리론, 전문직업주의이론 등) 등으로 나뉜다. 대학에서 행정학 교과과정 역시 이런 대상과 분야를 중심으로 편재되어 있다.

기능 차원에서 본 유형

다양한 행정이론이 존재하는 이유에는 연구자가 다양한 귀인이론(attribution theory)과 논리구조 및 분석단위에 따라 현상을 기술, 설명하는 이론을 개발하기 때문이다. 현상의 변화 결과는 현상 밖의 어떤 힘의 작용 때문이거나, 현상 내의 다양한 요인들의 상호작용 때문이거나, 아니면 현상을 통제하는 사람의 의도가 개입되었기 때문에 나타난 것이라고 볼 수 있다. 문제의 원인을 어떤 지형(topography)에서 어디(locus)에 초점(focus)을 두고 찾느냐에 따라 귀인요소가 달라진다. 일반적으로 이론의 기능에 따라 기술(묘사)이론, 설명이론, 예측이론이 있다. 행정이론으로서 기술, 설명, 예측 기능을 제대로 수행하는 이론이 얼마나 되는지에 관해서는 의견이 분분하다. 이에 대한 평가는 제13장에서 다룬다.

분석수준 및 적용범위 차원에서 본 유형

비교정치학자인 G. 사르토리(Sartori)는 비교분석의 단위에 의해 세 가지 이론 유형을 언급하고 있다. 보편이론, 중(中)범위이론, 협(狹)범위이론이 그것이다. 즉 거시이론(일반이론)에는 규범이론(규범, 이념, 가치), 범세계이론, 보편이론 추구, (국가론, 행정철학, 윤리, 행정사), 국가와 사회를 분석수준으로 한 이론들이 포함된다. 중위이론으로는 구조이론, 정부 및 통치조직(관료제이론, 조직관리이론, 정책이론), 이익집단 등이, 미시이론(소범위이론, 저수준이론)에는 협범위이론, 특정개념화, 행태이론, 개인 및 소집단의 갈등, 동기분석, 조직구성원 행태 및 동기 이론, 관료 개인의 행태와 역할, 선호 등이 해당된다.

추상화 수준	비교분석의 범위 및 목적	개념의 논리적·경험적 성질
높은 수준 범주 보편개념화	이질적 맥락 간의 교차비교분석(보편이론의 정립)	극대화된 외연, 극소화된 내포: 부정에 의한 정의
중간 수준 범주 일반개념화	비교적 동질적인 맥락 간의 비교분석(중범위이론의 정립)	외연과 내포의 균형상태: 분석에 의한 정의
낮은 수준 범주 형상개념화	개별 사례의 비교분석(협범위 이론의 정립)	극대화된 내포, 극소화된 외연: 맥락정의

출처: Sartori, G.(1970: 1050~1052).

방법론 차원에서 본 유형

방법론의 측면에서 행정이론을 유형화하면 다섯 가지가 있다. 경험적인 이론, 해석학적 이론, 현상학적 이론, 비판적 이론, 복잡계이론 등이 그것이다. 경험적인(실증적) 이론에는 사이먼의 이론을 대표적으로 꼽을 수 있다. 해석학적 이론은 개별 사례에서 일정한 맥락으로부터 개별적인 의미를 이해한 결과 도출된다. 마이클 하몬(Michael Harmon)의 행위이론(action theory)이 해석학적 이론에 해당된다. 그뿐만 아니라 하몬의 행위이론은 현상학적 방법론에 토대를 두고 있기도 하다.

현상학적 이론은 미국의 신행정이론의 등장과 더불어 대두하고 부각되었다. 대부분의 현상학적 연구들은 조직의 물화나 책임의 문제를 주로 다룬다. 현상학은 지식 획득의 방법으로 이해된다. 실증주의가 방법(도구)에 맞추어 현상에 접근하는 입장이라면, 현상학은 현상에 맞추어 방법을 택하는 입장이라고 할 수 있다(김홍우, 2007: 1). 현상학에서는 사실도 의미에 의해 지배된다고 본다. 그래서 사실은 의미가 부여된 대상을 이해하기 위한 여러 가지 소품 중 하나일 뿐이며, 이 경우의 사실은 이미 '내가 의미를 부여하여 선택한' 사실이다(소영진, 2004: 9). 현상학이 추구하는 행정이론이란 현상의 의미, 즉 주관적 의미맥락과 객관적 의미맥락을 포착하는 데 그 목적이 있다. 이런 맥락에서 마이클 하몬이나 로버트 덴하트(Robert B. Denhardt)의 연구에서 관료제의 물화현상을 분석하고 있는 점은 현상학적 조직이론의 범주에서 논의할 수 있을 것이다.

비판적 이론에서 현상은 규칙의 작용으로 나타난 것이고 규칙은 더 깊게 자리 잡은 생활양식이나 역사적 영향의 결과라고 한다면, 이러한 규칙과 생활양식의 모순이나 왜곡부터 바로잡아야만 현상도 시정될 수 있다는 인식을 바탕에 깔고 있다(강신택, 2005: 260). 변증법적 변동, 비판적 이성, 해방과 자주적 결정의 개념에 기반 한 기존 행정이론에 대해 비판적인 입장을 취한다. 이러한 맥락에서 덴하트의 비판조직이론은 비판적인 방법론에 입각한 이론이라 할 수 있다. 동시에 덴하트의 비판조직이론은 현상학적 관점에서 조직의 물화화 인간 지배현상을 비판하고 있기도 하다.

포스트모던이론에는 파머(D. J. Farmer)가 언어분석을 통해 해체를 시도하는 이론이 있다. 모더니티 행정이론이 패러독스와 반대명제의 한계 때문에 이를 극복하려는 대안으로 제시된 것이다. 관료제이론과 민주주의이론의 한계는 모더니티이론의 문제이자 한계다. 합리주의 행정학에 대한 회의는 관료제이론의 문제인식의 출발이다. 합리성 못지않게 중요한 것이 '상상'이라고 한다. 왜냐하면 실재현실(reality)과 외형(appearance) 간의 구분이 모호하고 초현실(hyper reality)이 현실을 대체하기 때문이다. 주체의 정체성에 대한 확신이 없는 것도 포스트모더니티의 특징이다. 그래서 과학적 지식도 여러 가지 담론 중 하나라고 보고, 그것의 우월적 지위를 인정하지 않는다. 행정학은 객관적으로 연구될 수 있다거나 행정은 능률적이어야 한다는 설화는 해체되어야 한다고 지적한다(강신택, 2005: 289).

가레스 모건(Gareth Morgan)의 저서에서 소개하는 복잡계이론을 적용한 광우병 파동에 대한 분석, Göktuğ Morçöl의 행정과 정책분석에 복잡계이론을 적용한 사례, 그리고 행위자 기반 모형 등은 복잡계이론에 따른 연구 사례로 꼽힌다. 아직 행정연구에서 복잡계이론을 제시한 것은 없다. 따라서 행정연구에서 복잡계이론의 적용 사례가 늘어나면 향후 복잡계 행정이론이 제시될 가능성이 높다고 본다.

5. 모델과 패러다임

모델

모델은 현실세계의 특징을 강조하되 단순화한 것이다. 모델의 상징성 때문에 사물에 대해 쉽게 이해할 수 있다. 그리고 모델은 자료의 조직화와 의사소통에 도움을 준다. 모델은 현실의 특징을 포착하기 때문에 유용하므로, 모델을 제대로 사용하면 주어진 맥락에서 가장 적절한 현실의 특징을 잡아낼 수 있다. 다양한 맥락은 서로 다른 모델을 필요로 한다. 다양한 상황에 따라 설계된 모델의 다양성을 집어던지고 유일한 보편적인 모델을 추구하다 보면 정책에서 오만과 실수를 낳는다(로드릭, 2016: 25). 행정학에도 다양한 모델이 있다. 행정학자들은 이 다양한 모델을 통해 세상을 이해하고, 더 좋은 세상을 위한 유용한 방책을 제시하며, 지식을 축적해 나갈 수 있다. 행정학을 과학으로 만드는 것은 바로 이것이다.

문제는 모델을 활용하는 태도다. 모델을 잘못 사용하는 경우를 종종 보게 된다. 하나의 모델을 모든 조건에서 적절하고 적용 가능한 유일한 모델로 잘못 생각하는 데서 이런 오류가 생긴다. 환경이 변하거나 하나의 환경에서 다른 환경으로 시선을 돌릴 때 행정학자는 모델을 주의 깊게 선택해야 한다. 더욱 유연하게 한 모델에서 다른 모델로 옮겨 가는 법을 배워야 한다(로드릭, 2016: 17).

모델을 다루기 쉽게 만드는 과정에서 학자들은 현실세계의 많은 중요한 특징을 무시하게 마련이다. 그래서 모형은 보는 사람이 즉각 인식할 수 있도록 실물이 축약되고 차원이 달리 표현되어야 한다. 모델은 실제 혹은 가정적 실제 상황을 염두에 두고 필요한 규칙과 자료, 절차를 만들어 내는 시뮬레이션이다.

모델의 유형은 다음과 같다.

(1) 표상적 혹은 물리적 모델: 실제 물체의 물리적 특징들을 보여 준다.
(2) 기능적 모델: 어떤 물체나 기구의 본질적인 작용을 포착한다.
(3) 이론적 모델: 어떤 과정의 실행에서 규준이 되는 기본적 개념을 구현한다.
(4) 가상적 모델: 우리가 직접 관찰할 수 없는 대상의 특성을 나타낸다.

가장 발달된 모델은 이 네 가지 모형을 다 합쳐 놓은 것이다. 모든 모델은 해당 대상의 구조와 기능에서 가장 중요하고 결정적인 요소만을 추출한 것이다. 그것들은 대부분 추상화와 유추, 차원적 변형을 통해 이루어진다.

그렇다면 모델의 용도는 무엇인가? 우리는 모델을 통해 직접 경험하기 어려운 것에 접근할 수 있다. 모델은 대상을 면밀하게 관찰한 후에 만들 수 있다. 대상의 중요한 특징을 잡아내어 사람이 다루기 쉽게 크기를 조정하는 등의 단순화 과정과, 형태를 떠내거나 언어적·수학적 혹은 예술적 수단을 통해 구체화하는 과정을 거친다.

일단 모델을 만들고 나면 이를 시험적으로 다루어 봄으로써 그 특성이 실제 상황이나 시스템의 본질을 제대로 갖추고 있는지 판단한다. 실재를 대리하는 모델은 유추와 추상화에 의지하게 된다. 화가에게 스케치는 본그림의 모델에 해당한다. 의학연구나 환자의 진료과정에서도 인체 모델을 사용한다. 수 세기 전에 중국의 상류계급에서는 귀부인들이 진찰을 받으러 갈 때 옷을 입히지 않은 상아 인형을 들려 보냈다고 한다. 문화적 금기와 정숙성을 나타내기 위해 남자 의사 앞에서 절대 옷을 벗을 수 없었던 귀부인은 벌거벗은 인형을 이용하여 아픈 부위와 증상을 설명했던 것이다. 동양의 침술의사들은 작은 인형의 몸에다 침을 놓을 자리와 기타 의료정보를 표시했다. 모델은 우리가 다른 방식으로 이해하기 어려운 생각이나 개념을 구체화하는 데 도움을 준다. 과학에서도 모델링은 새로운 아이디어의 탄생이나 이론의 진전, 실험에 의한 사실이나 오류의 입증 등과 불가분의 관계가 있다.

순수한 개념 모델을 얻기 위해 많은 연구자는 수학으로 눈을 돌린다. 모델의 수학화, 즉 방정식이나 수학적 개념을 동원한 실체 접근 방식이 실증적인 분석과 행태연구에서는 오래전에 유행했고, 지금도 유용한 방식으로 이해되고 있다.

우리가 세계를 이해하기 위해서는 다양한 모델을 만들어 봐야 한다. 그리고 세계를 정밀하게 이해하는 것도 중요하지만, 그에 못지않게 정직하게 이해하는 것도 중요하다는 사실을 명심해야 한다. 이 과정에서 우리는 모델의 한계를 알아야 한다. 모델의 한계를 아는 것은 정직하게 세상을 이해하는 데 있어서 모델을 통해 단순히 세상을 쉽게 이해하려는 모델의 용도를 아는 것만큼이나 중요하기 때문이다.

이스턴(D. Easton)의 투입산출 모델은 자동차 엔진을 유추해 나왔다. 비교행정연구에서 존 도시(John T. Dorsey)가 제시한 정보 에너지 모형은 사이버네틱스에서 유추한 것이다. 행정현상을 설명하는 데 있어서 생물학, 뇌 과학, 기술공학, 물리학, 생리학 등 다양한 자연현상의 사물들 사이에 존재하는 유사성을 유추하고 은유하여 모델을 형성하고, 이를 다시 추상화하여 이론으로 발전시킨 사례가 한둘이 아니다. 시스템의 항상성(hometostasis), 피드백(feedback), 자기생산(autopoiesis) 등의 개념이 그 예다.

패러다임

패러다임(paradigm)이라는 용어는 토머스 쿤의 『과학혁명의 구조(The Structure of Scientific Revolutions)』(1962년 초판)에서 사용되었다. 이 책 출간 후 쿤은 자신이 패러다임이라는 용어를 애매하게 사용했음을 인정했다. 그는 2판(1970) 후기에서 패러다임에 대한 일반적인 의미로 '학문적인 망 내지 주형틀(disciplinary matrix)'과 좁은 의미로 '본보기 또는 전형(exemplar)'으로 나누어 정리하고 있다.

한편 컴퓨터 과학 분야를 기반으로 활동한 과학철학자이며 쿤의 패러다임이론의 열렬한 지지자인 마거릿 마스터만(Margaret Masterman)은 「패러다임의 성질」이라는 논문을 통해 쿤이 『과학혁명의 구조』에서 '패러다임'을 다음과 같이 21개 정도의 다른 의미로(더 많으면 많았지 더 적지는 않다) 사용했다고 지적한다(Masterman, 1970: 59~89).

- 일반적으로 인정된 과학적 업적으로서(서문 10쪽)
- 신화로서(2쪽)
- 철학으로서, 혹은 일단의 물음으로서(4~5쪽)
- 교과서 또는 고전으로서(10쪽)
- 전통으로서 그리고 어떤 의미에서는 하나의 모델로서(10~11쪽)
- 과학적 업적으로서(11쪽)
- 유추로서(14쪽)
- 성공적인 형이상학적 사변으로서(17~18쪽)
- 불문율로 받아들여진 장치로서(23쪽)
- 도구들의 출처로서(37쪽)
- 표준적인 예시(例示)로서(43쪽)
- 장치나 기구사용의 유형으로서(59~60쪽)
- 변칙적인 한 벌의 카드로서(62~63쪽)
- 공작기계를 만드는 공장으로서(76쪽)
- 두 가지 방식으로 보일 수 있는 형태그림(gestalt figure)으로서(85쪽)
- 일련의 정치적 제도로서(92쪽)
- 유사 형이상학에 적용되는 표준으로서(102쪽)
- 지각 자체를 지배할 수 있는 조직화의 원리로서(112쪽)
- 일반적인 인식론적 관점으로서(120쪽)
- 새롭게 보이는 방식으로서(121쪽)
- 실재를 넓게 싸잡아 정의하는 어떤 것으로서(128쪽)

마스터만은 쿤의 패러다임의 의미를 나름대로 다음과 같이 분류하고 있다.

분류 1 : 형이상학적 패러다임, 메타 패러다임
- 신념들의 집합(4쪽)
- 신화(2쪽)
- 성공적인 형이상학적 사변(17쪽)
- 표준(102쪽)
- 새롭게 보는 방식(117~121쪽)
- 지각 자체를 지배하는 조직화의 원리(120쪽)
- 하나의 지도(108쪽)
- 실재의 넓은 영역을 결정하는 어떤 것(128쪽)

분류 2 : 사회학적 패러다임
- 일반적으로 인정된 과학적 업적(서문 10쪽)
- 구체적인 과학적 업적(10~11쪽)
- 정치적인 제도와 같은 것(91쪽)
- 받아들여지는 판결과 같은 것(23쪽)

분류 3 : 인공물 패러다임, 구조물 패러다임
- 실제로 사용하는 교과서나 고전으로서(10쪽)
- 도구들을 공급하는 것으로서(37쪽, 76쪽)
- 실제적인 기구사용으로서(59쪽, 60쪽)
- 문법적 패러다임으로서(23쪽)
- 유추로서(14쪽)

- 형태그림으로서(63쪽, 85쪽)
- 변칙적인 한 벌의 카드로서(62~63쪽)

이상과 같이 패러다임의 의미를 세 유형으로 분류하고 있는 마스터만은 기존의 패러다임에 대한 전형적인 비판들이 오로지 '형이상학적 패러다임'에만 너무 치우쳐 있다고 지적한다. 다시 말해서 비판자들이 사회학적 패러다임과 구조물 패러다임뿐만 아니라 세 가지 분류를 공통적으로 관통하고 있는 패러다임의 일반적이고 확정적인 의미에 집중하지 않는다고 비판했다. 쿤의 『과학혁명의 구조』를 출간한 1962년 당시의 시대적 상황은 형이상학의 배제를 외치던 때다. 따라서 쿤의 패러다임이라는 개념은 모호하게 여겨졌을 가능성이 매우 높았기 때문에 적지 않은 비판을 낳았던 것이 사실이다. 패러다임에는 분명히 형이상학적 색채가 있고, 쿤에 대한 비판자들은 바로 이 점을 집요하게 비판했다. 하지만 마스터만에 따르면 패러다임이 가지고 있는 형이상학적 특징은 패러다임의 여러 특징 중 일면에 불과하며, 패러다임은 더 다양하면서도 단순한 의미를 가지고 있다. 그녀는 패러다임을 형이상학적 세계관이 아닌 수수께끼 풀이 장치로 사용될 수 있는 인공물로 정의함으로써 형이상학적 패러다임에 관한 비판들을 피해 간다.

비록 마스터만의 패러다임의 성질에 관한 분석이 쿤의 생각과 100% 일치한다고 할 수는 없지만, 그는 나름의 패러다임에 대한 재(再)정의를 통해 패러다임의 새로운 측면들을 부각시켰다. 즉 패러다임이란 과학 공동체 구성원이 공유하는 믿음, 가치, 기술 등을 의미하고 아울러 과학의 연구에서 범례(example), 퍼즐 풀기(puzzle solution)로도 정의된다고 보았다. 이러한 의미에서 보면 패러다임은 ① 무엇을 연구해야 할 것인가? ② 어떤 질문을 해야 하는가? ③ 질문에 어떤 방법으로 답해야 하는가? ④ 답을 어떻게 해석할 것인가와 관련하여 각각에 대해서 일정한 지침을 제공하는 기능을 수행한다. 패러다임의 변경은 세계관의 교체이자 경험의 통일적 전체의 변경이기 때문에 과학자의 관점에서 혁명적 변화를 초래한다고 볼 수 있다.

한편 헝가리 출신 철학자 임레 라카토스는 쿤이 패러다임 사이의 경쟁관계를 중요시하지 않는 잘못을 저질렀다고 비판했다. 이에 대해 마스터만은 이원 패러다임과 복수 패러다임이라는 개념으로 패러다임 사이의 경쟁구도를 설명했다. 이에 따라 쿤이 패러다임이 없는 상태(무패러다임)와 복수 패러다임을 구별하지 못한다는 비판을 가했다. 이러한 비판이야말로 쿤에 대한 라카토스의 비판을 지지하는 데 도움이 되었을 것이다(Masterman, 1970).

Chapter
03

행정이론의 계보

행정이론의 계보는 유럽에서 시작되었다. 따라서 미국 행정이론도 유럽 행정이론의 영향에서 자유롭지 않다. 미국 행정학의 비조(鼻祖)인 우드로 윌슨(Woodrow Wilson)은 자신의 논문 「행정연구」에서 미국의 행정이론은 미국 헌법과 이념에 부합해야 하고 미국 정신에 맞는 관료조직을 구축해야 한다고 역설하면서 유럽 행정이론의 미국 토착화를 강조했다. 그는 유럽 행정이론을 미국에 도입하면 자유로운 미국의 공기를 충분히 흡입할 수 있도록 해야 한다고 말했다. 이러한 지적은 외국 이론을 수용하는 그의 관점을 표현한 것이기도 하다.

　윌슨은 절대군주가 오랫동안 독점적 권력을 행사해 온 독일이나 프랑스에서 행정연구가 먼저 일어난 이유를 두 가지로 들고 있다. 첫째, 유럽의 전제정부는 대중의 여론으로부터 독립되어 있었다는 점이다. 군주정부는 여론에 따라 무엇을 해야 할 것인가를 찾지 않는다. 정부는 지배자, 통치자의 역할만 수행하면 되기 때문이다. 둘째, 절대군주 정부를 독립적으로 유지하기 위해 국민을 자극하지 않는 통치방법을 찾는 일이 필요했다는 것이다. 통치방법의 탐색 과정에서 행정연구의 중요성을 발견하게 되었다는 말이다. 셋째, 계몽군주는 절대군주라고 하더라도 국민에 대한 봉사자라는 현대적 정치이념을 수용했다는 점이다. 군주 개인의 의지에 따라 일반의 복지문제를 효과적으로 해결하려고 정부행정을 조직화했다(강용기, 2016: 54~57).

　이런 측면은 윌슨이 프러시아의 프리드리히 2세(Friedrich II)를 염두에 둔 서술인 듯하다. 프리드리히 빌헬름 3세(Friedrich Wilhelm III)는 슈타인(L. von Stein) 행정의 영향을 받았다.

월슨의 입장을 정리하면, 유럽 절대군주체제에서 행정이론이 등장하게 된 연유에는 절대군주의 통치를 강화하고 효율화하려는 배경이 있다는 것이다. 관방학(Kameralismus)이 그렇고, 절대군주체제를 지탱하기 위한 관료제 구축이 이를 반증한다.

1. 독일의 행정이론

스페인, 영국, 프랑스가 해양 지배권을 바탕으로 해외식민지 경영에 박차를 가했지만, 뒤늦게 통일국가로 출발한 독일은 후발주자로 참여했다. 1871년 빌헬름 2세와 비스마르크(Bismarck)가 보불전쟁에서 승리하면서 프러시아, 오스트리아, 바이에른, 라인란트팔츠, 보헤미아 등 350여 개의 작은 나라들을 통일국가에 포용했다. 독일은 통일국가를 이룬 후 선발주자인 영국이나 프랑스처럼 해외식민지 경영에 나서는 데 한계를 갖고 있었다. 당시 영국이나 프랑스는 해외식민지로부터 얼마든지 보충할 수 있다는 자신감으로 국내 재정을 다소 방만하게 운영하고 있었다. 독일은 이들 국가와는 사정이 달랐다. 그래서 능률적인 정부재정의 운영방안에 대한 고민이 깊었다. 사실상 독일의 관방학은 이런 상황에서 탄생했다. 왕이 직접적으로 책임을 부과하는 일단의 전문직 공무원들이 18세기 초반에 생겨났고, 특별한 훈련을 받거나 관방학을 전공한 사람들을 고위직으로 채용하는 제도가 수립되었다. 특히 프러시아의 프리드리히 빌헬름 1세 치하에서는 관료 양성을 목적으로 1727년 할레 대학교와 프랑크푸르트 암

오델 대학교의 학위 과정에서 관방학을 가르쳤다.

관방학은 식민지 획득과 해외무역에서 영국과 프랑스에 뒤처진 프러시아의 경제적·사회적 부흥과 이를 통한 군주정치를 강화하기 위해 형성된 것이다. 관방학은 국가경영에 관한 학문으로 관방, 관사들에게 국가통치에 필요한 행정기술과 지식을 제공하기 위한 목적에서 형성된 학문체계로 일종의 국가학의 성격을 띠었다.

절대군주체제를 유지하는 데 필요한 정치적·경제적·사회적 활동에 관한 모든 문제를 다루다 보니 농업·임업·재정학·경제학·경찰학·사회과학이 미분화된 상태로 혼재되어 있었지만, 특히 재정학적 성격이 강했다. 프러시아는 역사상 최초로 공직 채용시험을 실시했다. 공직의 근무에 관해서도 근무시간, 절차, 복무자세 등에 이르기까지 규제조치가 있었다. 이런 점들을 감안할 때 프러시아의 관료제는 절대군주 정부에서 가장 전형적인 행정조직이었다. 이 밖에 프랑스의 리슐리외(Richelieu), 영국의 헨리 8세(Henry Ⅷ)와 엘리자베스 1세(Elizabeth I), 그리고 프리드리히 대왕 등은 봉건제도의 잔재를 청산하고 항구적인 공직제도를 수립한 선구자라고 할 수 있다.

영국, 프랑스, 네덜란드는 당시 절대군주체제하에서 중상주의 정책을 통한 국부 증대에 혈안이 되어 있었다. 절대군주체제는 왕권신수설과 중상주의의 양대 기둥이 떠받치는 체제다. 그리고 물리적 토대는 관료제와 상비군이다. 특히 국가의 체제에 필요한 물적 자원의 동원 메커니즘은 중상주의체제가 뒷받침했다.

중상주의가 독일로 유입되면서 작은 봉건국가와 자유도시들을 통합하여 통일민족 국가를 이룩하고 여기에 강력한 군주의 정치적 지배력을 구축할 필요성이 생겼다. 16세기 독일의 지방분권체제에서 관방재정이 생겨났고, 1727년 독일의 할레 대학교와 프랑크푸르트 암 오델 대학교에서 관방학을 강의했다. 이때의 관방학은 오늘날의 재정학에 해당한다. 계몽주의가 널리 확산되던 당시의 관방학은 군주행정의 기술로 이해하고 내용을 왕실재정과 국가재정을 구별하지 않은 상태에서 국부정책에 초점을 둔 것이었다.

18세기에 들어와서 경찰학이 등장했다. 절대군주체제에서 억압받던 개인의 자유와 국가의 통제 사이에 조화로운 균형점을 찾으려는 시도가 이루어졌다. 관방학에서 경찰학이 파생된 것이다. 개인의 자유침해에 대한 저항적 인식을 바탕으로 경찰학이 새로운 학문으로 관심을 얻게 되었다. 국가는 개인의 안전과 공공복리의 발전에 필요한 조건을 형성하는 데 일정한 임무를 지고 있기 때문에 일반적 복지를 명분으로 개인의 자유를 침해한다는 것은 질서 있는 국가라면 있을 수 없다는 인식이 바탕에 자리하고 있었다. 베르그(H. V. Berg)의 경찰학은 국가가 제정한 법에 의한 통치를 강조했다는 점에서 절대군주체제의 해체를 위한 출발점이 되었다.

국가의 목적을 국가재산의 증대와 유지, 그리고 국가재산의 유효한 사용이라는 두 가지 측면을 강조하던 당시로서는 국가재산의 증대와 유지는 정치학과 경찰학으로, 국가재산의 유효한 사용은 재정학으로 뒷받침되는 상황을 맞게 되었다. 정치학은 국가재산의 증대와 유지를 위해 대내외적인 안전을 다루고, 경찰학은 행정제도에 의해 국가재산을 유지하고 공공의 복지를 실현시키는 것을 연구하는 학문으로 규정되었다. 이런 배경 때문에 유럽에서는 경찰학이 행정학의 모계 분과학문으로 이해되기도 한다.

그러나 시민의식이 고양되면서 시민의 영향력이 커지고, 국가에 대한 시민의 권리문제가 크게 부각되었다. 이에 경찰학은 행정법학으로 탈바꿈했다. 이로써 법치국가의 이념에 따른 행정이 본격적으로 체계화하는 계기가 마련되었다. 독일의 슈타인 행정학은 이런 배경에서 출발했다.

슈타인(L. von Stein)은 관방학을 집대성한 학자로 알려져 있다. 18세기 말부터 19세기 초에 이르는 당시 독일은 근대국가의 확립 노력과 더불어 절대군주체제의 붕괴가 시작되었고, 영국의 애덤 스미스의 자유주의 사상이 널리 확산되는 상황이었다. 이념의 충돌이 일고 있던 독일의 상황을 고려할 때 슈타인의 관방학 집대성 작업의 필요성을 좀 더 깊이 이해할 수 있다. 슈타인은 보다 적극적인 행정의 개념을 확립했다. 헌정(Verfassung)과 행정(Verwaltung)을 구별하고 있는데, 헌정은 개인의 국가의사의 결정에 참여하는 권리 또는 결정과 관련이 있고, 행정은 국가의 활동수단이며 결정의 집행을 의미한다. 이것은 미국 행정학의 '정치행정 이원론'과 맥락을 같이하고 있다.

그러나 슈타인의 행정학은 오늘날 현대 행정학으로 발전하지 못하고 오토 마이어(Otto Mayer)의 행정법학으로 옮겨 가는 데 머물고 말았다.

독일의 행정이론을 언급하면서 막스 베버(Max Weber)의 관료제이론을 말하지 않을 수 없다. 베버의 학문에서 '지배(Herrschaft)'라는 개념은 기본적인 출발점이다. 마르크스(Karl Marx)가 역사와 사회를 생산관계로 파악했다면, 베버는 지배관계로 이해했다. 그는 역사와 사회의 기본 구조로서 지배를, 발전원리로서 합리화를, 구체적인 현대의 상징으로서 자본주의를 지목했다. 베버의 지배와 합리화 및 자본주의를 삼각의 축으로 하는 삼위일체의 학문체계를 미완의 상태로 남겨 둔 것이 사후 2년 뒤 『경제와 사회』라는 제목으로 출간되었다. 이 책 제9장 '지배의 사회학'에서는 관료제 문제를 다루고 있다. 그는 관료제화의 전제와 근거로서 화폐경제의 발달, 행정의 양적 발달,

행정사무의 질적 변화, 관료조직의 기술적 이점, 행정수단의 집중, 사회적 차별의 평준화를 언급하고 있다. 공법과 사법의 구분을 원리적으로 관철시킨 것은 관료제에 있어서 직무수행의 비인격화와 법의 합리적 체계화라고 말한다. 관료제는 합리적 성격을 지니며 규칙, 목적, 수단, 객관적 비인격성이 일거일동을 지배한다고 강조한다(막스 베버, 1981: 32~71).

베버는 많은 학자들로부터 권력과 권위 문제와 관련해 20세기 최고의 학자라는 평가를 받고 있다. 특히 베버에 대한 행정학자들의 존경심은 그의 연구가 학문의 등뼈처럼 지지대 이론이라는 인식과 함께 의심의 여지가 없다.

그렇다고 해서 베버에 대한 평가가 긍정적이지만은 않다. 오랜 세월 베버를 연구해 온 사회학자인 더블린 대학교 키어런 앨런(Kieran Allen) 교수는 『막스 베버의 오만과 편견(Max Weber: a critical introduction)』(2010)에서 막스 베버가 사실은 오만한 극우민족주의자였으며, 지독한 제국주의적 편견을 가졌음을 지적하고 있다. 제1차 세계대전을 전후해 베버는 독일제국과 게르만 민족의 패권을 내세우는 민족주의자로 활발하게 활동했고, 심지어 준군사전략가로 동부유럽을 독일의 패권 아래 두면서 영국과는 협정을 맺고 벨기에는 볼모로 활용하면서 주된 적국인 러시아에 대항할 것을 주장했다. 패전의 기운이 역력한데도 끊임없이 전국적 게릴라전을 역설한 그는 관료제와 자본주의는 영원할 것이며, 우매한 대중은 오직 카리스마적 지도자만이 구원할 수 있다고 강조했다. 베버의 가치중립적 외피 이면에는 제국주의적 인종차별주의와 오만한 엘리트주의가 가득하다.

또한 학문연구의 궁극적 목표가 독일의 정치교육에 기여하는 것이라고 하면서 학문이 정치에 종속된다고 보는 학자였다는 점을 지적한 대목에 이르면, 우리가 알고 있던 베버의 모습과는 전혀 다름을 느낄 수 있다. 베버는 관료제에 대한 논쟁을 하면서 대중이 관료화에 대항할 방법은 없다고 보았다. 대중의 운명은 차분하고 냉정한 관료들이나 위대한 지도자의 지배를 받는 것이라고 지적하기까지 했다.

국내의 어떤 행정학 책에도 당시 베버의 사회관과 세계관에 따른 이론의 배경이 소개되어 있지 않다. 이것은 베버의 관료제이론과 행정학의 정체성을 연계 짓는 연구 태도에 기인한 것이 아닐까 싶다. 이와 관련한 내용은 제5장에서 소상하게 다룰 것이다.

2. 영국의 행정이론

영국의 행정이론에 지대한 영향을 끼친 사람은 애덤 스미스, 제러미 벤담(Jeremy Bentham) 그리고 존 스튜어트 밀이다.

스미스는 『국부론』을 통해 개인의 자유로운 이기심 발현을 통한 국부증진에 관심을 기울였다. 스미스의 『국부론』은 이기심과 시장뿐 아니라 법과 정의, 제도, 정부의 역할 등 공공부문에 대한 논의를 담고 있다. 『국부론』이 자유주의적 경제체제의 한계를 인식하고 정부의 역할을 강조한 실용주의적 접근이라는 지적이 나오는 이유다. 그는 『도덕감정론(The Theory of Moral Sentiments)』이 법과 정의, 정부의 역할에 대한 저작이라고 소개한다. 상업사회에서 지나친 이기심의 발현을 통제하기 위한 현실적인 방안으로 정부의 개입을 통한 통제의 제도화를 제시하고 있다.

경쟁과 효율의 명제를 바탕으로 정부의 역할을 정의하는 행정이론은 애덤 스미스의 생각에 기원을 두고 있다고 해도 과언이 아니다.

『국부론』에 담긴 정부역할론은 존 로크(John Locke)나 밀의 것과 다르다. 정부역할을 사회계약론적 관점에서 이해했던 로크나 밀과 달리 스미스는 시장기제가 제대로 작동하는 분야, 사회 전체에 이익이 돌아가는 분야, 시장기제로 인한 부작용과 관련된 분야에서 필요하다고 지적한다(구교준, 2010: 38). 따라서 로크나 밀의 관점보다 넓다는 평가를 받고 있다.

벤담은 공리주의 철학을 통해 가치판단의 기준을 제시했다는 점에서 오늘날 정책대안의 비교평가를 위한 이론적 토대를 제시했다고 할 수 있다. 공리주의는 전체공리주의(total utilitarianism)와 평균공리주의(average utilitarianism)로 구분할 수 있다. 전자는 국민 전체의 효용을 극대화하는 것이고, 후자는 국민 평균의 효용을 극대화하는 것이다. 벤담의 공리주의는 신고전학파 경제학의 기초가 된 '한계효용'의 원리를 창안하는 데 중요한 영향을 끼쳤다(김항규, 2004: 269).

밀은 정부의 역할과 관련하여 국민의 뜻을 그대로 옮기는 대리인(delegate)이어야 하는지, 아니면 국민의 이익을 위해 때로 그들의 뜻을 거스르는 것도 불사하는 수탁자(trustee)여야 하는지에 관해 모호한 입장을 취했다(서병훈, 2009).

벤담이 영국 행정이론에 미친 영향과 관련해서 가장 먼저 공리주의를 떠올릴 것이다. 하지만 공리주의와 함께 벤담의 '파놉티콘(panopticon)'에 대한 그의 고집스러운 생각이 현대 관료제에 미친 영향이 지대하다는 사실을 놓쳐서는 안 된다.

벤담의 파놉티콘은 세 가지 특징을 가지고 있다. 첫째, '시선의 비대칭성'이다. 죄수들은 간수를 보지 못하지만 간수는 죄수의 일거수일투족을 감시할 수 있다. 둘째, 파놉티콘은 민간이 운영한다. 국가와 계약하여 운영되는 사설 감옥이다. 즉 계약식 감옥인 셈이다. 셋째, 죄수들이 생산하는 재화에 의존하는 공장형 감옥이다. 따라서 죄수들의 건강에 신경을 쓴다.

파놉티콘을 어떻게 이해할 것인가에 대한 입장들이 있다. 미셸 푸코(Michel Foucault)는 파놉티콘을 사회 전반적인 통제와 규율의 원리라고 이해했다. 파놉티콘이 학교와 병원, 공장 등에도 이용될 수 있다는 벤담의 주장에 착안한 푸코는 영혼의 규율을 가능케 하는 '감시의 원리'를 체화한 '권력의 기술(technology of power)'이기 때문에 모든 사회 영역에 확산되었다고 해석했다(푸코, 1994: 289~329).

힘멜파브(Gertrude Himmelfarb)는 파놉티콘을 좀 더 벤담의 자유주의 철학과 연계하여 입장을 피력하고 있다. 정부의 권력을 제어할 방안으로 대의민주주의를 강조한 그는 여성 투표권을 주장하기도 했다. 벤담은 시험을 통해 정부관료가 충원되어야 한다고 역설하면서 관료는 국민의 주인이 아니라 종이라고 했다. 이러한 주장은 당시 상황에서는 급진적인 평가를 받았다. 또한 상류층 자제에 국한되던 대학교육을 중산층 자녀에게로 확대하여 실용적인 교육을 하려고 런던대학을 설립했다. 벤담은 해부학 수업을 위해 런던 대학 의대에 시신을 기증하기도 했다.

그의 공리주의 철학은 존 스튜어트 밀 등에 의해 발전되어 서구 자유민주주의의 철학적 토대를 제공했으며, 에드윈 채드윅(Edwin Chadwick) 등의 개혁가에 의해 구체적인 사회개혁 형태로 결실을 맺었다.

역사학자인 힘멜파브는 이러한 벤담의 기여를 파놉티콘과 연결지어 비판하면서, 파놉티콘이 벤담의 공리주의 철학의 본질을 규명하는 중요한 단서라고 말한다. 즉 '최대 다수의 최대 행복'으로 요약되는 벤담 철학의 밑바탕에는 사회 다수의 행복과 안녕을 위해 죄수를 감시하고, 이들에게 감자만 먹인 채 강제노동을 시키며, 그 결과를 착취하는 것을 합법화하는 파놉티콘이 존재한다고 비판했다. 벤담의 파놉티콘에서 볼 수 있는 개혁은 사회적인 약자나 소수자에 대한 동정에서 비롯된 것이 아니라, 다수의 행복을 위해 소수의 권리를 억압하고 희생하는 방식이었다고 힘멜파브는 지적했다(홍성욱, 2002: 44).

힘멜파브는 제임스 밀(James Mill)이나 존 스튜어트 밀도 파놉티콘을 지지했다고 밝히면서, 이들 급진주의자들 또는 공리주의자들을 현대 자유민주주의 선조로 간주하는 데 심각한 문제가 있다고 말했다.

한편 사회학자인 앤서니 기든스(Anthony Giddens)는 근대국가의 행정권력이 시간과 공간에 대한 규제와 통제를 강화해 왔다고 말했다. 그는 행정권력의 감시 유형을 두 가지로 나누었다. 하나는 정부가 행정, 경찰, 군사 목적을 위해 개인의 정보를 수집하는 일이고, 다른 하나는 감옥에서처럼 사람이 다른 사람을 직접 감시하는 일이다. 전자를 수행한 것이 바로 독일의 사회학자 막스 베버의 관료제였다. 기든스는 감옥에서 죄수를 통제하는 방법과 작업장에서 노동자를 통제하는 방법이 동일하다고 보는 푸코의 생각을 비판했다. 감옥은 죄수를 물리적으로 강제감금하는 것이 허용되는 공간이고, 작업장은 고용주와 노동자의 자유계약에 의해 노동에 종사하는 곳이라는 점에서 차이가 있기 때문이다.

3. 프랑스의 행정이론

근대국가를 특징짓는 체제인 관료제, 군사제도, 국제체제, 조세, 무역, 외교 등은 절대주의 국가 시대에 형성되었다. 『절대주의 국가의 계보』를 쓴 페리 앤더슨(Perry Anderson) 같은 학자는 절대주의 국가가 본질적으로 중세 말의 경제적·정치적 변화에 의해 위협을 받게 된 귀족계급의 이익을 위한 것으로서 이른바 재편성, 재충전된 봉건적 지배기구라고 지적한다(앤더슨, 2014).

절대주의 국가 시기에 유럽에서는 이전과 비교할 수 없을 정도로 전쟁이 빈번하게 발생했다. "전쟁이 국가를 만들고, 국가는 전쟁을 만든다"는 찰스 틸리(Charles Tilly)의 말처럼 근대국가의 형성기에 전쟁과 폭력이 얼마나 커다란 영향을 미쳤는지 알 수 있다. 토지 귀족의 잉여착취를 확보하기 위한 가장 합리적인 방법이 전쟁이었다. 이에 따라 봉건국가는 계속적인 확장방법으로 전쟁을 감행했다. 프랑스 토지 획득을 위한 백년전쟁, 이탈리아 북부를 둘러싼 스페인과 프랑스의 갈등, 프로이센의 슐레지엔 획득을 위한 7년 전쟁을 들 수 있다. 프로이센 전쟁의 경우 프로이센 군사력의 기초에는 융커(대농장을 소유하고 경영한 토지 귀족) 집단과 절대왕정의 강력한 결합이 존재했다. 융커는 농업 경영과 동시에 프로이센 행정기구의 중요한 자리나 상급 장교의 지위를 독점했고 큰 세력을 휘둘러 특권을 유지했지만, 제2차 세계대전 이후 완전히 소멸했다.

오늘날 많은 학자들은 관료제, 상비군, 조세제도로 대표되는 근대적 행정조직이 만들어진 배후에 근대 초기의 전쟁들이 있다는 점에 동의한다.

국왕은 봉건영주의 권한 약화에 대응하여 그들이 소유했던 농민수탈의 권리를 자신의 관할하에 집중시키고 중앙집권적 체제를 구축하면서 국민적 통일국가의 실현을 도모했다.

국왕은 자신의 권력을 유지하고 강화하기 위하여 거대한 관료기구와 국왕 직속의 상비군을 두고 이를 운용할 필요가 있었다. 여기에는 당연히 경상비가 들어갔다. 이 비용은 왕이 소유한 영토에서 나오는 수입, 중앙집권화한 지대(地代)인 지조(地租), 신흥 시민계급인 상인과 공업인에게 거둔 세금으로 마련했다.

이처럼 절대군주체제의 물적 토대는 봉건적 토지 소유를 한 축으로 하고 동시에 신흥계급의 경제적 부에도 크게 의존하는 구조였다.

특히 중상주의 정책을 통한 경제발전으로 국왕의 생활이 점점 사치스러워졌을 뿐만 아니라, 국왕의 위세를 높이기 위해 대외 전쟁을 벌이면서 국가재정을 낭비하는 상황에 이르게 되었다. 왕권신수설과 중상주의 정책을 통해 왕권에 대한 도전적 기류를 차단함과 동시에 관료기구와 상비군을 통해 도발적 행위 자체를 억제함으로써 왕권 행사는 모든 국민의 이해를 대표하는 것으로 인식되기도 했다.

17~18세기에 이르러 코미서리(Commissaire)를 정부에 도입하여 근대 관료제의 토대를 다진 국가가 절대군주제하의 프로이센과 프랑스다. 절대군주제하에서 중앙정부는 국왕의 권위 아래 대법관, 국무대신 등을 포함하는 내각으로 형성되었다. 대법관은 사법관의 장이자 국왕의 입법의 발안자로서 국새를 관리하는 종신직이었다. 만약 그가 국왕의 신임을 잃으면 국왕은 국새경(國璽卿)으로 하여금 그를 대신하게 했다. 16세기 프랑스 앙리 2세 치하에서 생겨난 국무대신직은 절대권력의 효과적인 수단이 되었다. 군사 관련 업무와 국경지방의 행정을 담당하는 육군상, 식민지를 담당하는 해군상, 외무상, 승려·신교도·파리시(市) 등에 관한 여러 업무를 담당하는 궁내상, 농업·공업·상업·토목 등의 일을 처리했던 재무상 등 네 명의 국무대신이 국내 행정을 분담하고 있었다.

정부의 실질적인 조정은 참사회가 담당했다. 이것은 루이 14세(Louis XIV)가 정비했다. 국무대신들이 참여하는 고등참사회는 전쟁이나 열강과의 협상 등 주요 정책문제를 관장했다.

공문서참사회는 국내 행정에 통일성을 부여했다. 재무참사회는 국가재정과 세입을 관장하고 대인 및 대물에 부과되는 직접세(타이유税, la taille) 액수를 각 납세구에 할당하는 일을 담당했다. 타이유세는 승려나 귀족은 면제되고, 평민들에게만 부과되었다. 대법관이 주재하는 추밀참사회는 행정소송을 담당했다(소부울, 1984: 69~70).

군주의 절대권 주장은 로마법의 전통을 재평가한 데서 비롯되었다. 즉 주권은 군주에게 부여된 것이며, 국가는 군주의 소유라고 주장했다. 따라서 법은 군주의 의지를 가시적으로 표현한 것으로서 지상의 권위를 가지며, 모든 사람은 복종할 의무가 있다고 해석되었다. 군주는 소수의 특권계급과 권력의 일부를 공유했으므로 정치적 권력투쟁은 왕과 이들의 사이에만 있었다.

한편 군주의 절대권 유지를 위해서는 재원확보가 필수적이다. 그러나 조세를 통한 재원조달은 토착세력인 봉건영주들과 자치지역으로부터 반발을 샀다. 따라서 군주들은 강력한 중앙집권적 조세제도를 확립함으로써 봉건 잔재를 제거했다. 봉건영주들은 국왕의 허락 없이 조세를 징수하지 못하도록 하고, 세리를 각 지방에 파견하여 직접 징세업무를 수행하게 했다. 이러한 재원확보는 군주의 절대권 확립에 지주가 되었다.

왕권의 강화에 따라 행정의 통제범위도 경제 · 사회 활동 영역에까지 확대되었다. 중세에는 국방과 사법이 왕의 제1차적인 책임이었으나 이제 무역 확대를 위한 안전보장과 지원이 중요한 과제로 등장했다. 국익을 증강하고 세입을 늘리기 위해서 중상주의 정책을 추진했으며, 경제활동에 대한 각종 지원과 규제가 행해졌다. 국내 산업을 진흥시키고 식민지를 개척하기 위한 정부의 적극적인 개입이 요청되었으며, 이에 따라 전문적인 행정관리들이 필요하게 되었다. 결과적으로 정부의 조직과 관리 등의 수요는 엄청나게 팽창했고, 행정기구는 점차 왕실로부터 분리되기에 이르렀다.

프랑스 대혁명 직후 제헌의회가 소집되어 구체제(ancien régime, 앙시앙 레짐)의 소멸을 가결시켜서 귀족의 특권을 폐지했다. 그리고 1789년 8월 26일에 인간의 자유, 평등, 국민주권, 법 앞의 평등, 사상의 자유, 과세의 평등, 소유권의 신성 등 기본 원칙을 명시한 '인간과 시민의 권리선언'을 채택했다. 프랑스 대혁명과 나폴레옹 보나파르트(Napoléon Bonaparte)의 등장은 국가의 본질과 행정구조를 근본적으로 변화시킨 계기가 되었다.

19세기 초의 이러한 대변혁으로 정치체제 면에서는 국민국가(nation state)가 일반화되고, 행정수단으로서는 근대적인 관료제가 수립되었다고 할 수 있다. 국민국가는 국민(문화적인 주체)에게 주권적인 영토를 제공하기 위하여 존재하며, 그러한 목적이 국민국가의 합법성을 제공한다. 보편적으로 이는 단일국가의 형태를 가지며 통일된 법과 정부체계를 갖춘다. 또한 정의 자체만으로 주권적인 국가이며 국가 위에 다른 권력이 존재하지 않는다.

프랑스 대혁명으로 국가의 개념은 몰(沒)인격화되었다. 가부장적인 세습에 따라 군주가 국가를 소유하는 것이 아니라, 국민이 자신의 정부와 관리체제를 조직화한 것이 국가라고 보게 된 것이다. 관리들도 왕이나 군주의 사복이 아니라 국가의 공복이며, 간접적으로는 국민의 공복으로 간주되었고, 공권력의 행사자로서 법에 대한 충성이 강조되기에 이르렀다. 관리를 명예로운 전문직으로 보는 전통은 프랑스 대혁명 전부터 있었으므로 가장 의미 있는 변화는 충성과 봉사의 목적 및 대상이 달라졌다는 점이다.

나폴레옹이 등장한 후 프랑스에서는 엄청난 변혁이 일어났다. 세금제도와 행정제도를 정비하고, 혁명기에 괴멸 상태였던 공업생산력을 회복시키면서 산업부흥을 꾀했다. 그리고 프랑스 은행의 설립, 공공교육법의 제정과 함께 통치의 기틀을 마련했다는 평가를 받는 나폴레옹 민법전을 편찬했다. 이 법전에서 법 앞에서의 평등, 개인의 자유, 소유권의 불가침, 신앙의 자유, 국가의 세속성 등을 규정함으로써 근대적인 가치관을 도입한 획기적인 조치라는 평가다. 특히 나폴레옹은 행정조직의 측면에서 질서, 계층, 전문화, 책임 등을 강조했으며 군대식의 엄격한 혁명체계와 명확한 업무분담 및 책임을 제도화했다. 중앙정부는 로마제국 때와 마찬가지로 재정·외무·국방·사법·내무 등 다섯 개의 기본 부처로 구성되었다. 즉 그는 통령정부에서 제1통령은 내정과 외교 및 군사를 책임지고, 제2통령은 법무, 제3통령은 재정을 책임지는 등 기본적인 정부구조를 형성한 것이다. 이러한 5부처는 전문성을 위해 국·과로 나누었다. 지방의 행정계층은 내무상 밑에 세 단계로 구분 및 조직되었으며, 각 계층별로 집행기관을 구성했다. 주민대표들의 협의체(representative council)가 있었으나 행정문제에는 관여하지 않았고, 지방행정은 하향식 명령체계에 따라 수행되었다.

특히 나폴레옹은 고위관리의 충원에서 능력을 중시했다. 그는 선발 과정에 직접 참여했으며, 과학·수학·공학 분야의 훈련을 강조했다. 그 제도적인 장치로서 공직에 전문 직종을 신설하고 전문가 양성기관을 설립하는 등 많은 개혁을 단행했다. 결국 나폴레옹은 고도로 전문적이고 능률적인 통치체제를 형성하는 데 궁극적인 목적을 두었으며, 그의 행정개혁은 큰 성과를 거두었다. 이와 같은 프랑스의 행정체제는 서구의 근대 국민국가 중 대표적인 예에 속한다.

1789년 프랑스 대혁명을 계기로 프랑스 사회는 대혼란과 변화를 겪게 되었다. 나폴레옹은 로마 행정에 깊은 관심을 가지고 있었다. 광대한 제국을 통치하는 데 기여했던 로마 행정을 프랑스 국가통치의 원형으로 생각했기 때문이다. 그는 로마 행정의 골격이었던 법과 제도, 강력한 관료집단의 육성, 참모조직의 구축, 인사제도의 틀을 정비하고 새롭게 구축하는 데 심혈을 기울였다. 프랑스에서 국민국가의 대두와 함께 근대적인 행정체제가 등장하게 되었다는 평가를 받는 이유가 바로 이러한 나폴레옹의 업적에 근거하고 있다.

나폴레옹이 지배하던 프랑스 행정의 특징은 전문주의다. 광산기술자, 회계 전문가, 법 전문가, 교육 전문가 등으로 구성된 참모제도에 바탕을 둔 채 행정을 전문직업주의로 발전시켜 나갔다. 프랑스 행정에서 국참사원은 참모 기능의 메카다. 실제로 나폴레옹은 국가통치에 군사청과 행정청이 필요하다고 지적했다. 이 전문화된 두 관청이 제대로 운영될 때 국가통치가 가능하다고 보았다. 로마제국의 강력한 군대제도와 행정제도의 조화를 통한 국가통치의 원리를 그대로 수용한 것으로 해석된다. 실적제에 의한 관료 충원 시스템을 구축한 것도 전문직업주의의 구체적인 사례에 속한다. 드골 정부가 국립행정대학(ENA: Ecole Nationale d'Administration)을 창설한 것도 이런 맥락과 닿아 있다.

프랑스 대혁명을 계기로 군주에 대한 충성심이 민족에 대한 충성으로 바뀌었다. 행정 이념의 축이 개인화에서 비개인화로 바뀌었다는 의미다. 행정의 권위가 군주의 개인적인 신하에게 부여된 것에서 법에 의한 관료 책임으로 이전되었다. '법 앞에 평등'이라는 사고는 관직의 차별적 요소들(인종, 피부, 종교, 출신 배경)을 제거하는 데 기여했다.

프랑스 행정은 법학적 차원의 행정연구가 주를 이루었다. 앙리 파욜(Henry Fayol)의 경영학적 행정연구와 미셸 크로지에(Michel Crozier)의 사회학적 행정연구가 연이어 나왔다. 이를 계기로 법과 제도의 시각에 편중된 프랑스 행정학의 연구 경향이 차츰 사회학적 행정연구로 확대되었다. 크로지에의 관료제 병리현상을 사회학적 관점에서 조망한『관료제 현상』은 바로 이러한 지평 확대에 크게 기여한 역작이라는 평가를 받고 있다.

4. 미국의 행정이론

미국의 행정이론이 어떤 계보를 가지고 있는지를 알기 위해서는 미국 행정학의 태동 이전의 상황을 먼저 살펴봐야 한다. 미국은 유럽과 달리 왕정 국가체제를 경험하지 않았다. 따라서 국가 출발에서부터 자유주의 국가를 지향했다. 자유주의 국가의 목적은 개인의 자유 신장에 있다고 할 수 있다. 이러한 사상의 토대는 존 로크의 자연법 사상에 힘입은 바 크다. 개인의 자유 신장이 국가 존립의 근거인데, 이것은 국민의 일반의사에 기초한 지배를 전제로 한다. 이런 사상하에서는 국가 기능의 최소화가 요구된다. 따라서 국가의 기능은 어디까지나 국민의 생명과 재산을 보호하는 데 그쳐야지 그 이상의 행동을 함으로써 개인의 자유를 구속하거나 침해하는 것은 용납되지 않는다는 사고에서 야경국가관이 등장했다. 야경국가관에서 볼 때 최소의 정부가 최상의 정부다. 행정의 법적합성을 따지고, 행정의 의회 구속성을 인정하며, 대의정치를 긍정하고, 국민에 의한 행정 통제를 강조하게 되었다.

미국은 1900년대 초부터 산업혁명을 통한 공장제 대량생산체제가 구축되면서 시장 확대와 자본증식이 크게 일어났다. 그 결과 사회는 신분상의 세습 계급체계와는 다른 새로운 계층체계인 '가진 자'와 '못 가진 자' 사이에 갈등이 발생했다. 이런 계층 갈등은 당시 유행했던 찰스 다윈의 논리를 인용한 허버트 스펜서(Herbert Spencer)의 사회진화론에 따른 정당화 논리가 부채질함으로써 더욱 확대되었다. 다윈의 '적자생존'의 논리를 차용한 스펜서는 자본주의 체제에 잘 적응한 사람들이 더 많은 것을 가지고 적응하지 못한 자들은 덜 가지는 것이 당연하다는 논리적 귀결을 제시했던 것이다. 사회의 게임에서 승리한 자와 패배한 자에 대한 정당화 논리를 스펜서가 제시한 셈이다. 현재의 상황에서 보면 이는 정의로운 관점에서 한참 벗어난 사고다. 자본주의 체제를 위협하는 양극화 문제에 대한 일말의 고려를 스펜서의 논리에서는 찾을 수 없기 때문이다.

미국은 윌슨의 행정학 탄생 이전에 해밀턴주의, 제퍼슨주의 그리고 매디슨주의가 행정에 대한 관념 형성에 큰 영향을 끼쳤다. 이들은 차례대로 고전주의, 낭만주의, 신고전주의 시기의 행정 개념을 창조한 대표적인 인물들이다(Stillman II and Ureges, Jr. (eds.), 1982: 5). 특히 해밀턴과 제퍼슨의 기본 관점은 미국의 역사를 꿰는 이데올로기의 시원이 되었을 뿐만 아니라, 오늘날 미국 양당 정치의 시작과 함께 보수와 진보의 대립의 뿌리도 여기에서 비롯되었다는 점에서 중요하다.

제퍼슨은 강력한 행정권력에 반대하고 권력분산을 강조했다. 해밀턴은 정부의 강력한 집행권을 옹호했는데, 지방자치에 대한 부정적인 인식을 갖고 있었기 때문이다.

미국의 건국 초기 12년 동안에는 해밀턴의 북부 연방주의파가 득세했다. 1800년 선거에서 제퍼슨의 당선으로 제퍼슨식 공화주의파가 연방주의파를 압도했다. 제퍼슨은 1800년 선거를 '1800년 혁명'이라고 했다.

제퍼슨은 의회의 독립 및 지배를 강조했다. 연방주의자들은 상대적으로 의회보다는 연방정부 우위의 생각을 가지고 있었다. 이들의 사상을 다음 표에서 간략하게 정리했다.

	해밀턴주의	제퍼슨주의	매디슨주의
정부 권한	연방정부 권한 강화	지방정부 권한 강화	견제와 균형
대표 이익	북부 도시상공인	남부 농업인	남부지역 이해 대변
강조 가치	질서 강조	자유 강조	자유 강조
정부 규모	강한 큰 정부 주창	작은 정부 실현	작은 정부 강조
중앙은행 설립	중앙은행 설립 제안	중앙은행 설립 반대	중앙은행 설립 반대
의회 입장	영국의 귀족주의 숭배	미국 상원은 귀족의 대표(국민 대표 아님)	의회 역할 강조

이하에서는 해밀턴주의, 제퍼슨주의, 매디슨주의를 간략하게 서술해 본다.

해밀턴의 행정이론

알렉산더 해밀턴(Alexander Hamilton)은 남북전쟁에 참전하여 훗날 미국의 초대 대통령이었던 워싱턴 장군의 부관으로 4년 동안 근무했다. 25세에 대륙회의 의원이 되었고, 뉴욕 주 의원으로 활동하면서 재무성 설치에 관한 법률을 통과시킨 후, 초대 재무장관(1789~1795)을 역임했다. 해군법을 제정하고, 해군사관학교를 설립하는 데 앞장서기도 했다. 그는 영국의 귀족주의를 찬양하고 숭배한 인물이다.

해밀턴은 '행정을 공적으로 규정 및 설정된 목적을 효과적으로 수행하는 것'으로 이해했다. 그리고 국민을 위해 좋은 일을 하는 정부의 모습을 선호했다고 한다. 따라서 강력한 행정기구를 가진 강한 정부를 만드는 게 중요하다고 인식했다. 이는 중앙집권의 필요성에 대한 강한 의지를 가지고 있었다는 증거다. 그는 강한 중앙정부, 강한 대통령의 리더십을 바탕으로 연방을 정치적·경제적·군사적으로 안정되고 강하게 정착하는 것을 정치의 최우선 목표로 삼았다. 행정권 강화가 국익의 극대화를 가능케 한다는 생각에서 관료들에게 책임을 전제로 한 재량권을 폭넓게 인정해야 한다는 점을 강조했다. 행정가의 전문성과 능력 신장이 국익 증진에 긴요하다고 생각했던 그는 법학이나 의학에서처럼 행정학의 전문성을 확보해야 한다는 확고한 생각을 가지고 있었다.

제퍼슨의 행정이론

토머스 제퍼슨(Thomas Jefferson)은 버지니아 주 출신이다. 윌리엄 메리 대학을 졸업하고 버지니아 시민의회 의원이 되었다. 그리고 제2차 대륙회의 의원 시절에 미국 독립선언서를 기안했다. 버지니아 주 의원과 버지니아 주지사를 지냈다. 프랑스 대사, 국무장관을 거쳐 1801~1809년까지 제3대 미국 대통령으로 재직했다. 버지니아 대학교의 설립자이기도 하다.

그의 행정관은 계몽주의 사상에 근거하고 있다. 인간의 성장과 인류 발전에 대한 믿음에 따라 정부제도의 정통적인 목적은 국민의 최대 행복을 보장하는 것으로 이해했다. 존 로크의 자연법 사상과 장 자크 루소(Jean Jacques Rousseau)의 사회계약론에 바탕을 둔 그의 사상은 정부가 인간의 신성한 권리(생명과 자유, 행복추구권 등)를 침해한다면 국민들은 정부를 무너뜨릴 권리를 가지고 있음을 인식했다. 하늘이 내린 권리를 지키고 보호할 새로운 정부를 세워야 한다는 주장은 계몽주의 사상을 실현하려는 차원에서 이해된다. 따라서 그는 국민에게 봉사하는 정부를 최선의 정부로 보았다. 뉴잉글랜드의 주민회의를 이상적인 민주제도로 평가했던 그의 태도에서도 알 수 있듯이, 풀뿌리 민중의 곁에 다가가는 정부의 모습을 선호했다. 그는 작은 정부, 주정부에게 권한을 좀 더 많이 부여하는 방향에서의 정부운영을 지지했다.

지금의 관점에서는 다소 거리가 있지만, 제퍼슨은 미국이 자유로운 농업국가라야 자유를 향유할 수 있다고 전망했다. 산업화의 결과로 등장한 도시를 부정적으로 인식한 그의 생각을 어떻게 평가해야 할지 모르겠다. "땅과 더불어 일하는 사람은 신이 선택했다"라고 말하면서 농업에 대한 애정과 관심을 적극적으로 표현했던 데에서도 알 수 있듯이, 제퍼슨은 남부 농업인의 이익을 적극적으로 옹호했다. 그는 강력한 연방정부를 경계했다. 자유에 대한 신념이 강하여 중앙집권이 국민의 자유에 대한 침해를 초래할 것이라는 점에서 부정적인 태도를 견지했다.

매디슨의 행정이론

제임스 매디슨(James Madison)은 버지니아 주에서 태어나 뉴저지 대학(지금의 프린스턴 대학교)을 졸업했다. 그는 로크, 흄, 볼테르 등 계몽주의자의 저서를 많이 읽었다. 이러한 독서 배경은 그가 미국 헌법을 제정하는 데 큰 영향을 끼쳤다. 제퍼슨과는 긴밀한 관계를 가진 반면에 해밀턴과는 경제정책을 둘러싼 논쟁을 벌였다. 제퍼슨이 대통령에 취임한 후 매디슨은 국무장관이 되었다. 워싱턴 초대 대통령 당시 매디슨은 초대 하원의장으로서 미국 연방정부조직과 각종 법률을 제정하는 데 큰 공적을 남겼다. 그 후 제퍼슨의 뒤를 이어 제4대 대통령이 되어 8년을 재임했다.

민주정치이론의 대가로 평가받았던 매디슨은 견제와 균형을 유지하는 공화정치체제를 갖추는 것이 중요하다는 신념을 가지고 오늘날 공화당의 국가 통치 이념을 확립하는 데 커다란 기여를 했다. 해밀턴이 연방정부의 통치력을 강화하고 유럽형 중앙집권체제를 주장하자 매디슨은 강력한 반론을 폈다. 그는 국민에게 더욱 많은 권한이 주어지는 "국민에 의해서 국가가 운영되는 진정한 민주주의의 초석이 다져질 때에 비로소 거대한 연방정부가 운영될 수 있다"고 하는 삼권분립 민주국가 통치이론을 주장했다.

그는 미국 정치활동의 원천으로 인식했던 도당에 대한 적절한 통제가 정부의 주요 기능이라고 생각했다. 도당은 사람들의 다양한 이해관계에서 비롯되기 때문에 이질적이고 상호 충돌하는 이해관계를 잘 조정하는 것이 정부의 역할이라고 여겼던 것이다. 도당화는 갈등을 초래할 수 있으므로 정부의 역할이 필요하며, 도당에 의한 갈등을 중재하고 해소하는 균형 잡힌 메커니즘으로 정부를 보는 그의 사고가 이해된다. 다원론적 사고를 했던 매디슨의 정부관을 엿볼 수 있다.

윌슨의 행정이론

토머스라는 이름보다 우드로라는 중간 이름을 더 즐겨 썼던 토머스 우드로 윌슨(Thomas Woodrow Wilson)은 개신교 집안에서 성장했다.

정부와 대기업의 막강한 권력을 경계하고 사회와 경제에서 개인적 자유를 신장하는 것에 관심이 많았던 그는 이런 일을 위해서는 학문보다 현실의 세계에서 꿈을 이루는 게 바람직하다고 생각했다. 그는 뉴저지에서 민주당 제의로 정치를 시작했고, 민주당 대선후보로 출마하여 제28대 대통령에 당선되었다.

이 위대한, 평화로운 국민을 전쟁으로 그것도 가장 무섭고 참담한 전쟁으로 이끈다는 일은 두려운 일입니다. 그러나 평화보다 가치 있는 것이 정의입니다. 우리는 우리가 언제나 소중하게 여겼던 것을 위해 싸워야 합니다. 민주주의를 위해, 약소국가들의 권리와 자유를 위해, 모든 나라에 평화와 안전을 가져다주고 궁극적으로 세상을 자유롭게 만들어 줄 정의의 보편적인 지배를 위해…….

윌슨 대통령은 제1차 세계대전에 참전을 선언했다. 경제력에서 초강대국인 미국이 비로소 군사와 정치에서도 세계에 군림하는 나라로 발을 내딛는 순간이다. 미국의 오랜 고립주의 전통을 고수하려 했지만, 독일의 계속된 적대행위에 결국 참전을 결심하게 된 것이다.

그는 반제국주의 노선을 견지하면서 민주주의와 법치가 확실히 보장된 정부만이 존중할 가치가 있다고 말했다. 1918년 1월 윌슨이 제1차 세계대전의 전후 처리지침으로 민족자결주의를 천명하자, 이에 희망을 건 약소민족들이 줄줄이 청원서를 들고 그를 찾아왔다. 1919년 1월 18일부터 개최된 파리강화회의에 일제 식민지 통치의 실상을 폭로하고 한국의 독립을 호소하기 위해 한국 민족 대표로 파견된 김규식도 한국 독립을 청원하는 서한을 윌슨에게 전달했다. 그리고 이 민족자결주의에 영향을 받아 3.1운동이 일어났다. 그 후 윌슨은 국제연맹 창설제의 공로로 노벨평화상을 수상했다.

젊은 시절 윌슨은 자유방임주의로 최소 정부(less government)가 합리적이라고 보았다. 그 당시 자유경쟁에 의한 경제적 노동시장화가 심화되었고, 엽관제(spoil system)에 의한 부패가 만연했으며, 불평등이 큰 문제가 되었다. 이러한 사회문제에 대한 해결책을 행정을 근거로 탐색하고자 한 것이 그의 논문에 담긴 생각이다.

엽관제의 폐해, 남북전쟁을 경험했던 것들이 모두 정치에서 파생된 것이고, 더럽고 추한 정치로부터 차별된 효율과 능률, 그리고 절약적인 행정을 생각하게 했다. 이것은 훗날 정치행정 이원론의 발상의 기저를 이룬다.

윌슨은 영국의 대의제에서는 민주성을, 독일의 관방학에서는 능률성과 효과성을 미국에 적용함으로써 국민에게 봉사하는 행정을 실현할 수 있을 것이라고 판단했다. 행정은 단순 집행이기에 수단과 방법에 관점의 초점을 두어야 한다고 믿었던 그는 행정이 관료들을 중심으로 문제해결 능력을 가진 관리와 경영의 영역이어야 한다고 주장했다. 또한 윌슨은 역사적으로 행정의 발전단계를 절대군주의 행정, 헌정 시대의 행정, 국민주권 시대의 행정으로 이행한다고 보았다. 결국 '어떻게 통치하느냐'에서 '누가 통치하느냐'로 관심의 초점이 변한 것이다.

윌슨은 행정을 공법의 구체적이고 체계적인 집행으로, 관리의 수단적인 도구로 인식했다. 그리고 행정의 영역은 비즈니스의 영역이라고 주장하면서 정치와 행정은 구분되어야 함을 역설했다. 미국 행정학의 '학문적 독립선언서'라고 할 만한 그의 논문 「행정연구(The Study of Administration)」가 1887년에 발표될 당시의 상황이 유추된다. 그는 논문을 통해 이렇게 주장했다. "행정은 정치의 고유한 영역 밖에 존재한다. 행정의 문제는 정치의 문제가 아니다. 비록 정치가 행정의 임무를 설정하지만 행정부의 관직을 마음대로 조종하게끔 허용해서는 안 된다."

최초의 행정학 저서 *Introduction to the Study of Public Adminstration*(1926)을 출간한 레너드 화이트(Leonard D. White)는 정부학(The Science of Government)과 관리학(The Science of Management)을 통합시켜야 한다고 역설했다.

그러나 리그스(F. Riggs)는 윌슨이 정치로부터 행정의 독립을 주장하지 않았다고 지적했다(Riggs, 1965: 7~79). 스틸만(R. J. Stillman)은 윌슨이 정치와 행정 영역 간의 적절한 관계와 관련하여 명료한 이해와 설명을 하지 못했다고 주장했다. 이것은 미국 행정학의 출발 또는 효시로 윌슨의 「행정연구」를 들고 있는 것에 대한 논란이 제기되는 이유이기도 하다. 미국 정치학회 초대 회장이었던 프랭크 굿나우(Frank J. Goodnow)는 "정치는 국가의 의사를 결정하는 것이고, 행정은 그 의사를 집행하는 것"이라며 명확하게 양자의 관계에 선을 그었다. 그는 독일에서 공부하고 컬럼비아 대학교에서 행정법을 가르쳤다. 이러한 학문적 배경이 그로 하여금 정치와 행정의 영역을 구분하도록 했는지도 모른다. 한편 그는 존스홉킨스 대학교 총장으로 있으면서 윌로비(W. F. Willoughby)와 공동으로 행정연구를 했고, 윌리엄 태프트(William H. Taft) 대통령의 절약과 능률을 위한 위원회 위원으로도 활동했다. 저서로『정치와 행정』,『비교행정법』,『미국 행정법의 원리』가 있다. 윌로비는 집행, 사법 및 입법권력으로부터 행정기능을 완전히 분리할 것을 주장하기도 했다. 정부의 제4부 설치를 요구한 셈이다.

이에 반해 폴 애플비(Paul Appleby)는 정치와 행정의 구분은 가능하지 않다는 입장을 보였다. 그 이유로 현실적인 근거를 제시하고 있다. 즉 정부의 관료는 정책결정에 참여하지 못하지만 입법화하기 전과 후에 사실상 정책을 결정하기 때문에 엄밀한 차원에서 보면 정치와 행정을 구분하는 것이 일종의 신화에 불과하다는 주장을 펼쳤다. 그러면서 그는 『정책과 행정(*Policy and Administration*)』(1949)에서 행정을 '정책 형성'이라고 규정했다. 이는 행정학이 단순히 관리적인 성격의 기술이 아니라, 공공문제에 대한 처방을 내놓는 치유학문의 성격을 지니고 있음을 강조한 것이다.

월슨은 존스홉킨스 대학교에서 스승인 리처드 엘리(Richard T. Elly)와 허버트 애덤스(Herbert B. Adams)의 유럽의 정치와 행정에 관한 강의를 통해 미국 행정이론의 정립에 큰 영향을 받았다. 정치는 영국의 대의제에서 보여 주는 권력배분이 핵심이고, 이를 체계화한 것이 행정이론이라고 이해했다. 행정은 프랑스와 프러시아에서처럼 국민의 의사나 권력배분에는 관심이 없고 오로지 주어진 정책을 충실하고도 효율적으로 수행하는 기술로 이해했던 것이다. 이러한 기술이나 방법을 논리적으로 연구하는 것이 바로 행정이론이다. 가치 배제의 연구에 초점을 둔 인식이다.

그 당시 미국은 행정의 전문주의가 강조되던 시기였으므로 행정의 직업전문주의를 향한 여정에 정치의 개입이 이루어지는 경우에는 엽관주의와 비능률을 초래할 것에 대한 우려가 월슨에게도 크게 작용했다. 이런 배경에서 정치와 행정의 구분에 대한 강한 의지가 형성된 것으로 보인다. 행정의 기술 측면을 강조하는 것이 정치 개입을 차단하고 행정의 전문주의를 키워 나갈 수 있겠다는 인식이 작용했다고 보아야 할 것이다. 대의제를 근간으로 한 효율적인 정책집행이 미국 행정학의 성립 초기의 확고한 철학적 인식이었다.

월슨은 영국이 왕권 제한에는 성공했으나 행정조직의 효율화에는 진보를 이루지 못했다고 인식했다. 영국의 사례를 통해 행정발전이론을 참고할 수는 없으나 책임성을 확보하는 민주성은 본보기가 될 수 있다는 입장이었다. 오히려 계몽군주제하에서 민주성은 약화되었지만 행정의 능률화와 조직화에는 일정한 진보를 가져왔다고 평가한 것이다. 그래서 영국의 대의제와 프랑스의 행정체계를 미국에 도입하는 경우에 신중할 필요가 있음을 지적하기도 했다. 윌슨의 생각에서 유의미한 점을 꼽으라면 바로 외국의 제도에 대한 비판적 도입 필요성에 관한 강조다. 역사적 상황에 대한 이해와 고려, 그리고 비교분석의 시각을 통해 적용 가능한 장점을 발굴하는 태도는 본받을 만하다. 상원제도를 도입하면서 경(sir)이라는 귀족 칭호를 배제한 것이 그 한 예다.

테일러의 과학적 관리론

20세기 초에 들어오면서 미국은 본격적으로 공장 생산체제를 갖추고 대량생산을 하게 되었다. 이 과정에서 생산성의 극대화를 향한 경영학적 기법들을 창안하여 확산시켜 나갔다. 이러한 기법과 원리들은 정부조직의 운영에도 그대로 적용되었다. 뉴욕도시연구회(New York City's Bureau for Municipal Research)는 과학적 관리법과 원리를 정부에 확산시키는 데 큰 기여를 한 비영리기구다. 굿나우, 앨런, 클리블랜드, 비어드, 모서, 규릭 등이 이 기구에 참여하여 지원했다. 당시 뉴욕은 엘리스 섬으로 입국하는 이민자들로 인해 사회적·재정적으로 큰 문제를 안고 있었다. 프레더릭 테일러(Frederick W. Taylor)는 노동자와 사용자 사이의 갈등을 과학적 관리법으로 해결할 수 있다는 주장을 펼쳤다. 이러한 인식은 정부로서도 매력적이었다. 정치 배제를 통한 능률적인 행정 추구 과정에서 행정의 기술을 고양하는 과학적 관리법의 도입은 당시 상황에서는 불가피한 것으로 보였다. 보다 자세한 내용은 별도의 장에서 정리해 보기로 한다.

정통파 이론의 등장

1917년부터 1940년까지 이른바 미국 행정학의 정통파 이론들이 등장했다. 정부의 조직, 인사, 예산에 관한 이론들이 이 시기에 나왔다.

1926년 화이트의 『행정학원론』, 윌로비의 『행정원리』는 행정학 정립에 큰 기여를 했다. 화이트의 『행정학원론』은 미국 최초의 행정학 교과서다. 그는 행정을 과학(science)과 예술(art)로 이해하면서 고전적인 해밀턴주의에 입각하여 정치와 행정의 전제를 제시한 바 있다. 행정 과정은 단합과 협력이 전제되어야 한다는 것, 법보다는 관리를 중시해야 한다는 전제, 행정이 인간관리의 기술적 학문이기도 하지만 과학적 방법론의 탐구가 요구된다는 전제, 정부의 핵심 문제가 정책의 효과적인 디자인과 집행이라는 전제 등을 담고 있다. 그는 이 책을 통해 미국 행정학의 철학적 핵심 내용을 제시한다. 첫째, 행정은 반드시 법치행정이어야 한다. 둘째, 행정가는 민주성에 입각하여 행정을 수행해야 한다. 즉 차별을 배제해야 한다는 의미이기도 하다. 셋째, 행정은 국민의 동의에 입각해야 한다. 이것은 미국 행정체제가 철저히 국민에 의한 통제를 원칙으로 삼고 있는 현재 모습의 연원이기도 하다.

한편 1927년에 출간된 윌로비의 『행정원리』는 제퍼슨 사상에 경도된 입법에 초점을 둔 행정을 강조하고 있는데, 11년 동안 미국 연방정부 노동부에서 공직을 수행한 경험도 녹아 있다. 후에 그는 프린스턴 대학교에서 법학과 경제학 교수를 역임하는 한편, 존스홉킨스 대학교에서 굿나우와 함께 행정학 연구를 하기도 했다.

부모가 선교사였기 때문에 오사카에서 태어나 일본에서 유년기를 보낸 루서 굴릭(Luther H. Gulick)은 미국으로 돌아와 컬럼비아 대학교에서 박사학위를 받고 뉴욕도시연구회에서 행정연구를 본격적으로 수행했다. 1935~1937년 행정관리를 위한 대통령위원회 위원으로 활동하면서 「행정과학에 관한 논문(Papers on the Science of Administration)」을 공동집필했다. 행정원리로서 POSCoRB를 제시한 게 바로 이 논문이다. 그는 백악관 행정 담당 비서로 근무하면서 우리나라의 독립과 관련된 독일의 포츠담 회담에도 참석한 바 있다. 명령통일의 원리, 참모조직의 필요성, 통솔의 범위를 제시한 그는 미국 행정학의 토대를 다지는 데 큰 공헌을 했다는 평가를 받고 있다.

테일러의 과학적 관리론은 인간에 대한 기계론적 이해라는 비판에 직면했다. 이 비판의 가장 선두에 선 것이 바로 인간관계학파였다. 이들은 루소의 참여정치, 존 스튜어트 밀의 공동체와 개인의 일반의지와 진보에 관한 생각, 그리고 공공의 이익증진에 대한 사상과 태도에 의지하고 있었다. 하버드 대학교 경영대학원의 메이오를 중심으로 이론으로 발전했다. 그는 시카고에 위치한 웨스턴 전기회사 호손 공장에서 이루어진 실험과 연구를 토대로 인간관계론을 전개할 수 있었다. 제1차 세계대전에 참전했던 군인들이 전쟁터에서 얻은 일종의 심리적 트라우마인 전장공황을 심리요법을 통해 치료하는 일을 했던 그의 경험이 인간관계 연구에 크게 기여했다. 그는 록펠러 재단으로부터 산업문제 연구비를 지원받아 필라델피아 직물공장에서 노동자들에 대한 연구를 수행했고, 연작 시리즈 연구인『산업문명의 인간적 문제들』,『산업문명의 사회적 문제들』,『산업문명의 정치적 문제들』을 출간하기도 했다. 인간관계의 사회심리적 요인들이 물리적이고 경제적인 요인보다 생산력 증대에 더 중요함을 역설한 그의 통찰력은 지금도 유효한 이론적 자원으로 남아 있다.

이 시기에 나타난 가장 큰 충격적인 사건은 경제공황과 뉴딜정책이다. 루스벨트 대통령이 경제공황을 극복하기 위해 정부역할 확대를 천명하면서 존 케인스(John M. Keynes)의 이론을 근거로 뉴딜정책을 전개했다. 예정조화설을 신봉했던 애덤 스미스의 '보이지 않는 손'에 대한 신뢰를 거두고 정부에 의한 '보이는 손'을 통해 사회에 개입하는 정부정책으로 행정의 역할 확대가 본격적으로 이루어졌다.

행태주의이론의 등장

1940년대에 와서 행정은 정치로 정형화된 과학적 법칙이라는 주장을 부인하면서 행태주의에 의한 행정의 과학성 제고에 기여하는 움직임이 활발하게 대두되었다. 허버트 사이먼을 필두로 등장한 행정학 연구의 행태주의는 행정원리는 검증되지 않는 속담에 불과하다는 비판적 입장을 견지했다. 사이먼은 의사결정을 분석의 초점으로 삼아 인간의 합리적 선택 과정을 측정하고 보편이론을 도출할 필요가 있음을 강조했다.

미국의 경제공황으로 교육대학을 졸업했어도 자리를 얻을 수 없었던 교사 지망생이 공부를 계속하여 예일 대학교에서 정치학 박사학위를 얻었다. 그가 바로 드와이트 왈도다. 그의 박사학위 논문을 수정하여 출간한 것이 『행정국가론(Administrative State)』이다. 그는 학위를 받은 후 정부의 물가행정국에서 가격분석관으로 일했고, 예산국에서도 행정분석관으로 근무하면서 행정의 실제를 직접 체험했다.

제2차 세계대전이 끝난 후 버클리 대학교에서 정치이론을 강의했고, 정부학 연구소를 만들어 소장으로 일했다. 이탈리아 행정 개선 프로젝트를 수행하면서 비교행정의 필요성을 인식한 그는 미국 행정학회 산하의 비교행정연구회에 참여하기도 했다. 그 후 시러큐스 대학교로 자리를 옮겨 퇴직할 때까지 교수 생활을 했다. 그는 행정을 가치 적재적(value loaded) 성격으로 이해했다. 행정이 문화가치와 정치 이념이 가미된 것이기 때문에 가치 배제의 행정학을 생각한다는 것은 불가능함을 역설하기도 했다. 행정학의 문제해결 능력은 바로 가치 연구에서 생긴다는 인식에서 기존의 과학성을 강조한 행정이론에 대해 비판적 입장을 드러냈다. 왈도는 행정의 중심 개념으로 합리적 행동을 강조하고 있다. 이 점에서는 사이먼과 입장이 같다. 왈도는 보다 거시적인 입장에서 개별 국가의 가치와 문화전통이 행정에 개입할 수밖에 없음을 인정하고 있다. 이에 반해 사이먼은 가치와 사실의 분리를 통해 행정학이론의 과학성을 제고하는 차원에서 가치 배제의 객관성을 추구했다고 할 수 있다.

비교행정이론

제2차 세계대전이 끝나면서 미국과 소련으로 양분된 양극체제하에서 냉전 시스템이 작동하기 시작했다. 이것은 바로 체제 경쟁으로 이어졌고, 국제무대에서 시장쟁탈전으로 전환되었다. 이러한 경쟁구도 속에서 미국은 신생독립국을 영향력하에 두려는 다양한 활동을 전개했다. 신생독립국에 대한 원조 프로그램 제공이 대표적이다. 그러나 막상 원조활동은 미국이 기대했던 효과를 내지 못하는 상황이 되었다. 그 원인을 찾는 노력이 학문적인 활동과 연계하여 이루어졌는데, 이 과정에서 비교행정연구가 시작된 것이다. 전후복구, 공산권의 봉쇄라는 명분 뒤에는 미국의 시장개척이라는 국익이 자리 잡고 있었음을 부인하기 어렵다. 경제원조, 교육원조, 기술원조, 행정지원 등 다양한 원조 프로그램에 필요한 비용을 미국의 대기업이 지원한 데서도 충분히 짐작할 수 있다.

로버트 달(Robert Dahl)이 행정연구의 과학성을 제고하기 위해서는 반드시 '비교연구'를 해야 한다는 점을 지적하면서 사실상 비교방법을 통한 행정학 연구에 전념하는 학문적 분위기가 조성되었다. 비교행정연구는 실질적으로 미국 행정학 연구가 국내 연구에서 해외 연구로 눈길을 돌리게 하는 계기가 되었다. 이를 통해 신생국가에 미국의 행정제도가 이식되는 결과를 낳았을 뿐만 아니라, 미국 행정학이 수출을 장려하는 효과를 얻게 된 것도 사실이다. 리그스 교수의 자문을 통해 중앙공무원교육원이 설계된 것이나 서울대학교 행정대학원이 설립된 것이 단적인 예다. 제1차 경제개발 5개년 계획을 처음으로 입안할 때 미국 전문가들의 도움이 결정적으로 작용했다. 그 후 관료들의 미국 연수 프로그램이 활성화된 것이라든지, 미국 행정학이 한국에서 주류를 형성하는 것 등이 모두 이러한 시대적 배경과 함께 미국의 세계 전략적 차원에서 제공한 원조 프로그램의 결과이자 효과라는 사실을 부인하기 어렵다.

비교행정연구가 교차국가 연구를 통해 일반이론을 도출하려는 야심찬 학문적 기대를 갖고 출발했음에도 불구하고 일반이론을 제시하기는 불가능하다는 비판에 직면했다. 과학성을 제고하려던 의도가 꺾이면서 가치 개입적 연구로의 방향선회가 이루어졌다. 오히려 신생독립국가들, 다시 말해서 후진국들의 발전문제에 더 큰 학문적 관심을 기울일 필요가 있음을 학자들이 인식했던 것이다. 발전 이데올로기가 유행했던 당시 상황과 맥을 같이한 측면도 있다. 국가 발전을 위한 행정의 역할에 초점을 둔 발전행정론과 이를 위해 행정 자체의 발전을 추구해야 한다는 행정발전론이 병행적으로 연구 대상이 되었다. 발전이 명확히 이데올로기적 성격을 지니고 있기 때문에 가치 개입적 연구에 대한 적극적 태도가 학자들 사이에 확산되었다.

발전행정론에서는 기관 형성과 발전사업을 개발하고 관리하는 관료들의 역량 개발을 위한 이론들이 적극적으로 검토되었다. 심리학과 행태주의에 기반 한 행동연구와 더불어 리더십 연구를 통한 이론 개발이 활발하게 이루어졌다. 그럼에도 불구하고 비교행정연구와 발전행정연구가 개발도상국가 혹은 신생독립국가에 실질적인 차원에서 행정 발전을 가져다주었는지에 대해 비판하는 목소리도 있다. 미국 중심의 이러한 연구와 원조 프로그램을 통해 오히려 개발도상국가에서 군부독재정권의 영속화를 공고하게 다지는 데 일조했다는 지적이 바로 그것이다. 발전 이데올로기의 강조가 사실상 정통성 없는 정권에 대해 이론적으로 또는 방법론적으로 도움을 주었다는 비판이 제기되었던 것이다. 이러한 비판적 배경에는 서구사회의 선형적 역사 발전 모델을 신뢰하는 데 대한 비판적 인식이 자리하고 있다. 즉 역사 발전의 경로는 반드시 선진국의 경로에 발맞춰 후진국들이 따라갈 수 없다는 것이다. 변증법적 사고에서 보면 선형적 역사 발전은 잘못된 것이다.

정책이론의 등장

1950년대 들어와 정책연구가 활발하게 전개되기 시작했다. 해럴드 라스웰(Harold Lasswell)의 주창에 따라 시작된 본격적인 정책연구는 그의 정책지향성에 대한 관념에서부터 출발한다. 정책지향성은 정책 과정 자체에 대한 연구와 더불어 정책 과정에 필요한 지식연구로 요약된다. 이 두 가지 내용을 체계화함으로써 정책학을 과학의 프레임으로 정립할 수 있다는 제언을 하면서 본격적으로 정책이론들이 등장하게 되었다. 1980년대까지 지속적으로 정책의제설정이론, 정책결정이론, 정책집행이론, 정책평가이론, 정책변동이론 등이 제시되었다. 가장 최근에는 우리나라에서 정책딜레마론, 시차이론 등이 제시되기도 했다. 보다 자세한 내용은 별도의 장에서 소개할 것이다.

신행정이론의 등장

1960년대 후반에 이르러 미국은 국내 혼란과 더불어 베트남전쟁 참전 개입에 대한 반대여론의 비등으로 극심한 내홍을 겪게 되었다. 국내 혼란을 불러온 것은 도시지역의 슬럼화와 도시빈민들의 절망감에서 분출한 도시폭동과 인종분규 등이 직접적인 원인이다. 그뿐 아니라 미국의 베트남전쟁 참전으로 국제경찰의 역할에 치중한 나머지 국내 문제에 대한 상대적 소홀함이 여러 가지 사회적인 갈등을 야기시켰다는 지적이 이어졌다.

이러한 상황을 초래하게 된 근본적인 원인에 대한 성찰이 행정의 효율성 이데올로기를 대상으로 하고 있다는 점에서 과거 행정학의 이론적 정향과는 차별성을 가진다. 1968년 뉴욕 주에 위치한 미노브룩 산장에 모인 미국의 소장 행정학자들이 미국 사회가 소용돌이로 빠져들고 있는 원인과 처방에 대한 성찰적 주장을 제기했다. 거창하게 말해서 미국 행정학의 이론 형성과 관련하여 가치중립적인 실증적 연구에 치중한 나머지 행정 그 자체가 사회적 적실성을 상실하게 되었다는 비판적 인식을 바탕에 깔고 있다. 논리실증주의로부터 결별해야 한다는 것이다.

　정부의 행정 서비스는 누구에게 득이 되는가? 정책효과는 과연 누구에게 돌아가는가? 기득권층에게 행정 서비스와 정책효과가 더 배분되도록 함으로써 사회적 약자와 소외계층의 반발을 야기했다면 행정체계의 이념의 차원, 결정 메커니즘, 정책개발 방식, 국민에 대한 의식 등에서 새로운 패러다임을 지향해야 한다는 주장이 제기되었다. 그래서 행정 서비스와 정책효과가 사회구성원에게 '골고루' 돌아가도록 하는 것이 무엇보다 중요하기 때문에 새로운 행정 이념으로서 '사회적 형평성(social equity)'을 주창했다. 과거의 능률과 효과를 중시하던 행정의 정향성을 탈피하여 형평성으로 방향선회를 했다는 측면에서 이들의 성찰적 주장을 '신행정론'이라고 부른다.

　신행정론에서는 정책의 반응성에 주목하여 정책 이해당사자를 정책결정 메커니즘에 적극적으로 참여할 수 있도록 참여 통로를 만들거나 개방하는 것을 강조하기도 한다. 따라서 방법론적으로는 이해당사자의 공감을 얻어내기 위한 현상학적 방법론을 통해 주민들이 선호하고 기대하는 바를 정책에 반영할 수 있는 정책개발 방식의 변화도 촉구했다. 이 과정에서 국민을 막연한 '정책대상집단'으로 인식하지 말고 '정책고객'이라는 차원에서 접근하는 인식의 변화도 요구된다. 이를 위해서는 관료조직의 탈관료적 조직개혁이 필요하다는 점을 역설한다.

　신행정론의 학문적 기여는 이후에 전개된 현상학적 행정이론의 개발과 함께 시민참여이론과 존 롤스(John Rawls)의 정의론에 의한 행정철학이론 등의 결실로 나타나면서 긍정적인 평가를 받고 있을 뿐만 아니라, 지금도 여전히 유효한 이론적 자원으로 여겨지고 있다.

공공선택이론의 등장

경제학의 행정학 침투현상은 이전에도 있었지만 공공선택이론의 행정에로의 적용을 통해 '행정이론의 경제학' 현상이 두드러졌다고 하겠다. 1986년 노벨경제학상을 수상한 제임스 뷰캐넌(James M. Buchanan)의 공공선택이론은 사회과학분석의 틀로서 각광을 받았다. 비시장적 의사결정의 경제학적 연구로 요약되는 그의 이론이 고든 털럭(Gordon Tullock)의 『관료제의 정치』, 윌리엄 니스카넨(William A. Niskanen)의 『관료제와 대표정부』, 게리 웸슬리(Gary L. Wamsley)와 메이어 잘드(Mayer N. Zald)의 『공공조직의 정치경제』를 통해 행정이론의 자리를 구축했다.

특히 오스트롬 부부(Vincent Ostrom and Elinor Ostrom)는 「공공선택: 행정학 연구의 다른 접근방법」(1971)이라는 논문을 통해 공공선택이론을 행정학 연구에서 확산시키는 계기를 마련하기도 했다. 오스트롬은 매디슨, 토크빌의 민주행정이론가들의 영향을 받았다. 왜냐하면 그의 민주행정 패러다임이 공공선택이론을 바탕으로 제시되었기 때문이다. 2009년 여성으로는 최초로 노벨경제학상을 수상한 엘리너 오스트롬은 경제 거버넌스 분석을 통해 공공의 자산이 다수의 경제 주체들에 의해 어떻게 성공적으로 활용될 수 있는지를 보여 주었다는 평가를 받았다. 그의 초기 연구는 공공재와 공공 서비스 생산에 영향을 미치는 결정들에서 공공선택의 역할들에 강조를 두었다. 이후에 그녀가 수행한 더 유명한 연구는 인간이 지속가능한 자원 생산을 위해 생태계와 어떻게 상호작용해야 하는가에 관한 것이다. 공유자원(Common Pool Resources) 문제를 해결할 수 있는 만병통치약이라는 국가-시장의 이분법적인 접근법들에 반대하고, 자치(self-governance)를 통한 해결방안을 제시했다는 평가를 받고 있다.

신제도론의 등장

우리는 인간이 사회적 제도와 규칙에 의해 영향을 받아 왔다는 것을 오래전부터 알고 있었다.

그런데 '사람이 제도를 만들고, 제도가 사람을 만든다'는 인식을 바탕으로 과연 제도에 의해 사람이 인위적으로 제약을 당하는 모습에 대한 심층적인 연구의식이 싹튼 것은 비교적 최근의 일이다. 조직도 하나의 제도다. 과거에 만들어진 제도가 우리가 앞으로 선택할 미래의 제도적 선택까지 제약한다. 과거와 지금의 제도적 선택이 미래의 제도선택을 제약하는 현상을 가리켜 제도의 '경로의존성'이라고 한다. 물론 제도선택을 통해 인간생활은 불확실성에 대한 두려움을 어느 정도 줄이고 사람들과의 관계에서 안정적인 교호작용을 할 수 있다는 점에서 긍정적이라고 할 수 있다. 신제도론의 문제점과 한계가 분명히 존재하고 있음에도 불구하고, 제도가 개인의 선호를 결정하는 것을 포함하여 개인의 선택행위에 사회의 다양한 제도와 규칙들(예컨대 규범, 규칙, 상징체계와 문화, 사회경제적 제도들)이 어떻게 영향을 미치는지 등 양자의 관계에 대한 이해를 위해 신제도론의 시각은 유용한 이론적 자원으로 인정받고 있다.

거버넌스이론의 등장

1970년대에 이르러 세계경제는 과잉생산체제를 구축하고 있었다. 기업부문에서 경쟁이 격화하고 기업 권한의 확대로 상대적으로 정부

권력이 약화되는 조짐을 보였다. 시민의 권한도 커지면서 정부는 시민을 고객으로 보게 되었다. 기업의 경쟁 시스템은 공공부문에까지 도입되기도 했다. 이러한 과잉생산체제로 인한 정부를 둘러싼 환경변화에 대한 대응방식으로서 거버넌스가 등장했다는 해석이 제기되었다(이재광, 2010: 11~24). 매우 도발적인 해석이다. 기존의 이해의 틀에서는 1970년대 두 차례의 오일 파동에서 문제가 출발한다고 보았다. 1973년 10월 제4차 중동전쟁 발발과 더불어 이후 페르시아 만의 6개 산유국들이 가격 인상과 감산에 돌입하면서 초래한 유가 급등으로 인한 제1차 오일 파동과, 1978년 12월 호메이니 주도로 이슬람 혁명을 일으킨 이란이 전면적인 석유 수출 중단에 나선 데 이어 1980년 9월 이란-이라크 전쟁, 그리고 사우디아라비아의 석유 무기화 천명으로 유가 급등을 몰고 온 제2차 오일 파동이 있었다. 이러한 오일 파동을 계기로 정부 실패에 대한 논의가 본격화되기 시작했다.

그동안 복지국가의 발전을 꾀하면서 빠르게 성장했던 정부의 기능과 역할, 확대된 정부재정과 시장경제에 대한 정부의 규제강화조치에 대해 비판이 제기되었다. 또한 이를 계기로 정부조직관리 기법의 변화를 요구하는 정부개혁의 목소리가 커졌다. 더불어 신자유주의의 등장으로 자유경쟁시장체제를 옹호하는 논리가 설득력을 얻게 되었다. 정부도 시장체제에서 한 축을 차지하고 있을 뿐만 아니라, 시장과 조화를 이루는 것이 정부의 참된 모습이라는 인식을 갖게 되었다. 게다가 세계화의 물결도 거버넌스 등장에 단단히 한몫했다. 자본과 생산-공급의 세계화를 통해 국민국가의 국가운영의 틀이 해체되는 결과를 낳게 되었다. '세계에 좋은 것이 우리에게도 좋다'는 인식은 세계화의 논리를 웅변적으로 보여 주는 비유다. 이러한 물적 토대는 바로 정보통신기술(ICT)의 발달이다.

거버넌스이론은 신(新)공공관리이론과 정부 네트워크이론의 두 축으로 구성되어 있다. 거버넌스이론은 최근의 시대사조와 사회변동에 부응한 새로운 이론적 자원인 셈이다. 우리의 개념으로 번역하지 못해 그대로 우리말 영어 발음으로 표기하여 사용하는 것이 단적인 예다.

포스트모더니즘 이론의 등장

기존의 행정이론들은 '근대적 합리성'이라는 공통의 인식적 기반에 근거하고 있다. 전통적인 행정이론을 비판하는 해석학적 행정이론과 비판적 행정이론 역시 '근대적 합리성'에 입각하고 있다는 점에서 동일하다. 관료제이론과 민주주의 이론의 한계에 대한 대안을 주장하는 새로운 인식의 근거에 따른 이론적 입장이 바로 포스트모더니즘 이론이다. 세상의 중심에 인간을 위치하여 인간 이성의 힘으로서의 합리성을 무한히 발휘함으로써 자연세계를 지배하고 통솔할 수 있다는 신조가 모더니즘의 발상이다. 따라서 계몽주의 사조가 모더니즘과 맥락을 같이한다. 인간의 주체성, 이성과 합리적 사고는 우리로 하여금 지금의 발전 상태로 이끈 원동력임을 부인하기 어렵다. 그러나 합리성에 근거한 행정이론은 보편적 이론을 지향하는 데 현실적인 상황에서 역사적·사회적 특수성에 갇혀 보편적 이론을 만들어 낼 수 없다는 것, 과학적 이론이 가치와 윤리 요소를 배제하면서 인간의 실제적 문제해결에 실패하고 있다는 것, 공익추구 행정조직에 사익추구 기업의 논리와 방법을 도입하는 것이 모더니즘이론의 한계, 특히 관료제이론의 한계라는 지적이다.

민주주의 한계는 대의제의 책임성 확보 실패로 요약된다. 그것은 정치의 반응성 약화라는 문제와도 관련된다. 이를 대의정치의 환류 고리(feedback loop)가 약화되었다고 말한다(강신택, 2005: 285).

포스트모더니즘의 입장에서는 이러한 한계가 기본적으로 데카르트와 계몽주의 전통에 따른 합리성에 대한 과도한 믿음에 기인하는 것으로 본다. 그래서 포스트모더니즘에서는 합리성 못지않게 '상상력'을 중시한다. 그리고 주체의 정체성에 대한 회의를 통해 주체가 세상의 중심에 있다는 점을 확신하지 않는다. 따라서 과학적 지식에 대한 우월적 지위를 인정하지 않는다. 과학적 지식도 담론일 뿐이라고 본다. 이른바 통약불가능성(또는 비교불가능성, incommensurability) 개념을 통해 모든 관측치가 이론중립적인 자료언어로는 존재하지 않기 때문에 사실상 경쟁이론 간의 비교평가는 불가능해진다. 따라서 서로의 견해를 평가하고 그 기반 위에서 결론에 도달하는 목적으로 대화를 해야 한다. 또한 학문 영역을 구획하는 경계를 해체하고 다른 사람의 견해에 대해 열린 자세와 다양성 인정의 태도, 거대한 내러티브(narrative)의 거부와 기존 제도의 부정이라는 반행정(antiadministration)을 지향하고 있다. 인간 이성의 오류 가능성에 대한 인정을 강조하는 차원에서는 카를 포퍼의 사고와 맥을 같이한다. 또한 권력의지에 의해 나온 기존의 인식론과 제도 및 지식을 부인하는 입장은 프리드리히 니체(Friedrich W. Nietzsche)의 '생철학'의 관점과 일치한다.

포스트모더니즘의 행정이론을 이해하기 위해서는 '차연'의 개념을 알아야 한다. 진리의 실체나 순수한 존재를 어떻게 알 수 있을까? 자기의 정체성과 존재를 확인할 길은 어디에 있을까? 이러한 질문에 대해 포스트모더니즘학파에서는 부존재(absence)를 알아야 비로소 존재를 알 수 있다고 말한다. 양(陽)을 알려면 음(陰)을 알아야 하는 것처럼 현존재(presence)는 부존재(absence)에 의존하고 있는 것이다. 순수한 존재, 진리의 실체, 자기 정체성과 존재를 확인한다는 것은 사실상 미루어질 수밖에 없는 과제다. 각각에 대한 부존재를 확인해야 하기 때문이다. 그래서 자크 데리다(Jacques Derrida)는 차연(差延, 디페랑스 [differance])의 개념을 만들어 냈다. 이것은 프랑스어 difference(차이) 의 어미 '-ence'를 '-ance'로 바꾸어 만든 것이다. 그의 해체적 반인 식론에 결정적으로 중요한 관련어를 지칭하기 위한 조어다. '다르 다'와 '지연시키다'의 의미를 모두 가지고 있는 프랑스어 '디페레 (differer)'가 포함되어 있다.

우리가 어떤 단어의 정의를 찾을 때 다른 단어에 의해 정의되고(다른 단어들 간의 차이에 따라 정의되고), 그러한 정의는 의미의 가능성에 한계를 지닌다. 그리고 의미의 가능성은 필연적으로 지연될 수밖에 없다. 왜냐하면 단어는 그와 다른 단어에 의해서만 정의되는데, 그 다른 단어 역시 또 다른 단어로 이루어진 정의를 필요로 하기 때문에 무한정의 지연이 이루어지게 되는 것이다. 행정이론과 관련해서는 기존의 언어를 해체하는 일부터 시작해야 한다. 행정을 능률적으로 해야 한다는 것도 하나의 설화로 보고, 이를 해체해야 한다는 것이다. 모더니즘적 사고의 틀에 익숙한 우리에게는 어려운 과제다.

복잡계이론의 등장

복잡계이론을 딱히 행정이론이라 말하기에는 다소 무리가 따른다. 행정이론의 계보를 언급하면서 복잡계이론을 언급하는 것은 행정변동의 패턴과 전략을 분석하는 데 유용한 이론적 자원이 된다고 판단하기 때문이다. 앞에서 소개한 행정이론이 거시적인 차원에서 행정체제의 변동에서 엿볼 수 있는 동학과 변동의 패턴을 분석하여 거기에서 일정한 법칙을 도출하지 못한다는 평가가 지배적이다. 요소환원주의적 시각에 근거한 현상인식과 분석방법에 따라 도출된 이론이 대부분이기 때문에 거시적인 변동의 메커니즘을 분석하는 이론적 자원에 관심을 덜 기울인 측면이 분명히 존재한다. 사회과학의 분과학문인 경제학, 경영학에서는 복잡계이론을 분석의 틀로 활용하여 거시적인 변동 상황을 설명하고 있다. 행정학에서는 복잡계이론을 적용한 현상분석이 아직은 초보단계에 머물러 있다. 앞으로 복잡계이론에 근거한 행정체제 변동을 기술하고 설명 및 예측하는 연구를 통해 통섭력을 지닌 행정이론이 도출될 가능성을 기대해 본다.

Chapter
04

과학적 관리이론

지하철에서 나오는 노동자들 속에서 떠돌이 한 사람의 모습이 비친다. 떠돌이는 어느 공장의 노동자다. 공장의 사장은 그에게 계속 빠르게 생산하라고 지시를 한다. 컨베이어 벨트 공장에서 하루 종일 나사못 조이는 일을 하는 떠돌이 노동자. 눈에 보이는 모든 것을 조여 버리는 강박관념에 빠지고 만 그는 급기야 정신병원에 가고, 거리를 방황하다 시위군중에 휩쓸려 감옥살이까지 하게 된다. 찰리 채플린(Charlie Chaplin)이 감독한 영화 〈모던 타임즈(Modern Times)〉의 줄거리다. 1936년 2월 5일 뉴욕에서 개봉한 이 영화는 당시 미국 사회의 산업혁명에 따른 공장 생산과정에서 표출된 자본주의의 인간성 무시에 대한 격렬한 분노를 저력 있게 고발했다. 아울러 타이틀백의 시계 문자판이 상징하듯 시계에 지배되는 기계문명에 대한 도전을 적나라하게 묘파(描破)했다는 평가를 받고 있다.

과학적 관리법에 따른 공장생산의 효율성을 목표로 했던 당시 생산 시스템은 영화에서 보여 준 것처럼 심각한 비판을 받았다. 테일러의 과학적 관리법에 대한 오해도 없지 않다. 먼저 그의 과학적 관리법의 등장 배경을 이해하기 위해서 당시 미국의 경제적 맥락을 살펴볼 필요가 있다.

1. 과학적 관리이론 등장의 경제적 맥락

관리이론의 등장 배경에는 세 가지 경제적 맥락이 자리하고 있다. 첫째는 미국이 농업국가에서 산업국가로 탈바꿈하게 된 요인, 둘째는 산업국가에서 발생하는 산업발전과 노동의 문제, 셋째는 능률증진운동이 그것이다.

농업국가에서 산업국가로의 이행

19세기 말 미국의 농업은 큰 변화를 겪었다. 기존 자급자족식 농업에서 환금작물을 중심으로 한 상업농업으로 바뀌었다(브링클리, 1998: 190). 세계적으로도 1800년대 후반에서 1900년대 초반까지 농업생산량은 엄청나게 증가했다. 미국의 농업생산물도 초과생산에 따른 가격 하락으로 농민들은 적자에 직면했다. 결국 일부 부농을 제외한 대다수의 영세농민들은 경제적인 어려움을 겪게 되었다. 게다가 농산품에 더 높은 철도요금과 저장요금을 부과하는 철도회사와 고리 대출을 강요하는 은행 및 대출회사까지 등장하면서 농민들의 분노는 더욱 커졌다. 특히 자본가들의 농간 때문에 농산품 가격은 하락하고 공산품 가격은 (관세보호 등을 통해) 높아지는 상황을 간파한 농민들은 더욱 분개했다(브링클리, 1998: 191). 더 이상 미국의 농업은 사회를 지탱하는 기반산업이 아니라고 본 젊은이들은 농촌을 떠나 많은 일자리와 기반시설이 있는 도시로 향했다. 1891년에 출간된 햄린 갈런드(Hamlin Garland)의 단편집 『여행의 주로(*Main-Travelled Roads*)』에는 당시 서부지역 농민들의 비참했던 생활상이 잘 묘사되고 있다. 주로(主路)는 서부를 개척하러 떠났던 길이다. 19세기 후반에서 20세기

초까지의 미국 문학작품들이 이러한 농가의 몰락을 주제로 다루고 있다.

한편 농가의 몰락과는 반대로 거대기업들은 놀라운 속도로 성장하면서 세계 제일의 산업국가로의 부상을 알렸다. 미국은 이미 19세기 초부터 제조업의 기반을 다졌으며, 이미 잘 갖추어진 사회 하부구조를 토대로 급속한 산업화를 이루어 낼 수 있었다. 미국이 이룩한 산업발전의 원천에는 그레이엄 벨(Graham Bell)의 발명품(전화기, 타자기, 계산기 등)과 토머스 에디슨(Thomas Edison)의 발명품의 기술발전이 있었다. 철강 분야에서는 철을 강철로 변형하는 공법이 개발되면서 강철 생산에 박차를 가했다. 이렇게 생산된 강철은 기관차와 철도, 빌딩 등의 건설에 큰 역할을 하게 된다. 또한 산업화와 더불어 새로운 동력인 석유가 펜실베이니아 주에서 처음으로 발견된 후 오하이오, 웨스트버지니아 등지에서 유전이 급속히 개발되었다. 그 후 석유가 미국의 주요 수출품으로 부상했다(브링클리, 1998: 195~197).

산업발전과 노동문제

산업발전에서 기술 못지않게 중요한 것이 바로 값싼 양질의 노동력이다. 노동자들은 농장보다 더 높은 임금을 공장에서 받았다. 그에 따라 이전보다 높은 생활수준을 경험하게 되었다. "공짜 점심은 없다"는 밀턴 프리드먼(Milton Friedman)의 말처럼 노동자의 임금에 뒤따른 것은 위험한 근무환경과 개인을 고려하지 않는 노동이었다. 노동자들은 하루 12시간 내지 15시간씩 혹사당했으며, 그 대가로 겨우 생계를 유지할 만큼의 임금을 받았다(최웅 외, 1997: 178). 당시 노동자들의 열악한 작업환경에 관해서는 여러 가지 기록이 남아 있다. 대부분의 작업장이 끔찍할 정도로 위험하고 불결했으며, 그러한 환경 속에서 공장노동자들은 한 주에 6일간 단순노동을 했다. 따라서 미국의 산업화 과정에서 노동자 계층은 수혜 계층이면서 다른 한편으로는 희생자이기도 했다(브링클리, 1998: 212).

이 시기의 기업가들은 대부분 노동자의 권익을 고려하는 윤리경영을 하기보다는 오직 부의 축적에 혈안이 되어 있었다. 남성 인력보다 싼 임금 때문에 여성과 아동의 노동은 일상적인 일로 간주되었다. 산업화의 결과는 노동문제의 싹을 키우고 있었다. 남북전쟁 이후 미국의 시장 규모는 급격히 증가했다. 산업화를 통한 각종 기계의 도입으로 기존의 고임금 숙련공은 더 이상 필요 없었다. 단지 기계가 돌아가는 공장 라인에서 하루 종일 단순한 기계 보조의 역할을 할 값싼 노동자만 필요할 뿐이었다.

노동자들은 자신들의 권리를 찾기 위하여 고용주들이 사용했던 방식, 즉 거대한 조직을 형성하는 방식으로 문제를 해결하고자 했다(브링클리, 1998: 216). 1877년에는 철도 자본가들이 노동자를 지속적으로 감축하고 해고하면서 전국 규모의 파업이 발생했다. 헤이즈(Hayes) 대통령의 결단으로 연방군대가 현장을 진압하면서 파업이 종식되었지만(최웅 외, 1997: 181~183), 이를 계기로 전국 규모의 노동조합인 노동기사단(Noble Order of the Knights of Labor)과 미국노동총연맹(A. F. L.: American Federation of Labor)이 탄생했다. 1886년 5월 1일에는 미국 근대 노동사의 분기점이라고 할 수 있는 헤이마켓 소요 사태(Haymarket Riot)가 발생했다. 노동임금의 향상과 근로시간 단축을 주장하던 집회 가운데 어떤 무정부주의자가 경찰에게 폭탄을 투척해 노동자와 경찰관이 충돌했다. 그 결과 7명이 사망하고 67명이 부상당했다. 이 사건은 시민들로 하여금 노동운동에 대한 강한 반감과 함께, 반미국적이며 반정부적이라는 선입견을 갖게 하는 계기가 되었다(최웅 외, 1997: 185).

능률증진운동과 과학적 관리론

1880년대부터 1890년대까지 전개된 수많은 노동자의 파업 및 저항 활동은 뚜렷한 결실을 맺지 못하고 마감되었다. 정부는 기업 편이었다. 기업의 요청에 따라 노동자의 과격한 시위를 진압하기 위해 연방군대는 기꺼이 출동했다. 일반 시민들의 노동운동에 대한 부정적인 시각과, 미국 본토의 농장 출신 노동자와 유럽, 아시아 등지에서 일자리를 찾아 유입된 이주노동자 간의 차별과 분열 때문에 강력한 결속력을 가진 노동조직으로 발전하지 못했다(브링클리, 1998: 223~224). 노동문제의 해결책으로 제시된 기계화, 분업화가 노동자를 실업자로 만드는 것이 아니라 노동자와 상호공존이 가능하도록 한다는 인식을 심어 줄 필요가 있다는 판단하에 1880년 미국기계공학회(American Society of Mechanical Engineering)가 발족되었다. 이 협회는 능률증진운동(efficiency movement)을 본격적으로 전개했다. 그 무렵 노동자들의 파업으로 인해 공장의 생산능률은 극히 저하된 상태였다. 따라서 당시 능률증진운동의 과제는 조직적 태업을 줄이기 위해서는 태업의 원인이었던 임금지급제도를 개선한 새로운 능률급제도를 만들어 내는 것이었다.

한편 노동의 능률성 저하 원인을 성과급제도라고 봤던 능률증진운동과 달리, 당시 펜실베이니아 소재 베들레헴 철강회사에서 새로운 관리방식을 실험하고 있던 테일러는 다른 시각에서 그 원인을 제시했다. 테일러가 노동자들의 모습을 살펴본 결과, 산업화에 따른 발전과 달리 여전히 노동자들은 비능률적으로 업무에 임하고 있었다. 기본적으로 노동은 표류관리(drifting management)라 하여 노동자 개개인의 작업에 대한 통제보다는 절약임금 분배제도라는 능률급 제도를 통한 초보적인 형태로 통제되었다. 회사는 노동자의 노동운동 혹은 태업 등으로 경영난에 시달리고 있었다. 테일러는 이런 문제의식 속에서 생산성을 확보할 수 있는 방법은 인력을 능률적으로 활용하는 것이라 생각했고, '과학적 관리론(Scientific Management)'을 주창하게 되었다.

2. 테일러의 생애와 사상

테일러는 1856년 펜실베이니아 주 퀘이커 청교도 집안에서 출생했다. 그의 부친은 변호사였다. 테일러는 우수한 성적으로 하버드 대학교에 입학했지만 나빠진 시력과 건강문제로 중도에 학업을 포기했다. 근처 기계공장에서 도제 신분으로 4년간 무보수로 작업하면서 공장노동자를 이해하는 기회를 가졌다. 1878년 필라델피아 소재 미드베일 철공소로 근무지를 옮겨 일반 노동자에서 시작하여 기사장까지 승진했다. 1883년 뉴저지의 스티븐스 공과대학에서 공학사 학위를 취득했고, 1886년 미국기계공학회 회원으로 가입한 후 1906년에는 회장으로 선출되었다. 미드베일 철공소에서 근무하는 동안 노동자들의 조직적인 태업을 경험한 것이 계기가 되어 작업의 과학화와 과업관리의 연구를 시작했다. 1890년 미드베일을 떠나 종이섬유를 만드는 회사의 관리자가 되었다. 1893년 회사를 그만두고 자신의 상담사무소를 개설하여 1901년까지 운영했다. 1893년부터 베들레헴 철강회사의 자문역을 맡아 왔는데, 이 회사의 주주인 조지프 와튼(Joseph Wharton)은 와튼 스쿨이라는 이름의 경영대학원을 미국 최초로 설립했다. 1903년 『공장관리(*Shop Management*)』라는 책을 저술했고, 1906년부터 1914년까지 하버드 대학교에서 경영교육을 강의했다.

테일러의 과학적 관리는 기계산업과 같은 새로운 산업 분야에서 숙련노동자를 통제하는 방편으로 제기되었다. 테일러의 과학적 관리의 골자는 기계표준화와 시간과 동작 연구를 통해 숙련노동을 단순노동의 조합으로 분해하여, 이를 기반으로 목표 과업과 임금체계를 새롭게 세우고, 목표의 초과달성에 대해 보너스를 지급한다는 것이다. 시간 분석을 위해 사용한 스톱워치는 테일러주의의 상징물이었다. 테일러는 26년 동안 노동자 분석을 통해 금속절단에 개입하는 12개의 변수에 대한 수학적 분석을 바탕으로 가장 효율적인 작업방식을 제시한 책(『금속절단기술에 대해서』)을 1906년에 출간했다.

1910년 보스턴 소재 이스턴 철도회사가 주간통상위원회(Interstate Commerce Commission)에 철도요금 인상을 요청하자 위원회에서는 테일러를 증인으로 참석시키는 것을 결의했다. 위원회는 철도회사를 과학적 관리와 같은 방법으로 운영하면 철도요금을 인상하지 않아도 경영이 가능하다고 판단했던 것이다.

1912년 9~11월, 연방하원 주간통상위원회가 개최한 청문회는 그해 초 철도노동자들의 임금 인상분을 충당하기 위해 북서부 철도의 운임을 올리는 문제를 해결하기 위한 방안을 모색하기 위한 것이다. 상인조합은 철도운영의 효율성만 높여도 이익을 증대시킬 수 있기 때문에 운임 인상에 반대했다. 청문회에 출석한 증인들 역시 테일러의 과학적 관리법의 원리를 따르면 임금을 높이면서 비용은 낮출 수 있다고 말했다. 또한 위원회에 참석한 전문가들도 과학적 경영의 창시자로 그 이름을 떨치고 있던 테일러가 개발한 경영 시스템이 모든 문제를 해결해 줄 거라고 장담했다. 결국 위원회는 철도운임 인상을 철회했다. 청문회는 결과적으로 테일러와 그의 시스템이 전국적인 지명도를 높이는 데 기여한 셈이 되었다. 그 이듬해에 테일러 시스템의 원리를 군대, 법조계, 가정, 교회 그리고 교육에 적용하려는 시도들이 생겨났다.

청문회는 철도회사의 요금 인상 건의안을 거부했지만, 철도회사는 노동자의 반대를 두려워해 과학적 관리법을 도입하지 못했다. 1911년에 테일러의 대표작 『과학적 관리법(*The Principles of Scientific Management*)』이 출간되었다. 이 책의 표지는 제목에 걸맞게 당시 주형 공장노동자들의 작업 상황을 짐작케 하는 그림이다. 1915년 테일러는 노동자들의 적대감과 과학적 관리의 철학은 무시한 채 단순히 기법만을 중시한 능률 전문가에게 크게 실망하게 되었고, 폐렴으로 사망했다. 생전에 호의적인 지지와 극단적인 저항을 함께 받아 온 테일러의 묘비에는 '과학적 관리의 아버지(The Father of The Scientific Management)'라는 비명이 새겨져 있다.

테일러의 사상

테일러가 과학적 관리를 주장하던 당시의 상황에서는 지식을 작업 연구에 적용하는 일이 노동조합에서는 금기사항이었다. 지식인들 사회에서는 작업이나 노동과 같은 일을 경시하는 풍조가 아주 강했고, 자기수양이나 인격도야와 같은 학문 분야에나 지식이 필요하다는 인식이 존재했다. 학문적 배경으로 보아도 그 당시에는 아직 경영학이라는 학문이 존재하지 않았으며, 노사문제라든가 사회문제의 해결에도 다른 학문을 원용하고 있었다.

직업을 가지고 노동을 할 수 있는 기회가 극히 제한되었으며, 노동을 위한 기능의 연수는 오로지 도제식으로 수년 동안 무보수로 배워야 하는 시대였다.

인구증가와 함께 늘어나는 노동에 대한 수요는 노동조합을 독점적으로 운영하게 만들었고, 노동조합에 가입할 수 있는 회원의 자격도 세습되는 것이 보통이었다.

이러한 상황에서 과학적 방법을 도입하여 일자리를 줄인다는 것은 노동조합의 입장에서 크나큰 위험이며 위기가 아닐 수 없었다.

테일러의 사상은 어떤 배경에서 나온 것일까?

당시 사회는 산업혁명 이후 능률과 효율을 중시하는 풍조가 확산되고 있었다. 하지만 노동자들 사이에는 자신의 이익을 위해 할 수 있는 양보다 적게 일하는 근무태만이 만연했다. 테일러는 그 원인을 불합리한 임금제도로 보았다. 노동자가 많이 일하거나 적게 일하거나 상관없이, 즉 생산량에 상관없이 임금을 받기 때문에 최대한 적게 일하려는 현상이 나타난다는 것이다. 이에 테일러는 노동자가 하루에 해야 할 일을 정해주는 과업관리와 과업의 달성 여부에 따른 차별 성과급제를 통해 근무태만을 해결할 수 있다고 보았다. 이것이 바로 테일러의 '과학적 관리법'이 나온 배경이다.

테일러는 자신의 과학적 관리법의 기본 원칙이 경쟁하는 기업뿐만 아니라 국내, 그리고 경쟁관계에 있는 모든 국가에도 적용된다고 했다(테일러, 2010: 24). 생산성의 극대화를 추구하는 데에는 그의 이론이 적용될 수 있다는 의미다. 이런 맥락에서 과학적 관리법은 공공조직의 운영을 위한 이론적 자원으로 자리매김했다.

근무태만을 일컫는 용어도 국가별로 다양하다. 미국에서는 '농땡

이 부리기(soldiering)', 영국에서는 '늘어지기(hanging it out)', 스코틀랜드에서는 '태업(ca' canny)'이라 부른다. 근무태만의 풍토를 없애고 느릿느릿 일하게 되는 여러 원인을 제거하면 생산비용이 줄어들고, 국내와 해외 시장이 대폭 확대되며, 경쟁자들보다 더욱 앞서 나가게 된다. 이로써 노동의욕 저하, 실업, 빈곤을 야기하는 근본적인 원인들 중에서 하나는 해소되며, 그 결과 어떠한 개혁안보다도 한층 영구적이고 광범위하게 이 재앙들을 완화시킨다. 그뿐만 아니라 노동자들이 급여를 더 많이 받으면서도 노동시간은 단축되어 노동자들의 근무환경과 가정환경이 개선된다(테일러, 2010: 26).

노동자 개인이 날마다 일일 작업량을 최대한 많이 달성하기 위해 적극적으로 노력해야 최대 번영을 누릴 수 있다는 자명한 사실 앞에서도 대다수의 노동자가 이와는 반대로 행동하고 효율성을 발휘하지 못하는 이유를 테일러는 세 가지로 지적한다.

첫째, 노동자들이 그릇된 신념을 가지고 있다는 점이다. 산업현장에서 노동자 개개인의 생산량이 늘어나면 결국 노동자의 대량 실직이 일어날 것이라는 신념이다.

둘째, 산업현장의 불완전한 관리 시스템이다. 이런 시스템에서는 노동자들이 자신의 잇속만 차리기 위해 근무태만을 한다는 것이다.

셋째, 모든 산업계에 비능률적인 주먹구구식 방법이 만연해서 노동자들이 불필요한 곳에 힘을 쏟는 경우가 많다는 점이다. 과학적 관리법은 바로 이러한 주먹구구식 방법을 개선하는 효과를 갖는다.

관리자와 노동자 간의 친밀한 협력은 과학적 관리법의 핵심이라고 강조했다(테일러, 2010: 28). 친밀한 협력을 통해 일상의 과제를 균등하게 나누면 생산현장에서 노동자와 기계가 최대 생산을 이루는 데 있어 모든 장애물을 제거할 수 있다는 것이다. 즉 과학적 관리법에 따라 일하려면 경영자가 노동자의 일을 상당 부분 떠맡아야 한다는 점을 지적하고 있다.

테일러는 과학적 관리체제에서 일하는 5만 명의 노동자들이 주위에 있는 비슷한 노동자보다 30~100% 높은 임금을 받고 있다고 주장하면서, 아울러 노동자와 기계의 생산량이 평균 두 배로 증가했다고 말한다. 게다가 자신이 과학적 관리법을 보급하는 30년 동안 이 원칙에 입각하여 일을 한 노동자들이 단 한 번도 파업을 일으킨 적이 없다는 사실을 강조했다(테일러, 2010: 152). 테일러는 과학적 관리법이 머지않아 문명화된 세계에 일반적인 원칙으로 널리 보급될 것이라고 확신했다(테일러, 2010: 41).

테일러가 주장하는 과학적 관리의 사상은 정신혁명이며 관리혁신이라고 할 수 있다. 일자리를 줄이면서도 오히려 노동자의 보수는 올라가고, 기업의 생산원가는 내려가며, 소비자에게는 더 낮은 가격으로 서비스할 수 있기 때문이었다. 기업의 생산성이 증가하고 노동자의 보수가 많아지면 소비가 늘어나 기업의 매출이 늘고, 그 결과 기업가의 투자의욕이 높아져 새로운 일자리가 생기게 된다. 테일러가 기업의 생산성 향상을 위하여 지식을 작업연구에 적용하려고 노력한 것은 노동자와 자본가가 서로 협조할 수 있는 사회적·구조적 관계를 만들어 보려는 목적 때문이었다. 노동자들은 작업을 많이 하면 그다음 날 일거리가 없어질 것이고, 그렇게 되면 직장에서 쫓겨날 것이라고 생각하여 조직적 태업(systematic soldiering)을 자행해 왔다. 작업향상을 위해 회사가 제시한 성과급제도는 오히려 노동자들을 게으르게 만드는 결과를 낳았다.

산업혁명이 진행되면서 공장이 등장했고, 자본가들에겐 많은 공장노동자를 통제하는 일이 커다란 과제였다. 공장제의 핵심은 많은 사람을 한곳에 모아두고 감독과 규율하에 일을 시키는 것이다. 규율과 노동통제는 공장 시스템을 원활히 작동시키기 위해 노동자들의 시간, 활동, 신체 및 성에 대해 가해지는 감시와 처벌의 핵심 메커니즘이다. 미시적인 규율체계가 만들어지는 이유다. 시간통제의 미시적 규율은 지각, 결석, 조퇴, 미귀(未歸)를 처벌하고, 활동통제의 미시적 규율은 부주의, 과실, 태만에 대한 처벌로 이어진다. 신체통제의 미시적 규율은 잘못된 신체행위 및 몸짓, 불결, 복장불량 등에 대해 규제한다. 성에 대한 미시적인 규율은 방정, 무치성을 통제한다(황태연, 1992: 73). 인사관리에서 감봉, 직위해제, 견책과 경고가 바로 이러한 통제와 규율을 작동시키는 요소다.

노동과 생산에서 시간을 정확하게 지키는 것이 자본주의의 미덕이었고, 그렇지 않을 경우에는 손해를 감수해야 했다. 19세기 초 영국 뉴캐슬 시의 한 기관차 공장에서는 노동자의 작업시간과 임금을 생산품목과 사용하는 기계를 고려하여 미리 결정하는 상세한 표를 활용했다. 시계가 공장의 규율을 세우고 유지하는 데 중요한 역할을 했다는 점은 의심할 여지가 없다. 하지만 노동자에게 규율을 강제했던 것은 공장에 도입된 기계였다. 기계는 인간통제 밖에 있는 것이었다. 왜냐하면 노동을 기계의 반복적인 운동에 맞춰야 했기 때문이다.

살아 있는 기계들(노동자)이 힘들지도 지치지도 않는 무쇠 기계에 사슬로 단단히 묶여 작업에 종사한다고 한탄하는 일이 벌어진 것이다. 인공지능(AI)이 인간노동을 대체하는 날에 인간이 인공지능에 종속될 것이라는 예견의 바탕이 여기에서도 발견된다.

3. 과학적 관리법의 주요 내용

과학적 관리법의 목적

테일러는 『과학적 관리법』의 첫머리에서 "과학적 관리법은 고용주와 노동자 모두가 '최대 번영'을 이루는 데 기본 목적을 둔다"고 했다. 최대 번영이란 넓은 의미로, 생산 과정의 각 요소가 최고 수준의 생산효과를 내면서 회사나 고용주가 큰 이익을 얻는 것은 물론, 영원히 그 번영을 누리게 된다는 것을 뜻한다. 노동자의 최대 번영 역시 노동자가 같은 계층의 노동자들에 비해 높은 임금을 받을 뿐 아니라, 작업효율을 최대한 높임으로써 그들이 가진 능력을 모두 발휘해 노동의 수준을 최고로 끌어올리는 것을 뜻한다. 또한 노동자 개개인이 가능한 한 최고 수준의 업무를 할당받는 것을 의미하기도 한다(테일러, 2010: 21).

테일러는 생산성 향상을 통한 고임금, 낮은 노무비 시스템을 구축함으로써 노사 간의 공동 번영을 실현할 수 있다고 보았다. 즉 과학적 관리법을 통해 노사가 공동 번영하는 길을 찾을 수 있다는 것이다.

테일러는 그 예로 무쇠 운반 작업을 들었다. 과학적 관리법이 실시되기 전 노동자 한 명이 하루 평균 12.5톤의 무쇠를 날랐다. 그런데 테일러는 연구를 통해 능숙한 노동자는 하루에 12.5톤이 아닌 약 47~48톤까지 나를 수 있다는 사실을 발견했다. 하지만 이 연구를 바탕으로 갑자기 모든 노동자에게 47톤을 나르라고 하면 파업이나 분쟁이 일어날 것이 뻔했다. 그래서 테일러는 먼저 슈미트라는 건장한 노동자에게 하루에 무쇠 47톤을 나르도록 설득했다. 물론 47톤을 나르는 사이 일과 휴식의 배분을 적절히 조절해 주었다. 그리고 그 대가로는 기존 하루 임금 1달러 15센트보다 60% 증가한 1달러 85센트를 지불해, 이것이 고용주와 노동자 서로에게 이익이 된다는 사실을 증명했다.

과학적 관리법의 주요 내용

과학적 관리법은 생산성을 높이기 위해서 작업을 세분화하고, 또 그것을 분업화하여 능률적이고 경제적 방식으로 작업을 완료하는 데 목적이 있다. 또한 일반 노동자를 대상으로 일을 시켜 보면서 최적의 작업속도와 적정한 휴식시간을 발견하고자 하는 '시간과 동작 연구'에 주력했다. 조직적 태업은 생산량 감소는 물론 기업의 손실과 국가적 자원을 낭비하는 결과를 초래했다. 테일러는 미드베일 철공소에서 얻은 여러 가지 경험을 기초로 하여 임금 책정의 문제점을 집중적으로 분석했다. 하루의 표준작업량을 산출하기 위해 노동자들의 작업동작을 연구했다. 필요 없는 동작과 요소동작을 구별하여 각 요소동작에 대한 작업시간을 연구하는 동작연구(motion study)와 시간연구(time study)를 계속했다. 작업도구, 기계, 재료, 방법 등 작업에 관계되는 여러 요건들을 표준화하여, 그 방법으로 얻어진 작업량을 표준작업량으로 하여 과업을 결정했다.

과학적 관리법의 기본 가정은 자본가와 노동자의 이익을 동시에 달성할 수 있다는 것이었다. 산업화를 통한 생산성의 증진은 다른 생산요소의 비용 절감을 가져온다. 특히 노동비용이 절감되는데, 이는 곧 많은 실업문제와 연관된다는 생각이 바탕에 깔려 있다. 하지만 테일러는 새로운 기계와 더 나은 생산방법의 도입을 통해 노동자들의 생산능력이 향상되고 비용이 절감되기 때문에 결국 더 많은 사람에게 일자리가 돌아간다는 확신을 가지고 있었다(테일러, 2010: 27). 그의 의도는 자본가와 노동자가 대립관계가 아닌 동일한 이해관계에 있음을 강조하는 것이었다.

과학적 관리를 통해서 자본가는 생산에 들어가는 비용을 줄이고 노동자들에게는 높은 급료를 지급할 수 있다. 이러한 목표를 달성하기 위해 과학적 관리방식에서 주목하는 것은 작업의 구성요소를 과학적으로 개발하고 노동자들을 과학적으로 훈련하는 일, 노동자들이 진심으로 협력하고 노동자의 업무를 과학적으로 계획하는 일이다.

테일러 시스템의 여섯 가지 가정

테일러 시스템의 원리를 뒷받침하는 신념은 여섯 가지 가정에 기초하고 있다(포스트먼, 2001: 77~79). 첫째, 인간이 행하는 노동과 생각의 주된 목표가 효율성이다. 둘째, 기술적인 계산은 인간의 판단보다 모든 면에서 뛰어나다. 셋째, 인간의 판단은 느슨하고 애매하며 불필요하게 복잡하다는 결함을 지니고 있기 때문에 사실상 신뢰할 수 없다. 넷째, 주관성은 투명한 사고의 장애물에 지나지 않는다. 다섯째, 측정 불가능한 것은 존재하지 않으며 아무런 가치도 없다. 여섯째, 시민들이 행하는 모든 일은 전문가들의 인내와 지도를 받는 것이 가장 바람직하다.

사실 테일러의 시스템은 원래 산업적 생산에만 적용할 목적으로 고안된 것이었다. 그의 의도는 산업현장의 과학을 실현함으로써 이익을 증가시킬 뿐 아니라, 임금을 높이고 근무시간을 단축시키며 노동자에게 더 나은 근무여건을 제공해 주고자 하는 것이었다. '시간과 동작 연구'를 포함하고 있는 테일러의 시스템에서는 각 노동자의 개인적 판단이 작업을 규율하는 과학의 법, 규칙 그리고 원리로 대체되었다. 노동자들이 이전에 의존하던 낡아빠진 모든 주먹구구식 사고방식을 버려야 한다는 의미다. 시스템이 노동자들을 대신하여 생각해 주기 때문이다.

과학적 관리의 원리 속에 숨은 전제들은 테일러의 독창성에서 나온 것이 아니다. 19세기 철학자 오귀스트 콩트(Auguste Comte)가 사회현상을 과학적으로 설명하기 위해 실증철학과 사회학을 창시하면서 관찰할 수 없고 측정할 수 없는 것은 모두 비현실적인 것이라는 인식론에서 비롯된 것이라고 한다. 이후에 등장한 행동주의의 아버지 존 왓슨(John Watson)은 인간의 '자유의지'란 환상에 지나지 않으며, 결국 인간의 행동은 비둘기의 행동과 다르지 않다고 주장하는 데까지 이른다.

조직 관리자의 임무

관리자들은 예로부터 노동자들이 보유해 온 모든 전통적 지식을 한데 모아서 분류하고 표로 만들고 원칙과 법칙, 공식으로 바꾸어 노동자들의 작업에 큰 도움을 주어야 한다는 부담을 떠안고 있다.

과학적 관리법에는 네 가지 의무가 따른다. 첫째, 노동의 각 요소에 적용할 과학적 방법을 개발하여 과거의 주먹구구 방식을 대체해야 한다. 둘째, 과학적 원칙에 입각해 노동자들을 선발하고 교육해야 한다. 셋째, 과학적 원칙을 상호 공감해야 한다. 넷째, 노사 간에 일과 책임을 균등하게 배분해야 한다. 이 네 가지 의무의 핵심은 경영자와 노동자에게는 각자의 역할이 있으며, 그 역할에 충실해야 한다는 것이다. 특히 이전에는 노동자가 모든 계획과 기계 사용법 익히기 등을 책임졌다면, 과학적 관리법하에서는 경영자가 노동자보다 더 많은 책임을 진다는 것이다(테일러, 2010: 51~52).

'테일러리즘(Taylorism)'이라고도 불리는 과학적 관리법은 생산성 향상을 위해 과거의 방식을 버리고, 가장 과학적이고 효율적인 방향으로 혁신을 추구해야 한다는 경영의 기본 원칙을 구현하고 있다. 과학적 관리법은 이렇게 시대의 변화를 뛰어넘는 기본적인 교훈을 제공한 테일러의 저서는 100여 년 전에 출간되었지만 그 기본적 의미만은 아직도 유효하다.

19세기 말까지 경영과 경제는 제대로 구분되지 않았다. 이전까지 관리자들은 결과로서의 생산성만을 중시했지, 과정에 대한 이해는 전혀 없었다. 이런 상황에서 인간과 조직에 대한 이해를 바탕으로, 이전의 주먹구구식 경영에 반대하며 과학적 경영의 필요성을 주장한 사람이 바로 테일러다. 과학적 관리법의 핵심은 기계와 도구의 효율성 극대화, 철저한 전문화와 불필요한 작업활동의 제거, 차별 성과급제 등을 통해 생산성을 증대시킬 수 있다는 것이다. 표준과업량을 달성하면 높은 비율의 임금 보상을 적용하고, 기준량에 미치지 못하면 낮은 비율의 임금을 받게 하는 것을 차별적 성과급제라 한다. 이 제도가 종전의 임금제도와 다른 것은 일의 성취량에 따라 대우를 달리하는 차등 비율을 적용함으로써 노동자 각 개인의 성과에 따라서 임금 지급기준을 다르게 결정한다는 것이다.

이전의 주먹구구 방식을 탈피하고, 과학적 관리와 공평한 이익 배분을 통해 생산성을 향상하는 것이 기업과 노동자 모두가 성장할 수 있는 길이라는 테일러의 사상은 현대 경영학의 밑바탕이 되었다.

이론에서 전제하는 인간관

테일러의 과학적 관리법은 경제적인 인간관을 기본으로 하고 있다. 즉 조직에서의 인간이 경제적이고 합리적이라는 것이다. 그렇기 때문에 열심히 일해서 더 많은 성과를 낸 사람에게 더 많은 돈을 주는 차별 성과급제가 효율적이라고 보았다.

노동자들은 두 가지 원인 때문에 빈둥거리거나 근무태만을 한다고 여겼다. 첫째, 느릿느릿 일하고자 하는 타고난 본능이나 성향 때문에 일을 게을리한다는 것이다. 이를 '타고난 근무태만(natural soldiering)'이라고 한다. 둘째, 사람들은 다른 사람들과의 관계 때문에 더욱 깊이 생각하고 논리적으로 따지게 되면서 결국 일을 게을리하게 된다는 것이다. 이를 '체계적 근무태만(systematic soldiering)'이라고 한다(테일러, 2010: 30).

테일러는 인간 본성의 게으름을 지적하고 있다. 그는 태어날 때부터 게으르거나 비효율적이거나 탐욕스럽거나 난폭한 사람이 있으며, 죄악과 범죄가 우리 주위에서 끊이지 않는 한 빈곤, 고통, 불행 또한 우리 곁에 있게 된다고 설파했다(테일러, 2010: 40).

과학적 관리법의 네 가지 핵심 요소

테일러는 관리자들이 노동자들로 하여금 솔선수범하도록 업종 평균 이상의 특별 인센티브 제도를 시행해야 한다고 주장했다. 또한 고속승진, 노동시간 단축, 근무환경과 근무조건의 개선과 함께 노동자에게 개인적인 관심을 가지고 친밀하게 접촉하며 노동자 복지에 진심어린 관심을 가져야 한다고 역설했다(테일러, 2010: 49). 그는 단순히 현대적인 임금 지불체계 자체를 경영 시스템인 양 착각하는 경우가 많다고 지적하면서 과학적 관리체제에서는 특정한 임금 지불체계는 부수적인 제도에 불과하다고 말한다. 솔선과 격려의 경영이 되어야 한다는 것이다.

과학적 관리법은 이러한 솔선과 격려의 경영을 넘어선 것이라고 하면서, 테일러는 경영자가 가져야 할 의무와 관련하여 과학적 관리법의 원칙 네 가지를 소개했다.

첫째, 경영자는 노동의 각 요소에 적용할 과학을 개발하여 과거의 주먹구구 방식을 대체한다.

둘째, 과거에는 노동자가 스스로 일을 선택하고 최선을 다해 훈련했던 데 반해, 경영자가 과학적 원칙에 입각해 노동자를 선발하고 가르치고 교육하고 훈련시킨다.

셋째, 경영자는 앞서 개발한 과학적 원칙에 입각하여 진심으로 노동자들과 협력해서 모든 일을 하도록 한다.

넷째, 노사 간 일과 책임을 균등하게 배분한다. 과거에는 노동자가 거의 모든 업무와 책임의 상당 부분을 맡았지만, 과학적 시스템하에서는 경영자가 노동자보다 자신에게 더 적합한 일을 모두 떠맡아야 한다.

이 네 가지 원칙을 작업에 적용하면 솔선과 격려에서 얻는 것보다 더 탁월한 결과를 얻게 된다고 말한다. 테일러는 과학적 관리법에서 이 네 가지 원칙을 적용한 구체적인 현장 사례로 베들레헴 철강회사에서 무쇠운반 작업, 삽질 작업, 벽돌쌓기 작업, 베어링 볼 검사 작업, 금속절삭 작업 등을 소개하고 있다.

과학적 관리법과 관련된 가장 중요한 법칙은 '과업관념(task idea)'이 작업자의 능률에 미치는 효과다. 숙련된 노동자는 하루에 처리할 작업량과 같이 명확한 일일 과업을 할당받을 때, 자신과 고용주를 크게 만족시키며 일을 할 것이다. 이로써 노동자는 명확한 표준을 바탕으로 작업 진행 과정을 측정하게 되고, 과업을 달성해 나감으로써 상당한 만족을 느낀다.

노동자들에게 임금 인상이 평균 이상 높고 영구적이라는 점을 충분히 확신시키는 게 중요하다. 즉 과업을 달성할 때마다 높은 비율의 임금을 받는 것을 절대적으로 보장해야 한다.

과업과 상여금은 과학적 관리법의 요소 중 가장 중요하다. 이 두 가지 요소는 과학적 관리법의 여러 운영수단, 즉 기획실, 정교한 시간 연구, 작업방법과 도구의 표준화, 공정계획 시스템, 기능적 직장과 작업교사들의 훈련, 작업지시서, 계산자 등이다(테일러, 2010: 138).

과학적 관리법의 방법론을 그것의 핵심이나 기본 철학으로 오해해서는 안 된다. 다시 말해서 똑같은 방법론이라 해도 상황에 따라 재앙을 불러오기도 하고 상당한 혜택을 가져다주기도 한다. 방법론은 과학적 관리법의 기본 원칙을 제대로 지킬 때 훌륭한 결과를 가져오지만, 활용하는 사람의 그릇된 마음 때문에 실패와 재앙을 야기시키기도 한다. 너무나 많은 사람들이 과학적 관리법의 활용수단을 그것의 핵심으로 착각한다. 과학적 관리법의 활용수단에는 다음과 같은 것이 있다.

- 시간연구와 이를 적절히 활용할 공구와 방법
- 과거의 1인 직장제도보다 월등히 뛰어난 직능별 직장제도나 업무가 세분화된 직장제도
- 해당업종에서 활용하는 모든 도구나 공구의 표준화, 각 작업 등급에 있는 노동자들의 행동이나 동작의 표준화

- 기획실
- 경영의 '예외 원칙'
- 계산자 및 그와 유사한 시간 절약 도구
- 작업지시서
- 과업관념과 과업달성에 대한 상여금 지급
- 차별적 성과급제
- 생산에 활용하는 도구와 생산제품을 분류하는 니모닉 코드 (mnemonic code, 연상기호 코드) 시스템(품목 번호, 학생 부호 등과 같이 어떤 항목의 데이터 값을 표시하는 부호를 만들 때 사람이 기억하기 쉽게 체계적인 숫자 코드 대신 문자나 단어로 부호를 만드는 것. 학생 부호를 초등학생은 E, 고등학생은 H, 대학생은 U로 쓰는 방식 등)
- 작업 흐름도
- 현대적 원가계산 시스템

이것들은 모두 과학적 관리법을 적용하는 수단들에 불과하다. 과학적 관리법의 핵심에는 네 가지 기본 원칙으로 대표되는 분명한 철학이 내재되어 있다. 따라서 이들 요소를 진정한 경영철학을 갖추지 않은 채 활용하면 그 결과는 대체로 재앙으로 나타난다(테일러, 2010: 147).

과학적 관리법의 영향

테일러가 자문한 시몬즈 롤링 기계회사에서는 자전거 볼링의 마무리 선별작업에서 120명의 여성 작업원이 매일 10시간 30분씩 검사를 했는데, 테일러의 과업관리를 적용한 결과 똑같은 작업을 35명의 인원이 8시간 30분 만에 끝낼 수 있었다. 월간 생산량도 500만 개에서 1,700만 개로 향상되었고, 임금도 전에 비해 80~100% 이상 높아졌다.

베들레헴 철강회사에서는 연탄을 퍼 올리는 삽질에 대해 연구를 하여 오늘날과 같은 여러 종류의 삽이 탄생하게 되었고, 작업자에 대한 '피로의 법칙'을 연구하여 작업 중에 휴식시간을 도입함으로써 작업능률을 올리는 효과를 가져왔다.

이 같은 테일러의 연구는 과학적 관리운동과 경영학 전반에 걸쳐 산업심리학, 인간관계론, 조직론 등에도 큰 영향을 미치게 되었다.

과학적 관리법의 의미와 지향점

테일러는 과학적 관리법을 노동자와 고용주만의 문제라고 보지 말라고 한다. 소비자를 고려하라는 지적이다. 소비자들은 두 당사자로부터 제품을 구매함으로써, 궁극적으로는 노동자들에게 임금을 제공하고 고용주에게 수익을 안겨 주는 사람들이기 때문이다. 따라서 소비자들의 권리는 노동자와 고용주의 권리보다 훨씬 더 크다는 사실을 명심하라고 경고했다. 그러므로 세 번째 당사자인 소비자에게도 이익을 적당하게 배분하라고 말한다.

전체 사회구성원은 노동자와 고용주 양측 모두에게 최대의 효율성을 실현하라고 요구할 것이다. 또한 작업에서 자신의 몫을 제대로 하지 않은 채 노동자의 머리 위로 채찍이나 휘두르고, 노동자에게 저임금으로 중노동을 시키면서 오로지 배당금을 높이는 데만 혈안이 된 고용주를 더 이상 용납하지 않을 것이다. 그뿐만 아니라 효율성을 높이기는커녕 떨어뜨리면서도 작업시간을 단축하고 임금을 인상하라고 요구하는 노동자들의 횡포 역시 더 이상 용납하지 않을 것이다(테일러, 2010: 156).

테일러는 이렇게 말한다. "과학적 관리법은 문제의 모든 요소를 공정하고 과학적으로 분석하여 세 당사자 모두에게 정의가 실현되도록 하는 것을 유일한 목표로 삼는 경영 시스템으로 노사 양측이 효율성을 실현하고 협동을 통해 이익을 균등하게 배분할 수 있는 방법이라고 확신한다."

과학적 관리법은 하나의 요소가 아니라, 다음과 같이 다양한 요소의 조합으로 구성된다(테일러, 2010: 158).

- 주먹구구 방식이 아닌 과학
- 불화가 아닌 화합
- 개인주의가 아닌 협업
- 제한된 생산이 아닌 최대의 생산
- 각 노동자가 효율성을 극대화하고 번영을 이루기 위한 노동자 개인 능력의 계발

테일러는 다음과 같이 강조한다. "개인이 주변 사람들의 도움을 받지 않고 독단적으로 성과를 달성하는 시대는 사라지고 있다. 각 개인이 자신에게 가장 적합한 직무를 수행하고 개성을 잃지 않으면서 각자의 분야에서 능력을 발휘하는 동시에 독창성과 창의성을 유지하면서 다른 사람들의 지시를 받거나 다른 사람들과 협력하여 일을 처리함으로써 훌륭한 업적을 달성하는 시대가 도래했다."

그는 과학적 관리법의 가장 큰 혜택은 사회 전체에 돌아갈 것이라고 기대하면서 이렇게 진단했다. "각 노동자의 최대 생산량 달성으로 다른 노동자들이 일자리를 잃지 않을까 걱정하는 사람들이 깨달

아야 할 사항이 있다. 문명국과 야만국을 구분 짓는, 즉 번영을 누리는 사람들과 가난에 찌든 사람을 구분 짓는 가장 중요한 요소는 한 사람이 다른 사람보다 다섯 배나 여섯 배 많은 생산량을 달성한다는 사실에 있다. 산업이 가장 발달한 영국이 세계에서 가장 높은 실업률을 기록하는 주요 원인은 노동자들이 할 수 있는 한 열심히 일하면 최대 이익에 반한다는 그릇된 신념에 빠진 채 일부러 생산을 줄이고 있기 때문이다."

과학적 관리법이 널리 보급되면 산업체 근로자들의 생산량이 두 배로 증가할 것이다. 그 결과 나라 전체에 생필품과 고급품이 풍부하게 보급되고, 원하는 대로 작업시간을 단축할 수 있으며, 교육, 문화, 여가 생활을 누릴 수 있는 기회가 넘쳐날 것이라고 지적했다. 노사분쟁이 사라지고 기업경쟁력이 강화되어 시장확장이 가능해질 것이며, 지역사회는 가난에서 벗어날 것이라고 했다(테일러, 2010: 161).

4. 과학적 관리법의 유의 사항

테일러는 과학적 관리법을 채택하여 이를 적용하는 과정에서 그것의 핵심을 놓치지 말아야 한다고 강조한다. 첫째, 과학적 관리의 방법론을 기본 철학으로 오해하지 말라고 한다. 기본 철학이 제대로 지켜질 때 훌륭한 결과를 가져온다는 것이다. 둘째, 과학적 관리법을 성급하게 현장에 적용해서는 안 된다고 주장한다. 과거의 경험을 완전히 무시하고, 긴 시간에 걸쳐 바꿔야 할 것을 짧은 시간에 해결하려 한다거나, 핵심은 간과한 채 수단만 활용하면 실패를 불러올 수 있다는 것이다. 한 사업체에서 과학적 관리법의 기본 원칙을 무시한 채 수단만 활용한 결과 파업이 연달아 일어났고, 책임자들은 쫓겨났으며, 회사의 전반적 상황 역시 악화된 사례를 통해 잘못된 실행에 대해 경고한다. 즉 정교한 시간연구를 통해 얻은 지식을 바탕으로 노동자를 점진적으로 교육하고 훈련시키며, 새롭고 향상된 방법을 활용하도록 이끌어 줌으로써 노동자와 경영진 간의 화합을 도모해야 한다. 오랜 시간을 두고 차분하게 관리법의 핵심적인 원칙을 따르는 것이 중요하다고 말한다(테일러, 2010: 150).

때에 따라서 노동자들에게 임금은 과거 그대로 지불하면서 더 많은 작업을 하도록 유도하는 수단으로 이런 지식을 악용할 수도 있다. 불행하게도 이 공장에서 관리법의 변화를 책임진 이들은 노동자들을 점진적으로 지휘하고 교육시킬 기능적 직장과 작업교사의 양성을 등한시했다. 그들은 과거의 1인 직장제도를 유지했다. 그러자 직장은 정교한 시간연구를 새로운 수단으로 활용하기는커녕, 노동자들의 바람과 달리 그다지 임금을 많이 인상하지 않고 기존보다 훨씬 많은 작업을 시켰다. 노동자들에게 점진적으로 새로운 방식에 대해 가르치거나 이끌지 않았고, 직무관리법 아래에서 작업은 다소 고되지만 돌아오는 혜택은 엄청나다는 실제 사례를 보여 주며 노동자들을 납득시키지도 않고서 말이다. 과학적 관리법의 기본 원칙을 무시한 결과는 곧바로 나타났다. 파업이 연달아 일어났고, 책임자들은 쫓겨났으며, 회사 전반의 사정은 변화를 시도하기 전에 비해 훨씬 더 악화되었다.

이 사례는 새로운 관리법의 핵심을 간과한 채 그 수단만을 활용하거나, 과거의 경험을 완전히 무시해서는 안 된다는 점을 시사하고 있다(테일러, 2010: 150~151).

5. 과학적 관리법에 대한 비판

테일러의 과학적 관리법은 전문적인 지식과 역량이 요구되는 일에는 부적합하며, 노동자들의 자율성과 창의성은 무시한 채 효율성의 논리만을 강조했다는 비판을 받았다. 능률의 논리를 통해 노동착취와 인간의 기계화를 주도한 범인이라는 비판 역시 끊이지 않고 있다.

그러나 그것은 모두 테일러가 마지막에 경고한 것처럼 과학적 관리법의 기본 철학은 무시한 채 방법론만을 가져왔기 때문이다. 현재 우리 기업들이 가진 대립적 노사관계나 인재 선발과 교육문제, 성과에 따른 보상문제 역시 과학적 관리법의 기본 철학으로 돌아가 노사의 공동 번영을 목적으로 할 때 해결할 수 있을 것이다.

한편, 미국 시카고의 웨스턴 전기회사 호손 공장의 생산효율을 연구한 사회학자 메이오(Elton Mayo)는 테일러 방식으로 노동자들을 기계처럼 생각하고 다루는 것보다 사회구성원의 중요한 일부로 간주해야 한다고 지적했다. 그들이 스스로 작업에 대해 가진 자부심을 독려해 주는 것이 더욱 생산성을 높이는 방법이라고 주장함으로써 그는 테일러리즘을 비판했다.

테일러주의는 외국에서는 인기를 얻지 못했다. 영국이나 프랑스, 독일에서 도입한 테일러주의는 강한 반발을 샀다. 일본의 경우는 테일러주의가 협력과 조화를 강조하는 일본 전통의 경영방식과 적절하게 섞이면서 토착화했다. 사회주의 혁명 후에 급속한 산업발전을 추구했던 소련의 경우에는 테일러주의가 외형적 반발 없이 수용되었다.

당시 조직연구자들은 테일러주의보다는 포디즘(Fordism)에 더 열광했다. 1903년 포드 자동차 회사를 세운 숙련기계공 출신의 포드는

1913년에 어셈블리 라인과 컨베이어 벨트를 도입했다. 모델 T라는 검은색 자동차 생산이 본격화된 계기다. 당시 포드 공장에는 500개가 넘는 특수 공작기계가 설치되었다. 여기서 만들어진 부품이 컨베이어 벨트로 작동되는 어셈블리 라인을 통해 공급되면 단순노동자 1만 3,000명이 조립에 참여했다. 인간과 기계를 포드 방식으로 결합하여 자동차의 대량생산체제가 완성되었다. 눈을 통한 감시는 기계가 맡았다. 작업에 대한 실시간 정보를 수집하고 노동자 개인정보를 관리하여 이를 과학적으로 분석하는 방법이 활용되었다. 하지만 채플린 감독의 영화에서 보여 주듯이 산업혁명으로 대량생산을 체계화한 공장제도의 적용은 비인간적인 노동의 참혹상을 노정시켰다. 테일러가 과학적 관리법의 목적과 원칙에 충실하지 않고 과학적 관리법의 수단과 도구에 함몰된 조직관리 과정에서 목표와 수단의 전도에 따른 부작용이 부각되었다. 이 대목에서 우리는 테일러에 대해 커다란 오해를 하고 있다. 과학적 관리법이 받는 비판은 테일러가 의도한 바가 아니기 때문이다.

Chapter
05

관료제이론

1. 관료제의 어원

관료제(Bureaucratie)라는 단어가 처음 등장한 것은 1745년(일부에선 1818년) 프랑스에서다. 이 말을 처음 사용한 사람은 프랑스 귀족으로 상무장관이자 경제학자인 뱅상 드 구르네(Jacques Claude Marie Vincent de Gournay)다. 이 단어는 과도한 공직자의 권한행사에 대해 조롱하는 뜻으로 사용되었다. 책상과 집무실을 의미하는 bureau(office)에 통치를 뜻하는 그리스어 접미사 kratia(=cracy, power of)가 결합된 합성어다. 이를 어원대로 해석하면 '관리에 의한 지배, 통치'를 뜻한다.

관료제는 기존의 군주에 의한 통치제도, 혹은 귀족에 의한 통치제도와는 다른 새로운 방식의 통치제도다. 이는 중세를 지나 근대로 넘어오면서 도시가 형성되고, 자본가들이라는 새로운 사회계층이 형성되면서 등장한 자본주의, 사회적 분화, 전문화 등 사회 전반에 걸친 변화와 그에 대응한 통치방식의 변화를 반영한 결과다.

시간이 흐르면서 관료제 개념도 변했다. 프랑스 혁명 이후 독일에서는 상비군과 유사한 문관(文官)제도로 이해되었다. 인간의 가치를 지위에서 나오는 것으로 규정하는 인식에 부정적이기도 했다. 19세기에는 통치형태, 행정제도, 비능률적인 정부를 지칭하는 의미로 사용되었다. 한편 영국에선 독일 문헌을 통해 관료제 개념을 도입했다.

존 스튜어트 밀은 관료제가 사회를 지배하면 정치생활을 무능력하게 하고 모두 관료제의 노예가 된다고 지적하면서, 관료제는 자유와 민주주의의 적이라고 비판했다. 따라서 영국에선 관료제가 의회민주주의 위기의 원인으로 간주되었다. 관료제 개념의 스펙트럼은 정치적 개념에서 사회학적 개념으로 전환(모스카→미헬스→베버)되었고, 베버 이후에는 조직적 관점에서 인식되었다. 게다가 관료제와 민주주의의 상충관계에 대한 논의를 통해 행정과 정치의 작동방식에 대한 갈등 요인을 천착하는 움직임도 있어 왔다.

2. 관료제를 통한 권력행사 방식

인류의 진보는 권력축적과 권력행사 방법에 대한 합의를 바탕으로 거대조직이 승리하는 여정을 따라왔다. 권력이 커지기 시작한 시기를 언제로 볼 것인지는 관점에 따라 다르다. 도시국가와 제후국 중심의 중세 이후 질서가 베스트팔렌 조약으로 무너지고 근대 국민국가 시대가 시작된 것이 1648년이었다(나임, 2015: 83). 그 후 권력축적과 권력행사가 어떻게 이루어지는지에 대한 관심이 커졌다.

거대조직이라는 개념의 뿌리는 '규모가 클수록 더 좋다'는 이유를 설명하고 있는 사람들의 이야기를 들어 보면 이해된다. 미국의 경영사학자인 앨프리드 챈들러(Alfred D. Chandler Jr.), 독일의 사회학자 막스 베버, 영국의 경제학자 로널드 코스(Ronald H. Coase)의 저작은 근대 관료제를 통해 권력을 행사하는 방식을 잘 보여 준다. 인류문명은 관료제를 통한 권력행사 방식이 다양한 형태로 전개되었음을 알려 주고 있다.

역사가들은 근대 관료제 형태를 갖춘 정부체제의 기원이 고대 중국과 이집트, 로마까지 거슬러 올라간다고 본다. 그 후 계몽주의에 심취한 나폴레옹 보나파르트를 비롯한 유럽인들은 효율적인 정부운영을 위한 중앙집권적 행정체제 구축에 많은 애를 썼다. 메이지 시대의 일본은 그런 모델을 참고해서 일본 사회를 재설계하면서 전문직업 관료제를 확립했다. 일본의 대장성이나 통상산업성의 전신인 농상무성이 대표적이다. 제1차 세계대전 이후 단일정부와 공무원 채용제도를 갖춘 국민국가는 전 세계 국가의 표준 모델이 되었다. 영국은 인도에서 공무원 채용제도를 실시했다. 20세기 전 세계 국가는 이념이나 통치 스타일과 관계없이 거대한 중앙행정조직을 축으로 돌아가는 관료제 국가라는 공통점을 안고 있다.

경제 영역에서도 마찬가지였다. 미국에서는 1882년 소규모 정유회사들이 스탠더드 오일(Standard Oil)로 통합되면서 거대기업이 탄생하는 신호탄을 쏘아 올렸다. 이후 미국에서는 1895년부터 줄기차게 기업합병 붐을 타고 거대기업이 탄생했다. 독일에서도 19세기 중반에 아에게(AEG), 바이엘(Bayer), 바스프(BASF), 지멘스(Siemens), 크루프(Krupp) 등의 대기업이 출현했다. 챈들러는 『보이는 손(The Visible Hand)』에서 강력한 지배력을 가진 경영자의 '보이는 손'이 시장지배력이라는 '보이지 않는 손(invisible hand)'을 대체한 것이 근대기업의 주된 동력이 되었다고 주장했다.

챈들러는 대기업의 성장을 보면서 세 가지 자본주의 모델을 통해 거대조직의 공통점을 지적하고 있다. 세 모델은 영국의 사적 자본주의, 미국의 경쟁자본주의 또는 경영자 자본주의, 독일의 협동자본주의다. 영국에서는 대기업의 오너가 강력한 지배력을 행사하는 상황이었기 때문에 기업 확장에 한계를 가지고 있었다. 미국은 소유와 경영의 분리를 통해 기업성장이 가능했다. 독일은 기업과 노동조합의 협력관계를 통해 노동자의 경영 참여가 이루어졌다. 세 모델의 공통점은 '거대조직이 권력을 행사한다'는 것이다. 크기는 권력을 낳고 권력은 다시 크기를 낳는다. 거대정부도 대규모 중앙집권조직의 승리는 큰 것이 최고라는 가설의 타당성을 입증하고 강화했다. 이것이 바로 2차 산업혁명기의 지배적인 논리다.

그렇다면 베버는 왜 크기를 말했는가? 그가 태어나 성장할 당시의 독일은 프로이센의 재상 비스마르크의 지휘 아래 근대 산업국가로 이행하던 시기였다. 베버는 베를린 증권거래소의 고문, 여러 정치개혁 집단의 상담역, 프로이센 군대의 예비역 장교를 역임했다. 그가 40세 되는 해인 1904년에는 미국을 방문했다. 당시 그는 프라이부르크 대학교에 재직하고 있었는데, 하버드 대학교의 응용심리학 교수인 후고 뮌스터베르크(Hugo Münsterberg)의 초청을 받고 에른스트 트뢸치(Ernst Troeltsch)와 함께 미국의 뉴욕, 시카고, 세인트루이스, 오클라호마, 노스캐롤라이나, 매사추세츠 등을 둘러봤다. 베버는 세인트루이스에서 독일 농업에 대해 강연을 했다.

베버는 미국이야말로 자신이 여태껏 본 것 중에서 가장 강력한 자본주의 사회였다고 회고했다. 그에겐 뉴욕과 시카고의 고층 빌딩이 자본의 요새처럼 보였다. 동시에 그는 미국의 그림자, 공무원들의 무능과 부패까지 목격했다. 베버가 미국에서 본 것은 조직, 권력, 권위에 대한 자신의 생각을 더욱 키우는 데 기여했고, 그의 「프로테스탄트의 윤리와 자본주의 정신(Die Protestantische Ethik und der Geist des Kapitalismus)」에 결정적인 영향을 끼쳤다. 이 논문은 베르너 좀바르트(Werner Sombart)가 편집을 맡은 『사회과학과 사회정책 저널』에 두 번에 걸쳐 발표되었다.

베버의 권력론은 권위로부터 나왔다. 전통적 권위, 카리스마적 권위, 합리적·관료적 권위가 그것이다. 베버는 근대사회에서 관료조직을 권력의 핵심이라고 믿었다. 그에게 관료제는 인간이 성취한 가장 발달한 형태의 조직이자 자본주의 사회 발전에 가장 적합한 조직이었다. 베버는 관료조직의 기본 특징을 열거했다. 권리, 의무, 책임, 권한의 범위를 상세하게 규정한 구체적인 직무, 감독, 복종과 명령의 일원화라는 투명한 시스템 등이다. 그런 조직은 문서를 통한 의사소통과 기록, 직무별로 필요조건과 역량에 따른 인력 개발 및 훈련이 중시되었다. 관료조직이 내부적으로 잘 돌아가려면 구성원의 사회경제적 신문이나 가족, 종교, 정치적 관계를 불문하고 모든 사람에게 일관되고 포괄적으로 동일한 규칙을 적용하는 것이 중요했다.

독일은 17세기와 18세기 프로이센에서 시작된 근대식 공무원 채용제도를 만들어 냈다. 이를 영국과 미국이 모방했다. 1855년에 영국이 중앙인사위원회를, 1883년에 미국이 중앙인사위원회를 만들었다. 베버는 미국 여행 중 기업가들 사이에 노동방식과 관료조직이 동시에 혁명적으로 바뀌는 현장을 목도했다. 대규모 생산을 관리하기 위해 전문화와 계층구조의 필요성도 절감했다. 정부에 좋은 것은 앞선 기업에도 좋은 것이었다. 베버는 일반적으로 근대적인 자본주의 대기업은 엄격한 관료조직의 가장 훌륭한 모델이라고 칭찬했다.

관료제를 전 세계로 전개시킨 계기를 만든 것이 바로 제1차 세계대전이었다. 전쟁을 통해 군대조직에서 관료화의 장점을 입증했기 때문이다. 이런 장점을 기업 이외의 다른 조직에도 그대로 적용할 수 있다고 생각했다. 베버는 관료조직이 없다면 권력을 효과적으로 행사할 수 없다고 말했다.

코스는 거래비용이 한 조직의 규모와 본질까지 결정한다고 보고 기업 외에 정부기관, 군대, 교회 등의 대규모 조직이 중앙집권화하는 것이 합리적이고 효율적이기 때문이라고 설명했다. 거래비용 때문에 조직이 수직통합을 통해 규모를 키우는 것이 합리적이라고 생각할수록 기존 경쟁자에게는 커다란 장벽이 된다는 것이다. 제2차 세계대전은 조직의 규모가 곧 권력을 의미한다는 점을 확인시켜 주었다.

3. 베버의 지적 세계와 학문적 입장

지적 세계

베버의 지적 세계는 법학과 경제학에서 출발했다. 사회학은 그가 맨 나중에 개척한 학문 분야였다. 그의 교수직도 사회학이 아니라 경제학과 재정학이었다. 그가 사회학을 가르친 것은 세상을 떠나기 얼마 전 뮌헨 대학교에서였다. 그의 학문세계는 법학, 경제학, 사회학, 정치학, 역사학, 문화사 등을 아우르는 종합문화과학 또는 사회과학으로 보는 것이 맞다.

베버에 따르면 문화란 인간사회의 구체적인 삶과 그 방식 및 역사를 아우르는 개념이다. 가치란 형이상학적이고 초월적인 것이 아니라, 문화과학자의 인식행위를 주도하는 논리적인 가치다. 그것은 어디까지나 인식가치인 것이다(김덕영, 2008: 143).

베버는 독일 역사학파 경제학으로부터 역사적 접근방법을 유산으로 이어받고, 오스트리아 한계효용학파에서는 주관주의적·개인주의적 경제이론을 승계했다. 즉 근대 자본주의와 시장 및 그 틀에서 이루어지는 근대 서구 시민계층의 주관주의적·개인주의적 경제행위를 토대로 구축한 이론이 바로 한계효용학파다. 토머스 쿤이 경제학사에서 유일한 패러다임 전환으로 지적하는 것이 바로 한계효용학파이기도 하다.

학문적 입장

방법론

자연과학을 모델로 그 방법을 사회연구에 적용하려고 했던 이른바 실증주의학파들은 사회현상을 관찰하고 비교하면 사회법칙의 증거가 나타날 것이라고 믿었다. 이렇게 되면 사회과학자들은 미래 행태를 예측하여 사상(事象)을 제어할 수 있는 힘을 개발할 수 있을 것이라고 생각했다. 관찰이 언어, 문화, 마음에 의하여 어느 한쪽으로 치우치게 된다면 어찌 될 것인가? 베버의 학문적 지향은 실증주의에 대한 반란에 기반을 두고 있다. 그는 관찰 가능한 세계를 구축하는 데 인간정신의 역할을 크게 강조한 독일 관념론의 영향을 받았다. 신자유주의 개념인 '자유 선택(free choice)'에 크게 경도되었고, 시장 중심의 경제질서를 지지했다. 그는 스스로 부르주아지(bourgeoisie)라고 고백했다.

베버의 방법론에 영향을 끼친 두 요소를 간략하게 정리해 보기로 한다.

첫째, 독일의 관념론이다. 빌헬름 딜타이(Wilhelm Dilthey)와 하인리히 리케르트(Heinrich Richert), 임마누엘 칸트(Immanuel Kant) 등이 언급한 것을 보면 이해된다. 딜타이는 "인문과학은 자연과학과 같은 방법으로 규칙성이나 법칙을 추구하지 않는다. 인문과학은 주로 마음과 정신을 다루며, 이것은 내부로부터 의도와 신념으로밖에 이해할 수 없다"라고 지적했다. 리케르트는 "자연과학이 물체의 일반특성을 확립하려고 그것의 기본 요소까지 분해한다. 그 목적은 시간과 공간 속에 타당성을 지니는 추상적인 일반법칙에 이르기 위한 것이다"라고 말했다. 베버는 리케르트의 철학에서 문화, 가치(이념), 가치 연관 등의 개념을 빌려 와 자신의 문화과학적 인식의 틀을 형성했다. 칸트는 우리 마음이 감각에서 오는 정보를 수동적으로 새겨 둔다는 생각에 반대한다. 감각의 데이터는 마음에 의해 체계화되어야 한다. 마음은 감각의 데이터를 체계화하려고 공간, 시간, 인과관계와 같은 범주(category)를 사용한다. 이 범주는 세상에 절로 나오는 게 아니다. 그것은 뇌의 내적 필터와 같은 것에 의해 가능하다. 그래서 사물 그 자체는 알 수 없고, 지식을 가공하는 데는 정신이 능동적 역할을 담당한다.

이처럼 칸트 철학은 현실에서 능동적 요소로 정신(geist)에 초점을 두는 독일 고유의 전통에 속한다. 칸트의 전통은 '모든 지식이 가치에 따른 선택 과정의 결과'라는 점을 강조한다. 이 관점이 독일관념론의 핵심이다.

둘째, 독일의 역사학파다. 독일 역사학파를 지지했던 베버는 추상적인 경제법을 반대하고 경제 형성에 작용하는 국민의 정신과 문화의 역할을 중시했다. 자본주의 발흥에 프로테스탄트의 윤리를 중시한 접근법도 독일 역사학파와 관념론에서 유래한다.

독일 역사학파의 경쟁자는 오스트리아의 한계효용학파다. 한계효용학파는 역사학파와 달리 추상적 개념을 사용하여 종합적 법칙을 확립하려고 했다. 어떤 점에서는 애덤 스미스나 데이비드 리카도(David Ricardo)의 초기 고전주의 경제학파로 회귀하는 경향을 보인다. 그러나 한계효용학파는 객관적인 가치측정의 개념에 반대한다. 이 점이

고전학파와 다르다. 한계효용학파는 상품의 여분(한계를 벗어난 증가분)에서 개인이 얻는 효용에 대한 개인의 주관적 측정에서 나온다고 믿었다.

방법론적 개인주의자

베버의 사회학은 계급, 국가, 가족 등을 분해하여 그것을 개인의 사회적 행동이 일으킨 결과로 파악하려는 점에서 방법론적 개인주의 입장을 취한다. 카를 마르크스(Karl Marx)는 사람이란 사회에서, 사회를 통해서만 개인이 된다고 주장한다. 마르크스에 따르면 사회적 관계는 개인보다 먼저 형성되어 개인의 신분을 만드는 것을 돕는다. 달리 말하면 개인은 선택하는 것이 아니라 계급이 구속하는 사회 속에서 살아간다. 거기엔 개인이 살아가는 생활의 기본 틀(골격)이 이미 만들어져 있다. 그러나 베버는 선택이 사회에서 큰 역할을 담당한다고 본다.

개인은 자신의 행동을 그만의 독특한 정신생활에 따라 해석하고 선택하며 평가한다고 말한다. 행위는 개인이 부여하는 의미가 다른 사람의 행태를 고려해 그 진로방향을 잡을 때 '사회적'이다. 사회는 형성된다. 즉 다른 개인들도 그렇게 한다는 사실을 고려한 개인이 여러 방식으로 선택하고 해석하며 행동할 때 비로소 사회가 형성되는 것이다. 그래서 베버의 사회학에서는 개인의 가치와 동기를 매우 중요하게 여긴다. 현실에 대한 모든 지식이 행위자가 그것에 대하여 취하는 특별한 관심에 따라 구성된다는 입장을 취한다. 현실은 감각적 경험의 뒤죽박죽 덩어리다. 우리의 인식이 이것들을 능동적으로 구성한다. 경험적인 현실은 우리가 그것을 가치라는 관념과 관련시키기 때문에 우리에게 문화가 된다.

이해의 방법

우리가 무엇을 이해한다고 할 때 두 가지 방법이 있다. 하나는 직접관찰을 통한 이해다. 얼굴표정, 겉모습, 행태 등을 보고 무슨 일인지 아는 것이다. 다른 하나는 설명적인 이해다. 이것은 행동을 일련의 동기 속에 넣고 왜 일어났는지를 알아낸다. 동기에 접근하려면 다른 사람 속으로 들어가야 한다. 그래서 잘 아는 사람의 행태는 날씨보다 예측하기 쉽다고 한다. 베버는 이해를 하려면 정신, 문화, 동기에 초점을 맞추지만 자연과학처럼 과학적일 수 있다고 주장한다. 그는 개인에게 자연적인 감정이입이 있다는 가정하에 직관적인 이해를 하는 방식을 없애려고 했다.

몰가치적 사회학

베버는 이해에 이르려면 '몰가치적'이어야 한다고 주장한다. 자신과 반대되는 가치를 가진 사람의 마음에 들어가려면 일시적으로 자신의 가치를 배제해야 한다. 현재 있는 세계(객관)와 있어야 할 세계(주관, 가치) 사이에는 큰 격차가 있다. 베버는 왜 몰가치를 강조했는가? 이런 주장의 배경에는 실용적인 이유가 있었다. 베버는 당시 프로이센 국가가 대학에 간섭하는 일이 많음을 목격했다. 당시 대학에는 학생 수(수강생)에 따라 강사료(보수)를 받는 강사가 있었다. 이들은 강사료를 올리려고 반유대주의를 숭배하거나 비스마르크를 숭배하는 것을 권장하면서 학생들은 끌어모았다고 한다. 베버는 이런 모습을 보면서 회의했다. 선동적인 민족주의는 학문에 장애가 된다고 보았다. 즉 '대중영합적인 표현에 의해 배양된 무지'는 독일 발전에 해롭다고 생각했다. 베버는 이렇게 말했다. "국가는 대학에 정치적인 복종이나 충성을 강요하지 말고 학문의 자유를 허용해야 한다. 그렇지 않으면 과학과 연구는 교회에 의존했던 과거와 다르지 않고 오히려 더 나빠질 것이다." 서양의 합리성의 보루인 대학을 방어하려는 생각을 품었던 그였기에 몰가치를 주장한 것이었다.

몰가치는 연구 대상을 분석하는 과정에서 가치판단을 배제하라는 것이다. 연구 과제는 연구자의 가치체계에 따라 선택된다. 가치적합성은 연구자가 자신의 가치 때문에 특별한 연구 문제를 선택한다는 뜻을 내포하고 있다. 즉 연구자의 가치는 그가 선택한 문제의 답을 마련하는 방식을 결정한다. 베버가 「프로테스탄트의 윤리와 자본주의 정신」에서 '서양 자본주의는 어떻게 시작되었는가'라는 문제를 선택한 것은 그의 가치체계에 기인하는 것이다. 그의 문화적 배경이 특별한 정향(프로테스탄트 윤리의 역할)으로 이끌었다고 본다. 조사 대상의 선택은 조사자와 그 시대를 지배하는 평가 개념에 의해 결정된다. 조사자를 이끄는 관점은 그 조사에서 사용될 개념적 윤곽을 구축하는 데 매우 중요하다. 개념적 윤곽의 사용방법에서 조사자는 과학적 기준에 의해 구속된다.

이념형

오스트리아의 한계효용학파는 경제작용에서 특정 국가의 문화에 대한 논의를 일체 배제해야 한다고 주장한다. 분석은 격리된, 하나의 원자화한 경제인으로부터 출발한다. 이 상상의 인간을 희귀한 상황, 수요공급의 균형이 다른 상황에 놓고 수학적으로 정밀한 일반경제법칙을 만들어 냈다. 경제적 인간이 자신의 역사, 기호, 문화로부터 단절되어 있어서 가능하다. 곧 경제적 인간은 일종의 사고실험으로 가능한 추상화된 모델, 또는 이념형(ideal type)이었다. 베버는 주어진 인간유형이 엄격하게 합리적이고, 실수와 정서에 구애되지 않으며, 하나의 목적(경제이익의 극대화)를 향해 나아간다면 과연 어떤 경로를 선택할지 살폈다. 베버는 이와 같은 이념형 방법이 사회과학에 도입되기를 원했다. 이념형의 성공에 대한 판단기준은 그것들의 상호의존성, 인과관계, 의미 중에서 구체적인 문화현상이 드러나는지 여부다. 이념형은 사회적 행동의 네 가지 영역에 관계한다. 첫째, 전통적 행동, 즉 습관에 따라 하는 행동이다. 둘째, 감정적 행동이다. 감정에 따른 행동이란, 예컨대 형제자매에 대한 사랑 때문에 하는 행동을 들 수 있다. 셋째, 가치지향적인 합리적 행동이다. 윤리와 종교적 이상을 위해 취해진 행동이다. 대의를 위해 하는 행동이 여기에 해당된다. 넷째, 수단으로서의 합리적 행동이다. 목적 성취를 위한 수단에 관한 합리적 계산을 바탕으로 한 행동이다. 특정한 목적 달성을 가장 효과적으로 가능케 하는 수단이기 때문에 하는 행동이다.

베버는 마르크스의 유물론적 방법의 유용성을 인정했으나 그것을 사회과학의 유일한 방법으로 절대화하는 데는 반대했다. 그것은 단지 하나의 '이념형'이라고 간주했다. 베버는 마르크스의 경제결정론에 반대하여 사회구조의 결정 요인으로 물질적 요인뿐만 아니라 이데올로기, 관념의 요인도 중요하다고 보았다. 이런 맥락에서 서술된 것이 「프로테스탄트의 윤리와 자본주의 정신」이다. 여기서 말하는 자본주의는 자본주의 일반을 말하는 게 아니라 근대 서구에서 나타난 특수한 형태의 자본주의다.

경제 영역의 합리화가 이루어지려면 경제조직이나 제도의 합리화도 필요하지만, 근본적으로는 개인의 경제활동에서의 합리화를 전제로 한다. 중세 봉건주의적 경제활동을 합리화하는 데 개인은 어떤 내적 변화를 겪었기에 개인의 경제활동에서 합리화가 이루어졌는가?

가치관이 변해야 하는데 이것은 전통적으로 종교에 의해 가능하다. 새로 생긴 청교도가 영향을 끼쳤다는 것이 베버의 생각이다. 청교도가 새로운 가치관을 제시하면서 경제활동을 자극하는 동기부여를 했고, 금욕주의적인 청교도의 몇몇 특질이 근대 자본주의 발생을 촉진시켰다는 것이다. 소명의식이란 본래 정신적인 것이었지만, 이를 직업적 맥락으로 확장시킨 공로는 베버에게 있다. 예정설(predestination)에서 성공이 신의 선택을 받은 자의 징표, 즉 구원의 확증이라는 해석도 베버의 판단이다.

4. 관료제이론

관료제도는 이미 오래전부터 존재했다. 서구사회에서는 고대 이집트나 로마시대 때부터 관료들이 존재했다. 서구사회에서 관료제도는 왕실과 정부가 분리되면서 처음 대두되었다. 영토가 넓어지면서 왕국에서 처리해야 할 업무가 늘어났으며, 또한 외적으로부터 나라를 지키기 위해 많은 상비군을 두게 되었다. 군대를 유지할 만한 재정을 확보하고 관리해야 했으므로, 이런 업무를 담당할 전문 관료가 필요했다. 12~14세기에 프랑스에서는 중세 봉건제에서의 쌍무적인 계약관계와는 다른 방식, 즉 중세 영주들처럼 토지를 통해 수입을 얻는 방식이 아닌 직책에 따라 왕에게 받는 수입에만 의존하고, 왕실의 일을 직접 수행하는 관료들이 등장했다.

15세기에 들어와서는 중세사회의 큰 부분을 차지하고 있던 교회의 관리인들이 관료가 되었다. 이들은 교회의 영지와 재산들을 관리하면서 이를 기록으로 남기고 사람들을 부리는 데 능숙한 '관리적 기술'을 보유하고 있던 사람들이었다. 또한 평생 독신으로 살았기 때문에 가족이 없었으므로 왕이 관리로 쓰기에 가장 적합한 사람들이었다. 그러나 1500년대의 왕권과 신권이 첨예한 갈등을 빚던 시기에 이들은 왕보다는 교회의 편에서 목소리를 낼 수밖에 없었기 때문에 그 역할은 성직자가 아닌 일반인, 특히 법학과 인문학에 밝은 사람들(특히 중산층 출신)이 담당하게 되었다. 이러한 일련의 과정을 통해서 고대로부터 존재해 온 관리들이 근대에서 말하는 관료로 탈바꿈했다.

막스 베버는 프로이센의 군대를 모형으로 관료제이론을 제시했다. 그가 살았던 19세기 독일의 상황에서 프로이센 제국은 프랑스와의 전쟁에 승리하면서 막강한 군대의 힘을 자랑했고, 유럽의 패권을 쥐고 있었다. 그 당시 잘 훈련된 군대만큼 정돈되고 효율적인 조직은 없었으므로 그가 군대를 모델로 삼았던 것은 놀라운 일이 아니다. 베버는 관료제 조직을 일컬어 어떤 조직보다 기술적으로 우월하며, 관료제가 아닌 다른 조직과 관료제를 비교한다는 것은 마치 기계와 비기계적인 생산방식을 비교하는 것처럼 큰 차이가 있다고 주장했다.

베버는 근대 관료제의 성립에 영향을 미친 것으로 화폐경제의 발달, 행정사무의 양적 증가와 질적 변화, 행정수단의 중앙집중화 현상과 사회적 차별의 평등화 등을 꼽는다.

근대적 의미의 관료제를 개념화하고 보편화하는 데 가장 큰 기여를 했다고 알려져 있는 베버는 이념적인 관료제의 모델을 제시함으로써 이후 현대적인 조직을 논의하는 데 많은 이론적 근거를 제공했다. 당시 사회과학자들은 실천적인 사회과학을 위해 그들이 하나의 원리를 제시하고, 그것이 과학적으로 타당함을 증명해야 한다고 생각했다. 그리고 특정 원리가 타당성을 인정받으면 그 원리가 바로 사회의 개별 문제들을 해결할 수 있다고 믿었던 것이다. 그러나 베버는 그러한 특정 원리가 규범이 될 수 없다고 생각했고, 이는 원리의 적용범위가 넓어질수록 보편성을 잃게 되기 때문이라 주장했다(정철현, 2003: 20). 관료제에 관한 베버의 사상을 온전히 이해하기 위해서는 그가 주목했던 '지배(domination)'의 개념을 파악해야 한다. 그는 지배를 자신의 '의지(will)'를 타인에게 부과하는 사람, 즉 통치자가 권력을 행사할 권리가 있다고 믿고, 피치자는 통치자의 명령에 복종할 권리가 있다고 믿는 권력관계'라고 설명한다. 베버는 이러한 지배가 정당화되는 세 가지 원칙을 제시하고 있다.

카리스마적 지배는 과거의 주술(magic)이 여전히 유효하던 시절에 정치, 경제, 종교와 같은 영역이 카리스마를 지닌 주술가나 예언가 중심으로 통합되던 지배를 의미한다. 반면 전통적 지배는 왕정시대에 세습에 의해 정당화된 통치자의 권력과 그에 대한 충성으로 성립된 지배를 의미한다. 이와 같은 전근대적인 시대에 흔히 통용되던 지배 방식과 달리 베버가 말하는 근대의 지배는 합법적인 지배방식에 기초한 것이다. 그리고 합법적 지배에 가장 적합한 조직으로 제시된 것이 바로 관료제 조직이다. 관료제의 모든 지위, 관계는 법에 의해 정의된다. 그렇다면 왜 근대에 들어서면서 굳이 법에 의한 지배방식이 강조되었는가에 대한 의문이 남는다. 이는 생활 영역의 분화와 연관이 있다. 전근대에서 근대로 들어서면서 생활 영역의 분화는 절정에 달하게 된다. 분리된 생활 영역들은 서로 상반되는 가치를 주장하고, 또 개인들에 대하여 상호모순적인 요구를 하게 된다. 이러한 모순적인 요구 속에서 지배를 정당화하기 위한 방식은 공정한 절차와 공표된 법을 기준으로 할 수밖에 없었던 것이다.

지배와 관료제

베버는 새로운 이론을 형성하는 데 도구상자의 역할을 할 풍부한 개념을 제공했다. 예를 들면 사회적 행동의 여러 가지 형태를 범주화하는 유형학을 만들었는데, 이 중에서 유명한 것이 바로 '지배'의 범주들이다.

지배의 유형	복종의 근거	예
전통적 지배	"우리 민족이 항상 그랬으니까 내게 복종하라."	족장, 가부장, 봉건귀족
카리스마적 지배	"내가 너의 삶을 바꿀 수 있으니까 내게 복종하라."	혁명지도자, 예언자, 전사
합법적·합리적 지배	"내가 합법적으로 임명된 상급이니까 내게 복종하라."	관료, 장관 등

베버는 지배를 자연스러운 것이라고 보았다. 프리드리히 니체의 철학에서 '권력의지'가 모든 인간관계에 배어 있다는 믿음을 이끌어 냈다. 니체는 "세계는 권력의지다. 그 밖엔 아무것도 없다. 너 자신도 권력의지다"라고 말했다. 사실상 니체는 귀족사회를 찬양했고 대중사회를 비난했다.

베버도 니체의 '세계는 끊임없이 변화하는 권력투쟁'이라는 주장을 수용했다. 세계에 대한 객관적 진실은 있을 수 없고 다수의 관점이 있을 뿐이라고 했다. '권력과 지배가 모든 인간관계의 핵심'이라고 믿은 것은 베버의 관점 중 가장 본질적인 것이다.

베버는 지배를 위한 영원한 투쟁 때문에 항상 지배계급과 피지배계급이 존재한다고 믿었다. 베버는 "가장 세련된 형태의 민주주의를 통해 인간에 의한 인간지배를 없애려는 생각은 공상(空想)일 뿐"이라고 지적했다. 이 말은 베버가 로베르트 미헬스(Robert Michels)에게 했었다. 베버의 생각을 명료하게 부각하기 위해 사회에 대한 생각을 다른 학자들과 비교하여 다음과 같이 정리해 보았다.

사회에 대한 관점	사회는 권력과 지배의 구조다. 힘과 지배를 사용하는 모든 정치기구가 사회에 퍼져 있다.
국가에 대한 관점	국가는 질서유지에 물리적 힘을 합법적으로 사용할 독점적 권리를 주장하는 정치제도다. 국가는 합법적 폭력을 바탕으로 구축되었다.
권력에 대한 관점	권력은 사회관계 속의 한 행위자가 저항에도 불구하고 이 개연성이 존재하는 근거에 관계없이 그 자신의 의지를 수행할 위치에 있게 될 가능성이다.

베버의 권력에 대한 관점은 개별 행위자의 의지, 욕망을 집행할 수 있는 내적 정신력에 초점을 맞추고 있다. 이에 권력에 대한 주관적 정의라는 지적을 받기도 했다. 현실에서 밑에 있는 사람은 객관적인 속박으로 권력을 경험한다. 자본가나 노예 소유자가 기계 또는 채찍을 들고 있기 때문에 그들에게 복종하는 것이지, 반드시 그의 의지를 존경하기 때문은 아니다.

베버의 지배의 사회학에서 전제하는 두 가지 핵심적인 가정이 있다.

첫째, 시장 메커니즘에서 오는 지배형태는 무시할 수 있다. 시장에서 지배는 독점형태로 드러난다. 그리고 대기업은 근로자 해고, 임금삭감, 노조금지 등의 조치로도 지배력을 행사할 수 있다. 베버는 정치적 직책에서 나오는 권위에만 몰두했다.

둘째, 지배가 그 자체의 합법성을 만들어 낸다는 점이다. 정치 엘리트의 지배는 세력만으로 가능하지 않고 합법화의 원리에 호소하는 것을 통해 자기정당화를 필요로 한다. 지배자가 그 자리에 있으려면 합법성을 획득해야 한다는 의미다. 이렇게 되면 지배자는 자신의 목적을 다른 사람들의 목적으로 만드는 기회를 가진다.

베버는 사람들이 왜 복종하는지에 관해서는 관심을 두지 않았다. 베버의 논리에 따르면, 대중은 지배자의 합법성 획득을 수용하고 나면 지배자에게 백지수표를 건네고 그 지배자의 명령을 자신의 의식과 의지 속에 새겨 둔다고 한다. 베버는 왜 사람들이 복종하는지를 검토하지 않은 것일까? 그가 근본적인 변화나 혁명에 대한 여지를 허용할 수 없었기 때문이라는 해석이다. 그의 연구와 자료에서 찾을 수 없는 것이 바로 국민이 과거에 합법적으로 생각했던 지배자를 어떻게 전복시키느냐에 대한 내용 분석이다. 결론적으로 지배에 대한 베버의 관점은 제국주의 독일의 남성 엘리트 부르주아의 좋은 조건을 반영하는 하향식 사회학이라는 평가다(앨런, 2010: 189). 베버의 의식 속에서 대중은 대상이지 역사의 주체가 아니며, 지배자의 의지를 실천하는 도구로서만 나타난다. 베버의 지배자 중심의 접근방법은 노동자, 시민의 희생적 역할이 갖는 중요성에 무관심했다. 베버에게 진정으로 중요한 행위자는 자신의 지배를 강제하는 엘리트, 카리스마를 지닌 영웅, 그리고 강대국 지도자들이다.

합법적 · 합리적 권위

현대사회의 정상적 지배수단은 합법적 · 합리적 권위와 관료제다(앨런, 2010: 204). 베버의 주된 관심은 관료제로 이어진 합리성 문화이다. 그리고 이것이 세계에 미친 결과에 관심을 가졌다. 합법적 권위는 합리적 규범에 의해서 확보된다. 지배자도 이 규칙을 따라야 한다. 카리스마적 지배자, 전통적 지배자의 임의적 재량권은 인정되지 않는다. 사람들은 시민이나 특정 단체 회원처럼 권위에 복종한다. 중요한 것은 복종이 공무 담당자에 대해 이루어지는 것이지 개인에 대해 이루어지는 것이 아니라는 점이다. 이런 형태의 권위구조 속에서 관리는 관료가 된다. 공식적인 업무는 관장하는 규칙에 따라 수행된다. 관장업무와 관할 영역은 노동의 합리적 분할을 바탕으로 한다. 전체 체계는 계층별 피라미드를 이루고 위 직책이 아래 직책을 감독한다. 규칙은 각 직책에 따라 마련되며, 관료는 직책에 맞게 특별 훈련을 받는다.

베버는 마르크스를 인용하여 공직자를 노동자와 비교했다. 그는 "관료제의 구조는 지배자의 수중에 있는 관리용 물질적 수단의 집중과 손을 잡는다"고 주장했다. 관리는 자신의 직책을 소유하지 않으며, 자손에게 세습할 수 없다. 관리의 소유물은 자신의 것이 아니다. 자신의 직책을 자신의 목적을 위해 사용할 권리를 가지지 않는다. 과거에 가부장적 체제의 관리는 세금징수자로서 자신이 징수한 것의 일부를 취할 수 있었지만, 현대의 관료제에서는 그럴 수 없다. 공무 담당이 더 이상 소득의 원천으로 간주되지 않는다. 조직의 재산과 관리 개인의 재산이 분리되었다. 노동자와 달리 관리는 분리에 대한 보상을 받는다. 그들은 연금, 임금과 구분되는 고정 월급을 받는다. 승진을 통해 경력을 쌓는 구조가 있다. 정상적인 경우 공무원은 평생직장을 가질 수 있다.

관료제의 축이 되는 원칙은 '지식을 통한 지배'다(Weber, 1978: 225). 공무원들이 서식, 관료적 형식주의라고 하는 파일 관리에 몰두하는 것도 정상에 있는 사람들이 '사실에 대한 특별한 지식'을 갖고 그들 고유의 기록 자료를 활용하려는 것이다. 관료제는 비밀리에 정보를 수집하고 정확히 명령을 전달하는 '공무상 기밀'이라는 개념도 만들었다. 관료사회는 가능한 한 언제나 공중을 배제하고 비판을 회피하고자 지식과 행위를 숨기는 경향이 있기 때문에 기밀을 누설하지 않는다. 따라서 관료제는 영속적인 기계이며, 지배자가 바뀌어도 활용할 수 있다. 예컨대 국가가 패망해도 관료체계는 남아서 새로운 지배자에게 인계되는 게 보통이다. 이것은 관료조직 정상에는 적어도 순수한 의미에서는 관료적이 아닌 요소가 반드시 있음을 암시한다. 그 체제의 정상에는 하나의 의지, 하나의 개성이 있다. 베버의 중심적인 주장은 관료주의가 이 지배를 수행하는 가장 능률적인 방법이라는 것이다. "관료조직이 발전한 결정적인 이유는 어떤 조직보다 전문적 우월성이 있기 때문이다. 완전하게 발전된 관료체제는 정교함, 속도, 명쾌함, 기록에 대한 지식, 지속성, 신중성, 통일성, 엄격한 복종, 알력이나 물적·인적 비용의 감축 등이 최적의 수준에까지 도달했다"는 것이다. 베버는 매우 거대한 현대 자본주의 기업은 그 자체가 엄격한 관료조직의 유례없는 본보기라고 주장했다. 그 이유는 관료제가 가장 효율적인 지배형식이기 때문이다.

  베버가 관료주의를 합리적 효율성의 구현으로 묘사할 수 있었던 데는 나름대로 이유가 있다. 그 시절 독일에서는 관료제도가 잘 작동했기 때문이다. 대표적인 제도로 우체국을 꼽는다. 역사적으로 우편제도는 군대와 제국의 조직에서 처음 출현했다. 그것은 본래 현장보고 및 명령을 먼 거리까지 전달하기 위한 방법이었다. 후에 이것은 제국을 유지하는 핵심 수단이 되었다. 뉴욕 중앙우체국 빌딩 입구에는 이런 글이 새겨져 있다. "이들 배달원은 눈이 오나, 비가 오나, 날이 덥거나, 어둡거나 상관없이 정해진 구역의 순회를 신속하게 완료한다."

  로마제국에도 비슷한 시스템이 있었고, 프랑스도 나폴레옹이

1805년 수기(手旗) 신호를 채택하기까지 거의 모든 군대들이 우편배달 시스템과 더불어 활동했다. 1891~1892년까지 독일 베를린에서 살았던 미국의 소설가 마크 트웨인(Mark Twain)은 우편 서비스의 경이로운 효율성에 찬사를 보내는 풍자적 에세이 〈우편 서비스〉를 쓰기도 했다. 독일의 우편 서비스에 깊은 인상을 받았던 사람 중에는 레닌(Vladimir Ilyich Lenin)도 있다. 그는 "국가경제를 우편 서비스의 노선 위에 체계화하는 것, 무장한 프롤레타리아의 통제와 지도력 아래 모두를 조직하는 것, 이것이 바로 우리의 당면 목표다"라고 말했다.

1830년대 프랑스의 정치철학자 알렉시 드 토크빌(Alexis de Tocqueville)은 미국 우편 서비스의 규모와 함께 전국 곳곳으로 전달되는 편지 분량에 깜짝 놀랐다. 19세기 내내 미국인 대다수는 우편제도를 사실상 연방정부를 상징하는 것으로 여겼다. 1831년에 이미 연방정부 공무원의 다수를 차지했다. 실질적으로 군대보다 더 규모가 컸다. 작은 마을 사람들에게 우편배달부는 항상 만날 수 있을 것 같은 유일한 연방공무원이었다.

베버와 레닌이 미래의 모델로 독일의 우체국을 언급했듯이, 미국의 진보주의자들은 기업도 우체국처럼 운영되면 더 효율적이 될 것이라고 주장했다.

이메일(email)이 온 세상을 전자적으로 잇는 대단히 효율적인 우체국이라는 점을 감안하면 형태가 변형된 또 하나의 관료주의의 효율적인 제도라고 할 수 있다.

관청 형성의 요소

베버는 합법적 지배에서 관료적인 관청을 형성하고 사경제의 지배에서는 경영을 형성하는 것으로 다음 세 가지 요소를 들고 있다. 첫째, 조직의 목적을 수행하는 데 필요한 활동은 직분의 의무로 법규에 의해 배분되어 있다는 것이다. 둘째, 의무수행에 필요한 명령권이나 강제수단 역시 법규로 제한된다는 것이다. 셋째, 의무와 권한을 행사할 사람은 일반적인 규정의 자격을 갖춘 자가 임명된다는 것이다. 베버가 주장하는 관료제의 특징은 법규지배다.

한편 베버는 관직 위계제와 심급제의 원칙을 관료제의 특징으로 보았다. 이것은 상급관청이 하급관청을 감독하는 등 명령복종의 위계질서를 의미한다. 또한 공무집행은 문서를 바탕으로 수행한다는 점이다. 직무활동은 전문훈련을 전제로 이루어져야 함을 지적하기도 한다. 공무활동은 전임을 전제(파트타임이 아닌)로 하고, 규정에 관한 지식을 익히고, 직무를 수행하는 것을 특징으로 삼는다. 이것은 직업관료를 의미한다. 베버는 직업관료는 끊임없이 움직이는 기구 안에서 전문적인 과제가 위임된 개개의 톱니바퀴에 지나지 않는다고 비판했다. 또한 관료제는 그 자체가 정치경제적·기타 다양한 지배이익에 봉사할 수 있는 정밀기계라고도 했다.

이러한 일을 수행하는 관료는 특수한 지위를 가진다. 장기간에 걸친 교육과정을 거친 전문직이라는 점, 피지배자에 비해 현저하게 높은 사회적 신분을 지닌다는 점, 상급기관에 의해 임명된다는 점, 종신제 적용을 받는다는 점, 고정적인 봉급을 받고 연금으로 노후보장을 받는다는 점, 관료들은 승진욕구를 가진다는 점이 지적된다.

5. 관료제의 역기능

관료제의 역기능으로 제국 건설의 욕구, 조직 할거주의, 책임회피, 변화에 대한 저항, 동조과잉, 의사결정의 지연, 비밀주의 등이 지적된다. 이와 관련된 몇몇 학자의 의견을 소개한다.

로버트 머튼(Robert King Merton)은 관료제의 역기능을 조직의 최고 관리자가 조직을 통제하려는 욕망 때문에 생기는 현상이라고 보았다. 조직관리자는 통제를 위해 업무처리 과정을 표준화하거나 규칙을 만들어 조직구성원이 따르도록 한다. 그 결과 조직은 경직성을 높이게 된다. 조직이 서비스를 생산하고 이를 소비하는 고객의 입장에서는 조직의 경직성을 더욱 강화하는 악순환의 고리에서 벗어나지 못한다. 머튼의 유명한 에세이 〈목적지향적인 사회적 행동의 예상치 못한 결과〉에서도 지적하고 있듯이, 아무리 목적을 가지고 하는 행동이라 할지라도 종종 의도하지 않은 결과를 낳는 것이 관료제라는 것이다.

필립 셀즈닉(Philip Selznick)은 조직의 상층부에서 하층부로 권한위임이 이루어지면 하위조직에서 분기현상(bifurcation)이라는 부작용이 나타난다고 지적했다. 분기현상은 하위조직이 자신이 추구하는 목표에 매몰된 나머지 더 큰 조직목표에 관심을 두지 않는 현상을 의미한다. 이렇게 되면 각각의 하위조직이 자신의 이익추구에 매진함으로써 조직이 파편화를 촉진하는 결과를 낳게 된다.

앨빈 굴드너(Alvin. W. Gouldner)는 조직통제를 위해 사용하는 규칙이 조직구성원으로 하여금 규칙에서 정한 범위 내의 성과만을 내고 그 이상의 성과창출에는 소극적인 태도를 보인다는 점을 지적하고 있다. 즉 규칙이 조직목표와 업적 간의 차이를 낳게 하는 요인이 된다는 것이다. 조직관리자의 입장에서는 조직목표 달성을 위해 더욱 규칙을 강화하려 들 것이기 때문에 업적과의 격차는 더욱 벌어지는 악순환을 경험하게 되는 부작용을 낳는다고 할 수 있다.

빅터 톰슨(Victor A. Thompson)은 관료제의 역기능을 '관료제의 병리(bureau-pathology)'라는 신조어를 통해 설명했다. 조직목표와 개인목표 간의 갈등에서 오는 개인의 불안, 조직의 표준운영 절차 때문에 생기는 조직의 경직성, 관례를 따르는 데 수반되는 변화에 대한 저항, 고객에 대한 무관심과 거만한 태도, 권한만을 주장하는 모습 등을 관료제의 역기능 또는 병리현상으로 꼽고 있다. 수단과 목적 사이, 사실과 가치 사이에서 엄격히 구분 짓는 게 가능하다는 생각은 관료주의적 사고방식의 산물이다. 왜냐하면 관료주의는 일처리 수단을 진행되는 일 그 자체로부터 완전히 분리된 것으로 취급하는 최초이자 유일한 사회적 제도이기 때문이다(그레이버, 2016: 241).

관료제 사회에서 제기되는 문제를 파헤친 문학작품과 영화는 매우 사실적이고 구체적이어서 우리에게 깊은 감동을 준다. 대표적으로 꼽을 수 있는 것은 러시아 작가, 니콜라이 고골(Nicholai Vasilievich Gogol)의 작품이다. 그의 〈죽은 혼(Më tvye dushi)〉이라는 소설은 타락하고 부패한 19세기 러시아의 관료주의 사회를 신랄하고 사실적으로 묘사하고 있다. 관료제 사회에서 소외된 욕망의 문제점을 드러낸 작품이다. 켄 키지(Ken Kesey)가 1962년에 발표한 소설 〈뻐꾸기 둥지 위로 날아간 새(One flew over the Cuckoo's Nest)〉는 1975년에 밀로스 포만(Miloš Forman) 감독의 영화로 개봉되어 관료제의 목표와 수단의 도치현상을 극명하게 보여 주었다.

관료제의 역기능으로 일컬어지며 다양한 문학작품과 영화의 주제가 된 것으로는 형식적인 규칙과 절차에 집착하는 형식주의, 불필요한 요식행위, 책임회피, 파벌주의, 예산과 조직을 키우려는 세력 확대 성향, 과잉동조와 비밀주의 등이 있다. 이 중에서 특히 과잉동조현상은 관료제에서 규칙 준수를 강조하다 보면 결과적으로 규칙을 절대적인 것으로 믿게 만드는 현상을 의미한다. 이렇게 되면 목표와 수단의 도치, 법규만능의식, 선례답습주의, 무사안일, 창의력의 결여 등이 나타난다. 결국 새로운 일, 옳은 일을 적극적으로 처리하려 들지 않고 상관의 지시나 선례가 옳든 그르든 이에 순종하여 소극적으로 처리하려는 풍조가 조성된다. 특히 이러한 태도는 관료의 신분이 불안한 상태에서 상관이 부하의 책임을 요구하고 사무를 감정적으로 처리하는 경우, 업적을 중시하는 경우에 더욱 심하게 나타난다. 행정기관에서 흔히 볼 수 있는 모습이다. 또한 관료주의적 행정은 항상 비밀을 고수하고 자신의 지식과 행동이 가급적 비판되지 않도록 숨기려는 경향이 있다. 관료주의의 순수한 권력 관심은 수순한 비인격적 동기의 비밀 유지 이상의 영역으로 작용한다. 직무상의 비밀이 관료제의 독자적 발명이며 성질상 이해하기 어려운 태도를 옹호해 준다.

6. 관료제이론에 대한 비판

베버의 관료제이론이 지니는 약점을 정리하면 다음과 같다.

첫째, 베버는 당시 프로이센 관리의 높은 신분을 전제로 하여 일반화했다는 점이다. 현재 많은 나라 공무원들은 대기업에 비해 임금수준이 낮고 심지어 계약직으로 바뀌는 추세에 놓여 있다. 노조에 가입하여 베버의 관점에서는 얄궂게도 파업까지 한다. 거대조직 종사자도 가끔 상관에게 반항한다. 내부비리 고발까지 일삼는다.

둘째, 베버는 관료제의 형식적 특징을 액면 그대로 받아들였다는 점이다. 모든 수준에서 규칙에 얽매인다는 생각은 엘리트에 의해 사용되는 이데올로기적 장치다. 굴드너는 "공장의 모든 규칙이 낮은 계층을 위해 개발되었다. 거꾸로 계급이 올라가면 어떤 규칙은 완화된다"고 지적했다(굴드너, 1981). 관리직 간부의 업무상 점심식사와 노동자의 티타임에 대한 시간 기록의 차이를 생각해 보라는 것이다.

셋째, 베버는 자신의 엘리트주의에 따라 상명하달식 명령체계가 가장 효율적인 방법이라고 했다는 점이다. 원래 수단은 만들어진 규칙에 대한 집착이 목적 그 자체로 바뀌는 것을 무시한다. 관료주의는 순응주의의 문화를 배양하며 관리들이 기계적으로 규칙에 따르는 바람에 원래 목표를 잊어버리면서 엄격해진다. 관료주의 문화는 겁 많음, 보수주의, 기술지상주의 같은 역기능을 초래할 수 있다. 일반기업에서 수평서열, 협동작업을 가미하여 관료구조를 완화하려는 것도 이 때문이다.

넷째, 베버는 관료조직이 어떻게 서로 경쟁하는 하부집단으로 분할될 수 있는지 파악하지 못했다는 점이다. 조직의 다양한 파벌이 존재하고 정상의 지휘계통은 다수의 이런 파벌을 경유하게 된다. 관료제는 하부 관료제를 만들어 내고 빠르게 성장시킨다. 예산절감은커녕 다음 해 예산배정을 받으려고 가능한 한 모두 소모하는 데 관심을 둔다. 베버가 진정한 민주주의 개념을 무시한 것은 그가 통제에만 염두에 두고 구축된 구조의 본질적 약점을 파악하지 못했음을 뜻한다. 가톨릭교회는 발전단계에서 카리스마의 관례화를 꾸준히 추진해 왔다. 교회는 비록 성직자가 그 직책에 합당하지 못하더라도 성직이 은총의 재능(카리스마)이라고 주장한다.

가톨릭교회가 성직을 통해 카리스마를 관례화한다는 그의 지적은 흥미롭다. 베버는 지배자야말로 사회를 바꿀 수 있는 유일한 대행자라고 보는 상의하달식의 비전을 가졌다. 거기엔 반역의 역사란 없고 오로지 서로 다른 형태의 복종만이 있을 뿐이다. 국민 대중이 때때로 충분히 생각한 끝에 회합을 통해 지도자를 바꾸려 할 수도 있다는 생각은 전혀 하지 않았다.

다섯째, 베버는 관료제를 특정 계급에 대한 관계의 측면에서 분석하려는 시도를 하지 않았다는 점이다. 그는 여러 가지 다른 관료제가 존재한다는 사실을 무시하고 오로지 널리 퍼진 관료제 하나가 있을 뿐이라고 간주했다. 그러나 관료제의 필요성은 여러 계급의 이해에 따라 달라진다. 즉 지배계급은 다른 노동계급을 감독하고, 노동의 일정수준을 유지하는 것을 확인하려고 관료제를 필요로 한다. 자본가는 경쟁하더라도 국가가 경제의 일반적 이해를 충족시키는지도 확인해야 한다. 이렇게 할 유일한 방법은 공식적이고 계층적으로 조직화된 지배구조를 통하는 것이다. 노동자 조직은 직종별 노조가 자본주의에 반대하면서도 받아들이는 모순된 조직이다. 노동자가 살아남으려면 별도의 노조 속 관료계층이 고용주와 협상하고 신뢰관계를 형성해야 한다. 노조간부는 자신의 특권도 발전시키고 협상안이 대중의 변덕에 휩쓸리지 않게끔 하려고 노동자의 민주주의를 축소시키기도 한다.

여섯째, 베버는 항상 관료제가 있을 것이라는 우울한 믿음을 가졌다는 점이다.

현대 관료제의 성장과 발전 뒤에는 경제사회 변화의 당연한 결과라는 인식이 자리하고 있다. 그리고 관료 자신의 물질적 야망의 결과라는 지적도 있다. 여기에 국제적인 경제경쟁과 자본주의의 요청에 따른 결과라고도 한다(Self, 1985: 139). 베버의 관료제 개념은 관료의 재량권 행사가 엄청나게 커졌다는 점, 관료제에 대한 통제력이 약화되는 정치환경이 조성되고 있다는 점, 개인주의와 반권위주의적인 공무원의 태도에 대한 계서제의 기능 약화가 촉진된다는 점 등의 이유를 들어 시대에 뒤처진 것이라고 지적한다(Self, 1985: 140~141).

Chapter
06

비교행정이론

1. 비교행정이론 등장의 정치경제적 맥락

제2차 세계대전이 끝난 후 국제정치 역학구도는 미국을 중심축으로 한 자유진영과 소련을 중심축으로 한 공산진영이 세계를 지탱하는 두 축을 이루는 상황이 전개되었다. 일본의 저널리스트였던 오야 소이치(大宅壯一)가 소련을 방문한 후의 소감을 피력하면서 "역시 지구는 타원이다"라고 말한 적이 있다. 기하학에서는 원은 중심이 하나인 데 반해 타원은 중심이 두 개라는 점에서 원과 타원을 구별한다. 오야 소이치가 지구는 '타원'이라고 한 말은 미국과 소련을 두 중심축으로 한 세계가 재편되고 있음을 상징적으로 표현한 것이다. 이처럼 세계 역학구도의 변화로 인해 나타나게 된 현상은 미국과 소련이 신생국에 자국의 발전 모델을 이식하려는 노력이 두드러지게 된 점이다.

미국은 자국의 발전 모델인 자본주의 시장경제체제, 민주주의 정치제도, 자본주의적 교육제도의 이식을 위해 행정·경제·기술·교육 등의 분야에서 신생국가들에 대한 원조를 집중했다. 소련의 경우에도 사회주의 국가와 위성국가들을 대상으로 미국과 같은 원조를 했음은 두말할 필요가 없다. 이러한 원조활동은 자국 이데올로기의 침투를 자연스럽게 하는 효과와 함께 신생국들에 대한 영향력을 확보하는 결과를 가져왔다.

그러나 다방면에 걸친 이러한 원조가 후진국에서 기대한 만큼의 효과를 내지 못했다고 판단한 미국 정부는 그것의 원인 규명에 관심을 기울였다. 바로 이 대목에서 비교행정연구가 이루지게 된 실천적 이유를 찾을 수 있다. 원조국이었던 미국과 원조를 받았던 후진국 사이에 어떤 차이가 있기에 후진국에 대한 선진국의 제도와 각종 원조가 만족할 만한 성과를 내지 못하는가에 대한 의문이 제기된 것은 지극히 당연하다.

행정학이 하나의 학문 분야로서 종래의 연구 영역에서 그 범위를 확장할 필요성이 강해졌다는 점도 비교행정연구를 시도하게 된 배경이라고 할 수 있다. 미국의 전통적인 행정이론은 자국의 특수한 역사성에 기반을 둔 것이기 때문에 이를 다른 나라에 그대로 적용하기에는 어려운 점이 있음을 인식하게 되었다. 더욱이 신생국가의 행정운영 과정에서 미국의 행정이론이 기여할 수 있는 측면이 그리 많지 않다는 점에 이르게 되자, 새로운 이론적 연구의 지평을 넓히려는 시도를 하지 않으면 안 된다고 판단할 수밖에 없었다. 그래서 행정과 이를 둘러싸고 있는 환경체계와의 교호작용에 주목하고 문화 횡단적·국가 교차적 연구의 중요성에 대한 인식을 새롭게 하는 계기를 맞게 된 것이다. 이러한 인식에 따라 1953년 미국 정치학회에 비교행정연구 특별위원회가 설치되는 것을 계기로 비교행정연구가 전개되었다.

비교행정연구는 제2차 세계대전 이후 유럽과 일본의 경제회복, 공산주의의 팽창 저지, 신생국들을 대상으로 한 서구 민주제도의 확산이라는 목적을 가지고 출발했음이 분명하다.

제2차 세계대전의 종료로 다수의 신생국이 생겨났고, 세계는 미국과 소련을 두 축으로 한 동서진영으로 나누어졌다. 이 과정에서 미국은 신생국을 자기편으로 끌어들이기 위해 소련과 치열한 경쟁을 벌였다. 경제원조와 행정지원은 경쟁의 촉매가 되었다. 그런데 이러한 촉매 요인의 밑바탕에는 미국의 근대화론이 자리 잡고 있었다. 근대화론은 다시 서구중심주의에 뿌리를 박고 있었다. 따라서 비교행정 연구에서 정치경제학의 사상적 토대가 다름 아닌 서구중심주의인 셈이다. 제2차 세계대전 후에 유럽 열강이 쇠퇴하고 많은 비서구권 식민지들이 독립하여 적어도 형식상으로는 대등한 자격으로 국제사회에 참여하게 되었다. 외견상 이러한 상황은 서구중심주의를 정당화하던 기독교, 문명, 인종주의가 힘을 잃는 듯이 보였다. 이에 서구문명의 수호자이자 전 세계의 패권국으로 새롭게 부상한 미국은 근대화, 지구화의 명제를 통해 서구중심주의에 새로운 생명력을 불어넣어 왔다.

서구중심주의는 크리스토퍼 콜럼버스(Christopher Columbus)가 신대륙을 발견한 1492년부터 본격적으로 전개되었다는 것이 일반적 평가다. 유럽 문명은 신대륙 발견에 힘입어 비유럽 문명에 대해 정치경제적으로 우월한 지위를 확보할 수 있는 결정적 기회를 장악했다. 서구중심주의는 정치경제적으로 자본주의적 산업화, 자유주의 혁명, 문화적으로는 르네상스, 종교개혁, 계몽주의를 거치면서 형성되었다. 또한 서구중심주의는 제2차 세계대전 이전까지 제국주의/식민주의, 인종주의, 기독교, 문명, 진보 등과 복합적으로 얽히면서 상호의존적으로 전개되었다.

제임스 블라우트(James M. Blaut)는 "서구중심주의는 식민주의자의 세계 모델이자 역사에 대한 터널 비전이다"라고 말한 바 있다. 서구중심주의는 비유럽인들에 대한 유럽인들의 과거 또는 현대의 우월성을 정립하는 모든 종류의 믿음이라고 말했다. 그에 따르면 서구중심주의란 유럽은 영구적으로 전진하고, 진보하며, 근대화하는 반면에 세계의 여타 지역은 천천히 전진하거나 정체되어 있다는 것이다(Blaut, 1993: 1~8). 이러한 서구중심주의적 인식에는 서구를 의미의 유일한 원천, 세계의 무게중심으로 간주하는 경향이 깔려 있다.

다시 정리하면 서구중심주의의 개념 속에는 다음 세 가지의 명제가 숨어 있다(강정인, 2004: 47~48).

첫째, 근대 서구문명은 인류 역사의 발전단계 중에서 최고의 단계에 도달해 있다.

둘째, 서구문명의 역사발전 경로는 서양뿐만 아니라 동양을 포함한 전 인류사에 보편적으로 타당하다.

셋째, 역사발전의 저급한 단계에 머물러 있는 비(非)서구사회는 문명화(식민지 제국주의 시대) 또는 근대화(탈식민지 시대)를 통해 오직 서구문명을 모방하고 수용함으로써 발전할 수 있다.

제2차 세계대전 후 유럽 지배의 세계체제가 바뀌게 되었다. 즉 영국이 미국에 그 패권을 넘겨주게 되었다. 식민지 상태에서 독립한 제3세계 국가들은 국제사회의 일원이 되면서 과거의 문명국과 야만국의 구분은 선진국과 후진국(또는 개발도상국)의 구분으로 대체되기에 이르렀다. 또한 19세기의 유럽 중심주의적 문명화의 시도는 미국 중심적인 근대화의 사명으로 바뀌었다. 그리고 서구문명의 핵심 요소인 경제발전(경제적 근대화)과 민주주의(정치적 근대화)가 핵심적인 국가과제로 등장하게 되었다.

미국 경제는 19세기 말부터 유럽을 추월하기 시작했다. 동맹국들 사이에서 영국이 담당했던 금고 역할은 제1차 세계대전을 계기로 미국으로 넘어갔다. 미국의 산업생산량은 이미 제1차 세계대전 이전에 당시 유럽의 최강대국인 독일의 생산량보다 두 배 이상 높았으며,

1935년에는 전 세계의 35%, 1945년에는 45%를 차지하게 되었다. 영국 주도의 국제질서 시대(Pax Britannica)에도 영국이 이만큼의 경제력 우위를 갖지는 못했다.

피터 테일러(Peter Taylor)도 미국 패권주의의 변동주기를 부상기 (1900~1945년), 전성기(1945~1970년), 쇠퇴기(1970년 이후) 등 세 시기로 나누었듯이, 제2차 세계대전 직후부터 1970년까지 절정기를 누린 것이 사실이다. 제2차 세계대전 이후 미국화는 유럽의 선진국과 식민지 상태에서 벗어나 독립한 제3세계 국가에서 차등적으로 전개되었다. 서유럽 국가에는 마셜 플랜(Marshall Plan)을 통해 미국처럼 풍요한 대중소비 자본주의의 혜택을 누리도록 하는 것을 목표로 했다. 이에 반해 제3세계 국가에는 근대화를 지원하는 것을 겨냥했다. 유럽의 경우에는 1950년대 급속한 산업의 부흥기를 통해 미국식의 풍요로운 소비자본주의 수준까지 다다랐다.

그런데 전후 미국 해리 트루먼(Harry Truman) 대통령의 4개항 계획에 따라 추진된 제3세계 국가의 근대화는 기본적으로 경제학자 월트 로스토(Walt W. Rostow)의 경제성장 단계이론에 근거한 것이었다. 그의 경제성장 5단계 이론은 ① 전통사회, ② 도약을 준비단계, ③ 도약단계, ④ 성숙단계, ⑤ 고도 대중 소비단계로 구성되어 있다. 여기서 ②단계와 ③단계는 영국식 산업화 단계를 지칭했고, ④단계와 ⑤단계는 미국식 소비자본주의의 단계를 의미했다. 로스토의 이론은 영국의 산업적 근대성과 미국의 소비적 근대성을 합쳐서 하나의 발전단계로 결합시킨 것이었다. 그러나 여기에 성숙단계 이상은 유럽에만 제공된 것이었고, 대부분의 신생독립국가들에는 영국식 산업화를 통한 근대성(산업화 단계)을 추천했다.

이러한 근대화이론은 제3세계 국가에게는 서구지향적 정치발전 및 경제발전을 통해 물질적 풍요와 자유, 평등을 포함한 자유민주주의를 실현할 수 있다는 희망을 심어 줌으로써 공산주의자들의 세계혁명을 저지하는 한편, 서구문명의 영향권에 묶어 두는 효과를 초래했다. 제2차 세계대전이 끝나고 미국과 소련을 중심으로 한 국제정치 역학구도가 새롭게 형성되는 과정에서 자유진영권 형성에 주도적인 영향력을 발휘하던 미국은 신생독립국들을 자신의 국제정치 역학권에 편입시키려는 정치적 의도를 가지고 있었다. 이러한 의도를 관철시키기 위해 신생국가에 근대화이론을 통한 경제발전의 패러다임을 제시하고 경제적 지원을 했던 것이다.

미국에서 비교행정연구의 출발점은 바로 이러한 시기와 일치한다. 그동안 미국의 행정학은 주로 국내 문제의 해결에 초점을 두고 있었다. 미국의 행정학적 관심이 국내에서 해외로 눈을 돌리게 된 계기가 바로 제2차 세계대전이다. 종전 후 미국의 국제정치 역학적인 패권주의에 따라 동맹국, 무역상대국, 그리고 지속적으로 위협이 된다고 생각되는 국가에 대한 연구의 필요성을 인식하게 되었다. 이와 함께 패권국이 된 미국의 학자로서의 사명과 포드 재단 등 미국 기업들의 시장개척 의도하에 이루어진 재정지원은 비교행정연구에 시너지 효과를 가져왔다. 1948년 왈도가 버클리 대학교에서 '비교국가행정' 과목을 개설하여 제2차 세계대전 이후 미국의 후진국 및 신생국에 대한 원조에서 행정의 역할이 다른 어느 것보다 중요함을 강조하면서 본격적인 비교행정연구의 출발을 알렸다. 그뿐만 아니라 프리드리히(C. Friedrich), 프란츠 노이만(Franz Neumann), 카를 뢰벤슈타인(Karl Löwenstein), 해나 아렌트(Hannah Arendt), 헤르만 파이너(Herman Finer) 등 전후 1세대의 비교학자들은 나치를 피해 미국으로 이주했고, 다시 이들은 제2차 세계대전의 영향을 받으면서 미국에서의 비교행정연구에 좋은 지침을 제공하기도 했다. 이처럼 유럽의 정치체제에 관한 고도의 전문지식을 갖춘 학자들이 사회과학의 비교행정연구에 끼친 영향은 지대하다.

제2차 세계대전 이후 냉전체제하에서 소련이 신생독립국가로 사회주의 이념을 수출한 반면에 미국은 이들 국가에 대한 경제원조를 했다. 그런데 제3세계에 대한 미국의 물자 및 경제원조는 미국의 의도대로 원조 대상 국가의 경제발전에 기여하지 못할 뿐만 아니라 끊임없는 공산주의의 위협 속에서 정치발전도 이루어 내지 못했다. 이러한 현실적인 상황을 목도한 미국으로서는 경제원조의 효과를 내기 위해서 가장 먼저 신생국의 행정이 발전해야 한다고 인식하게 되었다. 이러한 인식에 따라 자신들의 선진행정을 기술원조라는 이름으로 신생국에 소개하기 시작했다. 우리나라에도 1955년부터 조직, 인사, 재무 등 행정능률성의 제고를 위한 선진국의 기능론적 관리행정 원리가 이식되었다. 미국의 체제를 수용했던 군의 조직관리 기법들이 군사정부가 들어서면서 군 엘리트의 행정체제 유입을 계기로 더욱 확산되었다.

그러나 미국의 전통과 문화와는 전혀 다른 신생국가에서 이런 기법들을 수용한 결과 미국이 의도하는 효과를 내지 못하게 됨에 따라 미국 행정학의 과학성과 보편성에 대한 의문이 제기되는 것은 당연했다. 따라서 행정의 과학화, 보편화를 위해 신생국에도 쉽게 적용할 수 있는 문화 횡단적 이론 모색이 미국의 행정학자들에 의해 시도된 것이 바로 비교행정연구다.

냉전시대에 미국 대학들은 자국 안보와 긴밀히 연결되어 냉전체제의 구축에 일익을 담당했다. 이를 상징하는 것이 바로 군-산-학 복합체(military-industrial-academic complex)다. MIT 대학교의 국제문제연구소는 당대의 사회과학 분야의 학자들이 발전문제에 관한 학제연구를 수행하면서 근대화론을 탄생시켰다. 서구 근대화론의 학문적 사명은 미개한 전통적 국가들이 어떻게 하면 보다 발전된 근대국가들을 따라잡을 수 있는지 그 방법을 규명하는 것이다. 근대화론의 출발은 냉전체제하에서 미국의 제3세계 국가에 대한 통치와 긴밀한 관련성을 가지고 있다. 근대화론에서는 발전을 보편적이고 단선적인 것으로 본다. 그런데 미국이 세계 통치정책으로 신생국의 발전을 택한 이유는 무엇인가?

제2차 세계대전 직후에 세계는 냉전체제 속에서 이데올로기 경쟁의 장으로 변모했다. 식민지로부터 독립한 제3세계 국가 지도자 중에서 상당수는 공산주의자였다. 이는 반식민주의, 반제국주의의 아이디어가 마르크스와 레닌주의에 내포되어 있었기 때문이다. 반면 서구의 근대화론을 국가발전의 기조로 내세운 신생국들은 국가통치기술의 부족을 실감했다. 따라서 당시에 많은 나라들이 마르크스와 레닌주의의 중앙계획경제에 매력을 느꼈다. 이는 신생국들 대부분이 사회주의화할 가능성을 안고 있었다는 뜻이다.

그 당시 미국은 자국의 자본투자처를 찾고 있었다. 제2차 세계대전이 종결되자 불경기가 우려되었기 때문이다. 이에 미국은 남반구의 미개발 국가들을 미국의 투자처로 생각하고 이들 국가의 경제제도를 탈바꿈시킨다면 자국 경제에 도움이 될 것이라고 판단했다.

제3세계 국가의 발전을 돕기 위한 미국 학자들의 비교행정연구 배경에는 학문적인 순수함과는 거리가 먼 정치적·경제적 동기가 있었던 것이다. 즉 제3세계 국가들의 공산화 방지와 함께 이들 국가의 천연자원 확보 및 시장잠재력의 흡수에 비교행정연구의 숨은 동기가 있었다.

미국은 제3세계 국가의 정부행정조직뿐만 아니라 군조직도 근대화의 추진 주체로 주목했다. 당시의 제3세계 군대는 탈식민지 상태에서 가장 근대적인 제도였다. 식민통치하에서는 억압기구로서 기능했던 행정과 군대의 통치조직만이 '과대 성장한 국가기구(overdeveloped state apparatus)'였다. 왜냐하면 시민사회조직은 처음부터 그 싹을 잘라 냈으므로 식민통치 기간 내내 성숙한 시민조직이 나타날 수 없었기 때문이다. 시민조직의 성장을 억압했던 것이 바로 행정과 군대조직인 국가기구였다. 신생국가의 군부지도자들은 자국이 경제적·기술적으로 저개발 상태에 놓여 있다는 사실을 예민하게 인식하고 있었다.

물론 근대화이론은 제3세계 국가들의 '따라잡기'가 이른바 신흥공업국가군(NIEs)이라는 몇몇 사례들(여기에 한국이 포함된다)을 제외하고는 거의 현실화하지 못했다는 점에서 이론적 설득력을 잃게 되었다. 아프리카와 라틴아메리카의 국가 대부분이 소비자본주의는 말할 것도 없고 산업적 근대성의 수준에 도달하지 못하는 지경에 머무는 상황이야말로 근대화이론의 설득력 상실을 방증해 준다.

2. 비교행정이론의 전개

'비교'의 연구방법은 오랜 역사를 가지고 있다. 하지만 행정학에서 비교연구가 본격적으로 수행된 역사는 일천하다. 지난 100여 년 동안 비교정치학에서 연구경향을 지배해 왔던 전통적 접근방법과 행태주의 방법, 그리고 후기(後期) 행태주의 접근방법에 따른 비교행정연구 분야에서 새로운 패러다임을 구성하려는 노력이 있었다. 그 노력에 대한 가시적인 성과가 나타난 것은 제2차 세계대전이 끝난 후부터다. 제2차 세계대전은 일순간에 미국의 고립주의를 붕괴시키는 데 크게 기여했다. 미국은 제2차 세계대전을 계기로 세계의 각축장으로 들어가면서 미국인들로 하여금 타 국가들, 즉 동맹국들, 무역상대국들, 그리고 지속적인 위협으로 생각되는 국가들에 대한 연구와 이해의 필요성을 인식하게 되었다. 나치 정권의 폭압을 피해 미국으로 이주하여 정착한 유럽 사람들 중에는 유럽의 정치체제들과 분석방법(예컨대 독일의 사회학)에 관한 고도의 전문지식을 갖춘 학자들이 포함되어 있었다. 이들이 비교정치와 비교행정론에 중요한 영향을 미치게 되었다.

1950년대 들어와서 본격화하기 시작한 비교행정연구는 미국 행정학계를 중심으로 크게 세 단계를 거쳐 전개되었다.

첫째 단계는 거시적 행정이론을 수립하려는 의도에서 진행된 연구다. 신생국 행정을 경험한 학자들이 늘어나면서 전통적인 행정이론이 다른 나라에 적용되어 실질적인 도움을 주기 어렵다고 인식하게 되었다. 그 결과 미국과 상이한 행정양식, 제도 및 관행을 가지고 있는 신생국가에서 행정이 어떻게 작동하는지를 파악하려는 시도가 이루어지기 시작했다. 이 과정에서 사회학, 문화인류학, 조직학, 심리학 등의 학문적 자원이 동원되었다. 이처럼 비교행정연구에 대한 필요성이 확산되면서 1953년 미국 정치학회 내에 비교행정연구특별위원회가 설립되었다. 1960년에는 비교행정연구회가 발족되어 1968년까지 500여 명의 회원을 확보한 거대 학회조직으로 발전했다.

포드 재단은 1962년부터 1971년까지 비교행정연구회에 총 50만 달러를 지원했다. 포드 재단의 재정지원에 힘입어 비교행정연구회는 연구 세미나, 비교행정에 관한 실험적 교육사업, 비교행정전문가 회의와 특별회의에서의 토론, 현지조사, 연구 시설의 확장 등 활발히 사업을 전개했다. 특히 리그스(F. Riggs)를 회장으로 한 비교행정연구회는 연구 세미나, 비교행정에 관한 실험적 교육사업, 행정전문가 회의에서의 토론과 특별회의, 기타 현지조사를 위한 시설의 확대와 같은 포괄적인 사업을 추진했다. 이러한 노력의 결과는 여러 권의 책으로 출간되었다(Waldo, 1964). 이때 나온 문헌 내용을 간추려 보면 대략 네 가지 특징을 가지고 있다.

첫 번째 특징은 전통의 수정 연구다. 행정문제 가운데 비교적 하위 주제들을 비교론적 관점으로 다루고 있다는 것이다. 행정조직, 인사관리, 재무행정, 중앙과 일선기관과의 관계, 공기업행정, 규제행정, 행정책임과 통제, 그리고 사업 분야별 행정 등을 주제로 주로 제도상의 비교·고찰하는 내용을 담고 있다.

두 번째 특징은 발전지향적인 연구다. 이러한 내용의 연구 결과는 공공정책 목표에서 정치적·경제적·사회적으로 극적인 변화가 수반되는 나라에서 국가목표를 달성하기 위한 행정상의 필수조건이 무엇인지에 관심의 초점을 둔 것들이다. 발전 용어가 지니는 의미와 범위에 관해서는 많은 논란과 의문이 제기되었지만, 행정수단을 목표에 의식적으로 관련지으면서, 신생국가들이 발전목표의 달성 과정에서 직면하는 행정적 적응의 문제에 주목하는 것이 가치 있다고 보고 발전 지향적 연구에 관심을 기울이게 된 것이다. 공공행정은 발전행정이라는 명제가 공공연히 주창되게 된 것은 당시의 분위기가 반영된 것이기도 하다.

세 번째 특징은 일반체계 모형에 관한 연구들이다. 탤컷 파슨스(Talcott Parsons)의 유형론을 이용하여 행정체제의 분석 모형을 정립하려는 시도들이 이 범주에 해당된다. 리그스의 『발전도상국의 행정:

프리즘사회이론(*Administration in Developing Countries: The Theory of Prismatic Society*)』은 이 범주의 대표적인 연구성과로 꼽힌다.

투입·산출의 균형이론을 이용한 정치·행정 체제의 분석이나 존 도시(John T. Dorsey)의 '정보 에너지 모형' 등은 사회체계의 일반적 분석을 통해 유형 혹은 모형을 구축하고자 했던 것이다. 그러나 이들도 관료제의 변화를 적절히 설명하지 못한다는 점은 앞의 이론적 범주와 크게 다르지 않았다. 여기에는 광범위한 모형과 검증된 경험적 자료 간의 간극이 존재하고 있다는 점 때문에 이론적 설명력에서 한계를 드러낸다.

네 번째 특징은 중범위이론을 추구한 연구들이다. 우주론적 차원(cosmic dimension)의 이론보다는 중범위이론의 필요성을 강조한 것은 일반체계 모형을 구축하려는 시도가 비현실적이기 때문이다. 사회현상의 법칙성을 인정한다고 하더라도 이를 확인하고 찾아내는 과정에서 수많은 변수에 대한 고찰이 선행되어야 한다. 또 질적인 요소의 작용을 어떤 척도를 통해 정확하게 측정할 수 있는지에 관한 명확한 해답이 없는 상황이기 때문에 시간과 공간을 초월하여 언제, 어떤 곳에서나 설명력을 지닌 일반이론을 형성하는 것은 불가능하다. 따라서 일정한 시간과 공간의 중범위 내에서 설명력을 지닌 이론, 즉 중범위이론을 형성하는 것이 현실적인 대안이 된다는 인식이 널리 호응을 얻게 되었다. 중범위이론은 관료제 모형으로 확립되었는데, 이는 개별 기술적인(idiographic) 접근을 통한 비교연구로 가능하게 된다.

한편 비교행정연구가 전 세계 국가 간의 비교를 가능하게 하는 '분석 틀'을 모색하려는 경향과, 신생국가들의 행정환경과 행정생태의 문제에 대해 특별한 관심을 두고 이를 집중적으로 연구하려는 경향이 병렬적으로 전개되었다. 그런데 1971년에 접어들어 포드 재단이

재정지원을 중단하면서 비교행정연구회가 새로운 후원자를 찾지 못함에 따라 기존의 연구 활동을 대폭 축소하는 상황에 처했다. 『비교행정저널(*Journal of Comparative Administration*)』은 발간 5년 만에 중단을 맞게 되었고, 『행정과 사회(*Administration and Society*)』라는 학술지에 통합되었다. 1973년에 이르러서는 비교행정연구회가 미국 행정학회의 국제비교행정 분과위원회로 통합되면서 사실상 해체를 선언하게 되었다.

특히 쿠바 혁명으로 인한 남미 국가들에 대한 관심의 고조, 아프리카 신생국들의 독립, 베트남전쟁의 발발 등 대외적 상황은 미국 학자들의 비교행정연구를 자극시키는 촉매 역할을 했다. 그래서 기존 국가 전체를 포함하는 전 세계적 규모의 비교를 위한 분석 틀을 모색하려는 시도가 이루어졌지만 결실을 얻지는 못했다. 게다가 거시적인 행정이론의 수립에 대한 열망은 급속도로 사그라들게 되었다. 결국 1973년에는 비교행정연구회가 미국 행정학회의 국제비교행정 분과위원회로 통합되면서 해체를 선언했다.

둘째 단계는 1970년대 초를 전환점으로 1980년대에 들어와 행태주의가 맹위를 떨치면서 행정의 제 측면에 대한 객관적인 자료 제시와 설명이 이론 수립보다 더 중시되었다. 이론적 모델 정립이라는 단선적인 관심과 시각에서 벗어나 예산, 조직, 인사, 기획, 부패 등 행정의 구성 영역에 초점을 맞춘 연구가 늘어난 점도 이 단계의 특징이다. 정치행정 엘리트에 관한 비교연구, 예산문제에 관한 비교연구가 이 시기의 주제들이다.

셋째 단계는 1980년대 이후 이론과 경험연구의 연계를 강화하는 연구다. 관료제의 제 측면에 대한 중범위이론의 형성을 목표로 한 연구가 활성화되었다. 체계적인 교차 국가적 비교행정연구에는 이르지 못했지만, 2차 자료의 분석과 해석을 통한 비교연구 결과를 생산해 내고 있다.

3. 비교행정이론의 주요 내용

비교행정연구는 다양한 문화와 여러 국가의 제도에 응용될 수 있는 행정이론과 경험적인 자료로 구성된다. 이때 경험적인 자료는 이론을 검증하는 데 근거가 되거나 이론을 발전시키는 데 도움이 되는 것들이다. 비교행정은 여러 국가의 행정체계와 행태를 연구함으로써 일반이론을 정립하는 것뿐만 아니라, 행정의 실제 문제와 제도 개선을 위한 전략을 도출하려는 의도에서 수행하는 학문적 노력이다. 비교행정연구는 행정학이 보편적인 학문이 되기 위한 토대를 공고히 하는 데 기여한다. 로버트 달은 다음과 같이 지적한 바 있다.

"행정의 비교측면은 그동안 무시되어 왔다. 행정에 관한 연구가 비교연구가 되지 않으면 행정과학(administrative science)이라는 주장은 다소 공허하게 들릴지 모른다. 미국 행정학, 영국 행정학, 프랑스 행정학은 가능할지 모르지만, 이들 나라의 특수한 환경으로부터 독립된 일단의 보편적 원리라는 의미에서 볼 때 행정과학이라는 것이 과연 성립될 수 있을지는 의문이다."(Dahl, 1947: 8)

비교연구는 행정연구의 과학화를 위해 매우 중요하다는 뜻이다. 비교행정연구 과정을 통해 특정 국가의 맥락에서 도출된 가설의 타당성을 검증하거나 그것의 조건을 밝혀낼 수 있기 때문이다. 행정체제에 관한 거시적 가설을 여러 나라 행정체제에서 검증하거나, 이미 확인된 명제를 다른 행정체제의 실증적 사실에 적용하는 비교 반복적인 과정을 거치면서 일반이론에 다가서게 되는 것이다.

비교행정연구는 다양한 정치사회적 환경 속에 놓여 있는 행정체제에서 비롯되는 행정현상을 다룸에 따라 행정학의 이론적 지평을 확장하는 데 기여하기도 한다.

그렇다고 해서 비교행정연구는 오로지 이론 정립에만 관심을 두지는 않는다. 실천적 맥락에서 현실문제의 해결에도 적극적인 입장을 취하면서 좋은 정책을 통한 현실과 제도 개선에 눈을 돌리기도 한다. 예컨대 조지 게스(George M. Guess, 1998: 535~569)가 비교행정을 '보다 나은 의사결정을 돕기 위한 체계적인 지식을 창출하려는 목적으로 조직, 관리, 그리고 정책의 유사점과 차이점을 연구하는 학문 분야'라고 정의하는 데에서도 알 수 있듯이, 좋은 문제해결 방법과 관련하여 비교행정연구의 유용성은 매우 크다.

비교행정연구는 단순히 학문적 호기심이나 이론지향성의 차원에서 문제를 해결하는 데 머물지 않으며, 현실에서 발견되는 문제들을 해결하는 데 있어서 실용성을 중시한다. 다양한 행정 환경하에서 추진 및 운용되고 있는 다른 나라들의 정책과 제도들에 대한 정보와 지식은 국가행정의 운영과 문제해결 과정에 커다란 기여를 한다. 특히 국가 간 상호의존성이 날로 증대하고 있는 점을 감안할 때, 한 나라의 정책이나 행정 변동의 상황이 다른 나라에 미치는 파급효과가 지대한 것은 당연하다. 정부관료뿐만 아니라 행정학자들이 다른 나라 행정의 역동성에 대해 관심을 두고 있는 이유이기도 하다. 비교행정연구는 다른 나라의 행정 상황이 자국의 상황과 어떤 관련성을 지니고 있는지를 파악하고 진단하는 데 유용하다. 특히 행정개혁과 개선 작업을 수행하는 과제를 안고 있는 상황에서는 외국 사례에 대한 비교행정연구가 전략적 지식과 정보를 제공해 준다. 다시 정리하면, 비교행정연구는 둘 이상의 국가의 행정현상을 비교분석함으로써 크게 두 가지 목적을 달성하고자 한다. 첫째, 행정에 관한 일반이론의 정립이다. 둘째, 실제의 행정문제를 해결하거나 기존 제도와 정책을 개선하는 데 필요한 지식과 정보를 확보하는 것이다.

한편, 페렐 헤디(Ferrel Heady)는 비교행정의 다섯 가지 주요한 이슈에 관해 다음과 같이 정리하고 있다(Heady, 2001).

첫째, 정부행정체계를 비교 연구하는 데 있어서 가장 좋은 준거 틀은 무엇인가?

둘째, 서로 다른 문화적 토양 위에서 개별 국가의 행정능력을 개선하는 데 근거가 되는 과학적 지식을 어떻게 마련할 것인가?

셋째, 개발도상국가의 행정능력의 발전을 위한 전망은 무엇인가?

넷째, 범문화적이고 전 세계적으로 공유할 수 있는 적절한 행정구조를 어떻게 잘 운영할 수 있는가?

다섯째, 비교행정이 가능한 미래의 행정체제로의 변형을 위해 어떤 함의를 지니는가?

비교행정연구가 관료제를 연구 초점으로 한 이론적·실천적 지향성을 지닌 학문적 노력이라고 볼 때, 그것은 비교관료제론을 핵심으로 하는 연구 영역을 당연히 포함하고 있다. 보다 구체적인 차원으로 내려오면 비교정부론, 비교관료론, 비교행정조직론, 비교관료행태론, 비교정책론 등으로 세분화한 가지를 형성한다. 기본적으로 비교행정연구에서는 국가에 따라서 다르게 작용하는 행정 요인들에 대한 천착을 통해 개별 국가에서 행정의 실상을 이해하고, 국가별·문화별로 관료행태와 정책결정 양식의 차이를 규명해 내는 일이 중요하다. 이를 토대로 관료제의 능력을 제고하고 사회발전을 위한 관료제의 역할 방향을 조타하는 정책적 대안을 제시하는 과제를 해결하게 된다.

4. 비교행정연구의 쇠퇴 원인

초기 비교행정연구의 추동력을 현저하게 떨어뜨리게 된 데에는 재정적인 지원감소뿐만 아니라 두 가지 이유가 더 있었다.

하나는 독자적인 학문 분야로서 자리매김하지 못했다는 점이다. 독자적인 분과학문이 되기 위해서는 최소한 세 가지 요건을 충족해야 한다. 첫째, 독자적인 연구 분야의 설정이다. 둘째, 독자적인 이론체계와 방법론을 구비하고 있어야 한다. 셋째, 대학에서 독립학과로 설립되어 교육되어야 한다. 이러한 점을 고려할 때 비교행정연구가 독자적인 학문 분야로서 그 범위와 이론체계를 확립하지 못함으로써 위상이 흔들리게 되었다는 평가다. 비교행정연구에 거의 모든 분야가 속한다고 할 만큼 연구에 대한 관심이 분산되어 있었고, 의미 있는 경험적 연구 결과가 나오지 못한 것이 사실이다. 그러다 보니 주요 개념들이 통합되지 못하여 일관성 있는 해석과 설명이 되지 못했다. 이것은 결국 이론의 일반화와는 거리가 멀어지게 했다. 이렇게 된 데에는 후진국의 경우 과학적이고 실증적인 연구에 활용할 자료가 축적되어 있지 않은 점도 한몫했다. 이렇다 보니 연구 내용은 현상을 묘사하는 수준에 머물거나 개별 사례 분석에 그치면서 이론적 취약성을 드러냈던 것이다.

그리고 초기의 비교행정연구가 독자적인 이론체계와 방법론의 구비라는 과제를 해결하지 못했다는 점도 지적되어야 한다. 비교정치학자들이 초기 연구 과정에 주도적인 역할을 담당하게 되면서 분석에 동원된 이론과 방법론이 경제학이나 국제정치 및 정치학의 그것이었다는 사실은 당연하다. 이는 비교행정연구의 틀을 구성하는 이론과 방법론에서 독자성을 확보하지 못했다는 의미다. 이러한 두 가지 측면에서의 취약성 때문에 대학에서 독립학과를 신설해 교육되지 못한 것은 당연하다.

초기 비교행정연구의 추동력을 현저하게 떨어뜨리게 된 또 다른 이유는 정치적인 활동에 대한 논란을 잠재우지 못했다는 점을 지적할 수 있다. 비교행정연구회는 미국의 외교정책과 국제개발처(Agency for International Development)의 활동을 지원하는 역할을 했다는 비판을 받았다. 특히 러브만(Brian Loveman)은 비교행정연구회가 권위주의와 제3세계 국가의 군부정권을 지원하는 데 실질적인 기여를 했다고 비판했다. 비교행정연구회의 활동과 그 지도자들이 지나치게 엘리트주의적이고, 개발도상국가의 대중들에게는 전혀 관심이 없으며, 미국 정부의 기술원조 담당 관료들과 연결되어 이들의 이해를 대변했다는 것이다. 퍼래즈만드(Ali Farazmand)는 비교행정연구회와 정책결정자의 주된 목적이 행정적 엘리트 또는 군사적 엘리트를 부각시키는 프로그램을 구축하는 것이었다고 주장한다. 이러한 비판으로 인해 비교행정연구회가 내놓은 연구 결과의 유용성에 대해 커다란 의구심을 받았던 것이 사실이다.

이미 지적한 바와 같이 1950년대와 1960년대에 전성기를 구가하던 비교행정연구는 1970년대에 들어오면서 급격한 퇴조를 보이기 시작했는데, 이 시기는 공교롭게도 신행정론의 등장 시기와 일치한다. 그리고 비교행정연구가 비교정치연구와 그 궤를 같이했다는 점에서 볼때, 어떤 연유로 비교행정연구에서의 쇠퇴현상이 드러나게 되었는지를 비교정치연구의 지적 쇠락 원인을 통해 가늠해 보는 것도 의미가 있다.

비교정치연구가 1960년대에는 자유주의적 정통 패러다임의 지적 정점을 반영했으나 곧이어 쇠락을 걷게 된 데에는 두 가지 이유가 있었다. 첫째는 케네디(John Fitzgerald "Jack" Kennedy)의 아이디어에 기초한 정책 환경의 종식(반공산주의 겸 자유주의적 발전 대안) 및 베트남 전쟁의 비극이고, 둘째는 1970년대에 들어오면서 남미와 미국 사회과학계에서의 대안적 이론 개발이다. '세계체제(world system)'나 '종속(dependency)'의 개념은 국가를 분석의 단위로 끌어내리는 데 크게 기여했다. 이것은 종래의 거시 분석단위인 정부를 상정한 것과는 분석 차원이 다르다. 사실상 비교정치는 분석의 역사적 단위로서 국가를 상실하고 있다. 코포라티즘(corporatism)과 관료적 권위주의 국가 등에 대한 논의, 그리고 국가의 자율성 등에 관한 논의가 활발하게 이루어지면서 비교연구는 또다시 활기를 띠게 되었다. 신흥국가들의 발전국가로의 이행 등은 여전히 비교연구에서 관심을 끄는 주제다 (Cantori and Ziegler, 1988: 422).

여기에는 비교행정 운동에 대한 비판과 문제점이 강하게 제기되면서 비교행정연구회의 입지를 크게 약화시킨 측면이 있다. 어찌 보면 비교행정연구회의 활동이 당시의 시대적·상황적 맥락에서 일정한 한계를 보일 수밖에 없었던 측면도 있다. 그렇다고 비교행정연구의 가치를 부정하는 것은 결코 아니다. 비교연구에 대해 비판과 문제 제기를 하는 학자라고 할지라도 비교행정연구의 가치에 대해서는 공통적으로 인식을 같이하고 있기 때문이다. 이러한 인식의 배경에는 비교행정연구회의 활동이 행정학 발전에 기여한 공헌이 엄연히 존재한다는 점이 자리하고 있다.

5. 비교행정연구의 공헌과 비판

공헌

　비교행정연구가 이룩한 공헌 가운데 가장 먼저 언급되어야 할 것은 행정연구의 지평과 시각을 확대했다는 점이다. 종래의 행정학 연구에서는 연구의 지평과 시각을 국내 행정연구로 한정했던 것을 '전세계' 행정체제로 확대하고 국내 행정연구의 이론적 결과의 외적 타당성을 검증하려고 했다는 점은 의미 있는 활동이라고 평가받을 만하다. 즉 한 나라의 행정 모델과 이론적 결과가 다른 나라에서도 그대로 적용될 수 있는지를 비판적 시각에서 검토했다는 사실은 행정학 발달에 기여한 측면이 크다. 물론 그 과정에서의 시행착오가 없지 않았지만 결과적으로 연구 영역의 확대와 연구의 시각을 확장시킨 것만은 부인하기 어렵다.

　두 번째로 지적할 수 있는 것은 비교행정연구 활동이 행정학자로 하여금 종래에 비해 정부관료제에 대한 큰 관심을 불러일으켰다는 사실이다. 이는 비교행정연구의 초점을 관료제에 두면서 자연스럽게 나온 결과로 해석된다. 관료제의 어떤 측면을 어떻게 연구했는가에 대한 연구방법론의 세밀한 차원에 눈을 돌리면 비교행정연구 활동의 한계점이 들어온다. 그러나 종래의 관료제에 대한 고전적인 제도론적 관심의 초점과 접근방법으로부터 탈피하여 관료제의 행태적 측면에 대한 관심과 함께 생태론적 접근 시도가 이루어져 관료제에 대한 이해의 폭을 넓히는 계기를 마련했다.

　세 번째는 정부관료제에 있어서 나라마다, 문화권에 따라 조직관리 기술의 독특성과 차이가 존재한다는 점을 인정하는 토대 위에서 이를 밝혀내고자 노력했다는 점이다. 이는 비교행정연구의 개별 기술적인 연구방법을 통해 활성화되었다. 개별 사례에 대한 분석 차원에서도 이례 분석은 기존의 정형에서 벗어난 사례에 관한 연구를 통해서 추가적 유효 변인을 도출하고, 이 변인에 대한 조작적 정의를 개선하는 데 중요한 기여를 했다. 따라서 비교행정연구에서 개별 사례 연구는 특정 국가의 정부조직관리의 실제 사례와 서구 중심의 정부조직관리의 기법과 효과를 비교하여 독특성과 차이를 발견하도록 했다. 이러한 과정을 통해 단순한 조직관리의 기술적 요인과 더불어 문화적 지배요소가 큰 영향을 끼친다는 사실을 인식할 수 있게 되었다.

네 번째는 비교행정연구를 통해 후진국의 발전문제에 대한 이론적 관심과 실천적 차원에서의 발전전략을 모색하려는 노력이 경주되면서 발전행정이론의 구축에 크게 기여하게 되었다는 것이다. 사실 발전행정론은 비교행정연구를 밑거름으로 성장한 행정학의 가지에 속한다. 발전행정론에 대한 논의에서 여전히 발전의 가치와 전략의 기초가 되는 이념적 토대를 둘러싼 논쟁이 말끔히 해소되지는 않았지만, 당시의 상황적 조건을 고려할 때 후진국가들의 국가목표인 발전의 문제에 대한 실천적 접근 과제를 풀어 가는 과정에서 비교행정연구가 일정한 기여를 한 것은 사실이다.

비판

비교행정연구 활동에 대한 비판과 문제점에 대한 지적은 다음과 같이 몇 가지로 요약된다.

무엇보다도 연구 결과의 실용성에 대해 지적할 수 있다. 이것은 비교행정연구가 지나치게 이론 정립에 초점을 둠에 따라 행정의 실제

문제를 해결하는 데 기여하지 못했다는 것을 의미한다. 과학적 행정이론을 지향한 나머지 현실과 동떨어진 이론 중심의 연구와 새로운 개념 구성에 진력하면서 막상 연구 결과가 행정현장의 구체적인 문제들을 해결하고 행정 실무자들의 애로사항을 풀어 주는 데에는 미흡했다는 비판을 받았다. 이러한 비판의 배후에는 선진국의 행정이론이 후진국의 행정문제를 해결하고 적용하는 데 한계가 있다는 지적도 함께 고려되어야 한다. 즉 선진국의 행정이론이 후진국의 행정 상황에는 적실성을 갖추고 있지 못하다는 의미다. 역설적이게도 바로 이러한 이론적 한계가 비교행정연구 활동을 통해 여실히 드러났다.

둘째는 비교행정연구에서 독자적인 연구 영역을 설정하지 못했다는 점이다. 따라서 연구 주제와 관심들이 분산되고 주요 개념들이 통합되지 못하여 하나의 독립분과 연구 영역으로서의 정체성을 확립하지 못했다. 비교정치연구와 비교행정연구의 차이가 구체적으로 무엇인지에 관해서 모호하다는 지적은 바로 이런 점에 기인하고 있다. 물론 비교정치연구가 정치체계를 중심으로 한 비교연구에 초점을 두고 있는 반면에, 비교행정연구는 관료제를 연구 초점으로 삼고 있다는 점에서 구별될 수 있다. 그렇다고 해서 연구 영역의 교차문제가 말끔히 해결되는 것은 아니라는 지적이다.

셋째로는 연구방법과 관련해서 제기된 비판점이다. 멕스트로스(T. Meckstroth)는 비교방법의 주된 기능으로 경험적 가설검증을 들고 있다. 스트레톤(H. Stretton)은 가설검증의 수단으로 비교방법을 버리고, 다만 하나의 교시적(敎示的)인 방법으로서 비교의 장점을 강하게 주장하기도 했다(Cantori and Ziegler, 1988: 55). 이런 맥락에서 보면 비교관점은 발견에 도움이 되는 요소일 수 있다는 지적이다. 여기서 비교관점을 비교방법과 혼돈해서는 안 된다. 비교행위는 실험정신을 자극하기보다는 오히려 상상력을 자극한다. 비교행위는 뭔가를 선택하고 생각을 불러일으키는 장치일 뿐, 뭔가를 증명해 내는 장치는 아니다. 즉 의문을 제기하는 체계일 뿐, 의문에 답하는 체계는 아니라는 말이다.

비교방법과 실험 및 사례 연구방법 간에는 명확한 경계가 존재하는 데 반해 비교방법과 통계방법 간에는 명백한 구분선이 없다. 여기에 비교방법의 어려움이 도사리고 있다. 특히 비교연구에서 제기되는 문제점에는 두 가지가 있다. 첫째는 비교 대상의 사례 수가 지나치게 적다는 점이다. 이를 레이파트(A. Lijphart)는 'small N'의 문제라고 부른다. 분석의 사례 수가 적으면, 이를 통해 도출되는 결론은 의미를 상실하게 된다. 이처럼 비교 대상의 사례 수의 제한 때문에 비교행정연구에서 본래 목표로 삼았던 일반이론의 도출은 불가능해진다는 것이다. 둘째는 비용의 과다 문제 및 문화적 복잡성과 관련된 이유 때문에 진정한 비교를 할 수 없다는 점이다. 실제로 후진국 행정에 대한 연구 과정에서 이용할 수 있는 자료의 취약성뿐만 아니라 실증적·경험적 연구를 수행하는 데 따르는 많은 제약성 때문에 일반이론을 형성하는 데에는 역부족이었다. 또한 구체적인 비교연구 과정에서 제기되는 비교연구의 기능적 대등성(functional equivalence)의 문제도 제기되었다. 국가 간에 개념의 의미 영역의 차이를 비롯하여, 표본 추출에서의 문제 등 연구 과정 전반에 걸친 문제들이 경험적 연구를 어렵게 했다. 따라서 비교행정연구들이 이론과 개념에 치우쳤고, 사례에 관한 기술적 연구 수준에 머물렀다. 당시에 리그스 교수가 행정에 관한 국제 비교자료(cross national data)를 수집하고 축적하여 이를 비교연구에 활용하는 연구 센터의 설립을 강조한 것도 바로 이러한 맥락에 따른 것이다. 이러한 이유 때문에 하나의 행정체제에 탐구를 집중하게 되었는데, 이것 역시 체계적인 비교의 목적을 손상시키게 된다는 문제점을 안고 있다. 모든 문화권의 국가행정을 연구하기 위해서는 연구 비용의 문제가 해결되어야 한다. 그뿐만 아니라 연구의 시간과 노력 등에서 많은 어려움을 겪게 마련이다. 지역별로 차이 나는 문화적 요인의 맥락을 이해하고 그것이 관찰 가능한 현상으로 어떻게 투영되는지를 규명하는 일이 본격적인 비교연구에 앞서 이루어져야 한다.

한편 교차국가 연구에서는 갈통의 문제(Galton's Problem)가 발생한다. 갈통의 문제란 집적 통계자료(aggregate data)를 사용하는 교차국가 연구에서 변인 간의 상관관계를 어떻게 적절하게 설명할 수 있느냐의 문제와 관련된다(Naroll, 1973: 974~989; Schaefer(ed.), 1974). 예컨대 행정발전과 경제발전이라는 두 현상 간에 있을 수 있는 상관관계가 체계 내부의 기능적 연관에 의해 설명되어야 하는지, 아니면 국가 간의 상호작용의 결과인 '확산효과'나 '차용효과'에 따라 설명되어야 하는지의 문제가 있을 수 있다. 대부분의 교차연구에서는 체계 내부의 기능적 연관에 주목한 설명이 대부분이다. 갈통의 문제 핵심 논지는 어떤 사회에서 나타나는 두 속성이나 행태 간의 상관관계가 오로지 사회의 내적 과정, 또는 기능만으로 설명되는 경우를 찾기란 거의 불가능하다는 점이다. 따라서 체제 내부의 기능적 연관성에 주목하는 것 못지않게 외부와의 상호작용의 결과에 대해서도 관심을 가지고 살펴보아야 한다는 것이다. 갈통의 문제는 특히 오늘날과 같이 국가와 국가, 사회와 사회 간의 상호작용이 더욱 심화되는 현실 속에서 간과되어서는 안 된다는 점을 강조하고 있다.

넷째로 연구과정에 가치 개입과 이분법적 편견의 문제를 지적할 수 있다. 서구 중심적 연구와 자민족 중심의 연구 과정에서 편견이 개입되면서 객관적이고 과학적인 연구 결과를 도출하지 못하게 된다. 이는 특히 제3세계의 학자들이 제기했던 비교행정연구에 대한 비판점이기도 하다. 또한 비교행정연구의 이론적·사상적 토대에 대한 비판이기도 하다. 즉 근대화이론에 기초하고 있는 비교행정 활동이 사상적 토양을 달리하는 제3세계 및 신생국가에 서양의 이론을 무리하게 적용하여 토착적 행정현상을 해석할 때 한계를 보일 수밖에 없음을 일찍이 깨닫지 못했기 때문이다.

몇 가지 예를 보기로 한다. 파슨스는 유형 변수들, 예컨대 특수성과 보편성(particular vs. universalistic), 귀속성과 업적성(ascription vs. achievement), 그리고 확산성과 구체성(diffuseness vs. specificity)의 개념을 빌려 개발도상국과 선진국들의 차이에 관한 이념형 모델로 구체화하는 시도를 했다. 알몬드(G. Almond) 역시 개발도상국은 특수주의·귀속주의·확산성의 특성을, 선진국은 보편주의·업적주의·구체성의 특성을 갖는 것으로 보았다. 이러한 이분법은 전통적인 차원에서 근대적인 차원에 이르는 연속체 위에서 다양한 국가들을 분류하기 위해 사용된 것이라는 점을 모르는 바 아니다.

그러나 개발도상국과 선진국의 구별기준에 대해서는 논란이 있을 수 있다는 사실을 접어두더라도 개발도상국의 범주에 속하는 국가들 중에서도 다양한 스펙트럼을 형성하고 있는 것이 현실이다. 따라서 선진국의 범주에 속하는 국가들에서도 개발도상국의 특성 요인을 발견하는 일이 그리 어렵지 않다는 점을 감안할 때 이분법적 사고의 오류를 쉽게 찾을 수 있다. 개별 국가와 사회의 다양한 존재적 특성과 그들만의 고유한 문화와 국가·사회 운영의 독특한 양식을 인정할 때에만 우리는 비교의 다양한 차원과 비교 사례의 다양성을 인정할 수 있고, 따라서 비교 대상의 확대에 대한 전망을 가능케 할 수 있다.

6. 비교행정이론의 적용 가능성

1970년대 이후부터 미국은 근대화의 연장선상에서 '지구화' 또는 '세계화'라는 명제를 제시했다. 이러한 명제는 냉전의 종언 이후 미국을 하나의 중심축으로 한 세계체제가 부상함에 따라 커다란 영향력을 지니게 되었다. 세계화는 국가 개입의 최소화와 시장논리의 극대화를 표상한다. 더욱이 최근에 세계화는 정보통신기술을 중심으로 하이테크의 유용한 효과에 대한 믿음을 근거로 더욱 확산되고 있다. 하이테크는 현대 세계경제의 핵심 지역인 미국, 유럽, 일본 등에는 혜택을 베풀지만, 아프리카와 동남아시아 등 세계의 다른 지역은 포기된 지역으로 방치하고 있다. 이러한 양극화 전략은 불균등한 지구화를 심화시키는 요인이 된다. 선진국과 후진국의 20:80이라는 양극화 구조가 후진국 내에서도 강화되고 있다. 전(全) 지구적 자본주의에 적응하지 못해 배제된 자들은 선·후진국 어디에서든 생존마저 부지할 수 없다는 점에서 지구화는 위협과 압박의 차원을 통해 그 위력을 발휘하고 있는 셈이다.

비교행정이 하나의 독자적인 학문 분야로 정착하지 못한 것은 두 개의 연구경향이 평행선을 그려 왔기 때문이다. 하나는 국가의 경계를 넘어서 보편타당한 일반이론을 정립하는 것을 지향하는 연구경향이다. 결국 하나의 이론을 통해 모든 국가의 행정문제를 진단하고 설명하고 예측할 수 있는 것을 목표로 삼는다는 의미다. 다른 하나의 연구경향은 특정 국가의 행정체제가 지니는 특이성에 관심을 두고 있는 분리주의적 연구다. 분리주의적 연구경향에서는 국가 간에 바람직한 행정기술과 지식의 교환 가능성을 차단시키는 문제점을 안고 있다.

향후 비교행정연구가 발전하기 위해서는 이러한 두 갈래의 연구경향이 수렴되고 통합되는 방향으로 나아가야 할 것이다. 최근에 들어와서 특히 비교행정연구에 대한 학문적 요청과 함께 실질적인 문제해결을 위한 요구가 점증하고 있다. 국가 간의 네트워크가 강화되고 그에 따른 한 국가의 행정제도의 효과에 대한 파급성이 과거에 비해 커짐으로써 비교연구의 필요성에 대한 인식이 더욱 강하게 확산되고 있다. 특정 국가의 행정에 관한 연구 결과가 다른 나라의 행정연구에 그대로 적용될 수 없다는 점을 명심해야 한다.

묵시적으로 많은 미국 학자들은 미국의 행정학이 보편적인 행정학이라고 생각한다. 이러한 미국 학자들의 생각에 동조하는 국내 학자들도 적지 않다. 그런데 미국의 행정은 매우 독특하며 예외적인 성격을 지니고 있는 게 사실이다. 따라서 미국의 행정연구 성과를 해석하고 수용함에 있어서 보다 신중한 자세가 요구된다. 자신들의 상황에 맞는 행정연구와 그에 기반을 두고 있는 행정체계를 가져야 한다는 주장에도 관심을 기울여야 한다. 행정학이 일반성을 지닌 학문분과가 되기 위해서는 여러 국가 간의 차별성을 규명하는 비교연구가 심도 있게 수행되어야 한다. 이를 위해서는 우선 각 국가 내부에서 자체적인 국내 행정연구를 활발히 수행한 후에 여러 국가들 간의 비교연구를 통해서 이론적 명제를 세우고 그 일반화된 명제에서 벗어나는 예외들을 설명하는 단계를 밟아 나가는 것이 바람직하다. 또한 비교연구의 활성화 방법의 하나로서 네트워크에서 진행되는 토론장을 기획하여 실행에 옮기는 것을 생각해 볼 수 있다.

이러한 비교행정연구의 필요성에 대한 인식의 확산과 더불어 비교연구에 필요한 기초자료와 정보수집의 과정이 예전에 비해 크게 개선된 점도 향후 연구의 전망을 밝게 하는 요인이다. 자료의 수집단계에서 인터넷을 활용할 수 있는 점, 과거에 비해 국제적인 접촉의 기회가 빈번하게 이루어지고 있는 점, 다양한 정보와 자료의 분석과정이 컴퓨터를 통해 손쉽게 처리될 수 있는 점 등은 과거와 달리 비교행정연구의 용이성과 효율성을 키우게 될 것이 분명하다. 이러한 여건을 감안할 때에 향후 비교행정연구의 진로는 중범위이론을 지향하는 데 초점을 두어야 할 것이다. 연구의 범위와 대상 및 초점을 관료제에 한정하고 관료제의 기능, 구조, 네트워크, 그리고 관료제와 환경의 상호작용 및 그에 따른 복잡계의 특성을 밝혀내야 할 것이다. 행정 메커니즘에 대한 새로운 인식도 요구된다. 종래의 기계론적 패러다임을 통해 이해했던 행정 메커니즘은 비교연구의 준거가 될 수 없기 때문이다. 비선형적인 패러다임을 전제하는 복잡성 과학에 대한 깊은 이해와 통찰이 필요한 이유가 바로 여기에 있다.

비교행정연구가 활발했던 1960년대라는 시대적 상황은 냉전의 논리구조 속에서 미국식 발전 모델을 포함하여 미국과 미국적인 것에 대한 찬양의 물결이 절정을 이루던 시기였다. 따라서 당시의 연구에서 토대가 되었던 이론적 모델들이 과연 윤리적·정치적 중립성을 견지하고 있었는지에 관해 의문을 제기할 수 있을 것이다. 비교와 발전행정 문헌에서 나타나는 개념적 지향성이 미국의 지배를 반영하는 것은 아닌지, 좀 더 급진적인 표현으로는 일종의 문화제국주의의 한 형태로 인식될 수는 없는지, 미국의 달러와 기술 및 자문의 형태로 지원된 미국의 원조 뒤에는 미국의 깃발이 항상 뒤따랐던 것처럼, 사회과학자들이 사용했던 모델과 분석 틀의 이면에도 자국의 이익을 우선시하는 미국의 깃발이 뒤따르고 있었던 것은 아닌지가 의문으로 남는다.

우리에게는 토착적인 것이 그들에게는 비서구적인 제도와 행태로 간주되는 전제 위에서 모든 현상을 조망하는 것 역시 지나치게 일방적이며, 문제 정의와 그에 따른 처방이 원초적으로 예견될 수밖에 없다. 서구의 학자들에게 비공식 요소로 인식되는 동양의 인정(人情)과 의리, 연(緣)에 대한 정서적 호감, 상호부조주의 등이 단지 전통적인 것이기에 근대성의 확장을 위해 사라지거나, 아니면 역사의 쓰레기통에 버릴 수밖에 없는 불필요한 제도와 행태가 아니라 일정한 의미와 상징, 그리고 효용성과 생명력을 가지고 기능하는 제도로 연구되어야 마땅하지 않은가라고 주장하게 된다. 이러한 주장의 배경에는 굳이 '아시아적 가치'에 대한 믿음과 효능을 인정하고자 하는 편협한 태도만 있는 것은 아니다. 우리가 발견한 전통적인 제도와 행태는 발전이 진행되면서 대체되고 개혁되며, 때로는 억제되는 것으로 예상했으나, 지금도 여전히 질긴 생명력으로 그 기능을 지속시켜 나가고 있다. 즉 없애려 한들 사라지지 않는다는 것이다. 이것은 전통적이라고 부정되는 것들이 서구제도와 행태에 비해 열등하지 않다는 점을 암시하는 것인지도 모른다. 더 나아가 서구의 것에 대한 대안으로서 우리의 전통과 제도를 새삼스럽게 고려할 필요가 있다는 점을 상기시키고 있는지도 모른다는 생각이 들기 때문이다.

한편 비교행정에서 보다 응용과 처방 중심적인 연구를 목표로 했던 발전행정도 국가 개입주의와 엘리트주의 가정에 입각한 발전전략을 처방하게 됨에 따라 후진국에서 관료화를 더욱 심화시키는 결과를 초래했다는 비판을 받았다. 발전행정의 연구와 처방이 실증주의적 접근 입장에 기초하여 발전과 관련된 변수 가운데 가장 중요한 변수를 조작하여 발전목표를 달성해야 하며, 이의 효과적인 수행을 정책 담당자에게 기대한다는 데 모아졌다.

특히 1960년대와 1970년대 초 '발전주의(developmentalism)' 패러

다임에 대한 비판이 널리 확산되었다. 발전론적 시각이 서구 중심(선진국)의 틀을 통해 개발도상국들을 조망함으로써 자민족 중심적인 편견을 갖도록 했을 뿐만 아니라, 이론의 일반화에도 실패했다는 비판이다. 특히 구조기능주의 접근법도 바로 같은 맥락에서 신랄한 비판을 받은 사례에 속한다. 발전론은 계급과 계급 간의 갈등현상, 국제시장과 경제세력의 작용, 종속을 무시했다는 비난을 받았고, 또한 개발도상국가의 전통적 제도와 가치의 파괴를 영속화시켰다는 비난까지 받았다. 급기야는 발전론이 미국 학계에서 지배적인 자유주의와 결합하고 있었다는 이유로 좌우익 양쪽으로부터 공격을 받기에 이르렀다. 이렇게 된 것은 이념과 사조의 다양성을 인정하는 지적 분위기에 편승한 점도 작용했다. 그리고 당시의 미국 사회가 직면했던 정황, 즉 베트남전쟁에 대한 반대운동, 1960년대 말의 학생 소요와 반항, 닉슨 대통령과 워터게이트 사건, 모든 제도와 권위에 대한 광범위한 회의(懷疑) 분위기 등이 발전론의 이론적 토대인 자유주의 이데올로기를 향한 비판으로 이어졌다고 보는 것이 타당하다.

발전주의 패러다임에 대한 대안적 패러다임으로 등장했던 것이 바로 조합주의와 네오마르크스주의 패러다임이었다. 이것은 모두 자유주의적 발전론의 외관상의 실패 때문에 새로운 생명력을 얻은 것으로 평가된다. 왜냐하면 기존 이론이 전제하는 국가의 중립적 심판자와 블랙박스(blackbox)라는 이미지 대신에 연구의 중심 변수로서 '국가'를 이해하려는 노력을 기울였기 때문이다. 이러한 노력은 국가와 사회의 관계에 대한 관심이 증대되면서 더욱 커졌다. 그뿐만 아니라 정치경제학적인 시각이 제3세계 국가를 연구하는 데 유용하게 활용되면서 국가 중심 변수에 대한 새로운 인식의 싹을 키우게 되었다. 따라서 개발도상국들이 미국과 서유럽을 반드시 지향할 발전 모델에서 가정했던 초기 비교발전론의 시각은 상당히 후퇴하게 되었다. 이로써 '전통적'이라고 규정하면서 폐기되어야 할 대상으로 간주했던 제3세계의 토착적인 제도와 모델들에 대한 가치가 재평가되는 계기를 맞게 되었다. 미국의 특수한 발전 경험을 보편화하는 데 좀 더 겸손해지지 않으면 안 되는 상황이 지속되면서 이를 계기로 비교발전의 연구를 한 차원 드높이고자 애쓰게 되었다.

Chapter
07

신행정이론

1. 신행정이론의 등장 배경

신행정이론의 등장에는 정치적 맥락, 경제적 맥락 그리고 사회적 맥락 등이 복합적으로 얽힌 배경이 자리하고 있다. 신행정이론을 이해하기 위해서는 먼저 배경이 되는 맥락의 내용을 파악할 필요가 있다. 정치적 맥락으로는 미국의 베트남전쟁 참전에 따른 반전시위로 인한 국론 분열, 주요 정치 및 종교 인사의 암살 등이, 경제적 맥락으로는 재정적자와 오일쇼크 등이, 사회적 맥락으로는 인종과 세대 간의 갈등, 빈부격차로 인한 빈곤퇴치 요구 및 민권운동의 확산 등이 도사리고 있다. 이러한 배경하에 미국의 소장 행정학자들을 중심으로 행정학 연구에 대한 자성적 성찰 분위기가 형성되었다. 신행정이론은 기존 행정학 연구에 대한 반발과 비판적 도전에서 출발했다. 특히 실증주의 연구에 대한 비판인식이 새로운 이론 정향으로 이어졌다.

베트남전쟁 반대운동

1964년 미국 대통령 선거에서 민주당 후보 린든 존슨은 암살당한 존 F. 케네디의 후광으로 당선되었다. 선거기간 중 공화당 후보 배리 골드워터(Barry M. Goldwater) 상원의원은 자신이 당선되면 베트남에서 전쟁을 크게 벌일 것이라고 공세를 퍼부어 지지를 받았다. 하지만 존슨이 대통령에 당선되고 난 후 베트남전쟁에 본격 개입한 것은 역사의 아이러니다. 존슨이 만기친람(萬機親覽)형이었기 때문에 베트남전쟁 참전의 효과를 꼼꼼하게 따진 후 본격 참전을 감행했을지 모른다. 미국의 베트남전쟁 참전을 결정하면서 존슨 대통령은 구약성서 「욥기」 38장 11절을 인용했다. "네가 여기까지 오고 더 넘어가지 못하리니." 이 성구는 존슨의 전략적 의도를 함축한 것으로, 이를 통해 베트남전쟁 참전 결정의 판단의 기저를 이루는 그의 논리를 확인할 수 있다.

케네디 대통령은 프랑스 샤를 드골(Charles De Gaulle) 대통령이 베트남전쟁 참전을 만류했음에도 불구하고 참전을 결정했고, 후임자 존슨이 개입을 더 확대한 배경에는 미국의 세계화 전략이 자리하고 있었다. 존슨은 베트남에서 철수하는 것이 공산주의가 아시아와 중동, 아프리카 그리고 남미로 가는 길을 열어 주는 것이고, 더 나아가 제3차 세계대전의 원인이 된다고 판단했다. 동남아시아 전체의 공산화를 막기 위해, 그리고 중국의 세력이 동남아시아로 확장되는 것을 막기 위해 베트남에 개입하는 것은 불가피하다는 인식이 배경에 깔려 있었다.

당시 미국의 지도자들에게는 냉전의 틀 속에서 이데올로기 전쟁에 대한 강박관념이 팽배해 있었다. 그리고 미국의 세계시장 확대 전략 차원에서 베트남전쟁 참전은 경제적인 문제에서 이해해야 했다. 공산주의의 확대는 시장 축소로 나타날 수밖에 없기 때문이다. 여기에 일본의 이해가 추가되었다. 제2차 세계대전 이후 중국 시장에 접근할 수 없었던 일본은 새로운 시장이 필요했다. 동남아시아는 일본 경제의 부흥을 위한 핵심 배후지였다. 35년간 식민지 지배를 했던 한국에는 배상하지 않으면서 5년 남짓 점령했던 동남아시아 지역에 대해서 일본이 배상금을 준 것은 시장개척의 의도를 가지고 있었기 때문이다(한겨레신문, 2014. 3. 1).

한편 1960년대 학생운동은 시민권 확대와 반전시위로 전개되면서 커다란 변화를 초래했다. 학생 주도의 대규모 농성, 시가행진, 흑인 투표참여 확대 운동 등은 1964년 시민권 법안이 의회를 통과하는 데 결정적 역할을 했다. 베트남전쟁이 고조되었던 1965~1968년 사이에 학생들이 미국의 전쟁 개입을 반대하는 대규모 운동을 벌였다. 최초의 학생시위는 1964년 가을 버클리 대학생들에 의해서 이루어졌다. 반전시위가 학생들의 공감을 얻게 된 데에는 다음과 같은 이유가 있었다.

첫째, 많은 학생이 미국의 베트남전쟁 참전은 비도덕적인 것이라고 믿었다. 둘째, 많은 대학이 전쟁과 관련된 연구 사업에 참여하고 있었고, 이것이 학생들의 반발을 불러일으켰다. 셋째, 가난하고 힘없는 사람만이 전장에 끌려가고 부유한 사람은 징집을 기피하는 사회적 비리에 학생들이 분노했다. 넷째, 급진적 학생들 중 많은 학생이 처음에는 시민권 운동에 참여하다가 흑인들이 시민권 운동의 주도권을 잡기 시작하면서 행동의 새로운 명분과 방향을 찾고 있었는데, 베트남전쟁은 바로 그 새로운 명분을 제공했다. 1968년 컬럼비아 대학생들의 반전시위는 1960년대 말 학생운동에 한 획을 긋는 중요한 사건이었다. 이어서 1970년 5월 4일 켄트 대학생들의 시위를 방위군이 진압하는 과정에서 4명이 사망하는 사건이 발생했다.

계량지표에 따라 전쟁 개입과 확전을 독려했던 로버트 맥나마라(Robert McNamara) 등의 계량주의자들은 얼마만큼의 폭탄을 베트남에 쏟아부으면 어느 정도의 살상효과와 전과를 얻어내고, 얼마를 버틸 수 있을 것이라는 체제분석(system analysis)을 통해 자신 있게 수치로 제시하기도 했다. 주베트남 미군 사령관은 의회에서 50만 이상의 병력을 투입하면 가까운 시일 내에 승리한다는 계량지표를 제시했다. 의회는 참전을 승인했지만, 실제로 1969년 베트남전쟁 파병규모는 54만 2,000명에 달했다.

재정적자

케네디 대통령이 서거하면서 부통령 존슨은 1964년 대선을 통해 대통령에 당선되었다. 존슨 대통령은 1964년 5월 22일, 미시간 대학교 졸업식 연설에서 "미국은 부유한 사회와 강력한 사회를 넘어 위대한 사회로 갈 기회를 맞고 있다"면서 '위대한 사회' 구상을 처음으로 공식화했다.

1963~1968년까지 제정된 법률과 프로그램(표 참조)이 오늘날 미국인의 삶의 구조를 짰다고 해도 과언이 아니다. 「워싱턴포스트」지는 '위대한 사회' 50주년 특집기사에서 "우리는 지금 린든 존슨이 만든 미국 속에 살고 있다"고 평가했다.

하지만 복지 프로그램과 다양한 사회 기반시설의 구축, 그 밖의 정부 사업들은 엄청난 재정을 요구하는 것이었다. 존슨이 집권하는 동안 '위대한 사회' 건설을 뒷받침하기 위해 200여 개의 법안이 제정되거나 수정되었다. 오늘날 미국이 다인종 사회를 이룩하는 데 존슨의 기여가 컸다고 하지만, 사실상 이민자에 대한 국가정책적 지원사업을 위해 많은 예산이 투자되었다. 주택, 도시개발, 의료복지, 문화예술, 영세민에 대한 식품보조, 소수민족과 여성의 교육기회와 고용에 있어서의 차별철폐조치, 환경보호, 전쟁과 빈곤문제 등에 천문학적

	1963	1964	1965	1966	1967	1968
시민권		시민권 헌사정책법	군권통제 및 군축연장법/투표권법/차별 철폐[조치/청소년범죄통제법/	탄광안전법/민사소송개 혁법안/보석개혁법/고 속도로안전법	연령차별금지법	배심원선정과 서비스법/인디 언권리장전/청소년범죄방지 및 통제법/총포규제법/종포 규제법/군사재판법
빈곤과의 전쟁		미주개발은행법/ 경제기회법/식량 배급법/감세법안/ 보안전법	애팔래치아개발법/ 빈민퇴치법	자유를 위한 식량 프로 그램/신좌파임금법	미국노인법(개정)/(정부가 저소득자들에게 주는식료품 함인 구매권법개정/미주개 발은행법 개정	사회보장법개정 학교아침급식법안
교육	고등교육기 관법/직업교 육법	도서관서비스법/ 인력훈련법/아메 리칸 인디아 직업 훈련법안	초중등교육법안/헤드스타트(취학 전아동 교육지원사)/국립인문예 술기금/고등교육법/이중언어교육법 (소수민족 학생에게 모국어로 교육하는 제도)	교사봉사단 국제교육법	대화체현습 프로그램 교육전문직법	장애아조기교육지원법/고 등교육법개정/직업교육법개 정/정부보조학자금대출제도
보건		간호훈련법	노인의료보험제도/저소득층의료보장제 도/미주노인법/지역정신보건센터법(개 정/장애재활용사를 위한 편의제공법/지 역보건서비스확대법/심장, 암, 뇌졸중 프 로그램 의하도서관서비스 및 시설법안/ 보건전문교육지원법(개정)/직업재활법 (개정)/아동보건 프로그램	마약재활법	정신보건법개정 직업재활법개정 건강과트너십법개정	보건인력법/심장, 암, 뇌졸중 방지 프로그램
예술과 미디어		캐비디문화센터 법안	국립예술인문재단 예술을 위한 기부금법 인문학을 위한 기부금법	정보공개법/허시혼 미 술관·조각정원법안	공공방송법	

환경	대기오염 방지법	수자원조사법/ 산림법	수자원계획법/대기오염방지법/고요염방지법/수질오염방지법/탐염수법	하천정화법/어류 및 야생동물보호법	대기환경법	콜로라도 강 유역개발 프로젝트(교시스템법/국립공원/국립공원 경관강화(교시스템법/국립철도 시스템법/레드우드 국립산림 시스템법/국립공원(노스케스케이드 국립공원/국립공원)/국립고속도로해양연구소/국립수자원위원회
주택과 도시개발		주택법	주택도시개발부 연방정부기관/주택법/고속도로미화법 과 도시상수법/고속도로미화법	임차보조 프로그램/도시미중교통법/교통부(연방정부조직)/모델 도시 프로그램	도시연구 펠로십 프로그램/도시연구법안	공정주택거래법/주택도시개발법
소비자 보호		농어촌리법		차량 및 자동차안전법/자동차안전법/아동양육법/포장안 진실법/아동 보호법/타이어 안전법안	유류검사법/가연성유법/소비자제품안전위원회	공정매부표/화재연구 및 안전법/가금생산물안전법/전미 가스관안전법/방사선관리법
이민			이민개혁법		이민개혁법	
기타		농장 프로그램/국제개발협회법	화폐법/약물남용방지법안/범집행지원법(법무부 산하 연방정부기관)	과학지식교류/예금보호법/아시아개발은행법/냉전참전군인법/평화를 위한 물/인플레이션 억제 프로그램	공공폭력단방지법안/국무부 출범법/D.C법죄방지법안/우주헌제조약/연방사법센터/시청자장애에 센터/하계청소년 프로그램 향해안전조약/마이너통제조약	상품거래소법/도로안전법/조례법안/범죄 통제법/위험이물운송제조약

출처: 「워싱턴포스트」, 2014.5.17. '위대한 사회(Great Society)' 선포 50주년 기념 특집기사.

인 재정이 투입되었다. 정책집행에 관한 본격적인 연구를 촉발시킨 계기도 바로 존슨의 '위대한 사회' 프로그램에 대한 평가에 기인한다. 재정적자는 위험수위를 향해 다가가고 있었다.

인종갈등의 심화와 민권운동의 전개

1955년 12월 1일, 앨라배마 주 몽고메리에서 백인 승객에게 자리를 양보하라는 버스 운전사의 지시를 거부한 흑인 여성 로자 파크스(Rosa Lee L. M. Parks)가 경찰에 체포되는 사건이 발생했다. 이 사건은 382일 동안 계속된 몽고메리 버스 보이콧으로 이어졌고, 이를 계기로 인종분리 저항운동이 전개되었다. 마틴 루서 킹(Martin Luther King Jr.) 목사의 운동 참여는 아프리카계 미국인의 인권과 권익을 개선하고자 하는 미국 민권운동의 시초가 되었다.

그 당시 미국 남부에서는 인종차별을 용인하는 '짐 크로 법(Jim Crow law)'에 의해 흑인과 백인은 거의 모든 일상생활에서 분리된 채 생활했다. 버스와 기차 등 대중교통 수단을 이용할 때에도 흑인과 백인의 자리가 분리되었다. 게다가 흑인 어린이에게는 스쿨버스가 아예 제공되지 않았다. 1956년 연방대법원은 흑백 버스 좌석 구분을 없애라는 판결을 내렸다. 하지만 여전히 사회적 차별이 사라지지는 않았다.

1963년 20만 명의 흑인이 워싱턴 기념탑까지 시위행진을 벌였다. 군중 앞에서 "나에겐 꿈이 있습니다(I have a dream)"라는 연설을 한 킹 목사는 흑인 인권운동의 상징이 되었다. 1960년대는 흑인 인권운동의 절정기였다. 이에 발맞춰 케네디 대통령은 고용 과정에서의 인종차별을 금지한다고 발표했다. 이 발표는 그간 억압과 차별을 받던 혹인에게 최초의 국가 배려로 인식되었다. 1964년 존슨 대통령은 공공장소, 고용, 선거에서 인종차별을 금지한다는 행정명령을 발동했다. 이런 조치에도 불구하고 인종차별 상황이 사라지지는 않았다.

1964년 뉴욕 할렘에서 비무장 상태의 15세 혹인 소년이 백인 경찰이 쏜 총에 맞아 숨지는 사건이 있었고, 이것을 계기로 대규모 시위가 발생했다. 1965년 로스앤젤레스 인근의 왓츠에서도 음주운전 혐의가 있는 혹인 청년을 체포하는 과정에서 경찰이 총을 쏴 인종폭동이 일어났다. 1968년 킹 목사의 암살 직후에도 뉴욕, 시카고, 워싱턴 D. C., 볼티모어 등 각지에서 대규모 인종폭동이 발생했다. 시민권 운동 시기에는 널리 알려진 킹 목사와 말콤 엑스(Malcolm X) 외에도 급진적이고 전투적인 학생운동 세력이 부상했다. 학생비폭력실천위원회(SNCC: Student Nonviolent Coordinating Committee)는 미국 전역에서 차별과 전쟁에 반대하는 시위에 가담하며 스토클리 카마이클(Stokely Carmichael)을 비롯한 급진적 혹인 지도자들을 배출해 냈다. 1966년 휴이 뉴턴(Huey P. Newton)과 보비 실(Bobby Seal)이 경찰 폭력에 대항하기 위해 결성한 흑표범당(Black Panther Party)은 스스로를 보호하기 위해 무장 혁명 활동을 전개했다. 인종갈등으로 인한 시위가 격화되면서 미국인들 사이에는 미국이 '정의로운 나라'인가에 대해 심각하게 회의를 하는 사람이 많아졌다.

케네디 대통령은 민권운동 지도자들의 지지로 대통령에 당선되었지만, 의회를 설득해 인종차별 철폐와 평등권을 보장하는 새로운 법률을 통과시킬 만한 정치력을 갖고 있지 못했다. 케네디 대통령이 암살당한 뒤, 1964년 의회는 시민권법을 통과시켰다. 이 법이 공공시설의 인종차별을 금지하고 인종차별 학교를 계속 유지하는 공동체에 대해서는 연방준비은행의 자금 지원을 보류하겠다는 규정을 두면서 흑인 유권자 수가 급격히 늘어났고, 공직 진출 흑인의 수도 이전보다 많아졌다.

1966년까지 민권운동은 일부 백인 동조자와 흑인 사회가 네트워크를 형성해서 전개되었지만, 이후 젊은 흑인들은 너무 느린 변화에 한계를 느꼈다. 따라서 비폭력에만 의존하는 항의방법에서 급진주의 민권운동으로 방향을 선회하게 되었다.

투쟁적인 방향 선회는 민권운동의 지도층을 분열시켰다. 일부 백인 동조자들도 민권운동에 등을 돌리게 되었다. 1965~1967년 몇몇 대도시의 흑인 거주지역에서 일어난 폭동은 더 많은 백인들이 민권운동에서 일탈하도록 했다. 킹 목사가 암살되고 여러 도시에서 흑인 폭동이 계속되었다. 이 과정에서 서로 다른 접근방식과 다양한 투쟁방법을 옹호하는 지도층의 분열로 민권운동은 완전히 붕괴되었다. 그 후 몇 년 동안 민권 지도자들은 공직에 출마해 직접적인 정치권력을 더 많이 얻으려고 애썼다. 고용과 대학입학에서 흑인이 받았던 차별대우를 보상하기 위한 적극적인 행동을 통해 좀 더 실질적인 경제적 이익과 교육 혜택을 받으려고 노력했다.

빈곤퇴치 요구의 확산

1930년대 대공황 시기의 뉴딜정책과 더불어 1960년대 존슨 대통령이 추진한 '위대한 사회' 건설을 위한 '빈곤과의 전쟁(war on poverty)'은 당시 미국 사회에서 자본주의의 모순 상황을 보여 주는 반증이다. 빈곤과의 전쟁은 민권운동과 함께 존슨 행정부가 지향했던 핵심적인 개혁운동이었다. 존슨 행정부는 4인 가족 기준으로 연소득이 3,000달러 이하면 빈곤으로 보았다. 이 기준에 따르면 미국 전체 가구에서 빈곤선 아래의 가정 비율이 1961년에는 무려 21%에 달했다. 케네디의 정책을 승계한 존슨 대통령은 뉴딜정책의 지휘를 맡았던 루스벨트 대통령을 정치적 우상으로 여겼다. 사회문제를 해결하는 데 적극성을 보인 존슨 대통령의 생각의 연원을 엿볼 수 있는 대목이다. 또한 소득의 재(再)배분방식을 외면하고 경제성장을 통한 빈곤문제 해결방안을 궁리하여 찾으려 노력했다. 그래서 빈곤퇴치에 대한 기본 시각은 '공공부조'의 방식이 아니라 '공평한 기회'의 제공에 초점을 두었다. 구걸이 아닌 '자립'을 슬로건으로 내걸고 개인주의적 자조를 강조했다. 당시 빈곤과의 전쟁을 지휘하던 경제기획국은 재정적 어려움에 봉착했다. 예산처가 요구예산을 대폭 삭감했기 때문이다. 빈곤과의 전쟁 첫해에 소요예산 추정치의 9%도 되지 않는 예산이 의회에서 통과되었다. 베트남전쟁에 참전했기 때문에 벌어진 일이었다. 경제기회법(Economic Opportunity Act)은 '빈곤과의 전쟁' 프로그램을 담고 있다. '총과 버터' 정책을 동시에 성공적으로 추진할 수 있다는 존슨 대통령의 자신감이 사실상 난관에 봉착한 셈이다.

실증주의 연구에 대한 비판인식의 확산

신행정이론의 등장을 배후에서 촉발시킨 요인들은 적지 않다. 스태그플레이션, 여성운동의 전개, 세대 간의 갈등과 반문화의 확산, 환경운동 등 이루 다 열거하기 어렵다.

앞에서는 신행정이론의 철학적 토대를 형성하는 데 깊이 관련된 사건을 중심으로 서술했다. 여기에서 살펴볼 것은 미국 행정학계에서 학문적 연구 정향과 관련하여 제기된 비판적인 평가다. 즉 실증주의 연구의 한계에 대한 성찰이다.

1960년대 이전의 행정이론은 행정학의 과학화를 위해 가치를 배제하고 사실에 주목해야 한다는 확고한 신념을 가지고 있었다. 이에 따라 행태주의의 논리와 계량적인 방법론을 강조하게 되었다. 그 결과 이론의 현실적합성에 대해 심각한 회의를 하게 되었다. 사실상 수단의 가치중립성을 강조하는 것은 오류다. 왜냐하면 수단의 능률성은 목표가 무엇이냐에 따라 달라지기 때문이다(오석홍, 2011: 80). 당시 미국 사회가 직면했던 여러 가지 사회문제에 대하여 행정이론이 어떤 해결책도 제시하지 못한다는 데 무력감을 느낀 학자들의 비판적 성찰이 강하게 표출되었다. 그것은 새로운 연구방법과 철학적 지향점을 찾는 것으로 이어졌다. 몰가치적인 연구방법으로부터 탈피하는 것과 동시에 효율성 중심의 행정에서 새로운 가치를 지향하는 행정이념의 재설정이 중요하다는 인식에 많은 학자들이 공감했다. 이들 학자의 주장을 일컬어 '신행정이론'이라고 부른다. 신행정이론은 1970년대에 내용과 형식을 충실히 다지면서 1980년대 미국 행정학 연구의 흐름을 주도했다.

2. 신행정이론의 주요 내용

신행정이론의 탄생 과정

신행정이론은 드와이트 왈도가 '소용돌이 시대(a time of turbulence)'라고 특징지은 1960년대 후반과 1970년대의 시대적 산물이다. 당시 미국 대학에서 행정학을 공부하는 학생들은 행정이 시대적인 중요한 이슈 및 문제와는 관련성이 없다고 생각했다. 1967년 '행정학을 위한 미국 정치학 사회과학 아카데미(The American Academy of Political and Social Science)' 회의에서 기존 행정학 연구와 이론을 비판한 내용을 보면 이를 확인할 수 있다(프레데릭슨, 1983: 21).

- 도시 인종분규, 빈곤, 베트남전쟁, 공무원의 윤리적 책임성 같은 시대적인 이슈를 회피하고 있다.
- 1960년대 이전에 개발된 생각, 개념, 이론에 집착한 나머지 새로운 개념이나 이론을 과감하게 제시하지 못했다.
- 사회변동과 조직 변화에 충분한 관심을 갖지 않았다.
- 전문기술과 조직능력을 지나치게 신뢰하고 관료적 방식에 대한 의구심을 제기하지 않았다.
- 성장의 한계, 조직의 쇠퇴와 축소에 대해서 충분히 관심을 갖지 않았다.
- 시민수요와 욕구에도 관심을 기울이지 않았다.
- 공직자들의 대응성 문제에도 관심을 기울이지 않았다.
- 정부와 행정이 무엇이나 다 할 수 있고 또 다 해야 한다는 지나친 낙관주의적 견해를 갖고 있다.

왈도는 이 회의의 참석자 대부분이 50~60대 인사라는 사실을 지적하면서 다음 세대의 학자와 행정가가 참석하지 않은 데 대해 의문을 제기했다. 그래서 그는 35세 이하만이 참석하는 별도의 회의를 개최했다. 1968년 9월 미국의 뉴욕 주 시러큐스 대학교의 미노브룩(Minnowbrook) 강당에 왈도 교수를 비롯하여 소장학자들이 모였다. 당시 왈도는 미국 행정학보의 편집위원장으로 시러큐스 대학교 맥스웰 행정대학원의 경비지원을 받아 이 회의를 주재했다. 회의에 참석한 학자들은 도시빈민문제, 인종분규와 연계되는 배분적 정의문제 등을 주제로 논의했다. 이때 논의한 내용을 정리하여 프랭크 마리니(Frank Marini)가 『신행정학의 지향: 미노브룩의 관점(*Toward a New Public Administration: The Minnowbrook Perspective*)』을 출간했다. 미노브룩 회의는 신행정이론의 탄생을 선언하는 계기가 되었다.

신행정이론은 정치학에서의 신정치학 운동의 대두와 맥락을 같이하는 부분이 있다. 신정치학 운동 역시 소장학자들이 주도한 운동이기 때문이다. 행정학에서는 왈도, 마리니, 프레데릭스 등의 소장학자들이 새로운 운동을 주도했다.

기존 이론이 행태주의(behavioralism)와 기술적인 내용에 치중한다는 점에 반발한 신행정이론은 규범적 측면을 강조하고 나섰다. 신행정이론이 전통적 행정이론과 구별되는 가장 큰 특징은 규범적 이론, 철학, 그리고 행동주의에 관심을 둔다는 점에 있다. 그럼에도 불구하고 이들의 논의를 '새로운 이론'이라고 말할 수 있는지에 관해서는 논의가 더 필요할지 모른다. 그러나 분명한 사실은 이들의 주장이 이전의 행정학 논의와 구별되고 다소 새롭다는 차원에서 '신행정'의 내용을 담고 있는 것만은 확실하다.

신행정이론의 논의와 주장

소장학자들이 미노브룩 회의에서 했던 논의와 주장을 간략하게 요약하면 다음과 같다.

(1) 기존의 행정철학에서 중시했던 능률성, 합리성, 효과성, 생산성을 재검토해야 한다고 요구했다. 이들은 기존의 행정이론과 철

학에 기반을 두고 있는 처방이 현실문제의 해결에 도움이 되지 않는다는 점을 강조했다. 당시 미국 사회가 겪고 있던 사회갈등 문제를 해결하는 데 능률성, 합리성, 효과성, 생산성, 과학성에 입각한 행정이론이 과연 도움이 되었는지에 대하여 심각한 회의를 품고 있었다.

(2) 복지사회 구현과 더불어 인간의 본질 회복을 중시하면서 평등성과 참여 그리고 자유라는 가치를 중시해야 한다는 점을 지적하고 있다.

(3) 사회과학연구에서 가치중립적인 실증적 방법론의 한계를 명확하게 인식하고 이를 거부함으로써 현실적합성을 지닌 연구 결과를 문제해결에 활용해야 한다는 점을 강조하고 있다.

(4) 객관성에 치중한 과학적인 모델 구성과 이론 형성에만 몰입하지 말고 인간의 문제를 해결하기 위하여 가치와 규범을 의식한 규범적 이론과 정책 대상 집단의 요구사항에 공감하고 이를 정책에 반영하기 위한 방법론으로서 현상학적인 연구방법을 과감하게 수용해야 한다는 점을 언급하고 있다.

(5) 행정에서 사회적 적실성과 사회적 형평은 정책의 반응 확보 및 정책 효과의 배분 과정에 매우 중요한 가치다. 누구의 이해를 반영한 정책인가의 문제는 사회적 적실성을 가늠한다. 그리고 정책의 효과가 누구에게 배분되는가의 문제는 사회적 형평성을 평가하는 기준이다. 이런 차원에서 소장학자들이 인식하는 문제의 근본적인 원인을 행정이 지향하는 이념에서 찾을 수 있다는 공감대가 형성되고 있었다. 사회적 형평은 존 롤스(John Rawls)의 『정의론(*A Theory of Justice*)』에 토대를 두고 있다. 롤스는 최초의 평등하고 자유로운 상태(태생적인 우연과 사회적 우

연이 아닌 상태)에서 합리적인 사람들이 선택하는 원리가 가장 순수한 정의라고 말한다. 여기에는 정의의 두 가지 원칙인 차등원칙이 작용한다. 첫째, 모두는 다른 사람의 자유와 상충되지 않은 범위 안에서 가장 광범한 자유를 누릴 동등한 권리를 가져야 한다. 둘째, 불평등은 두 조건이 충족될 때 공정하다. 즉 불평등으로 인해 생긴 소득은 최소 수혜자에게 유리하게 사용되어야 하고, 불평의 근원이 되는 직위와 직무는 모든 사람에게 균등하게 개방되어야 한다는 조건이다. 이러한 원칙하에서 정의로운 분배사회가 된다고 한다. 롤스의 정의관은 절차적 정의에 방점이 있다. 모든 사람이 합의하고 받아들인 절차를 통해 자원배분이 이루어지면 결과에 이의를 제기할 수 없다는 것을 강조하고 있다.

이상과 같이 신행정이론은 당대 미국 행정부의 비도덕성, 반인권성으로 국민의 불신의 대상이 된 원인을 탐색하는 과정에서 제기된 이론적 도전이다. 미국 행정연구에 있어서 계량화된 접근 결과에 대한 회의와 함께 새로운 정책결정을 위한 패러다임에 대한 국민의 요구에 부응해야 한다는 젊은 행정학자들의 용기 있는 주장이기도 하다. 주장의 요지는 전통에 대한 비판과 현실적합성 추구, 실증주의에 대한 비판, 가치문제의 중시, 사회적 형평의 추구, 고객 중심의 행정, 조직개혁에 관한 탈관료적 처방 등이다.

신행정이론의 관점

신행정이론은 행정의 목적과 존재 이유에 대한 내용 보완을 시도하고 있다. 종래의 전통적 관점에서 행정은 다음과 같은 물음에 답했다. 첫째, 가용자원 내에서 어떻게 더 나은 서비스를 제공할 수 있는가? 이것은 능률의 문제다. 둘째, 현재의 서비스 수준을 유지하면서 어떻게 비용지출을 줄일 수 있는가? 이것은 절약의 문제다. 결국 행정의 존재 이유는 더 나은, 더 능률적인, 더 경제적인 관리에 초점을 둔다는 것으로 요약된다.

신행정이론에서는 앞의 두 가지 이유 외에도 과연 정부의 서비스가 사회적 형평을 제고시키는지의 문제를 추가하고 있다.

어떤 서비스가 효율적으로 관리되고 경제적·능률적이라 하더라도 문제는 남는다. 즉 누구를 위한 효율적 관리인가? 누구를 위한 절약인가? 누구를 위한 능률인가? 행정에서는 전체 국민을 편의상 단일체로 가정했다. 사회경제적 상황의 차이에는 관심과 주의를 기울이지 않았다. 사회적 소수, 경제적 빈곤자, 정치적 약자와 기득권자에게 정부 서비스가 평등하게 제공된다는 가정은 비논리적이고 경험적으로 옳지 않다.

신행정이론 핵심 가치

신행정이론은 행정이 추구할 핵심 가치로 사회적 형평(social equity)을 꼽는다. 여기에서 형평의 의미를 명확히 할 필요가 있다. 『블랙법률사전(*Black's Law Dictionary*)』은 헨리 캠벨 블랙(Henry Campbell Black)에 의해 1891년 초판이 발간된 후 계속 개정판을 내는 미국의 유명한 법률 전문사전이다. 지금도 많은 대법원 판례에 인용될 만큼 권위를 인정받고 있다. 이 사전은 형평을 다음과 같이 정의하고 있다.

"형평은 인간 사이의 상호관계를 규율하는 사항에 관하여 공명정대의 정신 및 관습, 모든 사람이 우리에게 해 주기를 바라는 바처럼 행동하는 규칙, 또는 유스티니아누스 1세(Justinianus I)의 말처럼, 정직하게 살고 아무도 해치지 않으며 모든 사람에게 그 정당한 몫을 주는 것을 의미한다. 그러므로 형평은 자연권 또는 정의와 동의어다. 따라서 형평의 의무는 법적인 것이라기보다는 윤리적인 것이며, 그에 대한 인식은 도덕적인 영역에 속한다. 형평은 실정법상의 어떤 제재가 아니라 양심의 계율에 입각하고 있다."

한편 롤스는 『정의론』에서 정치체제와 경제사회적 질서가 중요한 사회제도인데, 이 제도가 기본적인 권리와 의무를 배분하고 사회적 협동의 결과로서 생기는 이익을 분배하는 방식이 정의의 문제와 연계된다고 지적했다(Rawls, 1971: 7). 정의는 타인이 공유하는 더 큰 선 때문에 소수인의 자유가 희생되는 것을 거부한다. 정의는 다수집단이 향유하는 더 큰 이익 때문에 소수집단에 강요되는 희생을 용납하지 않는다. 정의에 의해 확보된 권리는 정치적 협상이나 사회적 이해관계의 계산 대상에서 제외된다(Rawls, 1971: 3~4).

데이비드 하트(David K. Hart)는 사회적 형평에 대한 롤스의 접근방법을 다음과 같이 요약한다(Hart, 1974: 8~10).

첫째, 정의론은 사회적 형평을 윤리적 내용으로 제시하고자 했다. 정의론을 받아들임으로써 공평한 관료라면 사회적 형평을 추진할 수 있는 분명하고 잘 발달된 윤리지침을 제공받을 수 있다. 둘째, 정의론은 관료가 정책 수혜를 받지 못하는 사람들을 위해 노력해야 할 책임과 의무를 갖는다는 윤리적 합의의 토대를 제공할 수 있다. 셋째, 정의론에 의하면 어떤 조직체도 개인의 기본적 자유를 침해할 수 없기 때문에 모든 행정조직에 제약을 가한다. 넷째, 정의론은 윤리적 난제를 해결하는 방법을 제시한다. 다섯째, 정의론은 사회적 형평을 추구해야 하는 행정에 직업윤리를 제시한다.

미국에서 1940년 제정된 램스펙 법(Ramspeck Act)은 미 연방공무원을 채용함에 있어서 응시자에 대해 인종·종교·신분 등의 차별을 금지하는 내용을 담고 있다. 이 법에 따라 미국의 여러 주에서도 공무원이 되는 데 사회적 차별을 법으로 금지하고 있다. 우리나라에서도 1987년 제정된 '남녀고용평등법'에서 고용상의 성별 차별을 금지하고 있다.

행정 서비스가 사회적 형평을 구현하도록 만든 자극이 사법부의 판례를 통해 제시되었다. 이를 계기로 서비스 제공에 대한 다양한 기준들이 논의되었다.

모든 사람에게 평등한 서비스를 제공해야 한다는 기준, 모든 사람에게 비례적으로 평등한 서비스를 제공해야 한다는 기준, 모든 사람에게 개인들의 현실적인 차이에 상응하는 차등을 둔 서비스가 제공되어야 한다는 기준 등이 제시되었다. 그러나 사회적 형평의 정의에 따르면 수요라는 기준을 가지고 서비스를 배분해야 옳다. 더 나아가 기본적인 최저 생활수준을 보장하는 차원에서 서비스 제공이 이루어져야 한다. 수직적 형평(vertical equity)와 수평적 형평(horizontal equity) 측면에서의 기준도 생각해 볼 수 있다. 수직적 형평은 이질적인 시민들에게 서비스를 배분하는 기준이다. 성, 연령, 지리적 위치, 소득 등에서 서로 다른 집단 간에 서비스를 배분하는 근거와 기준을 만들기 위해 노력해야 한다. 수평적 형평은 동등한 사람에게는 동등한 대우를 해야 한다는 원리를 추구한다. 전국적으로 의무교육 대상 학생에게 지출되는 연간 교육비는 거의 같아야 한다는 것이다. 지역별로 차등을 둔 지출이 되어서는 안 된다는 의미다.

사회적 형평은 가치, 조직설계, 관리 스타일의 선호체계를 세우는 것과 관련이 있다. 그리고 평등한 서비스 혜택을 강조한다. 사회적 형평은 정책결정과 집행에서 관료의 책임성을 중시한다. 이를 위해 공공관리의 변화를 요구한다. 즉 관료조직의 요구에 앞서 시민의 요구에 대한 대응성이 민감해야 함을 역설한다. 이를 위해 행정은 문제해결 능력이 있어야 한다. 이러한 행정을 위해서는 학자들이 학제 간 연구활동을 강화하고 응용적·문제해결적 이론 형성에 관심을 기울여야 한다.

사회적 형평을 위한 과제

사회적 형평은 행정이 정책결정과 밀접한 관련이 있다는 사실을 환기시킨다. 관료가 정책결정과 집행을 함께 수행하는 현실에서 정치행정 이원론은 경험적 근거를 상실한다. 신행정이론에서는 관료가 가치중립적이지 않다는 사실을 전제한다. 그래서 능률적 관리와 더불어 사회적 형평을 같이 추구해야 할 가치로 설정해야 함을 역설한다.

사회적 형평의 가치추구는 관료제의 변동을 꾀하는 구체적인 행동을 요구한다. 분권화, 위임, 종결, 계약, 평가, 조직발전, 책임성 확대, 고객참여가 핵심 키워드다. 계획예산제도, 정책분석, 생산성 측정, 영기준예산, 조직개편 등의 조직도구가 사회적 형평을 향해 가는 변화의 모습이라는 것이다.

고전적 행정이론은 사회문제를 다루기 위해 만든 제도를 강화시키는 것을 강조한다. 행정의 초점이 '문제'에서 '제도'로 옮겨진 것이다. 이에 반해 신행정이론은 '문제'로 다시 관심의 초점을 옮긴다. 문제해결을 위해 다른 가능한 제도가 없는지 고려한다. 즉 기존의 제도가 문제해결 능력을 발휘하지 못한다면 거기에 인력과 예산을 투여할 필요가 있을지 의문을 품게 된다. 기관형성보다는 문제해결 대안을 설계하는 데 더 많은 관심을 둔다. 사회문제를 해결하기 위해 설계된 관료제가 공공문제를 야기하는 자기방어적이고 무책임하다는 평가를 받는 데서 벗어나자는 것이다.

신행정이론을 주창하는 학자들은 사이먼의 논리실증주의와 경험에 기초한 이론을 추구하기보다는 후기 행태주의를 지향하면서 행정의 공공성을 더 강조한다. 물론 조직에서 임무수행 방법과 이유를 가능한 과학적으로 이해하려는 노력이 중요함을 부인하지는 않는다. 그러나 고객에 대한 조직의 영향, 조직에 대한 고객의 영향에 더 많은 관심을 기울인다. 정책대안과 행동양식을 분석하고 실험하고 평가하는 보조수단으로 과학적 방법을 사용하려고 한다. 정책을 서술하는 것보다는 처방하는 데 더 관심을 둔다. 제도지향적이기보다는 고객지향적이고, 가치중립적이기보다는 규범적인 것에 더 많은 관심을 갖고 있다. 바람직한 것이 반드시 덜 과학적이라고 볼 수 없다는 것이 신행정이론을 주창하는 사람들의 입장이다.

또한 사회적 형평과 정책대응 능력을 높이기 위해 신행정이론가들의 약속에는 참여가 있다. 조직 내부의 참여와 더불어 정책 과정에 시민참여를 강조한다.

특히 일선관료의 입장에서는 정책 과정에서 시민참여, 주민통제, 분권화, 민주적 근무환경에 크게 동의한다.

3. 신행정이론에 대한 평가

신행정이론은 1960년대와 1970년대 미국의 문제들이 가치와 윤리의 문제라는 점을 분명히 정의했다는 점에서 긍정적인 평가를 얻고 있다. 미국이 겪었던 문제를 자본주의 체제의 문제로 인식했다면 해결책을 찾기란 어려웠을지 모른다. 한편 이를 정치권력의 문제로 보거나, 아니면 제도의 문제로 인식했기에 문제해결을 위한 처방을 탐색하는 것이 가능했다. 소장학자들이 모여 논의한 내용이 여전히 정부운영을 보좌하는 행정학의 보수학문적 성격이라는 논의구조 틀 안에서 미국의 문제를 바라봤다는 점에 대해 비판이 가해진다. 결과론적으로 신행정이론의 시각에 따라 내려진 처방과 전략에 의해 오늘의 미국 상황이 당시보다 얼마나 개선되었는지를 보면 비판의 정당성을 확인할 수 있을 것이다.

미시적으로 보면 신행정이론의 관점에서 빈곤문제, 자원배분, 기회평등의 문제해결을 위해 형평의 윤리가치를 적용하려고 시도했던 점은 긍정적 평가를 받을 만하다. 특히 빈곤문제에 대한 접근에서 '자조' 철학에 근거한 공평한 기회 제공에 초점을 둔 저소득층에 관한 지원정책 프로그램의 집행은 오늘날 무한복지정책을 추진했던 국가들의 재정 파탄의 사례를 통해 정책 실패를 예방했다는 점에서 높이 평가할 만하다.

일부의 논의에서는 신행정이론에 대하여 ① 정체성의 박약, ② 고전적인 신념의 재확인, ③ 급진 좌파 편향적, ④ 전통이론의 효용성 경시, ⑤ 이상적인 개혁처방 등에 대해 비판하고 있다. 이러한 비판에는 일부 타당한 것도 있지만 그렇지 않은 것도 있다.

문제는 미국의 소장학자들처럼 우리의 행정학자들이 사회문제를 대하는 행정관료의 태도와 철학, 정책과 행정 이념에 대하여 제대로 평가하고 학자적 양심과 소신에 따른 비판을 하고 있는가라는 점이다. 신행정이론의 논리적 기저에 면면히 흐르는 강조점은 '이론보다 실천'이라는 사실이다. 따라서 신행정이론의 세부 내용보다는 신행정이론을 주장하는 학자들의 인식 밑바탕에 자리하고 있는 실천의 용기에 주목할 필요가 있다.

4. 신행정이론의 적용 가능성

미국 역사상 가장 최악의 흑인 폭동이 바로 1992년 4월 29일 LA에서 일어났다. 4. 29 폭동은 흑인을 몽둥이로 때린 세 명의 백인 경찰이 법정에서 무죄판결을 받은 데 분개한 흑인들이 들고일어난 것이었다. 폭동은 LA 남쪽 왓슨이라는 흑인 동네에서 시작되어 백인 동네인 북쪽을 향해 올라가기 시작하면서 닥치는 대로 파괴해 최악의 기록을 남겼다. 이들이 북상하는 길목에 교묘하게도 한인 타운이 위치해 있어 데모 행렬이 한인 타운을 뚫고 백인 타운으로 몰려가려고 했다. 하지만 한인들의 조직적이고 완강한 저항에 부딪혀 결국 백인 동네까지 도달하지 못하고 한인 타운에서 좌절되고 말았다. 1만 명의 주 방위군이 투입되어 폭동은 완전히 진압되었지만, 이 과정에서 58명이 사망하고 2,100명이 구속되었으며, 여기저기 방화와 약탈이 수없이 자행되었다. 마지막 결전을 벌였던 한인 타운의 경제적인 손실도 무척 컸다.

2009년 1월, 미국 건국 232년 만에 첫 흑인 대통령으로 버락 오바마(Barack H. Obama)가 취임했다. 그의 재임 중 흑백갈등에 관한 인식조사 결과는 인종갈등의 폭과 깊이가 더 커지고 깊어졌다고 평가하는 것으로 나타났다. 단적으로 2014년 8월에 있었던 백인 경찰관에 의한 흑인 총격 살해 사건인 '미주리 주 퍼거슨 사태'에서 보듯이, 미국의 인종갈등은 여전히 사회갈등의 원천으로 자리 잡고 있다. 미국의 빈부격차문제도 더욱 심각해지고 있다. 2011년 '월가를 점령하라(Occupy Wall Street)'는 구호를 외쳤던 시위대는 경제적 양극화를 극명하게 대변한 사건이다. 재정적자문제도 간단치 않다. 2015년 1월에 발표한 미국 의회예산국(CBO)의 보고서는 미국의 2015년 회계연도 재정적자가 4,680억 달러(약 506조 8,908억 원)에 달한다고 언급하고 있다.

오바마 행정부가 집권한 이후 가장 낮은 수준의 적자를 보일 것으로 예상했지만, 실제로 오바마가 집권한 첫 4년 동안 매해 1조 달러 이상의 적자를 기록했다. 글로벌 금융위기에 대응하기 위해 막대한 재정을 투입했기 때문이다. 이에 대한 대책으로 연방정부의 예산 자동 삭감(sequester) 등을 도입한 결과 2013년 재정적자 규모는 6,802억 달러, 2014년 회계연도에는 4,830억 달러로 각각 줄었다. 그러나 의회예산국은 베이비붐 세대(1946~1965년 출생자)의 은퇴가 본격화되면 재정적자는 크게 늘어날 것이라고 전망했다. 금리가 상승하고 복지지출이 늘어나기 때문이다. 이에 따라 재정적자가 2025년에는 미국 총생산(GDP)의 4.0%(1조 1,000억 달러)에 달할 것이라는 전망도 덧붙여졌다. 이라크 참전에 따른 반전시위도 베트남전쟁 반대시위와 패턴이 닮은꼴이다. 그리고 미국의 인권 상황에 대한 객관적 평가 점수도 생각만큼 후하지 않다. 이처럼 여러 상황에 대하여 최근에는 행정과 정책의 대응성과 효과성, 그리고 책임성을 따지는 논의는 그렇게 많지 않은 것이 미국 행정학계의 상황이다.

바로 이러한 점이 미국에서는 앞으로도 여전히 신행정이론의 이념적 · 철학적 지향성이 유효할 것이라는 평가를 할 수밖에 없는 이유다. 미국 사회와 유사한 환경적 도전을 맞고 있는 국가에서도 신행정이론의 적실성이 인정될 것이다. 특히 행정고객에 대한 행정관료의 태도 변화를 촉구한다는 점에서 앞으로도 적용 가능성이 높다고 하겠다. 정부 재창조 운동의 전개, 약자에 대한 배려와 복지정책의 강화, 인권 수준의 고양을 위한 과제를 푸는 데 신행정이론이 기여할 여지가 많을 것이라는 기대를 해도 좋다.

Chapter
08

신공공관리이론

1. 신공공관리이론의 전개와 등장 배경

"신공공관리는 덜 집권화된 공공영역에서 성과지향적 문화를 촉진하는 것을 목표로 하는 공공관리의 새로운 패러다임이다"(OECD, 2010). 이것은 신공공관리를 여러 나라에 확산시키는 데 앞장선 경제협력개발기구(OECD)가 내린 정의다. 새로운 패러다임의 특징은 서비스의 효율성 중시, 분권적인 관리환경의 형성, 정부의 직접 서비스 제공방식의 재검토, 민간부문과의 경쟁적 환경의 설정, 국가발전을 위한 전략적 능력의 강화, 그리고 최소 비용으로 유연하게 외부환경의 변화에 대한 대응력 제고 등으로 요약된다.

신공공관리는 정부개혁을 위한 몇 가지 갈래를 통칭하는 말이다. 첫 번째는 1980년대 뉴질랜드를 비롯한 몇 나라에서 진행된 정부개혁의 방향과 내용을 가리켜 '신공공관리'라고 지칭한다. 다시 말해서 이들 국가에서 추진한 정부개혁이 종래의 정부운영을 둘러싼 관리방식과 다른 새로운 것이기 때문이다. 두 번째는 미국 클린턴 정부의 정부개혁을 이론적으로 뒷받침했던 오즈번과 개블러(Osborne and Gaebler)의 『정부재창조』와 경제개발협력기구 등 국제기구의 공공관리를 위한 지침 등을 통해 학자들이 본격적으로 논의했던 내용을 가리키기도 한다. 이 부류의 논의의 핵심은 '기업가형 정부'에 있다. 세 번째는 1990년대에 들어와 학자들 사이에서 본격적으로 신공공관리를 연구하기 시작했던 행정학 내의 분과적인 학술 흐름을 일컫는다 (Barzelay, 2001: 158~161). 학자들은 첫 번째와 두 번째 갈래를 종합하여 사후적 이론체계를 구축하려는 데 관심을 집중했다. 따라서 신공공관리이론은 정부개혁의 실제적 처방이 제시되고 난 후 이론적으로 뒷받침하기 위해 등장한 것이라고 할 수도 있다.

신공공관리이론의 등장 배경에는 여러 가지 상황적 요인이 자리잡고 있다.

첫째, 전통적 관료체제의 비효율성이다. 일부에서는 전통적 관료체제를 조롱하면서 '관료 모형'이라고 부른다. 신공공관리이론을 내세우는 사람들은 산업화를 통한 국가발전을 주도하는 과정에서 전통적 관료체제가 지나치게 비대해지고 비효율적이 되었다고 말한다. 이런 지적은 1970년대 말 경제위기와 국가 간의 경쟁이 격화된 상황을 반영한 것이다. 성장둔화, 납세인구의 감소, 조세저항, 인플레이션, 스태크플레이션, 무역역조 등의 경제 상황이 악화되었던 1970년대 말에 이르러 공공부문의 위기를 실감하고, 그것의 원인이 바로 관료 모형에 기인하는 것이라고 진단했다. 관료가 창의와 혁신을 도입할 수 있도록 관료적인 규칙을 개선하여 성과목표를 책임지고 관리하도록 해야 한다는 처방을 제시하게 되었다.

공공부문의 위기는 영국, 오스트레일리아, 뉴질랜드, 미국 등에서 추진했던 경찰, 산업지원, 교육, 주택, 보건, 환경 및 복지 프로그램과 국영기업 운영에 투입된 비용 대비 효과에 대한 시민들의 불만에서 비롯되었다. 이런 맥락에서 정부가 무엇을 해야 하느냐를 결정하는 것도 중요하지만, 무엇을 어떻게 해야 하느냐의 문제는 더 중요하다는 것을 인식하게 되었다. 왜냐하면 국민의 높아진 욕구수준은 고품질 정부 서비스를 싸고 효율적으로 공급받기를 기대했기 때문이다. 이에 대한 정부의 대응이 무능하다는 것에 고조된 시민 불만의 상황이 공공부문 위기의 실체다. 전통적 관료체제는 경직성, 독점성, 높은 거래비용과 낭비, 공급자 중심의 관리를 특징으로 하기 때문에 시민의 불만은 당연한 것으로 간주되었다.

둘째, 새로운 정치이념의 등장이다. 1970년대를 거치며 신자유주의(신우파) 이념이 등장하면서 정부의 역할 축소, 행정에 대한 정치통제의 강화, 소비자의 발언권 강화 현상이 나타났다. 정부운영에 시장원리를 도입해야 한다는 주장이 강력하게 제기되었다. 즉 경쟁요소와 원가 개념을 정부운영과 정책 과정에 반영해야 한다는 것이다. 민영화와 규제완화, 공공 영역의 축소 등의 처방이 제시되었다. 신자유주의는 새로운 경제환경에서 국가와 시장 간 힘의 균형상태를 상정하고 있다.

셋째, 경제이론의 뒷받침이다. 신공공관리이론의 등장은 공공선택론, 대리인이론, 거래비용이론 등 신제도주의 경제이론이 지원했기 때문에 가능했다. 이른바 이론적 자원이 지원되면서 이들 이론의 원리와 처방이 신공공관리이론의 주요 내용을 구성하고 있다. 생산비용의 민감성 제고, 소비자 요구와 선택의 존중, 경쟁 확대, 계약관계의 활용 확대 등을 그 예로 들 수 있다.

2. 신공공관리이론의 정치경제학

미시적인 차원에서는 신공공관리가 정부개혁의 처방적 모델로 이해된다. 그러나 거시적인 차원에서 보면 신공공관리는 신자유주의라는 국제적 맥락과 닿아 있다. 다시 신자유주의는 제2차 세계대전 이후 국제경제 질서의 확립 및 해체 과정과 밀접하게 연결되어 있다. 존 러기(John G. Ruggie)는 이 점에 대해 잘 설명하고 있다. 그는 제2차 세계대전 이후 소위 전후 체제가 국내적으로는 케인스주의적 경제정책을 통해 정부의 시장개입 강화에, 국제적으로는 다자주의에 따른 자유무역체제의 유지에 깊게 뿌리를 박고 있다고 지적한다(Ruggie, 1982). 러기는 이를 가리켜 '박힌 자유주의(embedded liberalism)'라고 부른다.

정부의 시장개입이 서유럽 국가에서는 정부 주도의 성장정책과 함께 복지 프로그램의 확대로 이어졌다. 우리나라는 중앙집권적 국가계획에 따라 산업화를 추진하면서 국가가 시장을 장악했다. 우리가 최근에 겪는 부의 양극화, 재벌의 독점적 경제행위, 민간 영역의 취약성 등은 국가개입이 낳은 부작용이다. 최근에는 중국을 가리켜 '세계의 공장'이라고 하지만, 예전에는 미국이 그 역할을 했었다. 게다가 미국은 여전히 '세계의 은행'의 기능을 수행하고 있다. 1970년대 경제불황은 미국에도 위기였다. 소위 '박힌 자유주의' 체제가 변할 상황이 도래한 것이다. 즉 다국적기업과 국제금융시장의 힘이 커지고 그 대신에 복지국가의 토대가 위태로워진 것이다. 신자유주의 이데올로기는 이런 상황에서 등장했다.

신자유주의 이념의 등장과 국제정치경제학의 맥락과 연결지어 보면 신공공관리이론은 단지 비능률적인 정부개혁, 정부 재창조만을 일컫는 것이 아님을 알 수 있다. 신공공관리이론은 국가의 물리적 경계를 자유롭게 넘나들면서 상품과 서비스, 자본이 자유롭게 이동할 수 있도록 규제의 장벽을 허무는 것을 요구한다. 이것은 결국 국제자본의 이해관계를 반영한 측면이 강하다. 국제통화기금(IMF), 세계은행 등이 구제금융을 제공하기 위한 선제조건으로 내세우는 공공부문의 개혁도 신자유주의에 따른 국제자본의 이해에 부합하도록 한 것이다. 신공공관리이론의 배후에는 이러한 국제정치경제학이 자리 잡고 있다.

한때 정부개혁의 성공 모델로 추앙받던 뉴질랜드는 경제성장률의 저하, 실업률의 증가, 빈부격차의 심화로 국민들의 불만이 커지면서 지난 2009년 이후부터 6대 경제정책 방향을 설정하여 추진하고 있다. 즉 ① 조세제도 정비, ② 공공 서비스 수준 향상, ③ 교육 및 기술력 강화, ④ 비즈니스 혁신 및 통상 지원, ⑤ 관료주의 철폐와 규제 개선, ⑥ 인프라에 대한 투자다. 이러한 사례는 신공공관리가 국내 차원의 정부개혁을 위한 처방으로만 볼 수 없음을 알려 준다. 다시 말해서 신공공관리는 다국적기업과 국제금융자본가의 이해를 관철시키는 국제적 측면을 동시에 지니고 있다. 신공공관리이론을 제대로 이해하기 위해서는 신자유주의와 국제정책 경제질서의 변화를 연결하여 좀 더 거시적인 차원에서 바라봐야 한다. 직업분화 과정에서 관리직의 역할과 책임이 중시되었다거나, 정보기술 및 정보체계의 발달로 성과관리기술이 예전에 비해 훨씬 쉬워졌다는 등의 지적은 신공공관리이론의 등장을 설명하는 데 지엽적인 것이다.

3. 신공공관리이론의 내용과 특성

이론의 주요 내용

국내적·국제적 맥락을 배경으로 등장한 신공공관리의 정부개혁이 실천되면서 일정한 양상을 보였던 것이 사실이다. 이런 공통적인 양상을 이론적으로 뒷받침하기 위해 등장한 것이 신공공관리이론이다. 일부에서는 신공공관리이론으로 명명할 만큼 이론체계를 가지고 있는가에 대해 회의적으로 평가하는 사람들도 있지만, 기존 행정관리이론에 대한 대안을 제시한다는 점에서 이론적 성격을 무시하기는 어렵다. 피터스(B. Guy Peters)는 관료적 모형에 대비되어 새롭게 나온 네 가지 모형으로 시장정부 모형, 참여적 정부 모형, 신축적 정부 모형, 탈규제적 정부 모형을 제시했다(Peters, 1996). 신공공관리이론의 내용 중에서 하나를 이루는 '정부 재창조를 위한 기업가형 정부'는 시장정부 모형에 가깝다.

기업가형 정부론에서는 정부의 새로운 역할 수행방식을 강조하고 있다. 촉진적 정부를 지향하면서 노젓기보다는 방향을 잡기에 주력하고, 지역사회 주도 정부에서는 지역사회에 서비스 제공보다는 권한 부여를, 경쟁적 정부를 지향하면서 공공독점에서 벗어나 경쟁도입을, 목표지향적 정부를 추구하면서 규칙 중심에서 목표 중심을, 성과지향적 정부를 위해 투입보다 산출과 성과 중심을, 고객지향적 정부를 목표로 힘과 공급자 중심에서 고객만족과 선택권의 부여를, 기업 경영방식의 정부운영을 위해서는 예산지출보다는 수익창출과 인센티브 부여를, 사전예방적 정부가 되기 위해서 사후적 처방이 아닌 사전적 예방에 주력해야 한다는 것이다(Osborne and Gaebler, 1992). 개블러는 캘리포니아 주 비살리아(Visalia) 시장, 오하이오 주 반달리아(Vandalia) 시장을 역임하면서 경험했던 것을 이 책에서 풀어내고 있다. 이 책을 가리켜 클린턴 대통령은 미국의 행정관료들이 반드시 읽어야 할 정부개혁의 청사진(blueprint)이라고 했다.

한편, 대니얼 윌리엄스(Daniel W. Williams)는 정부 재창조라는 것이 서로 마찰을 빚는 모순적인 내용이 들어 있는 격언에 불과하다고 혹평했다(Williams, 2000). 또한 페리 아널드(Peri E. Arnold)는 국민들로 하여금 정부혐오증을 불러일으켜 지지를 얻으려는 속임수라고 지적하면서, 정부의 정통성을 훼손하는 것이라고도 했다(Arnold, 1995).

정부 재창조를 위한 기업가형 정부론 외에도 신공공관리이론의 주요 내용을 정리하면 다음과 같다.

첫째, 시민 위주의 공공 서비스 개선을 주장한다. 정부 서비스의 품질향상, 저비용과 편리성, 시민 개인별 요구에 대한 부응, 정부 서비스 고객으로서의 시민참여와 서비스 선택의 범위를 확대하는 것을 요구하고 있다.

둘째, 관리자의 책임과 권한 강화, 공직기강 확립, 절약, 자원배분의 투명성 제고, 거래비용의 최소화, 정보기술 활용의 촉진, 새로운 관리기술 도입, 정부조직구조의 개혁을 주장하고 있다. 이것은 관리의 강화라는 말로 요약할 수 있다.

셋째, 정부감축과 민간화다. 정부가 반드시 수행할 기능으로 정부의 역할을 축소하고, 기존 정부의 지출을 감축해야 한다는 것이다. 나머지는 정부기능(특히 집행)을 민간화하고 정책에 대한 정부 독점체제를 완화하는 방향을 제시하고 있다. 이를 위해 정부와 기업 등 민간부문과의 파트너십 강화를 제안한다.

넷째, 시장기제의 도입이다. 시장 메커니즘을 작동시키는 핵심 요소인 경쟁과 원가 개념을 정부운영에 도입하라는 것이다. 성과기준에 의한 계약제의 확대는 필수적으로 수반되는 내용이다.

다섯째, 산출과 성과를 강조해야 한다. 정부관료들은 자신이 수행하는 업무에서 산출목표, 성과기준과 지표의 명료화, 기업방식의 성과측정, 성과측정 결과와 정부조직의 전략 및 관리와 연계하는 것을 강화하고 성과예산제도와 성과급제도를 수용할 것을 촉구하고 있다.

여섯째, 정부구조의 개혁이다. 업무 분할과 권한이양의 원리에 따른 정부조직의 수평적·수직적 전문화를 촉진하는 것이다. 기능과 책임관할의 분할, 상충적인 임무를 하나의 기관에 맡기지 말라는 것이다. 즉 수평적 전문화를 꾀하라는 뜻이다. 아울러 수직적 전문화를 추구하라는 주문을 하고 있다. 이것은 상하계층 간의 권한이양, 중앙-지방, 조직 내 계층 간 권한과 책임의 위임 확대, 계층수의 감축을 단행하는 것과 관련이 있다.

일곱째, 자율성과 성과통제를 강화한다. 중앙조직이 갖고 있던 의사결정권을 집행현장과 가까운 하부기관으로 위임하여 고객의 대응력을 높이라는 것이다. 자율성을 높이는 대신 성과에 대한 책임확보를 강화하고 업무 실적에 대한 평가와 통제에서 투명성을 높이는 방안을 강구하도록 하고 있다.

이론의 특성

공공관리이론 체계에서 볼 수 있는 특성과 관련하여 이론에서 전제하는 인간관, 시장과 정부를 보는 시각, 관료조직과의 차별성을 중심으로 살펴보기로 한다.

인간관

관료적 모형을 비판하면서 등장한 신공공관리이론의 인간관은 소비자, 이기적 개인, 그리고 기업가로 요약된다. 관료적 모형에서 관료는 합법성을 따르면서 전문지식을 통해 업무를 수행하는 자들이다. 관료는 정치인에게 책임을 지고, 그 정치인은 국민에게 책임을 지는 관계구조를 이룬다. 관료적 모형은 모든 국민의 욕구를 충족시키지 못할 뿐만 아니라 공공 서비스의 소비자로 인식하는 데까지 이르지 못한다는 한계를 지니고 있다. 신공공관리이론에서는 국민을 행정 서비스의 고객으로 이해한다.

관료적 모형에서 관료들이 국민의 요구에 적절히 대응하지 못하는 것은 그들이 창의력을 발휘할 수 없도록 하는 낡은 체제에 갇혀 있기 때문이다. 낡은 시스템에 붙들린 상태에서 벗어나도록 하는 방안이 신공공관리이론에서 내리는 처방의 내용이다. 신공공관리이론에서는 인간을 이기적인 존재로 상정한다. 성과와 결과에 대한 보상체계를 강화해야 한다는 주장은 이러한 인간관에 기인하고 있다. 이기적인 관료가 다양한 욕구를 제시하는 소비자, 즉 행정고객에게 보다 나은 서비스를 제공할 수 있게 하는 방법은 이들로 하여금 기업가적 정신에 따라 행동하도록 하는 것이다. 기업가는 새로운 방법으로 끊임없이 생산성과 효과성을 최대화하는 사람이다(Osborne and Gaebler, 1992: xix).

혁신의 기회를 포착하여 이를 이윤극대화로 연결하는 데 관심을 집중하는 사람을 가리켜 '기업가'라고 부른다. 인간의 특성을 소비자, 이기적 개인, 기업가로 보는 신공공관리이론의 전제는 관료가 하는 일이 '무엇'인가에 관심을 두지 않는다. 오히려 '어떻게' 일하는가에 주목한다. 좀 더 좋은 서비스, 좀 더 효율적인 서비스의 생산, 좀 더 대응적인 서비스의 전달문제 등이 신공공관리이론이 주목하는 주제다.

시장 및 정부관

신공공관리이론은 시장의 능력과 가치를 중요하게 간주한다. 즉 시장을 가치배분의 장으로서 가장 신뢰할 만한 것으로 이해한다. 시장의 가격 장치는 정부에 비할 바 없이 가장 탁월한 사회적 자원의 배분 메커니즘이라고 판단한다. "필요불급한 정부활동을 인정할 수 없는 정부간섭은 민주주의를 해친다"고 지적한 밀턴 프리드먼의 관점을 바탕에 깔고 있다고 할 수 있다. 시장은 개인의 자유로운 이익 추구를 위한 공정한 게임 규칙을 제공한다고 믿는다. 그리고 시장은 개인으로 하여금 창의력과 혁신을 추구하도록 한다는 것이다. 그렇지 않으면 시장에서 도태되기 때문이다. 창의력과 혁신은 경쟁이라는 시장철학의 실천을 통해 가능하다. 이런 관점에서 신공공관리이론은 정부의 역할에 과감한 축소를 단행할 것을 요구한다. 정부는 최소한의 역할을 해야 한다고 보기 때문이다. 불필요한 정부활동이 개인의 선택활동을 제약한다고 간주하는 점에서 정부기능의 재조정이라는 과제를 던지고 있기도 하다. 한마디로 신공공관리이론은 시장을 최선의 자원배분 메커니즘으로, 정부를 불필요한 간섭과 통제를 자행하는 다소 부정적인 실체로 간주하고 있는 것이다.

전통적인 관점에 따르면 정부는 공익을 결정하고 이를 실천하는 주체로 간주했다. 국가의 강력한 힘을 바탕으로 자원배분과 규제를 행사하는 홉스의 사회계약론에 사상적 뿌리를 두고 있다(윤은기, 2008: 45). 그러나 신공공관리이론에서 정부는 궁극적인 선을 알 수 없기 때문에 공익은 정부가 결정할 수 있는 것이 아니라고 본다. 공익은 이기적인 개인의 이익의 총화 그 자체라고 보기 때문이다. 그래서 신공공관리이론에서는 시장이 흩어진 개인의 이익을 결집하는 역할을 맡기를 기대하는 입장을 강력하게 드러낸다고 할 수 있다. 신공공관리이론은 시장의 기능과 역할을 강조하는 한편, 개인의 자율성과 책임성을 전제로 한다는 점에서 로크의 사회계약론에 사상적 뿌리를 내리고 있다고 할 것이다(윤은기, 2008: 46).

관료조직과의 차별성

신공공관리이론은 종래 베버의 관료적 모형과는 다른 조직적인 특성을 갖고 있다는 점을 강조한다(표 참조). 베버의 관료적 모형은 정책문제에 대한 대응에서 가장 중요시하는 것이 기획(planning)을 통한 계획(plan)을 수립하는 것이라면, 신공공관리론적 조직 모형에서는 정책문제의 정의를 객관적으로 하는 것을 강조한다. 조직 내에서 구성원의 관계구조도 베버의 관료적 모형에서는 계서적 권위에 의한 명령과 복종의 관계를, 신공공관리론에서는 조직 내 구성원의 이해관계에 따른 교환관계구조를 강조한다. 업무처리 과정에서 준거가 되는 것이 무엇인가에 대하여 관료적 모형에서는 법규를, 신공공관리론적 조직 모형에서는 성과목표를 제시하고 있다.

바람직한 조직의 특성과 가치는 각각 예측성과 적응성을 언급하고, 중시하는 행정 이념으로는 관료적 모형에서는 책임성과 합법성을, 신공공관리론적 조직 모형에서는 효과성을 각각 들고 있다. 조직

관료적 모형과 신공공관리론적 조직 모형의 비교

특성	베버의 관료조직	신공공관리론적 조직
정책문제에 대한 대응	기획	문제에 대한 객관적 평가
조직구성원의 관계	계서적 권위에 의한 명령복종 관계	이해관계에 따른 교환관계
업무처리 기준	법률과 규정	성과목표
바람직한 특성과 가치	예측성	융통성 및 적응성
중시하는 이념	책임성, 합법성	효과성
행정조직의 물적 토대	세금	수수료(사용료)
조직의 존재 이유	일반이익을 추구	독자적 이해관계

출처: 임도빈(2000: 60)을 재인용, 필자가 부분 수정하여 작성함.

의 존재 이유로서 일반이익(general interest)을 추구한다는 것은 관료적 모형에서의 주장이고, 조직 스스로의 독자적인 이해관계를 언급하는 것은 신공공관리론적 조직 모형에서 강조하는 내용이다.

4. 신공공관리이론의 유용성과 한계

유용성

신공공관리이론은 정부가 해결할 과제를 적절히 표현하고 있다는 점에서 향후 이론의 적용 가능성을 가지고 있다고 본다. 행정이 무엇을 할 것인가에 몰두하던 데서 눈을 돌려 어떻게 할 것인가에 대한 관점 전환을 촉구하고 있다는 점에서 신공공관리이론의 유용성은 높이 평가된다.

특히 시민은 정부의 주인이면서 동시에 고객이라는 관점도 행정학 연구와 행정 실천의 장에서 지속적으로 강조되어야 할 핵심 사항이다. 이에 따라 고객 서비스 향상에 대한 기대, 정부비용의 효율적 운영, 복지수준의 제고 등에 대한 요구가 지속되는 한 신공공관리이론의 적용 가능성도 높아질 것으로 보인다.

린(L. E. Lynn)에 따르면, 신공공관리이론은 성과 중심의 행정을 강조하기 때문에 정부구조와 행정개혁의 차원에서 국제비교를 가능하게 한다는 점도 연구자와 실천가들에게 유용한 측면이 될 것이다. 아울러 경제학과 사회심리학에서 발전된 개념을 행정학 연구에 통합시켜 활용할 수 있도록 하는 학문적 업적을 남길 것이라고 지적했다(Lynn, 1998).

한계

신공공관리이론은 행정을 '관리'로 대체했다는 비판을 받고 있다. 행정은 개인의 책임이 아니라 타인의 지시에 대한 복종을 강조하는데 반해, 관리에서는 결과의 성취와 그에 대한 개인의 책임을 강조한다는 점에서 차별성을 지닌다. 지난 수십 년간 경영학의 우위를 전제로 한 신공공관리론적 접근은 행정학의 학문적 정체성을 크게 훼손시켰다는 평가를 받고 있다. 신공공관리론에서는 공익, 사회적 형평성, 공공성, 행정윤리, 행정철학 등 행정학의 고유한 규범과 가치를 찾기 어렵다.

과연 민간의 관리기술이 정부보다 우월하다는 전제에서 시장논리를 도입하는 것의 정당성을 찾을 수 있는가는 두고두고 따져봐야 할 숙제다.

실제로 신공공관리이론이 적용될 경우 제기되는 한계점도 있다. 특히 계약제의 활용문제와 관련하여 정부의 전통적 관계와 계약관계의 이원화로 갈등을 야기하고, 불신을 조장하며, 공직 단체의 정신 약화가 우려되기도 한다. 성과관리의 애로점도 나온다. 성과측정의 객관성을 확보하기 어렵다는 것과 함께 능률에 대한 지나친 강조로 다른 가치들이 경시되고 있다는 비판도 제기된다. 조직의 분산화(수평적·수직적 전문화)는 기대하지 못한 갈등을 키우며, 이를 조정하는데 비용과 자원이 소모된다는 지적도 나오고 있다. 이것은 결국 조직역량을 분산시키는 부작용을 초래한다. 신공공관리이론에 따른 처방으로서 민간화, 지방정부에 대한 권한이양, 조직 내의 분권화는 정치적 통제를 약화하는 결과를 낳았으며, 서비스의 책임성을 약화시키는 데 이르렀다. 개인차와 상황의 차이를 무시한 성과급은 조직구성원의 사기를 떨어뜨린다는 비판이 꾸준히 제기되고 있다. 즉 성과주의 인사제도의 문제는 조직구성원 내부의 분열과 사기저하를 초래한다는 것이다. 겉보기에는 성과주의를 따르면 모두 열심히 일할 것 같지만 사실은 '하는 척'만 할 뿐이다. 한 예로, 서울 동부병원은 이런 이유로 성과급을 포기했다. 제너럴모터스(GM), 마이크로소프트(MS)도 마찬가지다.

돈으로 사람을 부추기는 것은 100% 과학적 관리법을 주장한 테일러의 철학이다. 사람을 돈벌이 기계로 보는 관점에 선 것이다. 점수를 따기 위해 온갖 화려한 일거리만 만드는 부작용이 성과급제도를 도입하면서 나타났다. 대학교수들이 발행되는 순간 쓰레기로 전락하는 논문 편수를 늘리는 데 혈안이 된 것도 바로 이러한 제도의 도입에 기인한다. 일을 잘하게 하는 동기부여는 외재적 요인에 의해서 가능하지 않다는 사실을 깨닫는 것이 중요하다. 만족스러운 직무 내용을 구성하는 것, 일을 통한 발전 가능성 등 내재적 동기부여 요인을 계발하는 것이 우선이다.

관리 측면의 개혁에 초점을 둔 공공개혁의 안목은 편협하다는 지적이다. 국가 총체적인 거버넌스 시스템에 연계하는 것이 중요하다.

권위주의적인 행정문화, 국가 주도의 경제발전, 계층적 사회질서의 유산, 낮은 복지국가 수준, 부진한 시민 주도 사회, 성과평가제도에 대한 미숙한 적용 등은 신공공관리이론의 주장과 취지에 손색을 가져온다. 결국 정부 실패를 개선하려는 차원에서 유용성을 인정받고 있는 신공공관리이론에 따른 정부개혁의 성공 가능성은 낮아질 것이라는 점을 명심해야 한다.

Chapter
09

공공선택이론

1. 공공선택이론의 등장 배경

공공선택이론은 시장 이외의 곳, 즉 '비시장(non-market)' 영역에서 이루어지는 결정행위를 경제학적으로 설명하는 데 그 목적이 있다. 그래서 공공선택이론을 가리켜 정치학 연구에 경제학적 접근방법을 적용시킨 이론이라고 한다. 경제학의 입장에서는 경제적 선택행위를 설명하는 데 정치학의 관점을 접속시킨 것이라고 이해한다. 경제학계에서는 버지니아학파로 알려질 만큼 초창기에는 버지니아 대학교를 중심으로 공공선택이론이 발전하다가 나중에 로체스터 대학교, 블루밍턴의 인디애나 대학교에 재직하던 학자들이 공공선택의 문제를 연구하면서 이론의 지평을 넓혀 왔다.

앤서니 다운스(Anthony Downs)의 『경제이론으로 본 민주주의(Economic theory of democracy)』, 던컨 블랙(Duncan Black)의 『위원회와 선거이론(Theory Committees and Elections)』의 저서에 자극받아 제임스 뷰캐넌(James M. Buchanan)과 고든 털럭(Gordon Tullock)의 『동의의 계산법(The Calculus of Consent)』이 출간되면서 버지니아 대학교가 공공선택 연구의 중심지로 부각되었다.

로체스터 대학교에서는 정치학적 측면을 강조하는 공공선택의 문제가 연구된 데 반해, 인디애나 대학교에서는 빈센트 오스트롬

(Vincent Ostrom)을 중심으로 제도적 장치와 법적 규제라는 행정학적 측면을 강조하는 공공선택이론을 발전시켰다. 다양한 연구 지류가 공공선택학회로 모이게 된 것은 1967년이다. 유럽에서는 스위스 바젤 대학교를 주축으로 1973년에, 일본에서는 요코하마 대학교를 중심으로 1980년에 공공선택학회를 출범시켰다. 우리나라에서는 2002년에 한국공공선택학회가 만들어졌다. 공공선택론 분야를 개척한 공로로 1986년 뷰캐넌(James M. Buchanan) 교수가 노벨경제학상을 수상했다. 그의 노벨상 수상은 경제학의 신생이론으로 간주되었던 공공선택이론이 명실상부하게 독자적인 학문 영역으로 정착되었다는 상징적 의미를 가진다.

한편 블루밍턴학파는 공공 서비스의 전달과 연관하여 제기되는 문제에 관심을 집중했다. 블루밍턴학파의 중심 학자 빈센트 오스트롬의 아내이기도 한 엘리너 오스트롬(Elinor Ostrom)이 2009년 올리버 윌리엄슨(Oliver Williamson)과 함께 노벨경제학상을 수상했다. 노벨경제학상 선정위원회는 엘리너 오스트롬의 여러 업적 가운데서도 특히 『공유의 비극을 넘어(Governing the commons)』를 가장 중요한 업적으로 꼽았다. 이 책에서 엘리너 오스트롬은 공유자원이 제대로 관리될 수 없으며, 완전히 사유화되거나 아니면 정부에 의해서 규제되어야 한다는 전통적인 견해에 도전했다. 그리고 수많은 사례들에 대한 경험적인 연구를 바탕으로 사용자들이 자치적으로 관리하는 세계 도처의 공유자원 관리체계에서 나타나는 정교한 제도적 장치들을 발굴하여 소개하고 이론적으로 분석하는 성과를 거두었다.

엘리너 오스트롬의 신제도주의(new institutionalism)적 접근방식은 제도의 기원과 생성 과정, 그리고 변천 과정에 주목한다. 한 조직의 구성원들이 새로운 제도의 수립이나 도입을 통하여 어떻게 그 조직

사회가 안고 있는 문제를 해결해 나가는지 그 역동적 과정을 추적한다. 그녀의 역사적·실증적 연구는 게임이론의 연구성과를 응용, 공유자원 관리체계의 디자인 원리를 개념화했다.

사실 행정학 연구에서 공공선택이론의 중요성이 부각된 배경에는 두 가지 큰 기대가 있다. 하나는 공공선택이론은 집권과 통제를 통해 효율성을 추구하는 관료적 행정이론에 대한 대안으로서 행정의 효율성 제고와 민주행정의 실현을 위한 전략과 대안을 제시할 수 있을 것이라는 기대다. 이런 기대는 오스트롬 부부의 민주행정 패러다임에 담겨 있다. 다른 하나는 관료제 조직 내에서 예산확보를 극대화하려는 관료들의 행태를 설명하기 위한 '이론적 틀'로 활용할 수 있다는 기대다. 이런 기대를 하는 학자로는 윌리엄 니스카넨과 토머스 로머(Thomas Romer), 그리고 하워드 로즌솔(Howard Rosenthal) 등이 있다.

공공재의 공급 과정에서 생기는 문제는 합리적 선택이론의 주된 관심사항이다. 이를 집단행위 문제라고 하는데, 집단행위 문제는 개인주의적인 동기 요인에 관한 가정에서 도출된 중대한 역설(paradox)이다. 집단의 구성원들이 개별적인 복지를 극대화하기 위해 행동하면, 결국 개별적인 손해를 본다는 역설이다. 즉 집단구성원이 협력을 통해 얻을 수 있는 것이 개인적인 이익의 극대화를 위한 개별적인 행동 결과로 얻을 수 있는 것보다 더 크다는 것이다. 이러한 역설은 국가의 역할에 대한 정당성의 근거로 언급되어 왔다. 즉 국가의 역할은 국민들의 이익을 위해 국민에게 협력을 강제하는 데 필요하다는 것이다.

이러한 국가의 역할 인식 때문에 공공선택이론은 사상적으로 홉스, 스피노자(Benedict Spinoza)와 맥이 닿아 있다는 지적을 받는다. 그리고 공공선택이론을 주장하는 사람들을 가리켜 '신홉스주의자

(neo-Hobbesian)'라고 부르기도 한다(레이버, 1992: 20).

2. 공공선택이론의 기본 요소

뷰캐넌은 공공선택이론의 기본 요소로 세 가지를 지적했다. 방법론적 개체주의, 경제적 인간, 정치적 교환이 그것이다. 이를 간략하게 살펴보기로 한다.

방법론적 개체주의

공공선택이론은 개인을 분석의 단위로 삼는다. 다시 말해서 공공선택이론은 개인만이 선택하고 행동한다고 가정하고 있다. 따라서 정당, 지방정부, 국가 등을 분석의 단위로 채택하지 않는다. 방법론적 개체주의는 사회적 총합을 개인의 선택과 행동의 결과로 이해한다. 거꾸로 말해서 사회적 총합을 이해하기 위해서는 개인의 선택과 행동을 분석하고 연구해야 한다는 입장인 셈이다. 오스트롬 부부는 개인의 행태에 관한 다섯 가지 가정을 제시했다(Ostrom and Ostrom, 1971: 205~206).

첫째, 개인은 '자기이익 중심적(self-interested)'이다. 이것은 개인의 선호가 다른 사람의 선호와는 다르고 구분된다는 의미다. 자신만의 이익을 충족하려는 존재라는 뜻과 다르다.

둘째, 개인은 합리적(rational)이다. 개인은 대안들을 서로 번갈아 비교해 봄으로써 우선순위를 결정할 수 있는 능력을 지니고 있다는 의미다.

셋째, 개인은 효용극대화 전략(utility maximizing strategies)을 사용한다. 이것은 개인이 스스로 선호를 기준으로 대안 중에서 최대의 순편익을 주는 대안을 채택함을 의미한다.

넷째, 개인은 보유한 정보의 수준에 따라 해결책을 달리 결정한다. 확실한 상황, 위기 상황, 불확실한 상황 등에서 선택하는 대안 내용이 다르다는 뜻이다.

다섯째, 개인은 법과 질서(law and order)의 틀 안에서 행동한다. 개인 행동에 대한 분석은 일정한 법과 질서의 조건 안에서 이루어진다.

경제적 인간

공공선택이론에서 경제적 인간의 개념은 중추적인 역할을 한다. 개인의 경제행위가 금전적으로 환산되고 가중치가 부여된 구성인자로 이루어진 금전적 부의 극대화를 도모하는 구체적인 효용함수의 도출이 가능한 경제인간이라는 뜻이다. 경제인간은 타인과의 경제적 관계에서 자신의 이익을 극대화하기 위해서 행동한다. 이런 맥락에서 보면 경제활동을 한다고 볼 수 없는 정치가, 관료, 법관 등의 행위도 자신의 이익을 극대화하는 경제적 인간으로 설명될 수 있다. 경제적 인간은 추상화한 모형이다. 실제로 인간이 실수로 효용극대화를 추구하지 못하는 것은 정보의 불완전성에 기인한다고 해석된다. 스티글러(G. J. Stigler)는 심지어 윤리(ethics)라는 것도 따지고 보면 "자신에게 돌아올 이익에 비해 타인이 이로 인해 부담할 비용이 과도하게 많다든지 또는 근시안적으로 자신에게 이익이 되는 행위들을 금지하는 대인관계에서의 규칙"에 불과하다고 말한다.

정치적 교환

시장에서 어떤 상품이 많이 팔렸다는 것은 그 상품이 지지표를 많이 얻었다는 뜻이다. 정치적 문제의 선택은 일인일표가 보편적이지만, 경제적 문제의 선택은 상품판매에서 보듯이 표수가 돈에 비례한다. 주식회사의 주주총회에서는 보유주식량에 따라 표를 던질 수 있다. 시장에서의 교환은 거래 당사자 모두의 효용만을 증대시킨다. 정치적 교환에서도 거래 당사자의 이익이 커지기 때문에 교환이 이루어졌다고 할 수 있을 것이다. 다만 정치적 교환은 거래 당사자뿐만 아니라 직접적으로 거래에 가담하지 않은 사람에게도 이득과 손실을 안겨 준다는 점에서 경제적 교환과 다르다. 이를 가리켜 정치적 교환은 '외부효과(externality)'를 발생시킨다고 한다. 이를테면 분배정책이나 재분배정책을 선택했을 때 정책 대상 집단 중에는 혜택을 보거나 반대로 손해를 보는 사람들이 생긴다. 분배정책 때문에 어떤 사람은 긍정적 효과를 경험하는가 하면, 다른 사람은 분배정책을 집행하는 과정에서 비용을 부담해야 하는 경우가 생긴다는 의미다. 따라서 정치적 결정이 특정인이나 집단에게만 이익을 주는 것보다는 공동체 전체의 공익을 추구하는 공적인 인물(public figure)로서 정치인과 관료를 가정했던 것이 전통적인 시각이었다. 그러나 현실을 보면 그렇지 않다. 정부의 경제활동이 순수하게 공익만을 추구하느냐에 대해 회의적인 시각이 있다. 정치가와 관료도 자신의 사리를 추구한다는 것이다. 비단 탐관오리라서가 아니다. 정치가의 득표극대화 성향을 비롯하여 관료의 예산극대화 및 이익집단의 지대추구 성향은 현실에서 확인되는 사리추구의 대표적 사례들이다.

3. 공공선택이론의 접근방법

투표를 통한 결정

공공재의 최적 배분이 만장일치의 투표 결과에 따라 실현되는 것이라면 만장일치의 기준에 미달한 공공재의 배분은 효율적으로 이루어졌다고 할 수 없을 것이다. 만장일치는 모든 사람이 만족했다는 뜻이다. 일종의 파레토 최적 상태라 할 만하다. 현실에서는 만장일치에 도달하는 게 쉽지 않다. 빅셀(K. Wicksell)은 다수결의(2/3 또는 3/4) 원칙을 제안한다(Wicksell, 1958). 이렇게 되면 파레토 최적 상태와 근사한 지점에 이를 수 있다는 것이다.

개체주의적 접근방법

정부를 민주적 정치 과정으로 보는 뷰캐넌과 털럭은 집단행동이란 개인행동의 합이라고 인식한다. 공공재의 선택에도 개인의 합리성이 적용되어야 한다고 생각했다. 이런 의미에서 이들의 생각을 방법론적 개체주의라고 일컫는다. 여기에 더하여 집단 결정에는 결정비용(decision cost)과 외부비용(external cost)이 들어간다고 지적한다(Buchanan and Tullock, 1962). 결정비용에는 설득과 합의비용, 정보 제공비용, 전략적 협상비용, 정치적 계약비용 등이 포함된다. 일반적으로 집단의 규모가 클수록 결정비용은 높아진다. 외부비용은 개인의 의사와 무관하게 경제활동에 가담하도록 강요당하는 경우에 개인이 지불하는 비용이다. 공공재의 생산에 찬성하지 않은 사람에게 부과되는 조세 부담이 여기에 해당된다. 만장일치로 공공재를 생산한다면 외부비용은 전무할 것이고, 반대하는 사람이 많을수록 외부비용은 늘어날 것이다. 따라서 결정비용과 외부비용을 환산하여 이들 비용을 합한 정치적 비용이 극소인 상태에서 공공재를 선택하려는 것이 공공선택이론의 주장이다.

유기체적 접근방법

정부를 정치 과정에 참여하는 개인들의 집합체가 아니라 정부가 선호를 가지고 독자적으로 행동하는 하나의 실체라는 관점에서 공공재의 선택행위를 설명하려는 입장이 유기체적 접근방법이다. 그리고 공공재의 선택은 공익의 극대화의 지점에서 결정되어야 한다고 주장한다. 정치가와 관료는 사익을 추구하는 존재인 동시에 공익을 추구하기도 한다는 것이다.

관료는 조직 확대를 통해 예산 확대를 추구하며, 아울러 자신의 권한을 증대하려고 노력한다. 특히 니스카넨에 따르면 관료들은 자신이 속한 하부조직의 예산을 극대화하려는 성향을 가진다. 왜냐하면 그들이 일하는 조직의 예산이 증가하면 그만큼 외부에 일을 많이 하는 것처럼 보이고 결과적으로 자신의 존재 이유를 정당화할 수 있기 때문이다. 정치인들도 마찬가지다. 자신의 정책 분야에서 예산을 늘림으로써 유권자로부터 인정을 받는다. 관료를 제외하면 행정활동의 실제 비용과 효과를 아는 사람은 없다. 관료들은 자신과 경쟁하는 사람이 없다는 점에서 독점적인 지위를 갖고 있다. 이러한 특성 때문에 관료들은 늘 서비스를 과잉공급하게 된다. 서비스 단위별로는 능률성이 높을지 모르나 사회 전체적으로는 비효율적이다.

유기체적 접근방법에 따르면 집단 결정에서는 개인의 합리성보다는 사회적 합리성을 더 중시한다. 린드블롬(C. Lindblom)의 점증주의 예산정책도 사회적 합리성과 공익의 관점을 반영한 것이다.

4. 공공선택이론의 내용과 특징

내용

공공재의 생산과 배분은 대체로 정치적인 과정(예컨대, 투표)을 통해 결정된다. 따라서 이런 문제를 순수경제이론인 합리성에 토대를 둔 모형으로는 해결할 수 없다. 공공재 등 비시장적(non-market) 결정 또는 정치적 결정과 집행이 이루어지는 과정에서 유권자, 정치가 및 관료 등 참가자의 선택행위에 관심을 가지게 된다. 공공선택이론은 바로 이러한 비시장적 결정에 관한 경제학적 연구라고 부른다. 또 다른 측면에서는 정치학에 대한 경제학의 적용이라고도 한다. 한편, 비시장적 결정에 참여하는 사람들은 규칙과 제도적 조건에 의존하여 결정행위를 하기 때문에 공공선택이론가들은 규칙과 제도를 연구 분석의 주제로 삼는다.

신고전파 경제학의 중심 과제는 재화나 용역이 시장에서 어떻게 공급되고 수요되는가를 분석하는 것이었다. 경쟁적인 시장의 자율적인 균형에 의해서 사회의 모든 자원이 가장 효율적으로 분배된다는 것이 신고전파 경제학의 핵심 명제다. 정부의 정책 선택은 이와 같은 이상에 가장 작은 왜곡을 주어야 한다는 것이 이 명제에 입각한 후생경제학이다.

공공선택이론은 정부가 무엇을 선택하는가보다는 어떤 과정을 거쳐서 선택하는가에 관심을 갖는다. 물론 이것은 경쟁시장에 의해서 효율적으로 배분될 수 없는 이른바 공공재의 배분에 관한 논제다. 따라서 공공재이론과 불가분의 관계를 갖고 있다. 구체적인 예를 살펴보자.

어떤 공공재 공급수준의 선택의 경우, 그 공공재에 대한 개인의 선호도에 따라 비용(조세)을 분담시키면 만장일치의 결정방법에 의한 결과가 가장 효율적이라는 것을 증명할 수 있다. 문제는 공공재의 경우 무임승차가 가능하기 때문에 위와 같은 제도에서는 개인의 선호를 낮게 나타냄으로써 조세를 회피하는 것이 가능하다. 따라서 전체적으로는 적정한 것보다 낮은 수준의 공공재가 공급될 수밖에 없다. 이 경우에 어떻게 하면 개인의 선호를 정직하게 나타낼 수 있는가를 수학공식을 이용하여 분석하는 학자들이 있다. 투표의 경제이론, 스스로를 규제하는 의사결정의 규칙을 설정하는 문제 등 실증주의 경제학에서 다루지 않는 문제를 다룬다.

뷰캐넌과 털럭이 함께 저술한 『동의의 계산법』에서 개인들은 때때로 자신에게 불이익을 가져올 수 있는 규칙이라고 해도 사전에 이러한 규칙들에 합의하는 것이 더 유리하다는 사실을 합리적으로 판단할 수 있다는 이론을 전개했다. 가장 이상적인 정치적 의사결정의 형태는 어떤 의미에서 만장일치제도라고 할 수 있다. 하지만 만장일치제도는 의사결정 과정에서 높은 비용을 요구한다. 현실적으로는 다수결 투표제도가 불가피한 이유다.

특징

존스(M. S. Jones)는 공공선택이론의 특징을 세 가지로 요약했다.

첫째, 재화의 속성(nature of goods)이다. 공공선택이론에서 전제하는 공공재는 비(非)경합성과 비배제성이라는 속성을 가진다. 재화의 속성이 결여되면 공공선택이론은 정치학 주류의 연구가 된다고 지적했다. 둘째, 제도적 장치(institution of arrangement)다. 이것은 법률과 규제의 규칙을 의미한다. 이들 장치는 개인에게 자신의 행위를 통해 수혜를 얻을 기회를 부여하기도 하고 제한하기도 한다. 공공선택이론에서 소유권, 의무, 부채, 현시(exposure)의 개념을 사용하고 있는데, 이는 경제적 제도에서 발전한 것이다. 공공선택이론에서 제도적 장치의 성격이 결여되면 경제학 주류의 연구가 된다고 지적했다. 셋째, 개인주의(individualism)다. 공공선택이론은 공사부문에서의 결정을 개인이 한다고 가정한다. 사회적 결정은 항상 개인의 결정이나 다른 사람과의 상호작용에 의한 결정으로 환원될 수 있다. 개인이 내리는 결정은 개인의 선호에 따라 결정되지 않는다는 것이다. 개인주의적 성격이 결여되면 행정학 주류의 연구가 되기 때문에 위에서 지적한 세 가지 특징적 요소가 다 중요하다고 본다(Sproule-Jones, 1982: 790~804).

5. 공공선택이론의 유용성과 한계

유용성

공공선택이론은 정치학과 경제학의 이론 발달에 힘입은 바가 크다. 시장에서의 결정과 달리 정치적 결정과 사회적 결정에서 나타나는 특징적 현상을 설명하기 위해 전개된 이론으로서 행정학 연구에 지대한 영향을 끼쳤다. 행정 서비스의 생산과 전달 문제를 다루는 데 시장철학을 도입함으로써 서비스의 질적 제고를 위한 전략탐색의 기회를 제공했다. 특히 행정고객인 시민 위주의 행정 서비스의 실현을 목표로 하는 개혁방안을 모색하는 데 있어서 공공선택이론은 일정한 지침을 제공했다. 소비자 중심주의, 정부조직의 관료제적 경직성 타파, 분권화와 자율성의 제고, 시민참여의 확대, 행정에 대한 시장요소의 도입을 주장하는 것은 모두 공공선택이론에 토대를 둔 것이라 해도 과언이 아니다. 따라서 공공선택이론은 민주행정의 실현과 자원배분의 효율성, 즉 파레토 최적화를 기할 수 있는 대안탐색에 도움을 줄 것이라는 기대를 갖게 한다.

특히 공공선택이론의 관점에 따르면 정책에 대한 비용편익 분석과정에서 정치적 비용 및 편익과 같은 경제 외적인 요소를 추가하여 좀 더 총체적인 비용과 편익을 대비할 수 있게 한다. 또한 정책결정자의 개인적인 사익 및 이익집단의 지대추구와 연관된 비용편익을 고려함으로써 정책 채택 가능성을 예측할 수 있는 것이 장점이다.

한계

공공선택이론은 다음과 같은 한계점을 지닌다는 비판을 받고 있다.

첫째, 인간관에서 이기적인 합리적 존재로 가정하는 것은 단순화의 논리라는 점이다. 많은 학자들이 인간을 이타적인(altruistic) 실체라는 사실을 극명하게 보여 주는 연구 결과를 제시하고 있기 때문이다.

둘째, 공공재의 공급분석에 자유시장 논리를 직접 도입하려는 방법론에 문제가 있다는 점이다. 정부의 서비스 생산과 공급에 따른 비용 부담은 대부분 분리될 수밖에 없다. 정부활동의 성과를 시장가치로 측정하는 것 역시 쉽지 않다. 불가측 가치이기 때문에 시장가격이 존재하지 않기 때문이다.

셋째, 실천적 처방이 다소 급진적이어서 현실적합성이 낮다는 점이다. 기존 관료조직의 구성원리와 갈등을 빚게 될 가능성이 높기 때문이다. 정부와 시장은 상호견제와 보완적 관계를 갖는 것이 바람직하다. 그런데 정부의 활동 영역에 시장요소와 시장철학을 도입하려는 시도는 불필요한 마찰을 불러올 수 있다.

넷째, 공공선택이론에서 강조하는 행정에 대한 처방 가운데 시민참여를 강조하는 것은 선진국가에는 타당할지 모르나 시민참여를 위한 문화가 형성되지 못한 국가에서는 현실적으로 적절치 못할 것이라는 지적이 나온다.

다섯째, 공공선택이론이 추구하는 합리성은 실질적 합리성, 기술적·경제적 합리성이다. 따라서 분석의 초점을 능률성에 맞춤으로써 정책분석 과정에서 계량적 판단에 의한 목표탐색에 머물 수 있다는 한계가 있다. 정치적 실현 가능성과 효과성 및 형평성의 가치지향적 문제를 도외시하거나 회피할 가능성이 있다는 점에서 한계를 보인다.

Chapter
10

신제도이론

1. 신제도이론의 등장 배경

유럽에서 시작한 시민혁명은 1인 지배에 따른 권력집중과 남용, 개인의 권리침해에 대한 반발에서 비롯되었다. 프랑스의 절대왕정이 무너진 것도 바로 이런 이유 때문이다. 혁명을 겪으면서 유럽은 사람이 아닌 법과 제도의 지배를 통해 정치질서와 사회질서가 유지될 수 있다는 믿음을 가지게 되었다. 행정학이 출현하기 전에 정치학은 법과 제도적 장치에 대한 연구를 활발히 했다. 정치제도를 잘 갖추면 합리적 지배를 통한 사회질서가 형성될 것이라고 판단했다. 그래서 당시 연구자들은 헌법을 위시하여 다양한 법과 제도 형성에 관심을 기울였다.

그렇다면 제도(institution)는 어떤 뜻을 가지고 있는가? 아주 넓게 정의하면, 사람의 행동을 제약하거나 통제하는 모든 것을 제도라고 한다. 아주 좁게 정의하면, 구체적인 규칙이나 절차, 관행 따위를 의미한다. 그러니까 정치, 경제, 행정 등 사회현상을 연구하는 데 제도를 핵심 개념으로 여기는 접근방법을 제도주의(institutionalism) 또는 제도이론(institutional theory)이라고 한다. 여기에서는 제도이론으로 통일하여 부르기로 한다. 지금도 구(舊)제도이론은 법의 지배와 법적 책임의 문제, 정부기관 간의 관계, 행정기관의 지위 문제를 서술할 때 유용하다는 평가를 얻고 있다. 구제도이론은 법을 통치의 핵심 요소로 보는 법률주의(legalism), 구조가 행위를 결정한다는 구조주의(structuralism), 분석의 수준을 개별 제도가 아닌 전체 시스템에 맞추는 전체주의(holism), 제도는 역사 전개에 깊숙이 박혀 있기 때문에 분석을 위해 역사적 토대를 밝히는 것이 중요하다는 역사주의(historicism), 분석에서 강한 규범적인 요소를 강조하는 규범적 분석(normative analysis) 등을 전제하고 있다(Peters, 1999: 6~10).

하지만 1950~1960년대에 제도보다 사람이 더 중요하다는 인식에 바탕을 둔 행태주의 혁명이 일어나면서 구제도이론은 연구자의 관심 영역 밖으로 밀려났다. 행정현상을 설명하는 데 개인이나 집단의 행태가 중요한 요인이라고 생각하면서 법과 제도는 그저 행태가 드러나는 장(場)으로만 간주될 뿐이었다. 그리고 구제도이론은 제도의 공식적 법적 측면을 기술하는 데 초점을 두고 있다는 비판을 받기도 했다.

그렇다고 행태론이라고 해서 약점이 없는 것은 아니다. 행태론의 약점은 바로 신(新)제도이론의 등장을 불러들였다. 즉 신제도이론의 등장 배경에는 행태론에 대한 비판이 자리하고 있다는 뜻이다.

행태론의 약점은 크게 두 가지로 요약된다. 하나는 객관성을 강조하면서 일반이론의 형성을 지향한다는 점이고, 다른 하나는 방법론적 개인주의에 토대를 둔다는 점이다. 일반이론 형성을 지향하다 보니 사실상 개별 국가와 조직의 특수성을 무시한 결과를 초래했다. 예컨대 어떤 연유로 국가별로 시기별로 정책 차이를 보이는지를 설명하지 못했다는 지적을 받았다. 산업화를 이룬 국가들 중에서 다른 정책을 채택한 이유가 무엇인지를 밝히지 못했다는 것이다. 신제도이론은 국가제도가 서로 다른 정책을 선택하는 이유라고 주장한다. '제도'를 현상연구의 중심으로 인식해야 한다고 강조하는 대목이 구제도이론과 신제도이론의 공통점이다. 그러나 '제도'의 실체와 성격에 대한 생각은 서로 다르다. 구제도이론은 행정기관, 의회, 법원 등 법이 규정하는 유형적인 정부기관을 '제도'라고 본다. 이에 반해 신제도이론에서는 유형의 정부기관과 함께 민간부문의 제도와의 관계를 포함하는 무형적인 것까지를 제도의 범주에 포함한다. 즉 신제도이론은 제도의 동태적 측면에 주목한다는 점에서 구제도이론과 다르다. 신제도이론은 제도가 정책 차이에 영향을 미치는 독립변수라는 판단을 토대로 제도와 정책 차이 간의 인관관계 규명에 분석의 초점을 둔다.

한편, 행태론은 방법론적 개인주의를 따르다 보니 제도의 역사성을 무시했다는 비판을 받았다. 현재가 과거에 비추어질 때에만 현재를 완전히 이해할 수 있다는 카(E. H. Carr)의 지적처럼 과거와 현재의 제도는 끊임없는 대화를 하는 것인지도 모른다. 역사적 제도주의는 일단 형성된 제도가 일정한 정향을 가진 경로를 따라 이동한다고 본다. 이른바 제도에는 '경로의존성(path dependency)'이 있다는 말이다. 그래서 과거의 제도는 현재의 제도 변화에 일정한 제약을 가하고, 미래의 제도 변화에도 일정한 방향을 제시한다고 지적한다. 제도가 형성된 역사적 맥락과 상황, 제도의 진화 경로에 관심을 가져야 하는 이유이기도 하다. 경로의존성 때문에 제도는 새로운 환경에 효율적으로 적응하지 못하는 단점을 지닌다. 그렇다고 해서 일정한 틀에 안주하지 않는다. 경제위기나 군사적 충돌 등의 위기 상황에서 기존의 경로를 벗어나 새로운 모습으로 변하는 역사적 우연을 겪게 된다는 점을 인정한다. 안정적인 균형상태에서 우연에 의한 근본적인 변화를 겪고 다시 균형상태로 되돌아가는 항상성(homeostasis)을 보인다.

정리하면 신제도이론은 행태주의와 방법론적 개인주의에 대한 반발과 새로운 제도 인식의 필요성에 따라 등장했다고 볼 수 있다. 후술하겠지만 제도 중시의 생각은 신제도이론의 핵심을 이루나 제도를 보는 관점의 차이 때문에 이론적 서클 내에 다양한 분파가 형성되었다. 기독교의 다양한 교파가 성경을 둘러싼 강조점과 해석의 차이에서 비롯되는 것과 같다. 즉 제도의 어떤 측면(공식, 비공식)을 강조하느냐, 제도 변화에서 중시되는 것은 무엇인가, 제도가 개인의 선호 형성에 영향을 미치는가 등에 대한 입장 차이가 신제도이론의 분파를 만들어 냈다.

2. 신제도이론의 주요 내용

제도의 개념

신제도이론에서 제도의 개념을 파악하는 것은 가장 중요한 일이다. 행태주의에서는 개인을 중시하여 분석단위를 미시적인 개인(더 이상 쪼갤 수 없다는 뜻)으로 설정한다. 신제도주의에서는 개인을 둘러싼 사회적 맥락으로서의 제도를 중시하기 때문에 거시적이고 구조주의적인 관점을 강조한다. 이미 지적한 바와 같이 제도에 대한 다양한 개념인식으로 신제도주의 분파가 나왔다.

기본적으로 제도는 개인과 집단의 행동에 대해 인위적으로 설정한 '제약(constraints)'을 의미한다. 제도는 사람이 만들지만 그것은 사람의 행동을 제약하고 구조화한다. 공식적·비공식적 규칙, 절차, 관행 등은 사람의 행동을 제약하는 제도의 예다. 제도는 개인의 권리와 의무를 규정한다. 이렇게 함으로써 사람의 행동을 통제하고 제약한다. 즉 제도는 사람의 행동에 대한 안정적인 기대를 하게 함으로써 사람과 사람 간의 상호작용을 촉진하는 기능을 한다.

제도를 구성하는 요소들은 많다. 이들 요소는 서로 잘 맞는 것도 있지만 때로는 갈등을 일으키는 경우도 있다. 하지만 대체적으로 제도 간에는 상호보완적인 성격이 있다. 그래서 같은 제도라고 해도 상황에 따라 다른 결과를 낳을 수 있는 것이다.

제도의 역할

제도는 행동에 대한 제약뿐만 아니라 다양한 기능을 수행한다. 제도의 역할을 정리하면 다음과 같다.

첫째, 개인의 행동을 제약한다. 이것은 개인 행동이 제도의 산물이라는 관점에서 비롯된 제도의 역할이다. 제도와 개인의 상호작용 관계를 인정하더라도 개인보다 제도의 영향이 더 크다는 전제를 깔고 있다. 역사적 제도주의와 사회학적 제도주의의 관점에서 이런 주장을 한다.

둘째, 행정활동도 제도의 작용에 대한 반응이다. 즉 사람들의 정치활동이나 행정활동은 제도가 부여한 의무와 책임에 대한 반응이다. 합리적 선택 제도주의에서는 개인의 가치와 전략 및 선호가 정치적·행정적 활동을 추동한다고 주장하지만, 역사적 제도주의 등에서는 제도의 작용에 따른 것이라고 말한다.

셋째, 시장이나 정부도 제도다(사공영호, 2015: 85). 따라서 시장이나 정부활동도 제도의 역할 자체를 구성한다. 제도는 다른 제도, 즉 환경적 제도들과 교호작용을 한다. 이런 관점에서는 제도 변화는 환경과의 관계 패턴을 어떻게 형성하느냐에 따라 결정된다고 할 수 있다. 자기생성(autopoiesis), 자기조직화(self-organization) 등 복잡계이론의 개념은 제도와 환경의 관계 패턴을 이해하는 데 도움을 줄 수 있다.

넷째, 행정은 조직구조와 행동규범의 산물이다. 다시 말해서 조직구조 및 행동규범이라는 제도의 구조가 행정이라는 결과를 낳는다는 것이다. 신제도주의 관점에서는 행정활동의 결과를 제도의 작용 결과로 이해해야 한다는 점을 지적한다.

다섯째, 제도는 경로의존성을 지닌다. 제도는 오랜 과거로부터 형성된 문화적 산물이며 미래의 제도적 선택을 제약한다. 과거와 현재의 제도적 선택이 미래의 제도적 선택을 제약하는 현상을 의미하는 경로의존성 때문에 제도가 지속성을 갖는다고 말한다.

이러한 제도의 역할을 고려하면 개인이나 조직이 선택하고 결정하여 행동에 옮기는 일체의 활동뿐만 아니라, 일상생활의 모든 일이 제도의 힘에 의해 이루어진다는 사실을 깨닫게 된다.

한 가지 예를 들면, 법은 사회의 다수가 합의한 규범이다. 제도라는 말이다. 법의 눈은 과거에 초점이 맞추어져 있다. 과거의 경험을 바탕으로 현재의 판단을 내린다. 그러나 그 판단은 미래를 구속한다. 하지만 법이 세상의 변화를 반영하지 못하면 오히려 불의가 되는 경우를 많이 보게 된다.

3. 신제도이론의 분파별 핵심 내용

신제도이론이라는 범주에 속하지만 사실상 초점이 되는 제도가 무엇인지, 제도가 선호결정에 영향을 미치는지, 행위자의 행동을 설명하기 위해 강조하는 핵심 개념이 무엇인지, 제도의 변화를 가능하게 하는 요인 등을 둘러싼 견해 차이가 이론적 분파를 야기했다. 여기에서는 역사적 제도주의, 합리적 선택 제도주의, 사회학적 제도주의를 간략하게 정리해 본다.

역사적 제도주의

역사적 제도주의(Historical Institutionalism)는 제도의 공식적 측면에 초점을 둔다. 그리고 제도가 행위자에게 선택지에 대한 선호를 결정하는 데까지 영향을 미친다는 점을 강조하고 있다. 즉 우리가 목표나 전략을 선택하는 과정에서 특정 목표와 전략을 선택하는 데에는 제도의 영향이 미친다는 의미다. 또한 역사적 제도주의는 사회구성원 간의 권력관계에 따라 제도의 모습이 달라질 뿐만 아니라 제도운영의 패턴에 따라 집단 간 권력관계에 변화가 초래된다는 점을 지적한다. 제도의 변화는 경로의존성의 개념에 의해 설명된다. 경로의존성은 제도의 변화 과정에서 과거와 현재의 선택이 장래의 선택을 제약하는 현상을 말한다. 정책 선택이나 결정은 향후의 결정과 선택에 영향을 미쳐 특정한 경로를 밟게 된다는 뜻이다. 일단 선택의 결과는 다음의 역사적 궤적을 좌우할 수 있다는 의미다.

역사적 제도주의는 다양한 시간과 공간에 따라 결합하는 요인들에 의해 인과관계에 대한 해석을 할 때 역사적 맥락을 중시해야 한다고 말한다. 역사적 제도주의 입장에서는 모든 상황에 맞는 일반이론을 도출하는 것이 불가능하다는 뜻이다. 제도 변화가 제도 내부의 모순이나 갈등, 그리고 행위자의 선택에 의해 가능한지에 대해서는 설명하지 못하고 오로지 외부 충격에 의해서만 가능함을 인정하고 있다.

사회학적 제도주의

사회학적 제도주의(Sociological Institutionalism)는 막스 베버, 에밀 뒤르켐(Emil Durkheim), 탤컷 파슨스, 필립 셀즈닉, 아이젠슈타트(S. N. Eisenstadt) 등의 학자가 관료제를 비롯한 공식적인 조직을 효율성의 도구로 이해하는 것에 대한 비판에서 출발하고 있다. 이들은 관료조직의 형태와 절차가 문화환경에 가장 적합하다는 평가 때문에 받아들여진 것이지 업무수행의 효율성에 가장 적합하기 때문에 도입된 것은 아니라고 지적한다. 사회학적 제도주의에서는 제도의 공식적 측면보다는 규범, 문화, 의미 등 비공식적인 측면에 관심을 둔다. 특히 신념이나 '인지 도식(cognitive schema)'에 초점을 두고 제도분석을 한다. 더 나아가 개인은 사회가 만든다는 입장을 취한다. 이런 입장 때문에 어떤 것이 합리적인 것인지를 개인이 아닌 사회가 결정한다고 본다. 합리적 선택 제도주의의 입장과는 대조적이다.

사회학적 제도주의에서는 제도의 변화를 동형화 또는 유질동상(isomorphism)의 개념으로 설명한다. 본래 유질동상은 서로 비슷한 성분을 가진 것들이 비슷한 결정구조를 가지는 현상을 의미하는 화학 용어다. 심리학에서는 '동형화(同形化)'라고 번역하여 사용하는데, 그 뜻은 서로 성질이나 내용은 달라도 지배하는 원리가 같고, 그 과정에 대응관계가 있는 일을 가리킨다. 제도주의에서 동형화는 제도가 사회적으로 정당하다고 인정하는 구조와 기능을 닮아 가는 현상을 의미한다. 제도의 동형화 개념은 서로 다른 사회적·정치적 환경에서 비슷한 형태의 제도가 출현하는 이유를 설명하는 데 유용하다.

제도의 변화는 '적합성(appropriateness)'의 기준을 따른다는 사실을 강조한다는 점에서 사회학적 제도주의의 특징이 있다.

개인은 다른 사람과의 상호작용을 통해 가치와 의미체계를 공유함으로써 자신의 정체성과 선호를 발견한다고 본다. 개인의 선호와 전략은 사회적으로 구성된다는 뜻이다. 합리적 선택 제도주의에서 개인의 선호와 전략이 선험적이라고 보는 입장과 대조를 이룬다.

사회학적 제도주의에 따르면 제도의 동형화로 유사기능의 조직형태는 유일한 것으로 나타나야 하는데, 현실을 보면 유사기능을 수행하는 조직이 다양한 형태를 보인다는 사실을 알 수 있다. 이런 점 때문에 사회학적 제도주의가 비판을 받는다. 즉 제도의 변화를 제대로 설명하지 못한다는 지적을 받고 있다.

합리적 선택 제도주의

합리적 선택 제도주의(Rational Choice Institutionalism)는 제도의 두 측면(공식, 비공식)을 중시하지만 공식적 제도에 더 초점을 둔다. 합리적 선택 제도주의에서는 인간을 이기적인 존재로서 효용(utility)을 극대화하려는 선호를 지니고 있다고 전제한다. 이러한 전제는 인간행동을 이해하는 데 경제학적 접근방법을 적용하고 있는 공공선택이론의 인간관과 맥을 같이한다. 이에 따라 개인은 스스로 행동규범을 습득하는 능력과 규칙을 준수하는 능력을 가졌다고 이해한다. 규칙이나 제약은 개인의 선택을 결정하는 게 아니라 영향을 미치는 것으로

제도주의 분파별 특징

	초점이 되는 제도	제도가 조직과 개인의 선호결정에 영향을 미치나?	강조하는 내용	제도 변화의 요인
역사적 제도주의	공식적 측면	긍정	① 권력불균형 → 제도 형성 ② 제도 → 권력관계 ③ 역사적 경로의존성	단절된 균형 외부 충격
합리적 선택 제도주의	공식적 측면	부정	① 집합행위의 딜레마 ② 계약을 통한 해소 ③ 제도설계	비용편익 비교 전략적 선택
사회학적 제도주의	비공식적 측면	긍정	① 인지도식(cognitive schema) ② 행위자는 사회가 만듦	동형화 적합성의 기준

출처: 하연섭(2003: 343)의 틀을 중심으로 필자가 내용을 재정리함.

본다. 이 말은 개인 차원에서는 결정할 때 합리성을 추구할지 모르지만, 개인이 모인 집단의 행위는 늘 합리적인 결과에 이르지 못함을 의미한다. 이를 '집합행위의 딜레마(collective action dilemma)'라고 한다. '집합행위의 딜레마 문제를 해결하는 것이 제도'라고 주장하는 것은 합리적 선택 제도주의의 입장이다. 그렇다면 집합행위의 딜레마를 어떻게 해결한다는 것인가? 개인의 합리적 계산에 따라 집단구성원 간에 계약을 하는 것이다. 이때 계약을 준수할 것을 강제하는 구조가 바로 제도다. 따라서 합리적 선택 제도주의는 제도설계가 매우 중요하다고 지적한다. 개인의 선호는 주어진 것이기 때문에 제도가 개인의 선호 형성에 어떤 영향도 미치지 않는다고 본다. 합리적 선택 제도주의에서는 개인이 비용편익 분석을 한 결과, 편익이 비용보다 커야 제도의 변화가 가능하다는 점을 지적하고 있다.

4. 신제도이론의 유용성과 한계

유용성

제도가 환경으로부터 비롯되는 도전적 요소에 대한 적응 결과로 보는 단순논리가 조직이론을 지배했던 적이 있다. 상황적응이론(contingency theory)이 대표적이다. 조직처방에서 상황의 적응력을 강조했던 것은 조직을 지배하는 제도의 잠재력을 도외시한 것이었음이 밝혀졌다. 일찍이 복잡계이론에서는 시스템이 환경을 대하는 기본적인 관점으로 세 가지를 지적했다. 첫째, 자기생성이다. 이것은 조직이 스스로 자기의 행동규범 및 준거를 만든다는 개념이다. 둘째, 비선형적인 피드백 고리(feedback loop)에 의한 상호인과성의 논리를 가지고 있다는 것이다. 기존의 단선적인 인과관계의 틀을 벗어나 상호인과성을 인정함으로써 원인과 결과를 단정하지 않는다. 원인이었던 요소가 결과가 될 수 있다는 것이다. 셋째, 모순과 위기의 변증법적 논리에 따라 조직 변동을 이해해야 한다는 것이다. 조직의 변동 과정에서 제기되는 저항도 자연스러운 현상이고, 경우에 따라서는 의도적으로 모순과 위기를 조장하여 조직 변동을 꾀함으로써 상전이(phase transition)의 진화를 도모할 수 있다는 것이다.

신제도이론은 제도에 대한 새로운 개념인식의 내용을 제시함으로써 조직이 생명력을 지녔다는 사실을 우리에게 일깨워 주었다는 점에서 이론적 유용성이 있다. 특히 기존의 조직이론에서는 조직의 구조, 규칙 및 절차, 그리고 가치를 주어진 것으로 보았다. 그런데 신제도이론에서는 이것이 무엇에 의해 형성된 것인지를 밝히고 있다. 아울러 이들 요소로 구성된 제도가 행위자에게 어떤 영향을 미친다는 사실을 소상하게 지적한다. 따라서 행위자의 행동에 대한 좀 더 차원 높은 이해를 가능하게 했다. 제도 변화는 행위자의 행동양식의 변화를 수반하게 된다. 이런 의미에서 제도 변화의 원인과 동력을 이해하는 것이 중요하다. 신제도이론에서는 제도 변화의 요인까지도 제시하기 때문에 이론적 유용성을 높였다는 평가를 받고 있다. 특히 합리적 선택 제도주의는 제도가 어떻게 집합행위의 딜레마를 해결해 주는지에 관한 일반이론을 구성하는 것을 목표로 삼고 있다는 점에서 신제도이론을 시간과 공간을 초월하여 적용할 수 있다고 말한다. 정책학자들이 좋아할 만한 평가가 아닐 수 없다.

한계

신제도이론의 한계로 지적하는 내용 중 가장 중요한 것이 바로 '제도적 결정론'의 오류다.

제도 중심적 연구이다 보니 행위자에 대한 제도의 영향을 강조하기 마련이다. 그 결과 개인의 주체성과 정체성, 그리고 이성을 지닌 개인의 합리적 선택 능력을 과소평가하거나 도외시하는 결과를 초래하고 있다는 비판을 받는다.

경험적 연구를 통해 신제도이론의 주장을 입증하고 검증하는 데 한계가 있다는 점이다. 이런 비판은 신제도이론이 거시적인 성격의 이론이다 보니 추상성이 강한 점에 기인한다. 과연 제도적 제약이 개인 행동 결과 간의 인과관계를 경험적으로 입증하지 못한다는 비판이 나오는 배경이다.

제도의 독자성을 강조한 나머지 제도 변동에 대한 설명이 다소 미흡하다는 지적이 있는 것도 사실이다. 제도를 환경과의 관계에서 독립변수라는 점을 강조하다 보니 제도의 안정성과 지속성을 지나치게 부각하면서 제도 변동에 대한 체계적인 분석에 소홀했다는 비판을 받고 있다.

특히 역사적 제도주의는 행위자(개인, 집단)의 선택을 제약하는 구조적 조건을 설명한 공헌이 있지만, 개인의 의도와 전략 및 가치와 그에 의한 행위를 설명하지 못했다는 점에서 한계가 있음을 드러냈다.

사회학적 제도주의는 권력관계와 갈등, 개인의 의도성 등을 무시한다는 점이 한계로 지적된다. 문화와 상징, 인지가 강제력과 압력을 통해 형성되기도 한다는 점을 도외시했다는 것이다. 이른바 정치적 의도를 가지고 문화와 상징, 의미체계를 조작하는 것에 따라 제도 형성과 운영이 좌우되는 사실을 설명하지 못했기 때문이다.

합리적 선택 제도주의는 선호 형성이 어떤 과정을 통해 이루어지는지를 설명하지 못한다는 지적을 받고 있다. 선호는 선험적으로 주어진 것이라고 전제하는 등의 연역적 논리에 따른 설명방식을 따르기 때문에 현실의 문제를 규명하는 데 한계를 지닌다. 역사적 제도주의에서처럼 권력관계의 불균형의 문제, 문화가 제도 형성에 미치는 영향 등에 대해 관심을 두지 않는다는 점도 비판의 대상이다.

한편 '부정청탁 및 금품 등 수수의 금지에 관한 법률'(일명 김영란법)은 경조사비 축의금 상한선을 10만 원으로 정했다. 그랬더니 평소에는 5만 원 안팎을 봉투에 넣던 사람들까지 부담을 느껴 무리해서 10만 원을 내게 되는 경우가 많다고 한다. 제도가 10만 원 한도라고 정해 놓자 많은 사람들에게 표준 금액인 것처럼 여겨지는 현상이 나타났다. 공무원행동강령의 경조사비 한도는 5만 원이다. 경조사비 인플레를 부추기는 의도하지 않은 결과가 제도를 통해 나오게 된 것이다. 제도는 이처럼 사람들의 선호와 행동에 영향을 미친다. 그럼에도 불구하고 제도에 대한 심층적인 분석으로 들어가면 앞에서 지적한 다양한 논의가 가능하다. 신제도이론은 제도결정론의 오류를 경계해야 함을 우리에게 일깨워 주고 있다.

Chapter
11

거버넌스이론

1. 거버넌스 논의의 배경

경제협력개발기구는 정부운영의 가치가 시계(時界)에 따라 세 가지로 구분될 수 있다고 했다(OECD, 2006). 단기적으로는 고객수요에 민감하게 반응하는 정부가 되어야 하고, 중기적으로는 국민의 이익을 위해 봉사해야 하며, 사익으로부터 공익의 보호를 위해 책임 있는 정부라야 한다는 것이다. 그리고 장기적으로는 국민을 공정하게 대우하고, 개인과 공동체를 존중하며, 투명한 정책결정 체계를 세우는 정당성 있는 정부가 되어야 한다고 했다. 요약하면 정부는 대응성, 책임성, 정당성을 정부운영의 핵심 가치로 삼아야 한다는 것이다. 같은 맥락에서 고객지향 행정, 정부혁신, 정책 네트워크의 강화는 신자유주의 이데올로기의 영향에 따라 정부운영의 가치로 자리 잡은 게 사실이다. 기업경영의 원리가 공공부문에 적용되어야 한다는 신공공관리(New Public Management)와 시민참여의 폭을 더 넓혀야 한다는 참여정치를 통합한 개념이 바로 거버넌스(governance)라고 인식되기도 한다(이재광, 2010: 18).

그렇다면 거버넌스의 기원에 대한 논의가 본격적으로 이루어진 배경은 무엇인가? 다른 행정이론의 등장 배경이 예외 없이 경제 시스템의 위기와 사회정치적 상황과 긴밀히 연계되어 있듯이 거버넌스이론도 '과잉생산경제에 대한 정부의 대응양식'으로 이해된다. 1970년대 이후 본격화한 과잉생산경제를 거버넌스의 기원으로 간주할 수 있다는 것이다.

과잉생산경제에 따른 다양한 도전적 요인들이 정부에 대해 개혁을 촉구했다. 이런 상황에 직면한 정부는 이미 지적한 것처럼 고객지향성을 강화하고, 탈(脫)관료조직으로의 개혁과 시민참여의 제도적 정책 네트워크를 구축하는 등의 대응을 실천했다. 이러한 세 가지 차원의 정부대응양식이 거버넌스라고 볼 수 있다는 것이다(이재광, 2010: 19~24).

과잉생산

제2차 세계대전이 끝난 후 미국을 중심으로 세계경제에 과잉생산과 과잉설비 상태가 지속되었다. 이것은 세계시장에 신규 진입하는 국가들이 많았다는 의미다. 1970년대 이후 아시아 국가들이 저임금의 숙련노동자와 국가 중심적 발전정책에 힘입어 세계시장에 진입했다. 한국과 타이완 등이 대표적이다. 1990년대에 들어와 중국의 시장 진입은 과잉생산체제에 불을 지르는 결정적 계기가 되었다. 이러다 보니 기업들의 경쟁이 치열할 수밖에 없다. 시장에서의 퇴출은 기업들에겐 공포 그 자체로 인식되었다. 그리고 개발도상국가의 추격은 선진국에게 위협감을 안겨다주었다. 중국의 추격은 위협 그 자체였다. 정부의 대응은 자국의 기업을 보호하기 위해 각종 지원과 규제정책을 통해 외국 기업의 국내 진입을 막는 데 초점을 두었다. 전쟁이나 대불황 같은 충격적인 상황이 도래하지 않는 한 과잉생산체제를 청산하기는 어렵다는 것이 경제사가 가르치는 교훈이다. 과잉생산은

소비자로 하여금 과소비를 야기했다. 소비자의 판단을 볼모로 과잉
소비체제가 유지되었다는 것이다. 정부는 금리조정, 재정투입, 외국
기업의 진입 규제 등의 정책수단에 집중하는 대증적(對症的) 위기처
방을 제시했다. 이러한 정부의 대응방식에 뒤따른 결과는 국가의 채
무 과잉이었다. 국가가 짊어질 채무뿐만 아니라 기업과 소비자가 각
각 짊어져야 하는 채무가 불어났다. 1990년대 후반 각국 정부가 거품
경제(bubble economy)와 함께 실현되지 않는 미래 소득을 근거로 소
비를 부추긴 결과 과잉부채가 생겼다. 우리나라의 경우, 박근혜 정부
에서조차 은행에서 빚을 얻어서라도 집을 사라고 부추긴 경제부총리
의 말을 들었던 많은 사람들이 가계부채의 짐으로 고통을 겪고 있다.

기업은 심화된 경쟁 상황에서 가격 인하의 압박을 받았다. 투자자
본 대비 수익률을 의미하는 이윤율은 당연히 하락했다. 생산시설을
저임금노동자를 확보할 수 있는 해외로 이전하는 등의 조치를 취했
지만 이윤율을 끌어올리는 데는 한계가 있었다. 근본적인 이유는 과
잉생산체제의 유지에 있다. 특히 비금융부문의 이윤율은 1960년대
수준 이하를 유지했다. 이러다 보니 비금융부문에서의 자본투자는
급격하게 감소했다. 자본은 이윤을 따라 움직인다는 점은 하나의 확
고한 법칙이다. 반면에 금융부문의 이윤율은 상승세를 유지했다.

미국 금융기관의 이윤율이 15%에 달했던 적이 있다. 프랑스는
20%에 이르는 이윤율을 기록하기도 했다. 이것은 신자유주의의 영
향으로 해석된다. 1940년대 말 처음 등장한 헤지펀드(hedge fund)가
2000년 초에 6,000여 개로 늘어난 것은 이를 반증한다. 기업 자체까
지도 상품으로 보고 인수합병(merger and acquisition)이 일어난 것도
주목할 대목이다. 우리나라 외환은행을 헐값으로 사들인 미국의 헤
지펀드인 론스타(Lone Star)도 기업사냥꾼이라 비판받는 대표적인 사

례다.

이런 상황에서 국가 전체 산업의 성장이 둔화되고 정부는 위기에 봉착하게 되었다. 정보화, 기계화를 통한 인건비 절감은 일자리 감소로 이어졌다. 실업률이 국가정책의 과제로 등장한 것이다. 실업률은 소득불평등을 심화하는 요인이 되었다. 토마 피케티(Thomas Piketty)가 『21세기 자본(Le Capital au XXIe siècle)』에서 지적하고 있는 것은, 국민소득 중에서 자본에 돌아가는 몫이 21세기에 점점 더 높아질 것이고 반대로 노동의 몫은 줄어들 것이라는 점이다. 자본/소득 비율이 다시 5~6으로 높아지고 있는 현상을 방치하면 불평등이 강화되고 세습 자본주의가 불가피하다는 사실을 예측하기도 했다(피케티, 2014). 경제적 불평등은 여러 가지 사회문제를 불러오고, 사회문제의 폭발은 민주주의의 위기를 초래한다. 대다수 국민들은 자본주의 시장경제체제의 사회가 승자독식 사회(Winner-Take-All Society)로 변모하는 것을 보면서 절망과 탄식을 쏟아 놓고 있다. "자본주의 체제란 대량 소비와 중산층의 높은 구매력으로 움직인다"는 지적이 나오는 이유다(보스하르트, 2001: 23~33). 과잉생산체제가 환경문제를 가져온 주범이라는 지적을 논외로 하더라도 정부 대응양식의 새로운 변화를 꾀하기에는 충분한 근거와 이유를 제시했다고 평가할 수 있다.

심화된 경쟁 상황

경쟁은 시장경제체제의 핵심 요소다. 시장경제체제를 움직이는 가격장치도 경쟁요소에 의해 기능한다고 할 수 있다. '보이지 않는 손'이 애덤 스미스가 시장의 가격기구를 은유적으로 표현한 것이다. 그는 칼뱅주의 청교도 신자였다. '보이지 않는 손'이 종교적 언어라는 느낌을 지울 수 없는 이유이기도 하다. 어쨌든 자본주의경제는 사유재산권, 자유 그리고 경쟁을 핵심 요소로 구성된다고 해도 과언이 아니다. 경쟁이 목적 달성의 수단이 아니라 그 자체가 세계를 지배하는 이데올로기로 부상한 계기는 과잉생산 경제체제의 출현과 맞물려 있다. 경쟁 이데올로기의 지배를 당하는 것은 기업만이 아니다. 세계화는 '국경 없는 경쟁체제'를 의미한다. 따라서 국가와 정부도 경쟁 환경에 적나라하게 노출되어 있다. 정부가 독점적인 권한행사가 이루어진 계기는 세계경제 대공황 이후 케인스주의에 의한 경제정책의 추진이라고 할 수 있다. 즉 정부가 '보이는 손'으로 나서면서부터다.

정부의 독점적 권력 강화가 지속되는 과정에서 과잉생산체제의 부작용이 드러나면서 1970년대 와서 정부 비판에 대한 강도가 커졌다. 재정적자 문제, 경제정책의 실패, 정부운영의 비효율성, 권위주의적인 정부행태, 이기적인 관료들의 부패 문제에 이르기까지 정부를 향한 비판의 목소리가 봇물처럼 터져 나왔다. 정부에서 일하는 사람들은 국민의 대리인에 불과한데도 불구하고 주인 노릇(갑질)을 하는 것에 대해 국민들이 두고 보지 않게 된 것이다. 학자들은 '주인-대리인 이론(principle-agent theory)'을 토대로 정부행태를 비판했다.

1989년부터 스위스 국제경영개발대학원(IMD)은 『세계경쟁력 연감』을 통해 국가경쟁력을 평가해 순위를 발표하기 시작했다. 이것은 정부에 경쟁 도입을 촉진하는 계기를 부여했다는 평가를 받고 있다. 정부운영에 경쟁요소가 적용되어야 한다는 주장은 '신공공관리'를 주장하는 사람들로부터 나왔다. 프리드리히 하이에크(Friedrich A. von Hayek)와 밀턴 프리드먼의 경제이론에 따른 신자유주의 이데올로기에 근거한 처방은 정부의 축소와 규제완화가 핵심이다. 앞서 신공공관리이론에서도 설명했듯이, 정부운영에 경쟁을 도입해야 한다는 주장의 토대가 되는 논리는 다음과 같다.

첫째, 경쟁이 정부운영에 효율성을 초래한다는 것이다. 경쟁을 통해 같은 비용으로 더 많은 효용을 생산할 수 있기 때문에 정부의 재정적자 문제해결에도 도움이 된다는 점을 강조한다. 둘째, 정부가 공공재화의 생산과정에 소비자인 고객의 요구를 반영함으로써 수요자 편익을 극대화할 수 있다는 것이다. 공공선택이론의 바탕에도 이런 관념이 있다. 셋째, 정부운영에 경쟁이 도입되면 고객지향적인 개혁을 추진할 수 있게 된다는 것이다. 관료조직체제의 변동에 대한 반응 지연현상을 극복할 수 있다는 점을 강조하고 있다. 넷째, 경쟁은 관료들로 하여금 성과지향적인 행태로 유도하는 효과가 있다는 것이다. 이것은 종래의 투입 중심적인 성과 평가기준에 일대 변화를 가져왔다. 성과와 산출 중심의 평가기준을 적용하게 됨에 따라 관료들의 생산성을 제고하도록 했다는 것이다.

시민이 고객으로 전위

과잉생산 시대에 정치적인 행위자로서의 시민이 경제적 소비자인 고객으로 위상 변화가 이루어졌다. 고객 확보를 위한 기업들의 경쟁으로 고객을 '왕'이라고 부른 것은 단순한 구호나 은유가 아니었다. 어떤 기업에서는 결재란에 회장 다음에 고객의 결재란을 두기까지 했다. 왕이 된 고객은 정부에 대해서도 같은 대접을 요구하는 사태로 발전했다. 이것은 시민사회에 국가의 통치와 지배를 부정하는 인식이 자리하기 시작했다는 의미이기도 하다. 국가권력의 약화는 이 대목에서부터 출발했다고 해도 과언이 아니다. 정부에 대한 불신이 큰 이유다(나이, 2001: 21). 기업을 고객처럼 대하는 정부를 가리켜 혹자는 '슈퍼마켓 정부(supermarket government)'라고 부르기도 한다 (Bennet, 2004: 101~125). 정부는 슈퍼마켓에서 내가 사고 싶은 물건을 고르듯이 나에게 맞는 정책과 서비스를 제공하라는 것이다. '맞춤형 서비스'라는 개념은 바로 여기에서 나왔다. 고객의 요구에 대한 대응성(responsiveness)이 행정 이념으로 부상한 배경에도 이러한 경제적·정치적 맥락이 자리 잡고 있다.

정부의 권력 약화

세계화를 추동했던 신자유주의 이데올로기는 정부의 기능을 약화시키는 데 일조했다. 일국의 정부를 뛰어넘는 초국적 기업이 세계를 지배하는 현상이 나타났기 때문이다. 이것은 시장이 정부의 주인으로 등극했다는 의미다(Strange, 1996). 정부기능의 약화는 시장에 대처할 능력의 부족을 의미한다. 반대로 정부는 대기업과 초기업의 요구에 부응한다는 뜻이다. 세계무역기구(WTO)와 국제통화기금(IMF), 유럽연합(EU) 및 세계경제 블록을 움직이는 기구의 간섭하에 국가가 놓이게 되었다는 의미를 함축하고 있다. 외환위기는 이러한 지배를 공식화하는 계기가 되었다. 기업의 생산시설의 해외이전, 외자유치에서 이들의 지배와 간섭을 고스란히 수용하지 않으면 안 되는 상황을 맞게 된 것이다. 지방은 지방대로 '세방화(glocalization)'라는 이상한 용어를 만들어 이를 구호로 삼고 지리경제학적 장점을 들면서 세계적인 경쟁의 틀 속으로 들어갔다. 지방자치단체는 세계화 시대에 살아남기 위해 고장이라는 장소까지 판촉하는 일도 서슴지 않았다(김형국, 2002: 65). 이것은 지방과 지역도 예외 없이 국가의 권력 약화를 초래한 과잉생산체제의 여파를 고스란히 받고 있었다는 반증이다.

2. 거버넌스의 개념적 스펙트럼

거버넌스에 대한 논의의 배경을 들여다봐도 거버넌스의 개념은 여전히 불명확하다. 거버넌스의 개념을 학자마다 다르게 규정하고 있는 데에서도 이를 확인할 수 있다. 어떤 경우에는 하나의 논문에서조차 여러 가지 의미로 사용되고 있음을 보게 된다. 이처럼 개념의 혼란을 초래하는 이유는 무엇인가? 첫째, 다양한 연구 분야에서 서로 다른 맥락을 배경으로 거버넌스 현상을 논의하기 때문이다. 국정관리(國政管理), 국가경영(國家經營), 협치(協治), 공치(共治), 지배구조, 네트워크 통치, 동반자적 통치 등 다양한 용어가 난무하고 있다. 둘째, 거버넌스 개념은 다양한 대상과 현상을 담고 있어서 획일적으로 규정하기 어렵기 때문이다.

여러 문헌에서도 거버넌스를 국정관리, 국가경영, 협치, 공치, 치리(治理) 등으로 번역하여 사용한다. 그 어느 것도 거버넌스의 본래의 의미를 오롯이 표현하지 못하고 있다. 그래서 아예 원어 발음을 그대로 사용하고 있는 것인지도 모른다. 서양 학문을 수입하는 사회과학자들의 책임인 셈이다. 거버넌스(governance)와 거번먼트(government)는 원래 '다스림[政]'을 뜻하는 동의어다. 다만 거번먼트는 공권력을 갖고 다스리는 '정부'라는 뜻으로 자주 쓰고, 더 넓은 의미의 다스림을 가리킬 때 '거버넌스'라는 낱말을 택하기도 한다. 이처럼 거버넌스의 용법은 실로 다양하다. 기업 지배구조라는 말도 영어로는 'corporate governance'라고 한다.

국가를 다스리는 정치행태로서 거버넌스는 새롭게 등장한 개념이 아니다. 전제군주 통치체제에서도 군주는 상비군과 관료제, 시민사회와 일정 부분 협동하여 통치했다. 입헌군주제는 군주가 의회 등 헌법기관들과 '더불어 다스리는' 체제다. 정당정치가 자리 잡은 곳에서는 사실상 민간조직인 정당과 정부 간의 협력체제인 '정치권'이라는 국정참여 집단체가 만들어지는 게 당연한 것처럼 보인다. 삼권분립은 국가의 입법부·행정부·사법부가 일정하게 분리되어 협동하며 통치하는 체제다. 언론을 '제4부'라 일컬을 때는 언론도 국가 다스림(governance)의 한몫을 담당하고 있음을 인정하는 것이다. 정경유착은 정치권과 재계가 서로 상대방의 다스림에 간여하는 나쁜 체제이지만, 그것 역시 거버넌스의 한 형태다. 따라서 이 모든 것을 '협치'라는 말로 포용하기에는 다소 무리가 따른다.

거버넌스가 정부 중심의 전통적인 지배와 통치를 특징으로 하는 정부의 운영방식과는 다른 새로운 형태의 운영방식이라는 사실만큼은 분명하다. 거버넌스가 관리주의(mangerialism)와 신제도주의 경제학(new institutional economics)으로부터 이론적 뒷받침을 받고 있는 신공공관리와 일맥상통한다는 점을 고려하면 전통적인 관료체제의 지배 모델을 비판하는 토대가 논의의 출발점이라는 사실을 알 수 있다.

관리주의는 전문경영, 명확한 성과 평가기준, 산출 중심의 관리, 원가 개념 등을 중시한다. 신제도주의 경제학은 공공 서비스의 생산과 배분에 시장 경쟁요소와 유인기제(incentive system)를 도입할 것을 주장하고 있다. 이런 점을 고려할 때 영국식 관리주의와 미국식 기업가적 정부 모델이 거버넌스이론의 핵심을 구성한다는 지적을 받는 것도 무리는 아닐 것이다. 이후에 설명하겠지만 그렇다고 해서 신공공관리이론과 거버넌스이론이 동일하다고 할 수 없는 각기 다른 특징적 요소를 품고 있다. 양자 간의 차이를 한 가지만 지적하면, 거버넌스이론에서는 중앙정부와 지방정부를 지배와 종속의 시각에서 이해하는 입장을 뛰어넘어 네트워크로 보는 관점을 취하고 있다는 사실이다. 피터 손더스(Peter Saunders)는 이중국가 모델(dual state model)을 통해 정부 간 관계를 네트워크 관점에서 분석하고 있다.

거버넌스의 개념에 담긴 생각의 편린이 매우 다양하고 복잡하게

거버넌스의 개념적 스펙트럼

개념 정의	출처
모든 인간 활동에 적용되는 규칙 체계	Rosenau, J. N. and Czempeil, Ernst-Otto(1992), *Governance without Government: Order and Change in World Politics*, Cambridge: Cambridge University Press.
상호의존성, 자원교환, 게임규칙, 국가로부터의 자율성을 지닌 자기조직적인 조직 간 네트워크	Rhodes, R. A. W.(1997), *Understanding Governance: Policy Networks, Governance, Reflexivity and Accountability*, Open University Press.
조직의 활동을 유도하고 제약하는 공식·비공식적 과정과 제도	Nye, Joseph S. Jr. and Nye, Joseph S.(2000), *Governance in a Globalizing World*, Brookings Institution Press.
국가, 시장, 네트워크, 공동체, 결사체 등 다양한 유형을 포함하는 것	Pierre, Jon(ed.)(2000), *Debating Governance: Authority, Steering, and Democracy*, Oxford University Press.
공식적 권위 없이 여러 행위자가 자율적으로 호혜적인 상호의존성에 의지하여 협력하게 하는 제도 및 조직 형태	Kooiman, Jan(ed.)(2002), *Modern Governance: New Government-Society Interactions*, Sage Publications Ltd.
어떤 사회적 상호작용의 양식	Kahler, Miles and Lake, David A.(2003), *Governance in a Global Economy: Political Authority in Transition*, Princeton University Press.
개인과 조직(민간, 공공)이 그들의 공동문제를 관리하기 위한 여러 가지 결합 방식	The Commission on Global Governance (1995), *Our Global Neighborhood: The Report of the Commission on Global Governance*, Oxford University Press.

얽혀 있어서 사실상 합의된 거버넌스의 개념 정의를 만들어 내지 못하고 있다. 개념 정의는 거버넌스가 적용되는 지역적 범위(세계적 차원, 지역적 차원, 국가적 차원, 지방적 차원)와 사회수준이나 부문마다 다르다. 제임스 로즈노(James. N. Rosenau)를 비롯하여 몇몇 학자의 거버넌스 개념 정의를 정리하면 표(거버넌스의 개념적 스펙트럼)와 같다.

3. 거버넌스이론의 갈래

일단 거버넌스를 국가, 시장 그리고 시민사회 영역에서의 행위자들 사이에서 가능한 협력적 지배형태라고 잠정적으로 이해하고, 이어서 설명할 다양한 협력 유형을 통해 그 의미를 좀 더 살펴보기로 한다.

국가를 중심적인 행위자로 한 시장과 시민사회의 협력체계를 구축하는 경우, 시장과 시민사회가 각각 중심이 되어 다른 나머지 둘과 협력을 통해 지배하는 경우 등이 있을 수 있다. 즉 중심이 되는 행위자가 국가냐, 사회냐, 시장이냐에 따라 거버넌스의 형태와 특징이 다르게 나타날 것이다. 또한 거버넌스의 형태와 특징은 국가와 사회의 정치적·역사적 맥락에 의해서도 영향을 받는다는 사실에 주목할 필요가 있다. 사회의 운영원리로서 자본주의, 시장주의 및 민주주의가 정착된 사회에서는 시장 또는 시민사회가 중심이 되는 거버넌스가 구축될 가능성이 높다. 이에 반해 절대주의 관료체제의 국가 상황에서는 국가 중심적 거버넌스가 힘을 발휘할 수밖에 없다. 거버넌스는 국가, 시장, 시민사회의 함수(G=f[국가, 시장, 시민사회]+세계화+정보화)라고 할 수 있다. 여기에 세계화와 정보화가 매개변수로 작용하게 된다.

이러한 맥락에서 보면 국가, 시장, 시민사회와의 영향 관계에 따라 거버넌스에 관한 이론적 논의는 크게 세 가지로 나눌 수 있다. 국가 중심의 거버넌스이론, 시장 중심의 거버넌스이론, 그리고 사회 중심의 거버넌스이론이 그것이다.

국가 중심의 거버넌스

국가 중심의 거버넌스는 관리주의(관료주의)의 지배원리에 따라 국가가 시장 및 시민사회에 깊이 개입하는 전통 위에서 거버넌스가 이루어진다. 국가 중심의 거버넌스는 기본적으로 국가가 국정운영의 주도권을 쥔 상태에서 기존의 국가운영 양태를 바꾸어 시장과 시민사회의 요소를 받아들이는 모습을 취하게 된다. 정부에 기업가 정신의 핵심인 경쟁과 원가 개념을 도입하는 등 시장주의를 일부 수용하는 한편, 관료제의 영속성을 완화하는 조치를 취하는 것이 그 예다. 크리스토퍼 후드(Christopher Hood)의 신공공관리론, 데이비드 오즈번(David Osborne)과 테드 개블러(Ted Gaebler)의 기업가적 정부론, 로즈(R. A. W. Rhodes)의 좋은 거버넌스, 가이 피터스(B. Guy Peters)의 신축적 정부 모델과 탈규제적 정부 모델 등이 국가 중심적 거버넌스이론에 해당한다.

시장 중심의 거버넌스

시장 중심의 거버넌스는 자본주의(시장주의)의 지배원리에 따라 시민사회와 국가가 협력하는 지배형태다. 피터스의 시장 중심 정부 모형, 최소국가론 등이 대표적이다. 최소국가론은 국가의 시장과 사회 개입의 범위와 형태를 최소화하는 것을 지향해야 한다는 점을 강조한다. 정부는 가능한 사회문제에 개입하거나 관여하지 않고, 공정한 정부를 중요한 원칙으로 삼는다. 최소국가론의 주장의 기저에는 사적 영역이 더 높은 질의 공공 서비스를 제공할 수 있다는 인식이 있다. 극단적으로는 오늘날의 사회경제적·기술적 발달이 공공관료제의 효능을 감축시킬 것이라고 전망하면서 공공 서비스를 제공하는 데 관료제가 적절한 역할을 수행하기 어렵다고 말한다.

사회 중심의 거버넌스

사회 중심의 거버넌스는 민주주의 및 공동체의 지배원리에 따라 시민사회가 중심이 되어 시장과 국가의 협력을 통해 지배하는 형태다. 사회-정치 거버넌스이론, 자기조직적 네트워크이론, 기업 거버넌스, 참여적 정부 모델 등이 대표적인 이론들이다.

거버넌스이론의 갈래

이론의 갈래	지배원리 (관점, 논리)	수평적 관계	주요 이론
국가 중심의 거버넌스	관리주의 (관료주의)	국가 → 시장 → 시민사회	신공공관리론, 기업가적 정부론, 좋은 거버넌스, 신축적 정부 모델, 탈규제적 정부 모델
시장 중심의 거버넌스	자본주의 (시장주의)	시장 → 시민 사회 → 국가	시장적 정부 모델, 최소국가론
사회 중심의 거버넌스	민주주의 (공동체주의)	시민사회 → 시장 → 국가	사회-정치 거버넌스이론, 자기조직적 네트워크 이론, 기업 거버넌스, 참여적 정부 모델

표는 앞에서 설명한 거버넌스이론의 갈래를 요약·정리한 것이다.

4. 주체에 따른 이론적 모델

거버넌스의 이론적 모델은 분석수준과 차원, 대상과 이슈, 그리고 주체에 따라 몇 가지 유형으로 나뉜다. 여기서는 주로 거버넌스의 이론적 모형으로 피터스가 제시하는 네 가지 유형을 간략하게 살펴보기로 한다. 그는 시장, 참여, 신축, 탈규제 등 네 가지 정부 모델이 전통적인 행정으로 일컬어졌던 미국의 초창기 행정과 비교하여 정부의 구조, 관리, 정책결정 및 공익 차원에서 다른 함의를 지니고 있다고 말했다(Peters, 1996: 16~20).

시장정부 모델

시장정부(market government)는 시장주의를 지배원리로 삼고 있다. 시장주의는 가격 중심의 자원배분, 경쟁원리, 고객주의를 지향한다 (정정길, 2000: 436~465). 자원의 효율적인 배분 과정에서 원가 개념이 중시되고, 그에 따라 소위 '가성비'(가격 대비 성능의 비율)를 따진다. 서비스 공급 과정에서도 경쟁을 통해 서비스의 품질관리에 관심을 둔다. 결국 소비자가 제공받은 서비스에 대해 어느 정도로 만족하는지에 민감하다. 이러한 행태를 가리켜 '고객주의'라고 한다. 공공 서비스의 질을 높이고 고객의 만족도를 높이기 위해서 서비스의 공급을 민간부문이 맡도록 하는 '민간위탁'도 '고객주의'에 따른 발상이다.

시장정부 모델은 기본적으로 정부의 비효율성을 전제로 하면서 자원배분의 메커니즘으로서의 시장의 효율성을 맹신한다. 이것은 신고전경제학파의 주장을 기반으로 한다(Peters, 1996: 22~23). 시장정부 모델에서는 정부의 문제가 생기도록 하는 것이 바로 관료의 정보 독점이라고 간주한다. 즉 관료의 이기심이 공공부문의 실패 원인이라고 인식한다는 뜻이다(Egeberg, 1995: 156~167). 전통적인 정부 관료제 모델에 따르면, 관료들이 정보 독점과 자신들의 항구적 직위를 이용하여 예산을 극대화하는 활동에 전념하며(Niskanen, 1971), 이를 통해 자신들의 이익을 극대화하기 위해 노력한다. 심지어 관료들은 특정 문제를 검토하는 것까지 막아 처음부터 자신의 이해와 어긋나는 결정이 이루어지는 것을 저지하기도 한다. 이런 행태를 '권력의 둘째 얼굴(second face of power)'이라고 하는데, 이는 '무(無)의사결정'의 핵심을 이룬다.

따라서 시장정부 모델은 공공부문의 조직화 방식과 관련하여 분권화를 처방하고 있다. 그리고 관료의 충원방식과 더불어 이들에게 대한 동기부여 및 관리를 어떻게 할 것인지에 대해 시장정부 모델은 정당한 성과에 대한 보상과 민간부문의 다양한 기법의 활용을 제안하고 있다. 신공공관리론이 지적하고 있듯이, 자원과 조직 관리는 어느 곳에서 이루어지든지 상관없이 '관리 그 자체는 관리'의 성격을 벗어나는 것이 아니라는 것이다. 그래서 민간부문의 관리든, 공공부문의 관리든 그 성격은 동일하다고 본다. 즉 민간부문의 관리기법을 공공부문의 관리 상황에 적용하지 못할 이유가 없다는 것이다. 시장정부 모델이 추구하는 정부개혁의 목표는 관료들의 특권을 박탈하는 것이다(Peters and Wollmann, 1995; Peters, 1996: 28 재인용). 민간부문에서와 같이 경쟁을 통한 인력충원 기법과 동기부여 방식을 활용함으로써 공공부문에서 저비용의 서비스 생산을 위한 '더 나은 정부(better government)'를 만들 수 있다는 것이다.

참여적 정부 모델

참여적 정부(participative government) 모델은 시장정부 모델과 반대되는 주장을 한다(Peters, 1996: 47~71). 일단 시장보다는 참여에 방점을 둔다. 정부를 둘러싼 문제는 기본적으로 위계조직에서 비롯되는 것이라고 지적하면서 수평조직으로의 개편을 주장한다. 조직관리에서 중요한 것은 총품질관리(total quality management)이고 팀 작업이라고 말한다. 정책결정 과정에서 관료의 독점적 역할을 지양하고, 민간부문의 참여를 허용하면서 이들과의 협의와 협상이 필요하다는 점을 강조한다. 정부는 어떻게 통치해야 하며, 무엇을 해야 하는지에 대해 국민들의 참여와 협의를 핵심적인 가치로 삼고 문제를 풀어야 한다고 말한다. 이 모델에서 참여를 강조하는 것은 비단 관료제 외부에 대해서만이 아니다. 관료제 내부에서 일선관료에게 참여의 기회를 부여하는 것을 중시하고 있다는 점이다. 한마디로 말해서 조직 내외의 이해 당사자와의 소통을 강조한다는 점에서 참여적 정부 모델은 의의가 있다.

신축적 정부 모델

신축적 정부(flexible government) 모델에서 '신축'의 의미는 환경변화에 대응적인 정책 산출을 위한 정부의 능력과 관련지어 이해해야 한다(Peters, 1996: 72~90). 신축적 정부 모델은 정부운영의 가장 큰 문제가 조직의 안정성에서 비롯된다는 생각을 전제하고 있다. 조직가치, 조직기억, 관료조직의 영속성이 좋은 정부를 만드는 데 방해가 된다고 판단한다. 즉 기존 관료조직의 경직화를 문제 발생의 근원으로 보는 것이다. 따라서 신축적 정부 모델에서는 공식적인 규칙과 제도에 의해 통제되는 연결망 조직보다는 느슨한 연결망 조직으로서의 가상조직을 대안으로 제시한다. 경우에 따라서는 한시적 조직을 통해 과제 해결에 집중하고 문제가 해결되면 조직이 해체되는 것을 염두에 둔다.

조직 및 인력 관리와 관련해서도 임시직 제도의 확대를 주장한다. 임시고용제도는 관료의 직업적 안정을 깨는 의미를 갖는다. 개방형 임용제도는 바로 이러한 맥락과 닿아 있다.

정책결정에서는 실험을 강조한다. 과거의 정책기조와 결정의 규칙 틀을 벗어나 적극적이고 창의적인 정책을 제안할 것을 요구한다. 이른바 정책의 경로의존성을 깨보자는 의도가 숨어 있는 셈이다. 좋은 정부는 서비스 생산비용을 줄이고 다양한 이해의 조정능력을 갖춘 정부라고 인식한다.

탈규제적 정부 모델

탈규제적 정부(deregulated government) 모델은 정부 문제의 핵심 원인이 조직 내부의 규제라고 진단한다(Peters, 1996: 91~110). 즉 조직 내부의 규제라 할 수 있는 관료적 형식주의, 번거로운 절차와 제약 등이 정부 문제의 원인이라는 것이다. 이런 문제의 인식에도 불구하고 탈규제적 정부 모델에서는 관료조직의 새로운 개선방안에 대한 언급이 없다. 조직관리에 대한 처방은 조직구성원의 자유 확대를 위한 방안에 초점을 둔다. 정책결정과 관련하여 시장철학을 실현할 기업가적 정부의 행태에 초점을 둔 제안을 한다. 즉 정책이 결정되고 법이 집행되는 절차에 관심을 집중한다. 정책결정 과정에 관료제의 역할이 중요하다고 인식하고 있다. 그 이유는 관료조직이 정책결정에 필요한 전문지식과 아이디어의 저장소라고 보기 때문이다. 기업가적 결정 양식은 사실상 투입보다는 산출에 초점을 둔다. 좋은 정부는 과거의 규제와 통제에서 벗어나 창의적인 행동가들에 의해 가능해진다고 본다. 이 모델은 국민의 참여가 공공 영역을 통제하는 수단이 된다고 인식한다는 점에서 의미가 있다.

이상의 내용을 정리하면 다음 표와 같다.

거버넌스 모델의 특성 비교

비교기준(↓)/ 모델 종류(→)	시장정부 모델	참여정부 모델	신축정부 모델	탈규제정부 모델
문제 진단의 기준: 문제를 야기하는 원인	독점	위계조직	영속성	내부 규제
구조: 공공부문의 조직화 방식	분권화	수평조직	가상조직	제안 없음
관리: 인력 충원방식, 동기부여, 관리 그리고 재정자원에 대한 통제방식	성과급여, 민간부문의 기법	총체적 품질관리, 팀 작업	임시직 관리	관리상 자유 확대
정책결정: 정책 과정에서 관료의 역할, 민간부문에 대한 영향력 행사방식	내수시장, 시장으로부터 장려	협의와 협상	실험 적용	기업가 정부
공익: 좋은 정부를 구성하는 방식(정부는 어떻게 통치해야 하는가, 정부는 무엇을 해야 하는가)	비용절감	참여와 협의	비용 축소, 조정	창의성, 행동주의

출처: Peters(1996: 19).

5. 거버넌스이론의 효용과 한계

거버넌스이론은 중앙 및 지방정부, 민간부문과 비정부기구 등의 다양한 행위자들로 결합된 네트워크에 초점을 둔 국정운영을 강조하고 있다는 점에서 의의가 크다. 거버넌스이론이 국정문제에 대한 관료제의 일방적인 결정보다는 국가와 사회 및 시장의 다양한 행위자 간의 타협과 조정에 의한 결정에 더 가치를 부여하고 있는 점은 환경 변화의 복잡성에 대응하기 위한 정부운영 체계에 유용한 시사점을 제시하고 있다고 평가된다.

기존의 정부운영을 설명하는 개념과 이론은 기본적으로 치자(治者)와 피치자(被治者), 관리자와 피관리자, 통제자와 피통제자 등의 이분법에 따른 행위자 구분을 기본적으로 전제하고 있다. 이에 반해 거버넌스이론은 다양한 영역의 행위자의 결합양식에 따른 국정관리가 가능하도록 국가가 중심이 될 수도 있고, 시장과 사회가 중심적 역할을 할 수 있는 가능성을 제시했다는 점에서 특징이 있다. 이것은 정부의 바람직한 역할, 즉 공익을 실현하는 새로운 방식을 제시한 것이라는 의미다. 이런 맥락에서 거버넌스이론은 복잡계로 인식되는 국정체제에 관여하는 다양한 행위자들의 상호작용에 의해 창발성을 드러낼 수 있는 관리전략을 마련하는 데 유용할 것이라고 평가된다.

이 장에서는 거버넌스의 이론적 배경을 '과잉생산경제에 대한 정부의 대응양식'이라는 관점에서 살펴보았다(이재광, 2010). 거버넌스의 개념적 스펙트럼은 범위가 넓고 다차원적이다. 그래서 개념이 모호하다 보니 개념 이해에 혼란을 초래하는 것이다. 거버넌스가 파트너십, 네트워크, 레짐(régime), 통치, 국제체제, 세계체제 등의 개념과 어떤 차이가 있는지를 둘러싼 의문이 있다는 점에서 이론적 한계가 있다. 거버넌스이론은 여러 이론의 지원을 받고 있기 때문에 과연 독자성이 있는 이론인지 의문이 제기되기도 한다.

Chapter
12

복잡계이론

1. 복잡계이론의 등장 배경

국내외 문제들이 속 시원하게 풀리지 않고 시간이 갈수록 오히려 더 꼬이기만 한다는 지적이 많다. 이러한 비판과 불만이 제기되는 데에는 근본적인 이유가 있다. 종래의 문제 접근방식이자 문제 인식의 틀이라 할 수 있는 패러다임으로는 올바로 문제를 이해할 수 없을 뿐만 아니라 문제의 해법을 찾는 것도 불가능하기 때문이다.

기존 패러다임은 한마디로 '요소 중심주의'에 기반을 두고 있다. 즉 기존 패러다임은 전체를 구성하고 있는 요소들에 주목하여 그 요소의 분석을 통해 전체의 특징을 이해할 수 있다고 보는 '요소환원주의적 방법론'에 따른 문제 분석과 처방을 선호한다. 그러므로 전체에 관심을 집중하기보다는 전체를 이루고 있는 구성요소들의 특성에 주목함으로써 전체의 특성을 이해할 수 있다고 믿는다. 하이에크도 전체는 그것을 구성하고 있는 부분들로 환원될 수 없다는 이론적 전제에서 세계를 극복 불가능한 불확실성과 무질서, 그리고 우연에 의해 지배되는 복잡한 체계로 생각했다. 그런 이유로 그는 복잡성 패러다임을 사회과학 영역에 도입한 선구자로 평가받고 있다.

1990년대 이후 복잡계이론에 대한 관심이 빠른 속도로 확산되어 왔다. 최근에는 복잡계이론을 현실세계에 적용하여 새로운 해석을 이끌어 낼 뿐만 아니라, 불가해한 문제를 이해시켜 주는 역할을 함으로써 단단히 자리매김하고 있다. 복잡계에 관한 연구는 지금까지 미국과 유럽을 중심으로 활발하게 이루어져 왔다. 미국의 뉴멕시코 주에 위치한 산타페 연구소는 복잡계이론을 세계적으로 널리 알리는 데 지대한 공헌을 하고 있다. 우리나라에서도 10~20여 년 전부터 복잡계에 관심을 가진 연구자들이 늘고 있으나, 아직은 기존의 전통적 학문분과의 틀 안에서 학제적인 속성을 내포하는 상황이라 새로운 커리큘럼을 만들어 내는 수준까지는 이르지 못했다. 다시 말해서 정치학, 행정학, 경제학, 경영학 등의 사회과학 분야에서 복잡계에 관심을 가진 학자들이 현실의 복잡계적 문제에 천착하여 활동하고 있으나 여전히 체계적인 통합 패러다임에 대한 갈구가 큰 것도 사실이다. 특히 행정연구에서 복잡계이론을 통해 행정체제의 다양한 주제들을 천착하는 단계에는 아직 이르지 못하고, 조직연구에 한정한 개념 적용의 연구가 이루어지고 있다.

복잡계적 시각으로 사회현상을 바라보는 것이 보다 큰 유용성과 적실성을 가지게 된 배경에는 이른바 '네트워크 혁명'이라 불리는 새로운 거시적 사회변동의 흐름이 있다. 정보통신기술의 발달에 따른 사회체계의 변화는 사회의 구조적·제도적·문화적 차원, 그리고 행위자 차원에까지 영향을 미치고 있다(김문조 외, 2005). 이에 따라 사회의 비형평성과 역동성, 자기조직성 등이 강조되고 있는데, 이는 새로운 사회현상의 발견이다.

정보사회도 19~20세기부터 본격적으로 시작된 거대한 지구적 네트워크의 출현일 뿐 아니라, 수십억 년에 걸쳐 지속되어 온 자기조직화의 메커니즘에 따른 미시에서 거시로의 질서 창발 과정의 흐름으로 볼 수 있다(장덕진·임동균, 2006: 63). 이는 박테리아가 고등생명체로 발전하는 과정에서 자기조직화와 창발현상의 메커니즘을 통해 복잡한 네트워크에 기반을 둔 전체 시스템이 나타나게 된 패턴과 유사하다.

복잡계로서의 행정체제에 대한 이해는 결과적으로 행정의 존재론적인 이유와 목적을 제대로 달성하는 데 도움이 된다는 점에서 그 필요성이 인정되고 있다.

최근에는 과거에 비해 행정체제를 구성하는 요소들이 매우 다양할 뿐만 아니라, 이들 구성요소 간의 상호작용이 전례 없이 복잡하게 전개되고 있다. 정책 이념적 스펙트럼에 따라 이슈별로 집산의 형태를 보이는 등 거시적인 차원에서의 새로운 행정행태를 창발하는 상황을 어떻게 이해할 것인지에 대한 문제의식이 복잡계이론을 떠받치는 요소라고 할 수 있다. 행정체제 외부에서 행정력을 추동하는 에너지와 정보, 물자의 공급이 그 어느 때보다 활발해짐에 따라 행정체제 내부의 구성요소 간의 상호작용도 매우 다양해졌다. 체제 구성요소 간의 다양한 상호작용은 비선형적 인과관계를 드러낸다. 조직의 예산과 규모가 반드시 효율성과 비례하지 않는다는 점은 단적인 예다. 그럼에도 불구하고 선형적 인과관계의 정책 과정을 상정하고 있기 때문에 거기에는 예상치 못한 많은 정책 부작용이 나타난다. 여기에는 정책 초기 조건의 민감성이라는 복잡계에서 나타나는 특징이 시간이 지나면서 오히려 정책 부작용의 효과를 확대 재생산시키는 등 악순환의 고리를 형성하기 때문이다.

복잡계이론이 행정연구에 도입되는 배경에는 종래의 정책연구가 규명하지 못했던 새로운 현상에 대한 설명의 필요성이 자리하고 있다. 환경과 체제 변동의 상호 인과성의 논리구조를 제대로 이해하려는 의도가 있다. 복잡한 현상을 가로지르는 거시적 질서와 법칙을 찾아내고자 하는 학문적 열망도 작용한다. 사실상 행정이론의 적실성을 담보할 가장 핵심적인 요소는 복잡한 행정현상에서 '패턴 찾기'라고 해도 과언이 아니다. 반복되는 현상의 질서 속에서 일정한 규칙을 찾아내는 것이야말로 현상 이해의 첩경이다.

복잡계이론은 환원주의적 과학방법론의 한계를 극복하고 전일주의적 과학방법론의 채택을 통해 복잡계를 올바로 이해하려는 학문적 노력의 결과인 셈이다. 행정체제를 구성하는 다양한 요소와 그 요소들 간의 상호작용에서 비선형성에 의한 창발현상을 나타내면서 끊임없이 환경에 적응하는 학습조직으로서의 체제라는 점에서 복잡계임이 분명하다. 따라서 행정체제에 대한 연구자원으로서 복잡계이론이 충분히 제 역할을 하리라고 기대한다.

2. 복잡계의 특징과 이론적 배경

복잡계의 정의

복잡계(complex system)에서 말하는 복잡함이란 단순히 복잡하고 난해한 것이 아니다. 그것은 매우 복잡하지만 일정한 규칙과 질서가 존재하는 것을 말한다. 복잡계에 대한 정의는 다양하다. ① 구성요소끼리 상호작용하며 얽혀 있는 많은 부분, 개체, 행위자들로 이루어져 있는 것(Gel-Mann, 1995), ② 요소의 상호 간섭으로 패턴을 형성하고 의외의 성질을 드러내며 각 패턴이 요소에 대해 피드백(feedback)되는 시스템(Arther, 1999: 197~109), ③ 구성요소 간에 연관성이 높아 요소의 활동이 다른 요소의 활동에 좌우되는 시스템(Simon, 1995), ④ 초기 조건과 작은 요동에 민감하고 다양한 진화경로를 지니는 것 (Whitesides and Ismagilov, 1999: 89~92), ⑤ 상호작용하는 요소의 비선 형적인 행동을 종합적으로 이해해야만 하는 시스템(Singer, 1995), ⑥ 각 요소가 다른 요소와 상호작용하여 전체는 부분들의 총화 이상 으로 독자적인 행동을 보이는 것(요시나가 요시마사, 1996) 등이 있다.

시간이 흐를수록 자연현상만이 아니라 사회와 경제, 정치, 행정 분 야의 현상들이 매우 복잡해지는 상황에 이르고 있다. 그러면 이처럼 현상의 동학이 복잡해지는 이유는 무엇일까? 그 이유는 대략 세 가지 로 정리해 볼 수 있다(윤영수·채승병, 2005: 39~42).

첫째, 현상과 관련된 개체의 종류와 수가 매우 많아진 점이다. 사 람들의 욕구와 기호도 다양해지고, 소비 성향에서도 과거와는 현저 한 차이를 보이며 한층 복잡한 양상을 띤다.

둘째, 현상과 관련을 맺고 있는 개체들의 행동을 규율하고 통제하 는 법칙을 알 수 없다는 점이다. 사람들 개개인의 행동에서 보이는 동학은 단순한 공식과 법칙에 의해 깔끔하게 규명되지 않는다. 인간 행동의 규칙을 획일적으로 규정한다는 것이 쉽지 않은 이유가 바로 여기에 있다. 사람들의 기호와 선호가 지속적으로 계발되고 있기 때 문에 수시로 행동노선이 바뀔 수 있는 가변적인 성질을 띤다.

셋째, 현상과 관련을 맺는 개체들이 서로 다양한 영향을 주고받으 면서 적응하고 있다는 점이다. 개체들 사이에 서로 기능적 관계를 형 성하면서 상호작용을 하고 있기 때문에 그것을 통해 외부환경의 변 화에 대응하는 학습능력을 키우기도 한다. 그러면서 개체 모임인 전 체 집합체가 진화하면서 복잡하게 변모한다. 여기에서 유의할 것은 상호작용의 구조 때문에 작은 개체의 변화라고 해도 그것이 전체에 엄청난 변화를 야기하게 된다는 점이다.

이러한 현상은 행정체제에서도 나타난다. 외부에서 유입된 새로운 제도가 기존의 문화 적응적 제도를 뒤엎고 그 자리에 대신 정착하면서 예기치 않은 부작용을 낳는 경우가 있다. 우리나라 공무원의 인사평가 과정에서 새로 도입된 다면평가제도가 인적 네트워크와 비공식 집단의 윤리와 규범이 영향력이 강한 우리나라의 조직문화에서 당초의 취지를 제대로 구현하지 못한다는 비판을 받고 있는 것이 한 예다. 이 밖에도 다양한 정책이 당초의 목표에서 벗어난 부작용과 기대하지 않았던 효과를 내는 배경에는 복잡계적 특성이 자리하고 있기 때문이다.

복잡계의 특징

복잡계는 여러 구성요소의 상호작용을 통해 구성요소의 특성과는 전혀 다른 특성(창발성)을 나타내는 전체로서의 특성을 지닌 시스템이라는 의미다. 이러한 정의를 통해 복잡계의 특징을 추출할 수 있다.

첫째, 복잡계는 상호작용하는 많은 구성요소로 이루어져 있다. 복잡계에서 다양한 상호작용의 결과로 개별적인 요소들의 특성과는 현저하게 다른 차원의 거시적인 새로운 현상과 질서가 나타나게 된다. 이 새로운 질서를 가리켜 '창발(emergence)' 또는 '창발현상(emergence behavior)'이라고 한다. 노벨물리학상 수상자인 필립 앤더슨(Philip W. Anderson)은 복잡계의 특징과 관련하여 "더 많은 것은 다른 것이다(More is Different)"라고 말함으로써 부분의 특성과는 다른 전체의 특성이 존재하고 있음을 지적하고 있다(Anderson, 1972: 393~396). 창발이 존재하는가, 그렇지 않은가에 의해 우리는 그 시스템이 복잡계인지 아닌지를 결정하게 된다.

관료조직을 구성하려면 세분화한 직무에 걸맞은 능력과 기술을 지닌 다양한 사람들이 필요하다. 이들은 서로 영향을 주고받으면서 일하게 된다. 어떤 형태로든 이들 간의 상호작용이 없다면 시스템으로서의 관료조직은 무질서 속으로 빠져들게 될 것이다. 각 부서에 배치된 사람들과의 관계와 상호작용에 대한 이해가 없이는 관료 시스템의 작동원리를 파악하는 일이 불가능해진다.

둘째, 복잡계의 구성요소 사이에서 이루어지는 상호작용은 비선형적인 특성을 보인다. 왜냐하면 작은 요동(fluctuation)이 구성요소 사이에 전파되면서 증폭되어 상상을 뛰어넘는 큰 영향을 미칠 수 있기 때문이다. 그래서 명확한 선형적인 인과관계를 규명하기가 어렵다.

더욱이 복잡계로서의 행정체제를 분석함에 있어서 체제에 참여하는 행위자들은 물질을 이루는 이온이나 입자 들과 달리 자신의 전략을 가지고 상호작용에 임한다. 그리고 상호작용의 결과를 통해 자신의 전략을 수정할 수 있는 학습 과정까지 거친다는 점을 고려할 때 미시행동에서 거시적 질서로 옮아가는 과정에서 연결고리인 개인 간 상호작용을 분석한다는 것은 좀처럼 쉬운 일이 아니다. 그래서 이를 분석하는 데 게임이론, 동역학적 학습 과정이 중시되고 있다.

셋째, 복잡계 구성요소의 상호작용에는 피드백 고리(feedback loop)가 형성된다. 구성요소 간의 상호작용은 다양한 경로를 거쳐 결국 자신에게로 되돌아오는 경우가 흔하다는 점이 복잡계의 특징 중 하나다. 이러한 피드백은 '음의 되먹임(negative feedback)' 경로를 거치면서 변화를 축소하거나, 반대로 '양의 되먹임(positive feedback)' 경로를 통해 변화를 증폭시키기도 한다.

넷째, 복잡계는 개방체제라서 체제의 경계를 명확하게 정하는 일이 쉽지 않다. 개방체제는 체제와 외부의 상호작용이 충분히 가능하다는 의미다. 다시 말해서 체제는 환경과의 상호작용을 통해 유·무형의 정보와 에너지를 서로 주고받을 수 있다. 따라서 체제의 경계는 관찰자에 따라 다르다. 관료제의 경우에도 그 경계를 어디로 볼 것이며, 정치체제의 경계 영역은 어디로 할 것인지에 관해 답하기란 쉽지 않다. 전통적인 접근 입장에서는 조직과 환경의 관계를 평형 모델로 설명했다. 이 모델은 조직이 개방체제라는 점을 인정하지만, 통제 불가능한 환경의 격변이 조직에 영향을 미쳐서 조직의 질서가 바뀌거나 조직의 목표와 수단에 일정한 변화를 가져오는 등의 변혁적 현상을 설명하지 못했다. 평형 모델은 조직과 환경의 상호작용에서 균형상태 및 항상성(homeostasis)을 상정하고 있기 때문이다.

그런데 복잡계는 '자기조직화'의 특성을 가지고 있다. 이것은 변혁적 상황에서 환경으로부터의 위기가 증폭될 때에도 조직의 복잡성에 대한 관리능력이 커지는 조직을 의미한다. 즉 새로운 조직관리 방식을 위해서 필요한 만큼의 내부 에너지와 정보를 소진하면서 환경과 고도의 에너지 교환을 하는 조직으로 탈바꿈하는 것을 말한다. 결과적으로 복잡계 조직이란 동요를 통해 새로운 질서를 만들 수 있는 역량을 갖춘 조직이다.

다섯째, 복잡계를 이루는 구성요소들은 서로 적응하는 상호작용을 통해 영향을 주고받는다. 행정활동은 정책을 통해 표출된다. 정책은 국민의 요구 반영 여하에 따라 순응과 불응이라는 결과를 얻는다. 정부가 국민과의 상호작용에 적절히 대응하지 못할 때 정부의 정책은 신뢰를 얻지 못한다. 정책에 대한 불신은 지배의 정당성까지 악영향을 미친다. 사회·경제·정치·행정 체계의 적응요소로 이루어진 복잡계를 가리켜 '복잡적응계(complex adaptive system)'라고 부른다.

이상의 논의를 요약하면 복잡계는 상호작용의 요소, 비선형적 특성, 피드백 고리의 형성, 개방체제 및 적응체계를 갖추고 있기 때문에 창발현상을 보이는 시스템이라고 할 수 있다.

이론적 배경

복잡성은 여러 학문 영역에서 끊임없이 논의되어 왔다. 다만 과거에는 복잡성을 하나의 이론적인 체계 안에서 기술하고 설명할 만큼의 지식 축적이 이루어지지 못했을 뿐만 아니라, 과학적인 이론으로 승화되지 못했기 때문에 독립된 연구 영역으로 자리 잡지 못했다. 과학의 지평이 확장되고 다양한 분과학문 사이에 학제적 연구가 가능해지면서 복잡성을 하나의 틀에서 이해할 수 있는 새로운 계기가 마련된 것이 '복잡성 과학(complexity science)'이다.

복잡계이론은 과학연구의 지적 전통과 밀접하게 연계되어 있다. 복잡계이론이 등장하기 전까지 과학연구의 지적 전통은 크게 두 갈래의 연구 대상으로 나누어졌다. 하나는 완벽한 질서의 세계, 다른 하나는 느슨한 질서 또는 무질서의 세계. 전자는 고전역학의 결정론으로 설명되고 기계론적 세계관의 토대가 되었다. 그리고 환원주의적 방법론을 추종했다. 그런데 완벽한 질서가 지배하는 세계로 봤던 곳에서도 때로는 우연성이 존재하고 무질서의 요소들이 상존한다는 점을 인식하게 되었다. 난류와 혼돈, 파이겐바움의 보편상수, 칸토어 집합, 코흐 곡선 등은 종래의 이론적 분석 틀로는 설명할 수 없다. 이는 뉴턴의 패러다임이 한계를 지닌다는 것을 깨닫는 계기가 되었다.

한편 무질서의 세계를 대상으로 한 과학연구의 지적 전통은 통계역학의 확률론에 의해 전개되었다. 고전역학의 결정론은 제2차 세계대전 이후에 혼돈이론, 기이한 끌개와 재규격화의 보편성 개념을 통계역학의 확률론은 비평형 통계역학, 소산구조, 자기조직화, 혼돈의 가장자리와 임계현상 및 자기조직화된 임계현상 등의 개념 등을 만들어 냈다. 이후에도 지속적으로 발전해 온 통계역학의 방법론은 복잡계이론의 탄생에 큰 역할을 했다. 또한 뉴턴의 역학에서 예상할 수 없었던 비가역성과 시간의 화살 문제를 통해 개개 입자의 차원에서 드러나지 않는 특징이 수많은 입자들의 상호작용을 통해 드러날 수 있음을 알게 되었다.

19~20세기에 들어서면서 르네 데카르트(René Descartes)로부터 이어져 온 기계론적 사고방식에 일대 전환이 필요하다고 인식하게 되었다. 새로운 인식을 구체화한 사람은 루트비히 폰 베르탈란피(Ludwig von Bertalanffy)로, 그는 열역학 제2법칙에서 다루는 닫힌 시스템으로는 복잡성의 증대현상을 이해할 수 없다고 보았다. 이어서 시스템이 외부와의 상호작용을 가능케 하는 열린 시스템에 적합한 이론체계의 필요성을 역설했다. 이런 인식에서 등장한 것이 시스템이론(systems theory)이다. 특히 일반체제이론(Forrester, 1961; Von Bertalanffy, 1968)은 구성요소가 피드백 고리와 연계된 모든 유형의 체제를 지탱하는 심오한 원리를 밝혀내려 했다.

시스템 이론은 여러 방향으로 발전되었다. 1950~1960년대에는 사이버네틱스(Cybernetics)의 흐름을 형성했다. 사이버네틱스는 피드백 고리를 이용하여 조정과 규제, 그리고 통제를 강조했다(Ashby, 1956). 사이버네틱스와 일반체제이론은 1960년대 조직이론을 휩쓸었던 지적 혁명에 영향을 끼치고 조직을 개방체제로 이해하는 관점의 도래를 알리는 역할을 했다는 평가를 받고 있다(Katz and Kahn, 1978). 한편 1970년대에는 파국이론(catastrophe theory), 1980년대에는 혼돈이론(chaos theory), 그리고 1990년대에는 복잡계이론(complex systems theory)으로 이어졌다.

3. 복잡계이론의 주요 개념

프랙탈과 자기유사성

프랙탈(fractal)은 확대된 부분과 전체가 똑같은 모양을 하고 있는, 자기유사성(self-similarity)을 갖는 기하학적 구조를 일컫는다. 리아스식 해안선, 동물의 혈관 분포 형태, 나뭇가지 모양(특히 브로컬리), 창문에 성에가 낀 모습, 산맥의 모습, 정부기관의 조직 배치도 등이 프랙탈 구조를 지니고 있다.

특히 복잡계 내에는 자기유사성을 지닌 프랙탈 구조가 여러 곳에 깃들어 있는데, 복잡도가 증가하면 프랙탈 구조 또한 여러 개가 겹쳐진 이른바 '다중 프랙탈 구조'가 형성된다. 프랙탈은 결정론적 수학과 확률론적 수학의 두 줄기를 합쳐 놓은 것이라고 할 수 있다(윤영수·김창욱, 2005: 125). 자기유사성은 자신의 일부를 확대해 보아도 원래의 자기 모습을 그대로 닮아 있는 것을 의미한다. 중앙행정조직 모양이 광역자치단체, 지방자치단체로 그대로 복제되어 옮아가는 모습을 보이는 것이 프랙탈의 예다.

자기조직화

비평형 상태에서 자발적으로 조직된 차원 높은 질서를 만들어 내는 것을 가리켜 자기조직화(self-organization)라고 부른다. 비평형 상태가 단순히 무질서를 만들어 내는 것이 아니라 새로운 질서의 근원이 된다는 점에서 자기조직화 개념은 복잡계이론에서 중추적인 위치를 차지한다. 질서와 무질서 상태의 중간 영역에서 자기조직화가 활발하게 일어난다. 시스템 내의 구성원들이 새로운 변화를 모색할 수 없을 만큼 위축되어 있지도 않고, 또 질서에 수렴할 수 없을 정도로 지나치게 활성화되지도 않은 상태가 바로 자기조직화가 극대화될 수 있는 지점이다.

자기조직화는 상호작용에 의해 이루어지기 때문에 컨트롤 타워 없이도 가능하다. 자기조직화 또는 자기생성(autopoiesis)은 비선형 상호작용의 당연한 결과다. 다시 말해 개별적인 행위자가 질서를 선호하는 성향이 아니다(Fontana and Ballati, 1999). 자기조직화는 오로지 외부로부터 에너지를 들여올 수 있는 개방체제에서 발생한다(Prigogine and Stengers, 1984). 복잡성의 제한적 특징은 자기조직화가 단순히 행위자들 사이에서 일어나는 상호작용의 자연스러운 결과라는 점을 명심해야 한다.

소산구조

비평형 상태에서 에너지의 지속적인 출입을 통해 구성요소가 자발적으로 비선형적인 상호작용을 통해 만드는 안정된 구조를 소산구조(dissipative structure)라고 한다. 구성원으로 하여금 조직에 에너지를 공급하도록 유도할 때 유지될 수 있는 구조가 소산구조인 셈이다. 소산구조는 열역학적 균형과 멀어질 때 생기는 조직화된 상태다. 왜냐하면 에너지가 지속적으로 일정하게 유입되기 때문이다. 에컨대 조직에 유입되는 새로운 에너지란 조직구성원, 공급제, 파트너와 고객들이다.

혼돈의 가장자리

질서와 혼돈의 경계가 혼돈의 가장자리(edge of chaos)다. 계(界)가 혼돈으로 와해되지 않을 정도의 안정성을 유지하면서 새로운 구조를 통해 환경에 적응할 수 있는 가능성을 포함하는 지점이 바로 혼돈의 가장자리인 것이다.

창발

환원된 부분에서는 유추하기 어려운 특성이 거시적으로 나타나는 현상을 창발(emergence)이라 한다. 단백질을 주성분으로 한 뇌세포로 이루어진 뇌에서 단백질의 특성과는 전혀 다른 생각과 사고가 생기는 현상은 창발성의 대표적인 예다. 행정조직의 문화는 창발현상이다. 인간의 지적인 사고나 신체의 운동과 같은 조직화된 움직임도 개개의 신경세포나 근육세포에 대한 이해만으로는 설명할 수 없는 현상이다. 개별 가정의 수입과 지출의 특별한 변화 없이도 국가경제가 호경기와 불경기를 순환하게 된다. 이것 역시 개개 경제주체의 특성에 대한 이해만으로는 설명할 수 없다. 이러한 창발현상은 복잡계의 구조 자체가 변화되거나 새로운 구조가 만들어지는 자기조직화 현상에 의해 일어난다.

자기조직화된 임계현상

시스템의 구성요소를 서로 다른 방향으로 이끌고 가려는 요인들이 팽팽하게 맞서 불안한 균형을 이루고 있는 지점을 임계점이라고 한다. 임계점 부근에서 균형이 깨질 때 시스템에 일어나는 거시적인 현상을 임계현상(critical phenomena)이라고 한다. 임계현상은 복잡계의 특징과 관계가 깊다. 시스템이 임계점과 멀어지면 시스템 요소 간의 상호작용은 매우 작다. 그러나 임계점에 근접하면 시스템의 요소 간의 상호작용이 긴밀해지고, 영향의 범위가 거듭제곱 법칙에 따라 증가한다. 임계점을 넘어서면 아주 작은 요동이 일어나도 멀리 떨어져 있는 요소에까지 영향이 확산되면서 시스템 전체에 증폭된다. 주식시장의 붕괴, 급격한 경기침체, 미국의 서브프라임 모기지 위기, 수입 쇠고기 파동, 비선조직에 의한 국정 농단 사건 등은 자기조직화된 임계현상의 개념으로 설명될 수 있다.

실험을 통해서 확인된 사실이지만, 시스템이 위치할 수 있는 수많은 가능성 중 임계점 부근에 놓일 확률은 극히 낮다. 그럼에도 불구하고 임계점 부근에 시스템이 놓이게 하는 것이 있다고 한다. 놀랍게도 비평형 상태의 복잡계는 스스로 임계점을 찾아 접근하는 자발적인 메커니즘을 가지고 있다고 한다. 질서와 무질서 사이의 미묘하고 불안정한 경계인 '혼돈의 가장자리'에 위치하면 임계점 근처로 시스템이 자기조직화된다는 것이다.

복잡적응계

복잡적응계(complex adaptive system)는 많은 구성요소가 상호작용하는 과정에서 학습하고 변화하는 체계를 말한다. 조직은 상호작용 과정에서 학습과 적응능력을 키운다. 이때 구성요소를 행위자(agent)라고 부른다. 복잡적응계는 가장 기본 단위인 행위자와 행위자의 모임인 메타 행위자로 구성된다. 개별 행위자는 상호 간의 자극과 반응의 규칙에 따라 행동한다. 복잡적응계의 상호작용에서는 비선형성이 나타난다. 비선형성은 조직론에서 말하는 시너지의 개념을 통해서도 이해된다. 부분의 값을 모두 더할 때 전체의 값이 나오는 경우를 가리켜 선형성이라 한다면, 비선형성은 전체가 부분의 합을 넘어선다는 의미다. 비선형 체계에서는 한두 개의 파라미터를 바꾸면 그것이 매우 작은 변경이라도 전 체계의 행위를 급격하게 변화시킬 수 있다. 복잡계는 비선형 방식으로 투입을 산출로 변모시킨다. 투입요소가 피드백 고리를 통해 다른 요소와 상호작용을 하여 종래와 다른 산출을 야기하기 때문이다.

복잡적응계의 다양성은 적응의 산물이다. 이러한 복잡적응계의 다양성과 상호작용의 효과로 인해 질서체계, 즉 항상성이 유지되는 것이다.

공진화

일반적으로 유전학적 관점에서 공진화(共進化, coevolution)는 다른 종의 유전적 변화에 맞대응하면서 일어나는 어떤 종의 유전적 변화라고 정의된다. 복잡계이론에서는 상위 시스템(super system)과 하위 시스템(sub system)이 같은 방향으로 진화할 때의 상황을 공진화라고 한다. 의회가 행정기관에 대한 통제기제(입법, 예산심의 및 집행, 국정감사와 국정조사, 대정부 질문과 상임위 활동 등)를 발전시키면 행정기관 역시 이에 대한 방어기제를 발전시키는 것이 공진화의 예다. 세계화 환경에서 공진화에서 말하는 공(共, co-)은 21세기의 가장 중요한 화두가 되고 있다. 정치는 국제정치의 영역으로 옮아갔고, 경제도 국제경제의 장으로 이동했다. 공정치(co-politics), 공경제(co-economy)의 사회환경 변화 속에서 공정부(co-government)는 진화의 각축장에서 생존을 위한 전제로 인식되고 있다. 국경 없는 세계화는 다름 아닌 함께하는(공, co-) 네트워크의 의미를 중시하게 만들었다. 행정체제의 변동원리는 복잡계이론의 주요 개념 중 하나인 '더불어'의 철학에 기초하고 있는 셈이다.

4. 행정현상의 비선형성 및 창발성

행정체제에 관한 중심적인 연구 분야로 자리매김해 온 관리과학은 이제껏 조직의 효과성을 증대시키기 위해 선형체제 모델에 따른 처방을 제시했다. 과학적 관리이론에서부터 현대 조직관리이론까지 다양한 조직관리의 이론과 방법들은 불확실성의 환경으로부터 비롯되는 도전에서 조직을 보호하거나 이를 차단하는 선형체제를 구축하는 것을 핵심 내용으로 하고 있다. 모든 선형체제는 소멸의 경로를 밟게 된다.

뉴턴의 패러다임은 미래 예측은 현재 지식의 연장선상에 있고, 미래 지식은 현재 지식보다 더 이상 불확실하지 않다는 것을 바탕에 깔고 있다. 미래를 향해 단순 궤도를 따라간다는 선형 관계(linear relations)를 가정하고 있기 때문이다. 따라서 유사한 투입은 유사한 결과를 초래하기 때문에 초기 조건이 조금 변하더라도 그것의 결과 값은

별 차이가 없다고 봤던 것이다. 그러나 복잡계이론의 관점에서 보면 투입보다 산출이 더 크며, 미래 예측은 근본적으로 불가능하다. 정책 산출은 초기 조건의 변화에 대한 민감성 때문에 예상치 못한 결과를 초래한다. 비선형 관계와 피드백 고리(feedback loop)를 거치면서 미세한 초기 조건의 변화가 시간의 경과에 따라 증폭되어 다른 결과를 야기하는 이른바 로렌즈(E. N. Lorenz)의 '나비효과(butterfly effect)'가 나타나게 된다. 복잡계이론에서는 복수의 합리성과 모순을 허용하고, 비선형적이고 동태적인 생성적 관계와 복잡성 및 무질서를 강조하고 있다.

조직이 환경에 수동적으로 적응할 수 있거나, 적극적으로 환경을 조작하거나, 혹은 환경과 상호작용할 수 있다는 전제는 질서정연함 속의 질서, 즉 분석 가능한 환경을 상정하는 균형 모델의 경우에만 타당하다. 반대로 분석할 수 없는 비평형 모델의 경우에는 변화와 갈등을 당연한 것으로 간주하는 것이 유용하다. 지금까지 조직의 발전이나 행정체제의 변동을 꾀하는 전략 모색 과정에서도 환경과의 적합도를 유지하는 구조 변화에 치중하는 계획적인 변화가 주종을 이룬 것이 사실이다. 다시 말해서 환경 분석이 가능하다고 가정할 때에 계획적인 변화가 가능하다. 일반적으로 균형 모델은 체제의 균형을 파괴할 우려가 있는 변화를 위기로 인식하나, 비평형 모델에서는 자기혁신의 호기로 인식한다는 점에서 중대한 차이가 있다(민병원·김창욱, 2006: 395).

행정체제를 분석하기 위한 기존의 행정이론은 선형성을 전제로 한 것이 대부분이다. 의사결정의 단계, 정책 과정, 예산 과정 및 기획 과정, 조직 과정, 평가 과정 등이 모두 선형성을 염두에 두고 있다. 조직의 유형론에서도 몇 가지 특성을 중심으로 조직을 분류함으로써 조직의 구성요소들 간의 복잡한 상호작용을 간과하고 있다.

조직구성원의 동기이론에서도 과정이론으로 일컬어지는 기대이론, 형평이론, 학습이론, 내재적 동기유발이론 등은 모두 선형 관계를 상정하고 있다. 성장이론의 대표적인 예로 꼽는 에이브러햄 매슬로(Abraham H. Maslow)의 욕구단계이론 역시 계서적 선형성을 전제한다. 그뿐만 아니라 행정체제의 개혁을 위한 전략 수립에 있어서도 구조·과정·행태·문화적 접근방법이 각기 유리된 채 고려되고 있기 때문에 통합적 접근방법이라고 제시되는 것 역시 포괄성을 넘어서지 못했다. 행정체제의 개혁은 기본적으로 변동을 핵심으로 한다. 따라서 변동 과정의 역동성에 대한 분석과 이해를 하지 못한다면 변동의 방향과 목표를 설정하기가 어려울 수밖에 없다. 결국 변동전략을 마련하는 일이 쉽지 않게 된다.

키엘과 엘리엇(Kiel and Elliott, 1992)은 매년 범정부적으로 예산 형성 과정을 반복하지만 매년 그 과정이 특이하고 비가역적인 모습을 나타낸다고 지적했다. 따라서 예산체계를 예산부처와 외부 부처 간의 '안정점-불안정점의 행동 스펙트럼'이 나타나는 전형적인 '비선형적인 역동체계'라고 이해하고 있다.

조직의 특성 가운데 균형이론에서 강조하는 '항상성(homeostasis)'에 대한 이해도 종래와 달리해야 할 것이다. 설령 행정체제가 항상성을 지니고 있다 하더라도 그것은 무위에 의해 창조된 것이 아니라, 수많은 적응성을 지닌 행위자들이 나름대로 행위 규칙을 가지고 복잡한 상호작용을 한 결과 이루어 낸 매우 역동적인 창발적 질서로 보아야 한다는 것이다.

행정체제를 복잡적응계의 시각으로 바라보는 것은 과거 데카르트 시대의 산물인 환원주의적 사고와 연역적 사고의 한계를 인지하고 귀납적 사고를 바탕으로 관계와 창발성의 존재를 인정하면서 행정현상을 이해한다는 것을 의미한다. 조직 내부의 역할분담과 분업의 논리에 대한 인식에도 기존의 입장과 복잡계적 사고에 기초한 입장 간에는 커다란 차이를 보일 수 있다. 조직의 공통된 효용함수를 공유한다고 보고 그 함수를 극대화하기 위해서는 일에 있어서 비교우위를 따지고, 사람들을 적재적소에 배치하여 역할과 기능의 분담을 꾀하려는 노력이 바로 분업의 논리다.

이와는 달리 복잡계적 사고에 속하는 네트워크 접근에서는 네트워크의 형태가 분업에 영향을 미친다고 본다. 다시 말해서 조직구성원을 둘러싼 사람들 간의 관계의 결과로 분업과 역할분담이 나타난다는 것이다. 행정체제에서 비선형성과 창발현상은 행정 및 정책 과정에서 비일비재하게 나타나고 있다.

5. 부동산 정책으로 본 복잡계 현상

정부의 부동산 정책이 부동산 시세 안정과는 거리가 먼 역효과를 낳는 것 역시 특정의 변수나 요인을 조절하는 방식의 정책 개입에 의존한 결과 행위자들의 반응과 상호작용을 무시한 정책 처방의 결말이라고 보아야 할 것이다. 정책의 비선형성을 인정해야 한다는 점을 일깨워 주는 대표적인 사례다. 하나의 원인이 특정 결과로 기계적으로 이어진다는 식의 선형적 인과관계보다는 같은 원인도 다양한 결과로 귀결될 수 있다는 비선형적 인과관계를 더욱 중시하는 것이 복잡계이론의 시각이다.

우리나라는 1970~1980년대의 급격한 산업화와 고도성장의 과정에서 심각한 주택문제를 겪기 시작했다. 국민소득의 증가, 인구의 도시 집중, 핵가족화 등이 가속화하면서 도시지역에는 만성적인 주택 부족난이 발생하게 되었다. 하지만 1990년대부터 주택 200만 호 건설 등 정부의 지속적인 주택공급 확대 정책에 힘입어 2002년에는 주택보급률 100%를 달성했다. 그럼에도 불구하고 우리나라 부동산 시장은 여전히 불안하다. 하루가 멀다 하고 치솟는 아파트 가격은 일반 서민들의 내 집 장만의 꿈을 빼앗아 가고 있다. 이에 대응하는 정부의 정책은 오히려 가만히 있던 아파트 가격을 건드려 가격 인상을 확산시키고, 풍선효과를 가속화시키는 부작용을 낳았다. 주택보급률 100%가 넘는 미국이나 프랑스 등 선진국에서도 최근 주택 가격이 폭등하여 심각한 사회문제가 되고 있다. 주택문제는 단순히 집을 많이 짓는다고 해결되지 않는다. 왜냐하면 주택문제에는 시장 요인 외에 비시장 요인이 크게 작용하기 때문이다. 그리고 두 요인 간의 상호작용으로 새로운 창발현상을 만들어 낸다.

다시 말해서 공급을 늘리면 수요를 감소시킬 수 있고, 수요를 억제하는 정책을 통해 공급량을 통제할 수 있다는 정책적 판단은 그야말로 단순화의 논리이자 매우 단선적인 사고라고 할 수 있다. 우리나라의 주택시장은 저금리에 따른 과잉 유동성의 요소, 국토 균형 개발을 위한 각종 개발사업 요소 등이 복잡하게 얽혀 있다. 그리고 정부정책의 투기억제 대책 간에는 상호 모순의 딜레마가 존재하는 것 또한 사실이다. 예컨대 수도권은 우리나라 국토 면적의 11.8%에 불과하지만 전국 인구의 47.2%가 살고 있다. 국가 균형 발전과 지방화는 오히려 부동산 가격을 앙등시키는 결과를 초래했다. 개발 밀도와 용적률을 높이고 녹지율을 낮추는 방안을 통해 부동산 가격 폭등을 완화하려고 했다. 정책의 상호 모순적 딜레마의 한 사례다.

부동산 가격을 시장 메커니즘에 맡기는 것은 바로 수요와 공급을 정부가 적절히 조절하는 일에 정책의 초점을 두는 것을 의미한다. 그런데 우리나라의 부동산 가격을 결정하는 요인은 매우 복잡하고 다양하다. 어느 한 요인의 변화가 전체 부동산 가격체계에 심한 요동을 초래한다. 그 요동은 다시 부동산 가격체계에 변화를 주고, 부동산을 둘러싼 새로운 사회경제적 질서를 만들어 낸다. 그야말로 복잡계의 구조를 띤다.

먼저 부동산 복잡계를 구성하고 있는 요소를 나열해 보자. 부동산 세제 요인에는 보유세, 양도세, 소득세 등이 있다. 집단화 개념에 따르면 세제라는 집단화는 보유세, 양도세, 종합부동산세, 소득세 간의 상호작용을 통해 거대한 질서를 만들어 낸다. 보유세의 강화는 부동산 보유자들로 하여금 세금 부담을 느끼도록 함으로써 부동산 보유 의사를 포기하도록 유도하는 것을 당초의 정책 취지로 삼고 있다. 그러나 보유세 강화정책은 오히려 부동산 보유를 강화시키는 '양의 되먹임(positive feedback)' 현상을 보이고 있다.

종합부동산세의 신설도 마찬가지다. 종합부동산세 부과에 따라 오히려 우수한 입지조건과 높은 질의 아파트 가격이 더욱 높아지는 결과를 낳았다. 정부의 정책 요인도 아파트 가격 인상을 거들고 있다는 비판이 많다. 임대주택공급 확대 정책, 개발이익환수제 등 토지 공개념 관련 제도의 강화, 분양가 규제, 중·대형 주택공급의 확대 등의 정책도 사실상 정책 요인 자체의 힘으로 높아지는 부동산 가격을 제어할 수는 없다. 왜냐하면 이 정책 요인들이 부동산 세제 요인들과 상호작용의 네트워크를 형성하고 있기 때문이다. 게다가 심리적 요인도 가세한다. 주택 가격 인상에는 주택의 내재 가치가 반영되게 마련이고, 투기 수요의 과잉상승도 작용한다. 이는 정부정책에 대한 불신의 누적에 따른 '편차 증폭의 순환과정'을 겪게 된다.

　서울 강남지역의 부동산 가격이 정부의 온갖 정책 수단에도 불구하고 오히려 더욱 치솟는 이유는 심리 요인의 작용 때문이다. 시장 요인만으로 주택 가격의 변동을 설명할 수 없는 이유다. 지역 간 교육 격차 요인도 부동산 가격에 영향을 미친다. 서울 강남지역의 아파트 가격이 치솟는 데에는 교육 환경요소가 크게 작용한다. 특히 유의할 것은 정치적인 요인도 아파트 가격에 영향을 미친다는 점이다. 국회의원 총선거와 대통령 선거 등 정치적인 행사를 앞둔 시점에는 일반적으로 부동산 가격의 인상을 위한 잠재력을 축적하고 있다는 사실이 지난날의 경험적 교훈이다.

　저금리는 주택시장의 진입 속도를 높이고 주택 가격의 상승을 초래케 하는 요인이다. 이 과정에서 정부정책은 시장의 내적 요인에 초점을 둔 해결책 마련에 치중하여 보유세 부담을 강화하거나 재건축

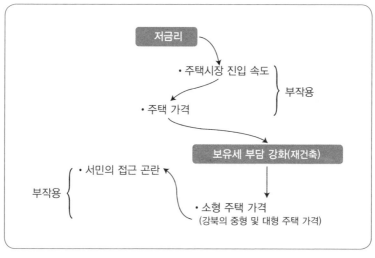

부동산 정책의 환류도

억제 정책을 발표하면서 중·대형 주택뿐만 아니라 지역을 확장하여 소형 주택의 가격까지 앙등시키는 부작용을 낳게 했다. 이로써 주택 가격의 인상은 서민의 주택 접근을 더욱 어렵게 하면서 악순환을 불러오고 있다.

주택문제를 해소하기 위해서는 보다 거시적인 측면에서 처방이 이루어져야 한다. 주택문제를 둘러싼 다양한 행위자들의 상호작용을 우선적으로 검토해야 한다는 의미다.

재건축의 예를 보더라도 주택 가격 시세를 근거로 보유세 부담을 강화하는 정책을 발표한 후, 정부의 의도와는 달리 소형 주택 가격이 서울 강북지역의 중대형 주택 가격만큼이나 오르면서 오히려 서민들의 접근을 어렵게 하는 결과를 낳고 있다.

정부는 각종 혁신도시 건설에 대해서도 생각을 가다듬어야 한다. 주변지역의 지가 상승에도 불구하고 적극 추진되고 있는 혁신도시의 건설은 '균형 개발'이라는 정책적 명분 때문에 발생하는 정책 혼선이라는 생각도 든다. 최근에는 혁신도시 건설로 인한 주변지역의 지가 상승으로 토지보상비가 수도권으로 유입되면서 고급주택의 가격을 인상시키는 데 일조하고 있다. 수도권 집중에서 비롯되는 교통문제와 주택문제, 교육문제 등을 해소하기 위해 지방분권의 논리와 국토 균형 개발의 명분을 가지고 추진되고 있는 정책들이 의도하지 않은 '피드백 고리(feedback loop)'를 만들고 있는 것이다. 혁신도시 건설로 인한 지가 상승에 따른 토지보상비가 투자처를 찾지 못하고 수도권 아파트와 상가로 몰려들면서 결과적으로 기존 아파트와 상가의 가격이 종전보다 더 높게 형성하도록 하는 데 기여하리라고는 쉽게 예상하지 못했을 것이다. 다양한 행위자들의 상호작용은 예상치 못한 거대한 질서를 만들어 낸다는 것이 바로 복잡계의 특징이다. 주택

수요자 스스로 주택을 투기 혹은 상품으로 인식하고 주택시장을 투기장으로만 이해한다면, 주택시장의 안정성을 구하는 일은 공염불에 불과할 것이다.

투기를 유발할 정도로 수익률이 높은데도 불구하고 보유세 부담이 낮아 세후 수익률을 충분히 낮추지 못하고 있는 것이 바로 투기 발생의 원인이 된다. 가계의 보유자산 구성 항목 중에서 예금, 주식, 채권 등이 부동산보다 매력적인 투자 대상이 될 정도로 총투자수익률이 높아지지 않는 한 주택 가격의 기대상승률이 낮아지도록 주택공급이 이루어진다는 확신을 시장 참여자들에게 주는 것이 올바른 정책 방향이라 할 것이다. 주택시장 침체를 극복하기 위한 당근으로서의 세제지원 대책보다는 민간주택시장에서 시장원리가 작동할 수 있도록 주택시장 및 주택산업 관련 기본 세제를 정상화하는 것이 궁극적인 해법이기 때문이다.

이와 같이 시장 요인과 더불어 시장 외적 요인 등 다양한 요인의 상호작용이 창발을 만들어 내는 부동산 정책의 복잡계는 복잡계적 시각과 이론적 틀에 의해 이해되어야 한다. 그래야 제대로 된 정책 처방을 제시할 수 있다. 초기 시장에서 미시적 행위자들의 상호작용 과정에서 거시적인 현상으로서 부동산 투기가 발생한다는 지적(김미정 외, 2006)도 부동산 문제가 복잡계의 시각을 통해 이해되어야 한다는 점을 시사하고 있다.

부동산 정책체계에서 요소 간에 발생하는 상호작용의 결과는 결코 단선적이지 않고, 비선형적인 관계구조를 만들어 낸다. 그뿐만 아니라 조세부과의 기준을 시세로 변경하면서 기존의 주택 보유자로 하여금 여러 주택 보유 중에서 거주 목적 이외의 주택을 처분할 것을 기대했지만, 주택 관련 세금을 납부하는 대신 주택 매매가와 임대 가격을 대폭적으로 인상하는 등의 '자기조직화'가 나타났다.

앞으로 우리나라의 주택문제는 일정한 시간이 흘러서 임계 상황에 도달하면 주택의 질적 수준을 폭발적으로 높여야만 하는 정책수단이 강구되어야 할지도 모른다. 주거문화에 있어서 새로운 생활양식으로 자리 잡은 웰빙 트렌드(well-being trend)도 부동산 복잡계에 작용할 심리적 요인이 된다. 이른바 주택의 소프트 인프라(soft infra)인 건강, 환경, 문화에 대한 수요자들의 욕구는 단순히 거주 목적의 집을 구하는 행위자의 차원을 훨씬 뛰어넘는 것임을 인식해야 한다. 시간이 흐를수록 주택문제는 한없는 복잡성을 띨 것이 분명하다. 이에 따른 부동산 정책은 더욱 복잡한 체계를 이루게 될 것이다.

6. 복잡계이론의 유용성과 한계

유용성

복잡계이론은 행정의 복잡성과 행정업무의 질적 변화, 그리고 오랫동안 행정관리의 문제 또는 위협으로 간주했던 불안정성, 무질서, 변이 등을 이해할 수 있는 새로운 관점을 제공한다. 복잡계이론은 행정체제 내부의 혼돈과 무질서, 불안정이 새로운 질서를 창발시키는 원천이 된다는 인식의 전환을 요구할 뿐만 아니라, 종래의 관점에서 볼 때 이러한 행정체제의 도전적 요인과 상황을 전략적으로 잘 관리한다면 행정학습과 개선의 기회가 되면서 창의력을 촉발시키는 개혁 요인이 될 수 있다고 지적한다. 다시 말해서 행정체제의 카오스와 복잡성은 통제의 대상이기보다는 체제 진화의 기회가 되고, 새로운 질서를 갖춘 체제로의 발전에 이르게 하는 경로가 된다는 긍정적인 관점을 제공해 준다.

복잡계이론은 행정체제의 새로운 변신 과정과 전략, 그리고 결과에 대한 이해를 가능케 한다는 점에서 그 유용성이 있다. 특히 복잡계이론에서 중요한 위치를 차지하고 있는 '자기조직화' 개념과 '공진화' 개념 등은 복잡계로서의 행정체제의 생존과 발전능력의 원천을 이해하는 데 매우 중요한 역할을 한다. 복잡계이론을 통해 행정체제의 분석을 시도할 때 체제의 변동전략과 복잡성의 실체를 파악하는 데 일정한 시사점을 준다는 점을 간과해서는 안 된다. 복잡계로서 행정체제를 변화시키거나 변화의 징후를 예측하는 일이 조직관리 또는 체제 유지와 발전에 매우 중요한 일이기 때문에 복잡계이론을 통해 이러한 문제들이 해결될 수 있다는 점에서 이론적 유용성이 크다.

복잡계로서의 행정체제를 복잡계이론을 통해 조망하는 것은 미시적인 분석, 즉 요소환원주의적 분석방법으로는 도저히 포착할 수 없는 거시적인 질서가 나타나는 과정과 그것의 특징을 알아보고자 하기 때문이다. 아울러 이를 통해 복잡계가 지니고 있는 문제에 대한 이해를 명확히 하고 그에 대한 처방을 제시하려는 의도가 있기 때문이다(강성남, 2006).

한편 키엘은 복잡계이론을 통한 새로운 조직관리 전략을 제시하고 있다. 그는 무질서의 도입을 강조한다(Kiel, 1989; 1993). 여기서 무질서는 조직업무와 시민에 대한 서비스를 개선시킬 가능성을 만들어 내기 위해 사람들과 조직을 해방시키는 창조적 무질서(creative disorder)를 의미한다. 그는 행정체제에 무질서를 주입하여 조직의 변화와 혁신을 촉진하고 업무를 개선할 수 있는 다양한 전략을 제시하기도 했다. 첫째, 조직문화에 무질서를 도입한다. 조직에 '제한된 불안정성(bounded instability)'을 허용함으로써 새롭게 업무 개선을 자극하라는 것이다. 둘째, 조직구조에 무질서를 도입한다. 즉 계서제의 계층수를 줄이라는 의미다. 이를 통해 조직 내부의 정보 흐름을 원활하게 하여 조직의 효율성을 개선할 수 있다는 것이다. 아울러 실천 가능한 의사결정이 이루어지도록 분권적 구조를 지향할 수 있다고 한다. 셋째, 정부 업무에 시민을 참여시켜 행정의 불안정과 복잡성을 창출한다. 조직 내부의 요동과 혼돈, 그리고 개방의 결과를 준비할 수 있는 역량을 키울 수 있기 때문이다. 넷째, 조직 인력의 구성에서 인구학적 속성을 다양화하여 조직의 동학을 증대시킨다. 이를 통해 조직관리의 긍정적인 환류와 강화의 잠재성을 키울 수 있다는 것이다. 다섯째, 조직업무의 수행 과정에 창조적 무질서를 도입한다. 이른바 리엔지니어링을 통한 균형 파괴적인 소산적·변형적 변화에 중점을 둔 업무의 생산성을 제고하자는 것이다.

한편, 복잡계이론이 행정체제의 분석에 적용되어 활용될 가능성과 관련하여 몇 가지 유용한 점을 생각해 보기로 한다.

첫째, 행정체제가 복잡계라는 사실을 파악하는 데 복잡계이론이 유용하다는 것이다. 즉 복잡계의 구성요소는 바로 행위자이고, 다시 행위자는 메타 행위자라는 다양한 계층구조를 형성하고 있다. 행위자들 사이에 상호작용이 발생하는데, 이러한 상호작용은 행위자와 메타 행위자, 그리고 메타 행위자 사이에서도 일어난다. 다시 말해서 복잡계의 가장 기본적인 구성단위라고 할 수 있는 행정체제의 구성원인 행위자로 이루어진 계층제와 이들의 상호작용으로 복잡계의 실체를 이해하는 것이다. 이를 통해 종래에 인적·물적 자원의 질서 있는 배열구조로 파악되었던 행정조직과 체계가 다양한 상호작용으로 얽혀 있는 복잡한 체계라는 사실을 이해하게 될 것이다. 이러한 복잡계로서의 행정체제는 자기조직화의 능력과 함께 다양한 상호작용의 결과로서 나타나는 창발현상인 조직문화의 발전을 가능케 한다는 사실도 일깨워 준다. 또한 행정체제를 구성하는 다양한 요소들의 공진화 현상도 발견할 수 있을 것이다.

둘째, 행정체제를 인위적으로 변화시키는 데 복잡계이론을 활용할 수 있다. 복잡계이론에 의하면 복잡성을 증대시키는 방법을 통해 체제 변동을 꾀할 수 있다. 복잡성을 높이면 복잡계가 혼돈의 가장자리에 위치할 가능성이 높아지기 때문이다. 행정체제의 복잡성을 증대시키는 여러 가지 다양한 조치들, 예컨대 인사충원제도의 변화, 새로운 보직관리와 근무성과 평가 시스템의 도입, 예산배분 기준의 변경, 조직설계 방식과 배치의 변경, 정책결정 과정과 절차의 변화 등을 통해 행정체제의 복잡성이 커지면 다양한 형태의 체제 변동이 초래된다. 경로의존성과 분기성, 편차 증폭 순환고리의 개념 등은 제도화이론과 통합하여 왜, 그리고 어떻게 하여 조직혁신의 성패현상이 나타나는지를 천착하는 데 활용될 수 있을 것이다.

셋째, 외부환경의 단절적 변화에 잘 적응할 수 있는 복잡계를 설계하는 데 복잡계이론이 활용될 수 있다. 환경의 단절적 변화에 항상성을 보이는 생태계의 메커니즘의 작동원리를 발견함으로써 유기체적 복잡계로서의 행정체제의 생존능력을 키우는 전략을 마련할 수 있다. 장기적인 시계열 차원에서 정권교체에 따른 정부형태와, 정부조직과 정부운영 양식의 변화, 그리고 행정 이념과 이데올로기 변동에 의한 행정체제의 변화를 설명하고 미래의 환경변화에 적응하기 위한 행정체제의 설계 과정에 복잡계이론이 크게 기여할 것으로 생각된다.

넷째, 행정체제에 가해지는 단절적 변화의 징후를 사전에 예측하는 데 복잡계이론을 활용할 수 있다. 단절적 변화의 징후는 변화의 패턴과 구성원들의 상호작용을 통해 파악할 수 있다. 시계열 자료를 통해 변화의 단서를 포착하고 조기에 대응전략을 마련할 수 있다. 기존 질서를 유지하려는 행위자들과, 새로운 질서와 규율을 추구하는 행위자들이 대립하는 긴장상태가 조성되면 이를 새로운 질서로의 급변을 예고하는 사전 징조로 해석할 수 있다.

다섯째, 단절적 변화의 실체를 파악하는 데 복잡계이론을 활용할 수 있다. 복잡계이론을 통해 복잡계를 이해하면 복잡계로서의 행정체제를 어떻게 변화시킬 것인지, 행정체제의 변화 징조를 어떻게 예측할 것인지, 외부의 변화에 어떻게 적응할 것인지 를 파악하는 데 도움이 된다. 특히 행정체제의 단절적 변화의 실체를 이해하는 데에는 복잡계이론의 시각이 필요하다. 체제가 열려 있는지, 혼돈의 가장자리에 위치해 있는지, 구성원들 상호작용의 패턴은 무엇인지, 양의 되먹임 현상이 나타났는지, 프랙탈과 공진화가 이루어졌는지 등을 파악함으로써 단절적 변화의 실체를 이해할 수 있기 때문이다.

여섯째, 정책 실패와 정책 부작용을 사전에 예방하거나 줄이는 데 복잡계이론을 활용할 수 있다. 이와 관련해 앞에서 부동산 정책 사례를 소개하면서 자세히 지적했다.

일곱째, 복잡계이론을 검증하기 위한 방법론의 활용 가능성과 관련하여 조직 변천과 인사이동의 경로분석을 통해 조직설계의 적실성과 인사정책의 적합성을 평가하는 데 도움을 얻을 수 있다. 특히 복잡계 연구의 방법론으로 활용되는 네트워크 분석방법은 공무원들의 인사 경로에 대한 분석을 용이하게 해 줄 뿐만 아니라 이를 통해 인사 패턴을 발견할 수 있으므로, 인사정책의 적합성을 평가하는 중요한 기초 자료로 활용하게 될 것이다.

한계

복잡계이론이 현실의 복잡성을 지목하여 쟁점화하는 데는 성공했지만, 그 복잡성 속에서 구체적 현실을 차분히 풀어내는 측면에서는 아직 역량을 보여 주지 못했다. 따라서 일부에서는 복잡계이론이 수사(rhetoric)에 머문다는 비판을 제기하기도 한다. 행정이론을 위시한 사회과학 이론의 가치는 현상에 대한 설명력, 다시 말해서 이전에는 하지 못했던 사회현상을 설명하거나 굴절된 현상에서 숨겨진 원리를 어떻게 정확히 밝혀내는가에 의해 평가될 수밖에 없다. 이와 관련하여 오늘날 가장 열렬한 복잡성 과학의 지지자로 알려진 사이버네틱스의 창시자 중 한 사람이 이미 1955년에 다음과 같이 말한 적이 있다. "과학은 결국 내적으로 복잡한 시스템에 진지한 관심을 지속적으로 기울이는 것이다"(Ashby, 1981: 219).

따라서 행정체제를 분석하는 데 복잡계이론의 적용 가능성을 높이려면 핵심 개념들에 대한 조작적인 정의가 내려져야 할 것이다. 자기조직화 개념은 복잡계이론에서 중요한 위치를 차지하고 있다. 왜냐하면 한 사회 또는 조직을 이루고 있는 개체가 스스로 새로운 질서를 만든다는 주장을 담은 자기조직화 개념은 복잡계이론의 매력 가운데 하나이기 때문이다. 그런데 이러한 주장이 논리적 완결성과 현실적 검증 가능성을 확보하기 위해서는 개체들 사이의 '미시적인 상호작용'에 대한 구체적 지식이 요구된다. 즉 개체들 간의 미시적 상호작용이 왜 일어나며, 이것이 어떠한 거시적이고 새로운 질서를 만들게 되는지에 관해 먼저 이해해야 하기 때문이다. 그런데 이러한 구체적 지식과 설명이 결여되면 '은유'에 그칠 수 있다. 또한 복잡계이론의 방법론에 대한 세간의 비판적 지적에도 귀를 기울여야 한다. 현상의 설명 과정에서 경향성을 탐색하는 수준을 크게 벗어나지 못하는 시뮬레이션법을 복잡계 연구의 주요 방법으로 사용하는 것은 앞으로 해결해야 할 과제이자 한계다.

기존 이론의 한계와
새로운 이론의 탐색

1. 기존 이론의 한계

이론 역할의 실패

하나의 분과학문이면서 동시에 전문직업으로서의 행정의 역사는 다른 사회과학의 분과학문들에 비해 상대적으로 짧다. 초기 행정학을 탄생시킨 원동력은 공무원 제도개혁, 시정 관리자 운동(city manager movement), 좋은 정부운동, 정부 행정기구의 전문화와 같은 실천적인 활동과 밀접한 관련이 있다. 이 시기에 행정원리가 개발되었고, 미국의 각 대학에서 처음으로 행정학 교과과정이 설치되었다. 주 정부와 지방자치단체에서는 예산편성과 구매제도가 채택되고, 관리과학의 적용이 본격적으로 이루어졌다. 이후 대공황, 뉴딜정책, 제2차 세계대전과 냉전체제 등을 거치면서 미국 행정의 틀이 정교하게 구성되었다. 행정학 교과서에 등장하는 유명한 학자들이 바로 이 시기에 배출되었다. 특히 1960년대와 1970년대 복지 프로그램의 확대와 더불어 도시화가 확대되면서 공무원과 정부조직은 급격히 팽창했다.

1960년대 중반부터 1970년대 사이에 미국 사회와 정부, 행정학계의 입장에서는 잊을 수 없는 사건들이 일어났다. 미국의 베트남전쟁 가담, 도시폭동과 인종분규, 워터게이트 사건 등이 그것이다. 이런 사건들은 정부로 하여금 새로운 정책방향을 설정하게 했다. 아울러 행정에 관한 기존의 사고방식과 업무수행 방식에 큰 영향을 끼쳤다.

과거의 역사적 흐름을 눈여겨보면 돌발사고와 커다란 위기 상황이 있은 후 제도와 이론에 일단의 변화가 나타나곤 했음을 알 수 있다. 행정이론의 등장도 이러한 역사적 맥락과 무관치 않다. 지금까지 살펴본 행정이론의 전개도 정치, 경제, 사회, 기술의 변동과 밀접한 관련성을 가지고 있다. 막스 베버 당시의 독일에서 일컬어졌던 국가과학이라는 관점에서 국가경영의 이론이라 할 수 있는 행정이론에는 법과 경제, 재정, 역사, 사회의 다양한 상황이 반영될 수밖에 없다는 점을 충분히 짐작할 수 있다. 이런 관점에서 이론의 형성과 내용 구성은 맥락의존적이다. 따라서 이론의 이해는 맥락의 이해에서 출발해야 한다는 것이 필자의 생각이다.

맥락과 동떨어진 연구와 관련하여 정용덕은 우리나라의 행정연구에 빗대어 다음과 같이 비판하고 있다. "한국에서의 행정연구가 외국제도의 단순 '모방적 동형화'의 필요성을 늘 선도적으로 제안해 왔지만 현실의 정책문제해결에는 항상 한발 늦게 대응하는 '뒷북치는' 연구가 이루어져 왔다"(박종민 외 편, 2011: 100). 그의 지적에서 놓치지 말아야 할 핵심은 이론 적용에서 일단은 맥락을 배제한 단순 모방을 경계해야 하고, 그다음엔 맥락 배제 이론에 따른 처방의 무용성을 조심하라는 사실이다. 또한 우리나라 행정연구자들이 외국 이론의 '단순 소비자'의 입장에서 벗어나지 못하는 상황은 다름 아닌 이론의 수용과 적용에서 맥락 배제 때문에 야기되는 것임을 강조하고 있는 사실을 간과해서는 안 된다.

이론의 맥락의존성은 이론에서 적용되는 상황 맥락과 이론의 정합성을 반드시 고려해야 한다는 점을 시사하고 있다. 맥락을 반영한 이론은 맥락 변동에 영향을 끼칠 수 있는 힘을 지닌다. 본래 이론은 맥락의 변동을 꾀하도록 의도적인 목표를 설정하고 행동을 위한 지침을 제공해야 하는 의무를 가지고 있다. 그런데 최근까지 전개된 행정이론이 정부로 하여금 환경을 예측하고 이에 대응하기 위한 다양한 형태의 정책결정 및 집행, 그리고 기관 형성 등에 적절한 이론적 지원을 했는지에 대해 학자와 관료의 평가는 엇갈리고 있다. 상황 맥락을 떠난 이론은 효용성을 포기한 것이나 다름없다. 실재를 적절히 기술하고 그 실재의 존재 이유를 밝히는 설명과 더불어 실재의 미래 상황까지 예측하는 사명을 가진 것이 이론일진대, 그 이론의 사명 수행에 실패한 것을 단순히 "이론과 실제는 다르다"는 이유를 들어 변명하는 것은 온당치 않다. 이론의 사명이 제대로 수행되지 못하는 이유는 이론이 틀렸기 때문이다. 이론의 실패와 관련하여 일부에서는 기존의 행정이론이 행정현상을 야기하는 환경과 맥락을 유도했다기보다는 사후적인 정당화 수준에 머물렀다고 지적하기도 한다.

기존의 행정이론은 이론의 목적을 반영한 다양한 특성을 가지고 있다. 과학적 의미의 이론, 즉 실증주의자의 입장에서 제시된 이론은 경험적으로 확증될 수 있는 보편적인 공리(axiom)를 만들어 낼 수 있다는 점을 전제한다. 복잡하고 다양한 차원을 가진 행정현상을 체계적으로 이해하기 위해 사실적 자료를 잘 정리정돈하는 이론도 있다. 그리고 행정의 실천 과정에서 '좋은(good)', '최선(best)' 또는 '정당한(just)' 것을 만들어 내는 규범적인 논의, 즉 철학적 문제로서의 이론이 있다. 어떤 이론이라도 이론의 궁극적 검증은 유용성에 달려 있다. 이론이 행정현상에 대한 일반적인 이해를 높였는지, 현실에 적용되어 현실을 개선하는 데 기여했는지에 따라 이론의 유용성이 평가된다는 것이다.

몇몇 학자들 중, 특히 제임스 윌슨(James Q. Wilson)은 포괄적이고 유용하며 신뢰할 수 있는 이론이 행정 무대에서는 가능하지 않다고 지적했다. 또 다른 학자는 사일로(silos)처럼 칸막이 친 분절된 연구 분야를 천착하는 학자들의 성향은 유용한 이론 개발에 잠재적인 위협이 된다고 평가한다(Pollitt, 2010: 293). 행정 분야가 지나치게 넓고, 분절적이며, 다(多)학제적이고, 막연하기 때문에 이론의 목적을 달성하지 못한다는 것이다. 그래서 몇몇 학자는 기존의 이론을 평가했다.

관료제에 대한 정치통제이론, 관료정치이론, 제도이론, 공공관리이론, 포스트모던이론, 의사결정이론, 합리적 이론, 거버넌스이론 등 여덟 가지의 이론을 평가한 결과, 현상을 기술하는 능력(descriptive capacity)이 높은 것은 관료정치이론, 제도이론, 포스트모던이론이라고 말하고 있다. 이어서 검증 가능한 가설을 만들고 미래에 관한 확률적 평가를 할 수 있는 예측능력(predictive capacity)이 높은 이론은 거의 없다고 말한다. 이론을 통해 가설이나 확률적 평가에 대한 경험적 확인이 가능하도록 하는 경험적 정당성(empirical warrant)을 지닌 것으로는 관료제에 대한 정치통제이론, 관료정치이론을 들고 있다. 이 밖에도 이론의 정밀성 또는 간결성(parsimony/elegance)의 측면에서는 관료제에 대한 정치통제이론과 합리적 이론이 높은 평가를 받았다. 현상을 설명하는 능력(explanatory capacity)면에서는 관료제에 대한 정치통제이론, 관료정치이론이 높은 점수를 받았다. 그리고 한정된 사례를 넘어 일반화할 수 있는 능력을 의미하는 반복가능성(replicability)에서는 합리적 이론만이 높은 평가를 받았다(Frederickson et al,. 2016: 251, 표 10-1).

모름지기 이론은 사실들을 모아 이것을 일관되게 설명 가능한 전체로 전환시키는 역할을 해야 한다. 결국 우리는 이론의 도움으로 부분이 아닌 전체를 이해할 수 있어야 하기 때문이다. 그리고 이론은 우리로 하여금 무엇을 해야만 하는지에 대한 관점을 제공하고, 행동을 위한 지침을 만들어 낼 수 있어야 한다. 어쩌면 행정학의 정체성 위기와 더불어 다른 분과학문의 식민지화에 취약한 이유도 행정이론들 중에서 이론적 주도권(hegemony)을 갖는 이론이 없기 때문이다. 여기에도 양면성이 있다. 즉 이론적 주도권 상실이 다양한 연구 방향으로 뻗어 나갈 수 있도록 이론의 진화를 초래한 측면도 부인하기 어렵다.

이론 실패의 요인

행정이론이 이론의 본질적 기능을 수행하지 못하는 데는 여러 가지 이유가 있다.

첫째, 미시적인 연구에 치중했다는 점을 들 수 있다. 이것은 맥락을 배제한 연구를 했다는 뜻이기도 하다. 미시적인 연구는 행정의 과학성 제고라는 연구 패러다임을 추종한 측면이 강하다. 미시적인 연구에 대한 추동력은 자연스럽게 행태주의 방법론과 연결되었다. 행태주의 방법론을 따르는 연구는 역사와 맥락에 대한 무관심, 정교하지만 지엽적인 연구라는 공통적인 특징을 가지고 있다. 정교한 계량 분석방법의 활용은 행정학의 연구 대상을 지나치게 축소시키는 경향을 보였다. 양적 자료의 가용성과 정교한 분석방법에 집착하면서 행정학 연구는 미시적 분석의 확대 재생산이라는 쳇바퀴를 돌았다. 부작용은 행정현상에 대한 보편적 설명과 일반적 이론화의 제약으로 나타났다. 우리나라 행정학 연구에서는 더 말할 것도 없다. 행정학 연구가 여러 학문 분야의 이론적 자원과 접근법을 유기적으로 결합하여 연결하는 관점과 분석 틀을 마련하지 못하고 개별 문제의 해결책을 제시하는 데 만족하게 되었다. 개별 문제 처방을 위해 다양한 영역으로의 연구 확장이 행정학 연구의 심화를 촉진하기보다는 연구의 분절화를 가속시키는 결과를 초래했다는 것이다(박종민 외 편, 2011: 167).

둘째, 스몰데이터에 근거한 연구를 했다는 점이다. 경험 연구라고 할지라도 스몰데이터에 근거한 연구 결과는 현상을 설명하고 예측하는 것은 고사하고 현상의 실체를 파악하는 일에도 아무런 도움을 주지 못했다. 스몰데이터의 세밀한 분석을 통해 결국 현상의 인과관계를 밝히는 데 주력한 결과다. 이것은 거시적인 차원의 현상을 지배하는 패턴을 발견하는 데 실패하도록 했다. 현상의 패턴을 발견하는 것이 이론의 실패를 막는 일이다. 패턴 찾기에 실패한 연구는 맥락과 동떨어진 문제해결의 전략과 방법을 제시할 수밖에 없다. 이렇게 되면 사실상 연구 결과의 효용성을 떨어뜨리는 결과를 낳고 만다. 연구의 효용성은 실용성의 기준에 따라 평가받는다.

셋째, 단기적인 연구에 몰입했다는 점이다. 깊이 있는 이론연구가 되려면 장기적인 시계(time horizon)에서 발견되는 변동 추이를 통해 일정한 규칙과 법칙을 찾아내야 한다. 다시 말해서 종단적 연구 (longitudinal research)를 통해 변동의 패턴을 발견해야 한다. 찰스 밀스(Charles W. Mills)의 파워엘리트 연구는 종단적 연구의 대표적인 예다. 1956년에 출간된 『파워엘리트(*The Power Elite*)』는 지금까지도 읽히는 고전이 되었다. 행정연구에서는 오랜 기간의 패널 연구(panel study)를 찾기란 쉽지 않다. 학자들로 하여금 단기 연구 과제에 매달리게 하는 이유는 연구자의 개별 연도 실적을 평가하는 업적 평가 시스템의 문제 때문이라는 지적도 있다. 그뿐만 아니라 행정학이 '정부

용역학'이라는 오명을 듣게 하는 정부의 당면 과제 연구에 관심을 두는 데에도 그 이유가 있다고 할 수 있다.

넷째, 행정지식의 유통과 소비에 초점을 둔 연구가 진행되었다는 점이다. 행정학 지식의 생산과 유통, 소비의 체제에서 행정연구는 주로 생산보다는 소비와 유통에 초점을 두었다. 행정연구의 이론적 자원은 주로 인접 사회과학의 이론에서 비롯되었다. 이미 지적한 바와 같이 다른 연구 영역에서 개발된 이론을 행정이라는 장에서 유통시키고 문제해결에 적용하는 등의 이론 사용설명서 수준의 연구가 진행되었다는 점이다. 사용설명서에서는 이론 형성의 맥락을 감안한 소비방법을 찾기 어렵다. "이론과 실제가 다르다"는 말은 이런 상황에서 나온 것이다. 특히 행정이론 형성의 맥락과 다른 맥락에 이론이 적용될 때 일반화의 오류에서 기인하는 이론과 실제의 부정합 현상이 나타나는 것은 이론의 수준에 따른 것일 수도 있다. 하지만 이론 적용을 통한 설명과 해석 과정에서 맥락을 고려하지 않을 경우에 생기는 이론과 실제의 부정합성이 있을 수 있다. 이럴 때 이론의 소비자 입장에서 보면 적용된 이론은 틀린 것이다. 이론의 생산자 입장에서는 한정된 영역과 맥락에서만 옳은 이론이라고 고집할지 모른다. 그러나 그 맥락도 시간이 흐르면서 변한다는 사실을 감안하면 앞서 윌슨이 지적한 것처럼 행정학에서 신뢰할 수 있는 이론을 형성하는 것이 불가능에 가까울지 모른다. 따라서 이론의 유통과 소비에 초점을 둔 연구를 지양하고 이론 생산을 위한 연구가 제대로 이루어져야 한다.

2. 새로운 이론의 탐색을 위한 과제

어떤 것에 '새로운'이라는 형용사를 붙이는 것은 위험한 일인지도 모른다. 특히 사상, 개념, 패러다임, 이론에 대해 새로운 명칭을 붙이기에는 위험성이 크다. 새로운 사상을 말하는 사람은 종래의 사상을 낡은 것이나 미숙한 것으로 간주하는 경향이 있다. 새로운 것이란 반드시 사용하는 실(내용)에만 있는 것이 아니라 천을 짜는 방법에도 있다. 그리고 그 천이 아무리 케케묵은 것이라도 그 천을 독특하게 사용하면 그것도 새로운 것이라고 할 수 있다.

행정학이라는 천을 만드는 실은 잘 알려져 있다. 허버트 카우프만 (Hebert Kaufman)은 그것을 대표성, 정치적 중립성, 관리적 리더십의 가치추구라고 말한다(Kaufman, 1969: 3~5). 물론 세 가지 가치 중에서 어떤 가치를 더 강조하는지는 시대 상황에 따라 달랐다. 연방주의자 앤드루 잭슨(Andrew Jackson) 대통령 재임 중에는 대표성 가치가 중시되었고, 이후 정치적 중립성과 관리적 리더십이 강조되는 반발적 기류가 지배적이기도 했다. 행정 이념의 전개 과정을 보면 능률의 확대는 대응성의 축소를 초래했다. 시간의 연속선상에서는 행정의 능률성과 정치적 대응성 간의 제로섬 게임과 같은 상황이 이어져 왔다. 이런 논의도 옛날이야기다.

행정학의 피륙(fabric)은 앞으로 크게 변모할 것이다. 토머스 쿤이 패러다임 이동(paradigm shift)을 말할 때에는 새로운 것은 언제나 기존의 것에 대한 도전이자 비판이었다. 기존 이론과 방법론에 오류가 생겼음을 강조했다. 그 오류의 핵심은 현상을 설명하고 예측하는 능력 상실이다.

행정이론의 피륙을 가지고 설명 대상인 행정현상을 온전히 덮으려면 이론적 장막을 어떻게 만들어야 할 것인가가 관건이다. 이와 관련하여 다음의 몇 가지를 제시한다.

새로운 방법론의 지향

적실성을 지닌 새로운 이론을 만들기 위해서는 이론 형성의 장을 지배했던 방법론을 바꾸어야 한다. 이것은 과학적이라는 관념의 이동을 요구한다. 100여 년 동안 이론 형성의 장을 지배해 왔던 연구 방법론을 새롭게 재정립해야 한다. 특히 설문조사를 통해 얻은 스몰데이터를 근거로 추정하여 일반화에 도달하는 논리전개 방식에 따른 이론 도출은 지금 시대에는 어울리지 않는다. 지금은 '빅데이터 시대'다. 최근 연구 대상과 관련된 모든 데이터를 수집하고 분석할 수 있는 도구가 개발되고 있다. 관찰 자료의 폭이 과거와 비교할 수 없을 만큼 넓다. 감정 자료(emotional data)까지 수집하고 분석할 수 있게 되었다. 스몰데이터에서는 관찰 자료를 아무리 정밀하게 수집·분석하더라도 원천적으로 스몰데이터의 한계인 '주관적 추정의 벽'을 넘어설 수 없다. 스몰데이터에 대한 정밀성과 엄밀성을 확보하는 것만으로는 과학적인 이론의 기능을 담보하지 못한다. 이론의 사명을 완수하기 위해서는 스몰데이터를 고집할 이유가 없다. 빅데이터 활용과 상관성 연구에 초점을 맞춘 연구는 현상의 변동에서 일정한 패턴을 찾아내어 향후 변동의 방향과 내용을 가늠할 수 있게 할 것이다.

맥락연구를 통한 거시이론의 형성

맥락연구를 통해 패턴을 발견하고 변동의 복잡성을 분석하여 거시적인 차원을 지배하는 법칙을 알아내는 거시연구가 앞으로 새로운 이론을 형성하는 데 있어서 주요 과제 가운데 하나가 될 것이다. 이를 위해 복잡계 방법론을 개발해야 한다. 그러므로 해석학과 현상학에 대한 정교한 방법론에 관심을 기울일 필요가 있다. 앞에서도 지적했듯이 종단적 비교연구도 강화해야 할 것이다. 새로운 개념 개발에도 진력해야 한다. 특히 행정학 고유의 개념 개발에 박차를 가해야 한다. 아울러 기존 개념을 새로운 의미를 내포하는 확장된 개념으로 전환시키는 노력을 기울여야 한다. 무엇보다 중요한 것은 기존 행정이론 생산양식에서 벗어나 새로운 이론 생산양식으로 이동하는 일이다. 여기에는 세계관, 인식론, 존재론, 방법론 등에 대한 새로운 발견이 전제되어야 한다.

3. 새로운 이론의 역할과 기대효과

새로운 이론은 기존 이론의 대상인 현상에 대한 이론적 설명 영역과 예측 영역보다 훨씬 더 큰 영역을 가지고 있는 이론이다. 최소한 중범위이론과 그 이상의 추상성을 지닌 이론을 말한다.

따라서 앞으로 개발되는 이론은 지역사회와 국가를 횡단하는 이론적 설명력을 갖추어야 한다. 이를 위해서는 이론 형성의 맥락에 대한 비교연구를 좀 더 강화하여 맥락의 유사성과 비유사성에 대한 은유적 개념 형성을 위해 노력해야 한다.

이런 이론을 통해 우리는 행정현상에 대해 좀 더 정확하게 이해할 수 있을 뿐만 아니라, 행정의 다양한 문제들에 대한 진단과 처방을 수행할 수 있을 것이다. 과학적 이론은 무엇보다도 학문적 문제

(question)를 푸는 데 그 목적이 있다. 아울러 현실의 문제(problem)도 해결할 수 있어야 한다. 자연과학이라면 문제풀이에 초점을 두지만 사회과학, 그것도 응용학문인 행정학은 사회 내에서 발생하는 문제 중에서 지속적으로 대다수 사람들에게 고통이나 불편을 주는 문제의 해결(problem solving)에 초점을 둔다는 차원에서 차이를 보인다. 새로운 행정이론이 현실세계에 존재하는 행정현상의 실재를 정확하게 이해하고, 그것의 변동 내용을 올바로 알고 그에 따라 변동의 방향성에 대한 지침을 제공할 수 있다면 더할 나위 없이 커다란 효과를 낸다고 평가할 수 있을 것이다.

참고문헌

---• **제1장**

- 강성남(2016). 「학으로서의 행정과 이론의 위기」, 서울행정학회 동계학술대회 발표논문.
- 김경만(2015). 『글로벌 지식장과 상징폭력: 한국사회과학에 대한 비판적 성찰』, 문학동네.
- 김광웅(1983). 『행정과학서설』, 박영사.
- 김광웅(1996). 『방법론강의』, 박영사.
- 김광웅(1997). 「신행정학서설: 왜 정부학이어야 하는가」, 『행정논총』, 35(1), 서울대학교 행정대학원.
- 김광웅(2016). 「공유정부 시론」, 서울행정학회 동계학술대회 발표논문.
- 김승영(2013). 「'理'·'發'자의 형성과 철학적 전개」, 『양명학』 제34호, 한국양명학회 논문집.
- 김용규(2014), 『생각의 시대』, 살림출판사.
- 노우드 러셀 핸슨 지음, 송진웅·조숙경 옮김(2007). 『과학적 발견의 패턴』, 사이언스북스.
- 대니얼 카너먼·존 브록만 엮음, 강주헌 옮김(2015). 『생각의 해부』, 와이즈베리.
- 동아일보, 2015. 4. 21.
- 로버트 루트번스타인·미셀 루트번스타인 지음, 박종성 옮김(2007). 『생각의 탄생』, 에코의서재.
- 리사 랜들 지음, 이강영 옮김(2015). 『천국의 문을 두드리며: 우주와 과학의 미래를 이해하는 출발점』. 사이언스북스.
- 모이제스 나임 지음, 김병순 옮김(2015). 『권력의 종말: 다른 세상의 시작』, 책읽는수요일.
- 박종민(2006). 「한국행정이론을 위한 비판적 성찰」, 『한국행정학 50년:

1956~2006』, 한국행정학회.

- 빅토로 마이어 쇤버거·케니스 쿠키어 지음, 이지연 옮김(2013). 『빅데이터가 만드는 세상』, 21세기북스.
- 스티븐 호킹·레오나르드 플로디노프 지음, 전대호 옮김(2010). 『위대한 설계』, 까치.
- 아리스토텔레스 지음, 천병희 옮김(2002). 『아리스토텔레스의 시학』, 문예출판사.
- 안병영(1982). 「행정이론의 토착화와 '정부 용역학'의 극복」, 『월간조선』 (7월호).
- 앨런 찰머스 지음, 신일철·신중섭 옮김(1985). 『현대의 과학철학』, 서광사.
- 움베르토 에코 외 지음, 김주환·한은경 옮김(1994). 『논리와 추리의 기호학』, 인간사랑.
- 윤영수·채승병(2005). 『복잡계 개론』, 삼성경제연구소.
- 이승원(2012). 『사라진 직업의 역사』, 자음과모음.
- 이영석(2012). 『공장의 역사』, 푸른역사.
- 이재광(2010). 『과잉생산, 불황, 그리고 거버넌스: 거버넌스의 기원과 불황의 재해석』, 삼성경제연구소.
- 임마누엘 칸트 지음, 백종현 옮김(2006). 『순수이성비판』, 아카넷.
- 임의영(2006). 『행정철학』, 대영문화사.
- 존 미클스웨이트·에이드리언 올드리지 지음, 이진원 옮김(2015). 『제4의 혁명』, 21세기북스.
- 케빈 켈리 지음, 이충호·임지원 옮김(2015). 『통제불능』, 김영사.
- 클라우스 슈밥 지음, 송경진 옮김(2016). 『제4차 산업혁명』, 새로운 현재.
- 토머스 쿤 외 편, 조승옥·김동식 옮김(1987). 『현대과학철학 논쟁』, 민음사.
- 폴 페이어아벤트 지음, 정병훈 옮김(1987). 『방법에의 도전: 새로운 과학관과 인식론적 아나키즘』, 도서출판 한겨레.
- Anderson, Chris(2008). The End of Theory: The Data Deluge Makes the Scientific Method Obsolete, *Wired Magazine*, 16. 07
- Farndon, John(2010). *The World's Greatest Idea: The fifty greatest Ideas that have changed humanity*, UK: Icon Books Ltd.

- Feyerabend, Paul K.(1975). Against Method, London: NLB.
- Frey, Carl Benedikt and Osborne, Michael A.(2013). "The Future of Employment: How susceptible are jobs to computerisation?"
- Gladden, E. N.(1972). *A History of Public Administration*, Vol.1. London: Frank Cass.
- House, Robert J.(1971). "A path-goal theory of leader effectiveness", *Administrative Science Quarterly*, 16.
- McCurdy, Howard E.(1977). *Public Administration: A Sythesis*, Cummings Publishing Co.
- Riesman, David(1953). *The Lonely Crowd*, Yale University Press.
- Self, Peter(1985). *Political Theories of Modern Government: Its role and reform*, Unwin Hyman Ltd.
- http://www3.weforum.org/docs/WEF_Future_of_Jobs.pdf

─• 제2장

- 강성남(2011). 「행정학연구에서 복잡계의 연구동향과 과제」, 『한국거버넌스학회보』, 제18권 제2호.
- 강신택(2005). 『한국행정학의 논리』, 박영사.
- 김광웅(2006). 『방법론강의』, 박영사.
- 김정수(2011). 감정의 재발견 – "화성남(男) 금성녀(女)" 은유를 활용한 정부 – 국민 간 정책갈등에 대한 시론적 재해석 –, 『한국정책학회보』, 제20권 제1호.
- 김용규(2014). 『생각의 시대』, 살림출판사.
- 김홍우(2007). 「행정현상의 현상학적 이해: 시도와 단상」, 『한국행정학회 추계학술발표논문집』.
- 노우드 러셀 핸슨 지음, 송진웅·조숙경 옮김(2007). 『과학적 발견의 패턴』, 사이언스북스.
- 대니 로드릭(2016). 『그래도 경제학이다』, 생각의 힘.
- 로버트 루트번스타인·미셸 루트번스타인 지음, 박종성 옮김(2007). 『생각의 탄생』, 에코의서재.

- 리사 랜들 지음, 이강영 옮김(2015). 『천국의 문을 두드리며』, 사이언스북스.
- 배리 반즈 지음, 정창수 옮김(1986). 『패러다임』, 정음사.
- 소영진(2004). 행정학에 있어서 현상학적 방법의 가능성 탐색, 『한국행정학보』, 제38권 제4호.
- 아리스토텔레스 지음, 이상섭 옮김(2005). 『시학』, 문학과 지성사.
- 앨런 찰머스 지음, 신일철·신중섭 옮김(1985). 『현대의 과학철학』, 서광사.
- 움베르토 에코 외 지음, 김주환·한은경 옮김(1994). 『논리와 추리의 기호학』, 인간사랑.
- 유광호 (2001). 『비판행정학』, 대영문화사.
- 정용덕(2001). 『현대국가와 행정』, 법문사.
- 조지 레이코프·마크 존슨 지음, 노양진·나익주 옮김(2006). 『삶으로서의 은유』, 박이정.
- 토머스 쿤 외 편, 조승옥·김동식 옮김(1987). 『현대과학철학 논쟁: 비판과 과학적 지식의 성장』, 민음사.
- Denhardt, Robert B.(1984), *Theories of Public Adminstration*, Monterey, Cal.: Brooks/Cole Publishing Co.
- Denhardt, Robert B.(1991), *Public Administration: An Action Orientation*, Pacific Grove: Brooks/Cole Publishing Co.
- Farmer, D. J.(1995), *The Language of Public Administration: Bureaucracy, Modernity, and Post-modernity*, The University of Alabama Press.
- Frederickson, H. George and Smith, Kevin B.(2003), The Public Administration Theory Primer, Westview Press.
- Harmon, Michael(1981), Action Theory for Public Administration, New York: Longman, Inc.
- Henry, Nicholas L.(2009), *Public Administration and Public Affairs*, Prentice Hall.
- Kuhn, Thomas S.(1962), *The Structure of Scientific Revolutions*, The University of Chicago Press.
- Masterman, M.(1970), "The Nature of the Paradigm", in Lakatos and Musgrave (eds.), *Criticism and the Growth of Knowledge*, Cambridge University Press.

- Morgan, Gareth(2006). *Images of Organization*, Sage Publications.

──• 제3장

- 강신택(2005). 『한국 행정학의 논리』, 박영사.
- 강용기(2016). 『우드로우 윌슨과 행정연구』, 대영문화사.
- 김광웅(1983). 『행정과학서설』, 박영사.
- 김덕영(2008). 『막스 베버, 이 사람을 보라』, 인물과 사상사.
- 구교준(2010). 「행정학자의 시각에서 본 아담 스미스: 스미스의 사회경제사상에 대한 행정학적 해석」, 『한국행정학보』, 제44권 제1호.
- 김항규(2004). 『행정철학』(3정판), 대영문화사.
- 미셸 푸코 지음, 오생근 옮김(1994). 『감시와 처벌』, 나남.
- 막스 베버 지음, 금종우·전남석 옮김(1981). 『지배의 사회학』, 한길사.
- 마리안네 베버 지음, 조기준 옮김(2010). 『세기의 전환기를 이끈 위대한 사상가 막스 베버』, 소이연.
- 서병훈(2009). 「국민에 대한 거역?: 존 스튜어트 밀의 민주적 플라톤주의」, 한국정치사상학회, 『정치사상연구』, 15권1호.
- 알베르 소부울 지음, 최갑수 옮김(1984). 「프랑스대혁명사」, 두레.
- 이병철(2001). 『행정의 역사와 이론』, 도서출판 금정.
- 정용덕(2001). 『현대국가의 행정학』, 법문사.
- 키어런 앨런 지음, 박인용 옮김(2010). 『막스 베버의 오만과 편견』, 삼인.
- 페리 앤더슨 지음, 김현일 옮김(2014). 『절대주의국가의 계보』, 현실문화.
- 홍성욱(2002). 『파놉티콘: 정보사회 정보감옥』, 책세상.
- Frederickson, H. George, Smith, Kevin B., Larimer Christopher W., and Licari, Michael J.(2016). *The Administration Theory Primer* (3rd ed.), Westview Press.
- Riggs, Fred(1965), "Relearning and Old Lesson: The Political Context of Development", Public Administration Review, Vol. 25, No. 1.
- Stillman, Richard J.(1973), "Woodrow Wilson and the Study of Administration: A New Look at an Old Essay", American Political Science Review, Vol. 67. No. 2.

• 제4장

- 닐 포스트먼(2001). 『테크노폴리』, 민음사.
- 앨런 브링클리 지음, 황혜성 외 옮김(1988). 『미국인의 역사』, 비봉출판사.
- 프레드릭 테일러 지음, 방영호 옮김(2010). 『과학적 관리법』, 21세기북스.
- 황태연(1992). 「포스트 모더니즘적 근대비판의 비판적 고찰: Jeremy Bentham 의 정치기획에 대한 Michael Foucault의 '계보학적' 분석을 중심으로」, 『한국정치학회보』, 제26권 제2호.

• 제5장

- 김영덕(2008). 『막스 베버, 이 사람을 보라』, 인물과사상사.
- 김태룡(2014). 『행정이론』(3정판), 대영문화사.
- 노스코트 파킨슨 지음, 김광웅 옮김(2010). 『파킨슨의 법칙: 직원 수가 늘어도 성과는 늘지 않을까』, 21세기북스.
- 데이비드 그레이버 지음, 김영배 옮김(2016). 『관료제 유토피아: 정부, 기업, 대학, 일상에 만연한 제도와 규제에 관하여』, 메디치.
- 로렌스 피터 · 레이몬드 헐 지음, 나은영 · 서유진 옮김(2009). 『피터의 원리: 승진할수록 사람들이 무능해지는 이유』, 21세기북스.
- 마리안네 베버 지음, 조기준 옮김(2010). 『막스베버』, 소이연.
- 막스 베버 지음, 금종우 · 전남석 공역(1981). 『지배의 사회학』, 한길사.
- 모이제스 나임 지음, 김병순 옮김(2015). 『권력의 종말』, 책읽는수요일.
- 앨빈 W. 굴드너 지음, 김쾌상 옮김(1981). 『현대사회학의 위기』, 한길사.
- 정철현(2003). 『행정이론의 발전』, 다산출판사.
- 키어런 앨런 지음, 박인용 옮김(2010). 『막스 베버의 오만과 편견: 독일의 승리를 꿈꾼 극우 제국주의자』, 삼인.
- Chandler Jr., Alfred D.(1977), *The Visible Hand: The Managerial Revolution in American Business*, Belknap Press.
- Merton, Robert King(1936), "The Unanticipated Consequences of Purposive Social Action", *American Sociological Review*, Vol. 1, No. 6. pp. 894~904.
- Self, Peter(1985), *Political Theories of Modern Government: Its Role and*

Reform, London: George Allen & Unwin.
- Weber, Max(1978). *Economy and Society*(Vol.1), Berkeley: University of California Press.

---• **제6장**

- 강정인(2004). 『서구중심주의를 넘어서』, 아카넷.
- 김광웅·강성남(2005). 『비교행정론』, 박영사.
- 김웅진·박찬욱·신윤환 편역(1999). 『비교정치론 강의』, 한울아카데미.
- 박천오 외 공저(1996). 『비교행정론』, 법문사.
- Blaut, J. M.(1993), *The Colonizer's Model of the World*, New York: The Guilford press.
- Cantori, L. J. and A. H. Ziegler(1988), *Comparative Politics in the Post-Behavioral Era*, Boulder, Colorado: Lynne Rienner Publishers.
- Chandler, J. A.(ed.)(2000), Comparative Public Administration, London: Routledge.
- Dahl, Robert A.(1947), "The Science of Public Administration: Three Problems", *Public Administration Review*, 7(1).
- George M. Guess(1998), "Comparative and International Administration", in Jack Rabin, W. Bartley Hildreth, and Gerald J. Miller, *Handbook of Public Administration* (2nd ed.), Marcel Dekker, Chapter 15.
- Heady, Ferrel(1962), "Comparative Public Adminstration: Concerns and Priorities," in Ferrel Heady and Sybil L. Stokes (eds.), *Papers in Comparative Public Adminstration*, Ann Arbor, Michigan: Institute of Public Administration, The University of Michigan.
- Heady, Ferrel(2001), *Public Administration: A Comparative Perspective* (6th ed.), New York: Marcel Dekker, Inc.
- Lijphart, A.(1971). "Comparative Politics and the Comparative method". *American Political Science Review*, Vol. 65.
- Meckstroth, T.(1975). "'Most Different Systems' and 'Most Similar Systems': A

Study in the Logic of Comparative Inqairy", *Comparative Political Studies*, 8: 2.

- Naroll, R. (1973), Galton's Problem, in R. Naroll and R. Cohen (eds.), *A Handbook of Method in Cultural Anthropology*, New York: Columbia University Press.
- Schaefer, J. M.(ed.) (1974), *Studies in Cultural Diffusion: Galton's Problem*, New Haven, Conn.: HRAF Press.
- Stretton, H.(1969). *The Political Science*, London: Routledge & Kegan Paul.
- Waldo, Dwight(1964), *Comparative Public Administration: Prologue, Problems and Promise*, Chicago: Comparative Administration Group, American Society for Public Administration.

──• 제7장

- 오석홍(2011). 『조직이론』, 박영사.
- 조지 프레데릭슨 지음, 유낙근·남궁근·최용부·기영기 옮김(1983). 『신행정론: 새로운 행정이론의 흐름과 관점』, 박영사.
- 한겨레신문, 2014. 3.1.
- Black, Henry Campbell(1991), *Black's Law Dictionary* (6th ed.), West Group.
- Charlesworth, James C.(ed.)(1968), *The Theory and Practice of Public Administration: Scope, Objectives, and Method*, The American Academy of Political and Social Science.
- Frederickson, H. George(1973), *Neighborhood Control in the 1970s*, Chandler Publishing Co.
- Frederickson, H. George(1980), *New Public Administration*, The University of Alabama Press.
- Hart, David K.(1974), Social Equity, Justice and the Equitable Administration, *Public Administration Review*, Vol. 34. No. 1.
- Marini, Frank(ed.)(1971), *Toward a New Public Administration: The Minnowbrook Perspective*, San Francisco: Chandler Publishing Co.

- OECD.(2010), *Public Administration after "New Public Management"*, OECD Publishing.
- Ralws, John(1971), *A Theory of Justice*, Mass.: The Belknap Press.
- Waldo, Dwight(1971), *Public Administration in a Time of Turbulence*, Chandler Publishing Co.

── 제8장

- 윤은기(2008). 「영미 신공공관리론의 철학적 기원: 로크의 사회계약론 재해석을 중심으로」, 『행정논총』, 제46권 제4호, 서울대학교 행정대학원.
- 이명석(2001). 「신자유주의, 신공공관리론, 그리고 행정개혁」, 『사회과학』, 제40권 제1호, 성균관대학교 사회과학연구소.
- 이영철(2003). 「신공공관리론의 이론적 비판」, 『정부학연구』, 제9권 제1호.
- 임도빈(2000). 「신공공관리론과 베버 관료제 이론의 비교」, 『행정논총』, 제38권 제1호, 서울대학교 행정대학원.
- 정정길(2002). 『행정학의 새로운 이해』, 대명출판사.
- Arnold, Peri E.(1995), Reform's Changing Role, *Public Administration Review*, Vol. 55, No. 5.
- Barzelay, Michael(2001), *The New Public Management: Improving Research and Policy Dialogue*, University of California Press.
- Kim, Yoon-Ho(2010). The New Public Management(NPM) and Its Limitations, 『한국거버넌스학회보』, 제17권 제3호.
- Lynn, L. E.(1998), The new public management: How to transform a theme into a legacy, *Public Administration Review*, Vol. 58, No. 3.
- Osborne, David and Gaebler, Ted (1992), *Reinventing Government: How the Entrepreneurial Spirit in Transforming the Public Sector*, A Plume Book.
- Osborne, David and Plastrik, Peter(1997), *Banishing Bureaucracy: The Five Strategies For Reinventing Government*, Basic Books.
- Osborne, David and Plastrik, Peter(2000), *The Reinventor's Fieldbook: Tools for Transforming Your Government*, Jossey-Bass.

- Peters, B. Guy(1996), *The Future of Governing: Four Emerging Models*, Lawrence: The University Press of Kansas.
- Ruggie, John G.(1982), International Regimes, Transaction, and Change: Embedded Liberalism in the Postwar Economic Order, *International Organization*, Vol. 36, No. 2.
- Williams, Daniel W.(2000), Reinventing the Proverbs of Government, *Public Administration Review*, Vol. 60, No. 6.

── • 제9장

- 강은숙·김종석(2016). 『엘리너 오스트롬, 공유의 비극을 넘어』, 커뮤니케이션 북스.
- 데니스 C. 뮬러 지음, 배득종 옮김(1992). 『공공선택론』, 도서출판 나남.
- 마이클 레이버 지음, 박통희 옮김(1992). 『공공선택이론 입문』, 문우사.
- 소병희(1993). 『공공선택의 정치경제학』, 박영사
- 소병희(1996). 「공공선택론의 이해와 정책학 분야에서의 응용」, 『한국정책학 회보』, 제5권 제2호.
- 엘리너 오스트롬 지음, 윤홍근·안도경 옮김(2010). 『공유의 비극을 넘어 : 공유자원 관리를 위한 제도의 진화』, 랜덤하우스코리아.
- 오석홍(1984). 「현대행정학의 두 가지 반발적 기류: 공공선택론과 신행정학」, 『행정논총』, 22권 2호, 서울대학교 행정대학원.
- 유금록(1995). 「공공선택론과 한국행정에 대한 함의」, 『한국사회와 행정연구』, 제6권.
- 이정전(2005). 『경제학에서 본 정치와 정부』, 박영사.
- 전상경(1999). 「공공선택론의 고전들」, 『정부학연구』, 제5권 제1호.
- Buchanan, J. M. and Tullock, G.(1962), *The Calculus of Consent*, Ann Arbor: The University of Michigan Press.
- Lindblom, Charles E.(1968), *The Policy Making Process*, N. J.: Prentice-Hall.
- Ostrom, Vincent and Ostrom, Elinor(1971), Public Choice: A Different Approach to the Study of Public Administration, *Public Administration*

Review, Vol. 32, No. 2.

- Sproule-Jones, Mark(1982), Public Choice Theory and Natural Resources: Methodological Explication and Critique, *American Political Science Review*, Vol. 76, No. 4.
- Stigler, G. J.(1982), *The Economist as Preacher*, Chicago: The University of Chicago Press.
- Weschler, Louis F.(1982), Public Choice: Methodological Individualism in Politics, *Public Administration Review*, Vol. 42, No. 2.
- Wicksell, K.(1958), A new Principle of Just Taxation, in R. A. Musgrave & A. Peacock(eds.), *Classics in the Theory of Public Finance*, New York: Macmillan & Co.

────• **제10장**

- 사공영호(2015). 『제도와 철학』, 대영문화사.
- 정용덕 외(1999). 『신제도주의 연구』, 대영문화사.
- 하연섭(2013). 『제도분석: 이론과 쟁점』(제2판), 다산출판사.
- Peters, B. Guy(1999), *Institutional Theory in Political Science: The 'New Institutionalism'*, New York: Pinter.

────• **제11장**

- 가이 피터스 지음, 고숙희 외 옮김(1998). 『미래의 국정관리』, 법문사.
- 경제협력개발기구(OECD.) 지음, 이창길 외 옮김(2006). 『정부혁신 패러다임, 어떻게 변하고 있는가?』, 삶과꿈.
- 공동성·정문기 엮음(2015). 『한국거버넌스 사례연구』, 대영문화사.
- 김석준 외(2002). 『거버넌스의 이해』, 대영문화사.
- 김형국(2006). 『한국의 장소판촉』, 박영사.
- 다비트 보스하르트 지음, 박종대 옮김(2001). 『소비의 미래』, 생각의나무.
- 마이클 포터 지음, 김경묵·김연성 옮김(2011). 『마이클 포터의 경쟁론』(개정

증보판), 21세기북스.

- 박순애 엮음(2015). 『행정학 사례연구: 성과와 교훈』, 대영문화사.
- 수잔 스트레인지 지음, 양오석 옮김(2001). 『국가의 퇴각』, 푸른길.
- 욘 피에르·가이 피터스 지음, 정용덕 외 옮김(2003). 『거버넌스, 정치 그리고 국가』, 법문사.
- 이재광(2010). 『과잉생산, 불황, 그리고 거버넌스: 거버넌스의 기원과 불황의 재해석』, 삼성경제연구소.
- 정정길(2000). 『행정학의 새로운 이해』, 서울: 대명출판사.
- 조지프 S. 나이 지음, 박준원 옮김(2001). 『국민은 왜 정부를 믿지 않는가』, 굿 인포메이션.
- 토마 피케티 지음, 장경덕 외 옮김(2014). 『21세기 자본』, 글항아리.
- Blom-Hansen, J.(1997), "A new Institutional Perspective of Policy Networks", *Public Administration*, 75.
- Bevir, Mark and Rhodes, R. A. W.(2001), "A Decentered Theory of Governance: Rational Choice, Institutionalism, and Interpretation", (Working Paper to a colloquium at the Institution of Government Studies, University of California, Berkeley, 9 March 2001).
- Bennet, W. L.(2004), Branded Political Communication: Lifestyle Politics, logo campaigns, and the Rise of Global Citizenship, in Micheletti, M. Gollesdal, A. and Stoller, D.(eds.), *The Politics and Behind Products*, N.J.: Transaction Book.
- Balk, Walter L.(1996), *Managerial Reform and Professional Empowerment in the Public Service*, Westport, CT: Quorum Books.
- Egeberg, M.(1995), "Bureaucrats as Public Policy-Makers and Their Self Interests", *Journal of Theoretical Politics*, 7.
- Hood, Christopher (1991), "A Public Management for All Seasons?", *Public Administration*, 69:1.
- Hood, C., Peters, B.G., and Wollmann, H.(1995), Public Management Reform: Putting the Consumer in the Driver's Seat, Unpublished paper, London School of Economics.

- Kettl, Donald F., Ingranham, Patricia W., Sanders, Ronald P., and Horner, Constance(1996), *Civil Service Reform: Building a Government that Works*, Washington, DC: Brookings Institution Press.
- Kahler, Miles and Lake, David A.(2003), *Governance in a Global Economy: Political Authority in Transition*, Princeton University Press.
- Kooiman, Jan(ed.)(2002), *Modern Governance: New Government-Society Interactions*, Sage Publications Ltd.
- Niskanen, W.(1971), *Bureaucracy and Representative Government*, Chicago: Aldine/Atherton.
- Nye, Joseph S. Jr. and Nye, Joseph S.(2000), *Governance in a Globalizing World*, Brookings Institution Press.
- Osborne, David and Gaebler, Ted(1993), *Reinventing Government: How the Entrepreneurial Spirit is Transforming the Public Sector*, A Plume Book.
- Peters, B. Guy(1996), *The Future of Governing: Four Emerging Models*, Lawrence, KS: The University Press of Kansas.
- Peters, B. G. and Pierre, J.(1998), "Governance without Government: Rethinking Public Administration", *Journal of Public Administration Research and Theory*, 8:2.
- Pierre, Jon (ed.)(2000), *Debating Governance: Authority, Steering, and Democracy*, Oxford University Press.
- Peters, B. G. and Pierre, J.(2003), *Handbook of Public Administration*, Sage Publications.
- Rose, Winfield and Menifield, Charles E.(1997), "Governmental Reform: What are the Alternatives?", *Policy Studies Journal*, Vol.25, No.4.
- Rhodes, R. A. W.(1997), *Understanding Governance, Policy Networks, Governance, Reflexivity and Accountability*, Buckingham: Open University Press.
- Rhodes, R. A. W.(1996), "The New Governance: Governing without Government", *Political Studies*, 44.
- Rhodes, R. A. W.(1997), *Understanding Governance: Policy Networks*,

Governance, Reflexivity and Accountability, Open University Press.

- Rosenau, J. N. and Czempeil, Ernst-Otto(1992), *Governance without Government: Order and Change in World Politics*, Cambridge: Cambridge University Press.
- Strange, Susan(1996), *The Retreat of the State: The Diffusion of Power in the World Economy*, Cambridge University Press.
- The Commission on Global Governance(1995), *Our Global Neighborhood: The Report of the Commission on Global Governance*, Oxford University Press.

─• 제12장

- 강성남(2006). 『복잡계의 정치와 행정』, 한국의회발전연구회.
- 김미정 외(2006). 「복잡성하의 부동산투기 및 부동산정책: 행위자 기반 모형을 중심으로」, 제1회 복잡계 컨퍼런스 『복잡계이론과 현실, 생산적 적용의 모색』 발표 논문, 삼성경제연구소 복잡계센터.
- 김범준(2006). 「복잡계로서의 사회와 사회물리학」, 민병원·김창욱 편, 『복잡계 워크샵: 복잡계이론의 사회과학적 적용』, 삼성경제연구소.
- 김용운(1999). 『카오스의 날개짓』, 김영사.
- 김용운·김용국(1998). 『프랙탈과 카오스의 세계』, 도서출판 우성.
- 김유심·이민창(2007). 「행정학·정책학 연구에 있어서 복잡성 이론과 행위자 기반 모형의 활용성에 관한 연구」, 서울대학교 행정대학원, 『행정논총』 제45권 제2호.
- 김창욱·김동환(2006). 「정책부작용의 원인과 유형: 시스템사고에 입각한 분석」, 제1회 복잡계컨퍼런스 『복잡계이론과 현실, 생산적 적용의 모색』 발표 논문, 삼성경제연구소 복잡계센터.
- 니클라스 루만 지음, 박여성 옮김(2007). 『사회체계이론 1』, 한길사.
- 민병원·김창욱 편(2006). 『복잡계 워크샵: 복잡계이론의 사회과학적 적용』, 삼성경제연구소.
- 삼성경제연구소 편(1997). 『복잡성과학의 이해와 적용』, 삼성경제연구소.

- 요시나가 요시마사 지음, 주명갑 옮김(1996). 『복잡계란 무엇인가』, 서울: 한국 경제신문사.
- 윤영수·채승병(2005). 『복잡계개론』, 삼성경제연구소.
- 이노우에 마사요시 지음, 강석택 옮김(2002). 『카오스와 복잡계의 과학』, 한승.
- 장덕진·임동균(2006). 「복잡계와 사회구조」, 민병원·김창욱 편, 『복잡계 워크 샵: 복잡계이론의 사회과학적 적용』, 삼성경제연구소.
- 정진헌·박상규(1999). 「복잡성 이론의 조직환경연구에 대한 적용가능성」, 『한 국행정논집』, 제11권 제2호.
- 최창현(1999). 「복잡성 이론의 조직관리적 적용가능성 탐색」, 『한국행정학보』, 제33권 제4호.
- 최창현(2005). 『복잡계로 바라본 조직관리』, 삼성경제연구소, 3.
- Anderson, P. W.(1972), "More is Different", *Science*, Vol.177 (No. 4047).
- Arther, W. B.(1999), "Complexity and the Economy", *Science*, Vol. 284 (No. 5411).
- Ashby, Ross(1956), *An Introduction to Cybernetics*, London: Chapman and Hall.
- Ashby, Ross(1981), *Mechanisms of Intelligence: Ashby's Writings on Cybernetics*, Seaside, CA.: Inter-systems Publications.
- Bak, P.(1996), *How Nature Works: The Science of Self-Organized Critically*, New York: Copernicus Books.
- Barnard, Chester I.(1938), *The Functions of the Executive*, Cambridge, MA.: Harvard University Press.
- Bar-Yam, Y.(2004), *Making Things Work: Solving Complex Problems in a Complex World*, NECSI/Knowledge Press. Ch.4&5.
- Beniger, James R.(1986), *The Control Revolution: Technological and Economic Origins of the Information Society*, Cambridge. MA.: Harvard University Press.
- Bunge, Mario(2004), "How Does It Work? The Search for Explanatory Mechanism", *Philosophy of the Social Sciences*, 34(2).
- Casti, John(1994), *Complexification: Explaining a Paradoxical World Through*

the Science of Surprise, New York: Harper Collins.

- Chapman, Jake(2002), *System Failure: Why Governments must leave to think differently*, DEMOS.

- Chia, Robert(1998), "From Complexity Science to Complex Thinking: Organization as Simple Location", *Organization*, Vol. 5, No. 3.

- Cohen, Jack and Stewart, Ian(1994), *The Collapse of Chaos: Discovering Simplicity In a Complex World*, New York: Viking.

- Cohen, Michael(1999), "Commentary on the Organizational Science Special Issue on Complexity", *Organization Science*, Vol. 10, No. 3.

- Comfort, Louise K.(1994), "Self-organization in Complex Systems", *Journal of Public Administration Research and Theory*, Vol. 4, No. 3.

- Daft, Richard L. and Lewin, Arie Y.(1990), "Can Organization Studies Begin to Break out of the Normal Science Straitjacket?", *Organization Science*, Vol. 1, No. 1.

- Daft, Richard L.(1992), *Organization Theory and Design*(4th ed.), Saint Paul, MN: West Publishing.

- Dooley, Kevin J. and Van de Ven, Andrew H.(1999), "Explaining Complex Organizational Dynamics", *Organization Science*, Vol. 10, No. 3.

- Drazin, Robert and Sandlands, Lloyd(1992), "Autogenesis: A Perspective on the Process of Organizing", *Organization Science*, Vol. 3, No. 2.

- Epstein, Joshua M.(1997), *Nonlinear Dynamics, Mathematical Biology, and Social Science*, Reading, MA.: Addison-Wesley.

- Frank, Kenneth A. and Fahrbach, Kyle(1999), "Organization Culture as a Complex Systems: Balance and Information in Models of Influence and Selection", *Organization Science*, Vol. 10, No. 3.

- Fontana, Walter and Ballati, Susan(1999), "Complexity", *Complexity*, Vol. 3, No. 3.

- Forerester, Jay(1961), *Industrial Dynamics*, Cambridge, MA.: MIT Press.

- Frederickson, H. George(2000), "Can Bureaucracy Be Beautiful?", *Public Administration Review*, Vol. 60, No. 1.

- Freeman, Linton C.(1978), "Centrality in Social Networks: Conceptual Clarification", *Social Networks*, 1.
- Fromm, Jochen(2006a), "Types and Forms of Emergence", www.arXive.org.
- Fromm, Jochen(2006b), "Ten Questions about Emergence", www.arXive.org.
- Galbraith, Jay R.(1982), *Designing Complex Organizations*, MA.: Addison-Wesley.
- Gel-Mann, M.(1994a), *The Quark and the Jaguar: Adventures in the Simple and the Complex*, New York: W. H. Freeman.
- Gel-Mann, M.(1994b), "Complex adaptive systems", George A. Cowan, David Pines, David Meltzer(eds.), *Complexity: Metaphors, Models and Reality*, MA.: Addison-Wesley.
- Gel-Mann, M.(1995), *The Quark and the Jaguar: Adventures in the Simple and Complex*, N.Y.: Owl Books.
- Griffin, Douglas, Shaw, Patrica, and Stacey, Ralph(1998), "Speaking of Complexity in Management Theory and Practice", *Organization*, Vol. 5, No. 3.
- Haberstroh, Chadwick J.(1965), "Organization design and systems analysis", James G. March(ed.), *Handbook of Organizations*, Chicago: Rand McNally.
- Haken, H.(2004), *Synergetics: Introduction and Advanced Topics*, Berlin: Springer-Verlag.
- Hodgson, Geoffrey M.(2000), "The Concept of Emergence in Social Science : Its History and Importance", *Emergence, 2*(4).
- Hogan, John(1995), "From complexity to perplexity", *Sci. Amer.* Vol. 272, No. 6.
- Holland, John H.(1995). Hidden Order: How Adaptation Builds Complexity, Reading, MA.: Addison-Wesley.
- Holland, John H. and Miller, John H.(1991), "Artificial adaptive agents in economic theory", *Amer. Econom. Rev.* Papers and Proceedings, 81.
- Holland, John H.(1998), *Emergence: From Chaos to Order*, Reading, MA.: Helix Books.
- Ietri, D. and Lamieri, M.(2004), "Innovation Creation and Diffusion in a Social

Network: An Agent Based Approach", *Proceedings of Wildace Conference*.

- Israel, Giorgio(2005), "The Science of Complexity: Epistemological Problems and Perspectives", *Science in Context, 18*(3).

- Jacobs, Jane(1961), *The Death and Life of Great American Cities*, New York: Basic Books.

- Kauffman, Stuart A.(1993), *The Origins of Order: Self Organization and Selection In Evolution*, New York: Oxford University Press.

- Katz, Daniel and Robert L. Kahn(1978), *The Social Psychology of Organizations* (2nd ed.), New York: Wiley.

- Kiel, L. Douglas(1989), "Nonequilibrium Theory and Its Implications for Public Administration", *Public Administration Review*, Vol. 49, No. 6.

- Kiel, L. Douglas(1993), "Nonlinear Dynamical Analysis: Assessing Systems Concepts in a Government Agency", *Public Administration Review*, Vol. 53 No. 2.

- Kiel, L. Douglas(1994), Managing Chaos and Complexity in Government: A New Paradigm for Managing Change, *Innovation and Organizational Renewal*, San Francisco, CA.: Jossey-Bass.

   Kiel, L. Douglas and Elliott, E.(1992), "Budgets as Dynamic Systems: Time, Change, Variation and Budgetary Heuristics", *Journal of Public Administration Research and Theory*, Vol. 2, No. 2.

- King, Anthony(1976), "Modes of Executive-Legislative Relations", *Legislative Studies Quarterly*, Vol.. 1. No. 1.

- Koput, Kenneth W.(1997), "A Chaotic Model of Innovative Search: Some Answers, Many Questions", *Organization Science*, Vol. 8, No. 5.

- Levy, David(1994), "Chaos Theory and Strategy : Theory, Application, and Managerial Implications", *Strategic Management Journal*, Vol. 15, Special Issue : Strategy: Search for New Paradigms.

- Lewin, Arie Y., Long, Chris P., and Carroll, Timothy N.(1999), "The Coevolution of New Organizational Forms", *Organization Science*, Vol. 10, No. 5.

- Lewin, Arie Y. and Volberda, Henk W(1999), "Prolegomena on Coevolution: A Frame for Research on Strategy and New Organizational Forms", *Organization Science*, Vol. 10, No. 5.
- Lewin, Arie Y.(1999), "Application of Complexity Theory to Organization Science", *Organization Science*, Vol. 10, No. 3. Special Issue.
- Lorenz, E. N.(1995), *The Essence of CHAOS*, University of Washington Press.
- Lucas, Chris(2001), "A Logic of Complex Values", published in the Proceedings of the First International Conference on Neutrosophy, Neutrosophy Logic, Set, Probability and Statistics, 1~3 December 2001, University of New Mexico.
- MacIntosh, Robert and MacLean, Donald(1999), "Conditioned Emergence: A Dissipative Structures Approach to Transformation", *Strategic Management Journal*, Vol. 20, No. 4.
- Maman, Daniel(1997), "The Power lies in the Structure: Policy Forum Networks in Israel", *The British Journal of Sociology*, 48(2).
- Mandelbrot, B. B.(1982), *The Fractal Geometry of Nature*, San Francisco: W. H. Freeman & Company.
- Mckelvey, Bill(1997), "Quasi-Natural Organization Science", *Organization Science*, Vol. 8, No. 4.
- Meyer, J. and Rowan, B.(1997), "Institutionalized organizations: Formal structure as myth and ceremony", *American Journal Of Sociology*, Vol. 83.
- Morgan, Gareth(2006), *Images of Organization*, London: Sage Publications.
- Neumann, Francis X., Jr.(1996), "What Makes Public Administration a Science? Or Are its "Big Questions" Really Big?", *Public Administration Review*, Vol. 56, No.5.
- Nicolis, G and Prigogine, Ilya(1989), *Exploring Complexity*, San Francisco: W. H. Freeman & Company.
- Offri-Dankwa, Joseph and Juian, Scott D.(2001), "Complexifying Organizational Theory: Illustrations using time research", *Academy of Management Review*, Vol. 26, No. 3.

- Overman, E. Sam(1996), "The New Sciences of Administration: Chaos and Quantum Theory", *Public Administration Review*, Vol. 56, No. 5.
- Perrow, Charles(1967), "A framework for the comparative analysis of organizations", *Amer. Soc. Rev.* 26, pp. 854~866.
- Prigogine, Ilya and Isabelle Stengers(1984), *Order Out of Chaos: Man's New Dialogue with Nature*, Toronto: Bantam Books.
- Rousseau, Denise M. and House, Robert J.(1994), "Meso Organizational Behavior: Avoiding three fundamental biases, *Journal of Organizational Behavior*, Vol. 1.
- Samuel, Yitzhak and Jacobsen, Chaoch(1997), "A system dynamics model of planned organizational change", *Comput. Math. Organ. Theory*, Vol. 3.
- Schelling, Thomas. C.(1971), "Dynamic Models of Segregation", *Journal of Mathematical Sociology*, Vol. 1.
- Schelling, Thomas .C.(1978), *Micromotives and Macrobehavior*, New York: W. W. Norton & Company.
- Scott, W. Richard(1992), *Organizations: Rational, Natural and Open Systems, Englewood Cliffs*, NJ.: Prentice-Hall.
- Shenhav, Yehouda(1995), "From Chaos to Systems: The Engineering Foundations of Organization Theory, 1879~1932", *Administrative Science Quarterly*, Vol. 40, No. 4.
- Simon, H. A.(1996), *The Sciences of the Artificial* (3rd ed.), Cambridge, MA: MIT Press.
- Simon, H. A.(1995), "Near Decomposability and Complexity: How a Mind Resides in a Brain", *The Mind, the Brain, and Complex Adaptive Systems*, Morowitz, H. J, and Singer, J. L.(eds.), Reading, MA.: Addison-Wesley.
- Singer, J. L(1995), "Mental Processes and Brain Architecture: Confronting the Complex Adaptive Systems of Human Thought (An Overview)", *The Mind, the Brain, and Complex Adaptive Systems*, Morowitz, H. J, and Singer, J. L. (eds.), Reading, MA.: Addison-Wesley.
- Stacey, Ralph D.(1995), "The Science of Complexity: An Alternative

Perspective for Strategic Change Processes", *Strategic Management Journal*, Vol. 16, No. 6.

- Sterman, John D.(2001), *Business Dynamics: System Thinking and Modeling for a Complex World*, Irwin McGraw-Hill.
- Sterman, John D.(2006), "Learning from Evidence in a Complex World", *American Journal of Public Health*, Vol. 96, No. 3.
- Thietart, R. A. and Forgues, B.(1995), "Chaos Theory and Organization", *Organization Science*, Vol. 6, No. 1.
- Thom, Rene(1975), *Structural Stability and Morphogenesis: An Outline of A General Theory of Models*, Reading, MA.: W. A. Benjamin.
- Thompson, D.(1967), *Organizations in Action*, New York: McGraw-Hill.
- Tsoukas, Haridomos(1998), "Introduction: Chaos, Complexity and Organization Theory", *Organization*, Vol. 5, No. 3.
- Von Bertalanffy, Ludwig(1968), *General System Theory: Foundations, Development, Applications*, New York: G. Braziller.
- Weick, Karl E.(1979), *The Social Psychology of Organizing*, Reading, MA.: Addisons-Wisley.
- Whitesides, G. M. and Ismagilov, R. F.(1999), "Complexity in Chemistry", *Science* Vol. 284(No. 5411).
- Wolstenholm, E. F.(2003), "Towards the definition and Use of a Core set of archetypal structures in System dynamics", *System Dynamics Review*, Vol. 19, No. 1.

─• 제13장

- 강성남(2014). 「소셜미디어의 확산과 정책 거버넌스의 변동」, 『한국사회와 행정』, 제24권 제4호, 서울행정학회.
- 박종민 외 편(2011). 『한국행정학의 방향』, 박영사.
- 윌리엄 이스털리 지음, 김홍식 옮김(2016). 『전문가의 독재』, 열린책들.
- 존 나이스비트·도리스 나이스비트 지음, 허유영 옮김(2016). 『힘의 이동』,

알에이치코리아.

- 케빈 켈리 지음, 이충호·임지원 옮김(2015). 『통제불능』, 김영사.
- Frederickson, H. George et al.(2016), *The Public Adminstration Theory Primer* (3rd ed.), Westview Press.
- Kaufman, Hebert(1969), Administrative Decentralization and Political Power, *Public Administration Review*, Vol. 29, No. 1.
- Pollitt, Christopher.(2010), *Managerialsim and the Public Services: The Anglo-American Experience*, Oxford: Basil Blackwell.
- Wilson, James Q.(1989), *Bureaucracy: What Government Agencies Do and Why They Do It*, New York: Basic Books.

찾아보기

지은이 약력

강 성 남

서울대학교(행정학박사)
미국 조지타운 대학교 연구교수
한국방송통신대학교 기획처장, 사회과학대학장
한국사회과학협의회 사무총장
한국행정학회 운영이사 및 국정과제특별위원장
행정고시 및 공무원 5급채용 시험위원
대학행정제재심의위원
현재: 한국방송통신대학교 행정학과 교수
저서: 『기획론』, 『비교행정론』, 『정보사회와 행정』, 『행정변동론』 외 다수
논문: 「소셜미디어의 확산과 정책거버넌스의 변동」(서울행정학회 학술논문상, 2015),
　　　「행정학연구에서 복잡계의 연구동향과 과제」, 「복잡계 방법론의 철학적 논리」,
　　　「행정이론생산양식의 이동」 외 다수